Europa, Asien und Afrika um 1932

Inhaltsverzeichnis

Auf dem Einband: **John Heartfield, Fotomontage** 1932 für die Arbeiter-Illustrierte Zeitung

B. DER ZWEITE WELTKRIEG

Zeitgeschichte

In der Forschung herrscht Übereinstimmung darüber, daß die Geschichte unseres Jahrhunderts zwei Entscheidungsjahre aufweist: 1917 und 1945. 1917 wird dabei – zumindest in der deutschen Forschung – als Beginn einer neuen Epoche, der Zeitgeschichte betrachtet: Mit dem Eingreifen der USA in den Ersten Weltkrieg (s. Bd. 3) und der Oktoberrevolution in Rußland veränderte sich nicht nur die aus dem 19. Jahrhundert überkommene Mächtekonstellation, sondern es entstanden neue, vornehmlich ideologisch geprägte Auseinandersetzungen und gesellschaftliche, wirtschaftliche und technische Umwälzungen, deren Ausmaß noch nicht abschließend zu erfassen ist und deren Weiterentwicklung unser Leben beeinflußt.

Den Zeitraum zwischen beiden Entscheidungsjahren hat dieser Band zum Inhalt. Seine Autoren stehen vor der Tatsache, daß die wissenschaftliche Diskussion über die politische, soziale und wirtschaftliche Entwicklung dieser Zeit kontroverser geführt wird, als es bei der heutigen Forschung über frühere Epochen der Fall ist. Auch bietet die Zeitgeschichte dem Forscher eine Fülle von Material, die kaum mehr überschaubar ist: Die herkömmlichen Quellen, aus denen der Historiker den Ablauf der Ereignisse und die darauf einwirkenden Kräfte zu rekonstruieren versucht, werden ergänzt durch mündliche Zeugnisse sowohl der am Geschehen aktiv Wirkenden als auch der dabei passiv Betroffenen, dazu auch durch die ersten Ton- und Filmdokumente.

Eine möglichst objektive Auswertung dieses Materials wird erschwert infolge der Beeinflussung der Geschichtsschreibung durch die politischen und ideologischen Auseinandersetzungen in unserer Zeit und durch das unvermeidliche Scheitern aller Bemühungen der Forscher, ihren eigenen politischen und gesellschaftlichen Standort nicht einwirken zu lassen auf die Urteilsfindung über Ereignisse, die direkt oder indirekt diesen Standort noch beeinflussen. Letzteres gilt auch für die Autoren dieses Buches.

Trotz der Schwierigkeiten muß stets versucht werden, zwar die eigene Sicht über den Gang der Ereignisse und die ihn steuernden Kräfte klar darzustellen, davon abweichende Forschungsergebnisse aber so zu referieren, daß dem Leser noch eine offene Urteilsbildung möglich bleibt. Hilfreich kann es dabei sein, wenn bei einigen Schwerpunkten die Kontroversen bzw. der Gang der Forschung dargestellt werden.

A. Zwischen den beiden Weltkriegen

I. Die Friedensverträge

1919, 28. Juni	Unterzeichnung des Friedensvertrags von Versailles (zwischen den Alliierten und dem Deutschen Reich)	1919–1920	Friedensverträge mit Deutschlands Verbündeten
		1919	Gründung des Völkerbunds

1. Der Vertrag von Versailles

Die Pariser Friedenskonferenz

Am 18.1.1919 traten in Versailles die Vertreter der 27 Staaten zur Friedenskonferenz zusammen, die gegen die Mittelmächte Krieg geführt hatten (ohne Rußland). Ziel ihrer Verhandlungen waren Friedensverträge mit Deutschland, Österreich-Ungarn, Bulgarien und der Türkei. Ausgangspunkt der Verhandlungen waren die Grundsätze, die der amerikanische Präsident Wilson in den „Vierzehn Punkten" niedergelegt hatte (vgl. Bd. K3). Aber schnell gewannen andere Kräfte größeres Gewicht: In den Geheimverträgen aus der Kriegszeit war neuen Bundesgenossen manches zugesichert worden, was Wilsons Gedanken, etwa dem Selbstbestimmungsrecht, widersprach; die Militärs vertraten militärisch-strategische Gesichtspunkte; die öffentliche Meinung Frankreichs und Englands verlangte für die Opfer des Krieges eine angemessene Siegesbeute. Die Ausgangssituation war so kompliziert, daß die Friedenskonferenz sehr bald zu der von Wilson abgelehnten Geheimdiplomatie zurückkehren mußte. Die offizielle Ablehnung der Geheimdiplomatie beinhaltete real schließlich nur noch den Verzicht auf geheime Zusatzabkommen zu den Verträgen, die den Besiegten vorgelegt wurden. Die Mittelmächte waren an den Verhandlungen nicht beteiligt, sie konnten lediglich zu dem fertigen Vertragstext Stellung nehmen und dadurch relativ geringfügige Korrekturen erreichen. Alle wesentlichen Teile der Verträge entstanden in Beratungen zwischen den „Großen Vier" Wilson (USA), Lloyd George (Großbritannien), Clemenceau (Frankreich) und Orlando (Italien), doch hatte Orlando kaum Einfluß, so daß man in Italien bald von einem „verstümmelten Sieg" sprach. Zu Beginn der Verhandlungen hatte auch Japan noch eine wichtige Stimme; alle entscheidenden Kompromisse aber wurden zwischen den drei Vertretern der Westmächte ausgehandelt.

Die Unterzeichnung des Friedensvertrages im Spiegelsaal des Schlosses von Versailles am 28. 6. 1919 (Gemälde von W. Orpen). Vor dem Mittelfenster sitzend von links nach rechts: Woodrow Wilson, Georges Clemenceau, David Lloyd George, vor ihnen die deutschen Vertreter Dr. Bell (sitzend) und Hermann Müller.

Der amerikanische Präsident konnte nicht verhindern, daß die Linie der Vierzehn Punkte, denen er sein Ansehen auch bei den Besiegten verdankte, mehr und mehr verlassen wurde. Dazu trugen manche seiner unrealistischen Einschätzungen der europäischen Verhältnisse bei. So enthalten die Beratungsprotokolle z. B. die Ansicht der Amerikaner, der Brenner sei eine Volkstumsgrenze. Für Wilson wurde die Gründung des Völkerbundes zum wichtigsten Teil der Pariser Verhandlungen. Von ihm erwartete er, daß er Mängel des Friedensvertrages ausgleichen und den Frieden stärker als jede Bestimmung des Friedensvertrages sichern könne.

Der französische Ministerpräsident Clemenceau war der Verfechter eines harten Friedens mit Deutschland und befand sich dabei in Übereinstimmung mit der Mehrzahl der Franzosen. Frankreich, dem der Krieg schwere Verluste und Schäden geschlagen hatte, sollte eine militärisch und wirtschaftlich sichere Zukunft als europäische Hegemonialmacht vor sich haben. Im Gegensatz zu Staatspräsident Poincaré und Marschall Foch war Clemenceau jedoch nicht bereit, wegen extensiver Forderungen (Rheingrenze) einen Bruch mit Wilson und Lloyd George zu riskieren. Vornehmlich Lloyd George war an der Erhaltung eines gewissen Gleichgewichts in Kontinentaleuropa, das er vor revolutionären Umstürzen bewahren wollte, interessiert und daher gegen die zu große Schwächung Deutschlands. Obwohl auch er zum Teil Gefangener der im Krieg – nicht zuletzt durch ihn – angeheizten Massenleidenschaften war, war er doch um eine dauerhafte Friedensregelung bemüht, die von den Deutschen innerlich akzeptiert werden sollte.

Die verschiedenen Zielsetzungen für die Behandlung der Besiegten belasteten die Pariser Verhandlungen ebenso wie die Ereignisse in Rußland und Südosteuropa. Der Zerfall der russischen und der österreichisch-ungarischen Macht hatte in Ostmitteleuropa Verwirrung geschaffen, die die Friedenskonferenz überwinden mußte. Die Annullierung des Friedens von Brest-Litowsk war dazu nur ein erster Schritt (vgl. Bd. K3). Episoden kommunistischer Herrschaft in München und Ungarn (s. S. 63) deuteten die Möglichkeit der Ausbreitung des Bolschewismus nach Mitteleuropa an und ließen es vor allem in den Augen Lloyd Georges notwendig erscheinen, dem entgegenzuwirken. Die Verhandlungen zwischen den Siegern konnten nur durch zahlreiche Kompromisse abgeschlossen werden. Nicht nur die Unmöglichkeit einer Siegern und Besiegten gemeinsamen Definition des Begriffs verhinderte den von Wilson angestrebten „gerechten" Frieden.

Das wichtigste Ergebnis der Pariser Friedenskonferenz war der Versailler Vertrag mit dem Deutschen Reich. Als die Alliierten mit dem Einmarsch in das unbesetzte Reichsgebiet drohten, billigte die deutsche Nationalversammlung den Vertrag, der der

28. 6. 1919

Sache nach nahezu ein Diktat war (s. S. 67). Am 28. 6. 1919 wurde der Friedensvertrag in Versailles unterzeichnet. Er wurde in Deutschland von allen Parteien als unerfüllbar abgelehnt. Vor allem der Artikel 231 des Vertrages rief Erbitterung hervor. In ihm wurden Deutschland und seine Verbündeten zu Alleinschuldigen am Ausbruch des Weltkrieges erklärt. Damit wurde juristisch die Haftungspflicht für alle Kriegsschäden begründet; moralisch wurde der Artikel als pauschales Verdammungsurteil verstanden. Ebenso wie die Verträge mit den Verbündeten wurde der Versailler Vertrag immer wieder – auch von alliierter Seite – heftiger Kritik unterzogen: Es seien kaum Probleme gelöst, aber zahlreiche neue geschaffen worden. Mit Deutschland sei entweder zu hart oder zu milde verfahren worden; zu hart, da die auferlegten Bedingungen außerordentlich schwer waren, etwa im Vergleich mit den Friedensschlüssen des 19. Jahrhunderts (1815, 1871); zu mild, da das Deutsche Reich als politische und wirtschaftliche Macht nicht so zerstört wurde, daß der Versuch einer gewaltsamen Revision des Vertrages für die Zukunft ausgeschlossen gewesen wäre. Die Auseinandersetzung um den Vertrag und seine Regelungen über Rüstungsbeschränkungen, über Reparationen, über territoriale Veränderungen und über den Völkerbund überschatteten die nächsten beiden Jahrzehnte. Bei den Siegern schien vielen der Siegeslohn zu gering; unter den Besiegten forderten viele die sofortige Revision der harten Friedensbedingungen.

In Deutschland bezeichnete man den Vertrag als „Diktat". Die Reichsregierung wies darauf hin, daß die Härte der Vertragsbestimmungen nicht in Einklang stand mit Wilsons 14 Punkten und daß die deutsche Delegation in Versailles ihre Gegenäußerungen nur schriftlich hatte vortragen dürfen und diese dazu nur sehr geringen Erfolg hatten.

Doch man übersah bei aller berechtigten Kritik, daß Deutschland selbst mit dem harten Frieden, den es Rußland 1918 in Brest-Litowsk aufgezwungen hatte, ein verhängnisvolles Vorbild gegeben hatte; man bedachte nicht, daß es Frankreich nicht gelungen war, das Reich in Einzelstaaten aufzulösen. Auch übersahen viele auf deutscher Seite, daß das Vertragswerk Ansätze zu einer künftigen Milderung der Bestimmungen bot – wie sie tatsächlich auch bald erfolgte. Das verlangte freilich Geduld und die Bereitschaft, beim ehemaligen Gegner um Vertrauen zu werben. Beides lehnten die nationalistischen Kreise in Deutschland scharf ab. Für sie war Versailles ein „Schmachfrieden", der nicht durch die Mittel internationaler Verständigung, sondern durch einen neuen Krieg eines Tages ausgetilgt werden sollte. Sie übersahen, daß derartige Parolen das Mißtrauen der Sieger wachhielten und damit die Revision des Vertrages erschwerten.

Militärische Bestimmungen

Vor allem das Sicherheitsbedürfnis Frankreichs verlangte eine radikale Rüstungsbegrenzung Deutschlands. Das Rheinland wurde von alliierten Truppen besetzt und sollte nach fünf, zehn und fünfzehn Jahren etappenweise geräumt werden. Ein fünfzig Kilometer tiefer Streifen östlich des Rheins mußte entmilitarisiert bleiben, die Festungen im Westen des Reichsgebiets mußten geschleift werden. Die Streitkräfte wurden auf 100000 Berufssoldaten und 15000 Matrosen begrenzt; Panzer, U-Boote und Luftwaffe blieben verboten. Die Kriegsflotte mußte ausgeliefert werden, wurde jedoch dabei von den deutschen Besatzungen im Sommer 1919 im britischen Kriegshafen Scapa Flow versenkt. Einheiten über 10000 Tonnen durften nicht neu gebaut werden. Der Generalstab wurde aufgelöst. Die deutschen Streitkräfte sollten nach Zahl und Bewaffnung nur zur Aufrechterhaltung der inneren Ordnung und zum Schutz der Ostgrenze verwendet werden können.

Entsprechend Wilsons Vierzehn Punkten enthielt der Versailler Vertrag den Hinweis, die deutsche Abrüstung sei „die Einleitung einer allgemeinen Rüstungsbeschränkung aller Nationen". Tatsächlich jedoch rüsteten dann nur die USA und England in gewissem Umfang ab. Deutschland blieb der einzige fast ganz abgerüstete große Staat Europas.

Reparationen

Die Reparationsfrage war in den Pariser Verhandlungen besonders schwer zu klären. Clemenceau und Lloyd George waren dabei Gefangene ihrer eigenen Äußerungen, die sie in den vergangenen Monaten (Lloyd George im Wahlkampf des Jahres 1918) gemacht hatten, um den in der öffentlichen Meinung ihrer Länder herrschenden Beutewünschen entgegenzukommen. Andererseits mahnte Lloyd George in den Verhandlungen vor zu weit gehenden Forderungen. Am 25.3.1919 schrieb er in einem Memorandum für die Verhandlungspartner: „Wir können nicht gleichzeitig Deutschland verkrüppeln und erwarten, daß es bezahlen wird". Auch schien ihm das „Risiko, daß Deutschland mit dem Bolschewismus gemeinsame Säche macht", maßvolle Reparationsforderungen zu erzwingen. Aber auf der Friedenskonferenz wurde keine Lösung gefunden. Zu sehr waren England und Frankreich durch die Kriegsanleihen an die USA verschuldet, um auf umfangreiche deutsche Leistungen verzichten zu können. Die USA aber weigerten sich, die Frage der Rückzahlung zum Gegenstand der Verhandlungen in Paris zu machen. Schließlich wurde die Verpflichtung zu Reparationszahlungen so extensiv aufgefaßt, daß darunter auch durch den Krieg verursachte Pensionsansprüche fielen. Aber die exakte Berechnung der Forderungen erwies sich als ebenso unmöglich wie die Abschätzung der deutschen Zahlungsfähigkeit. So unterblieb im Vertrag die Festsetzung einer Summe. Eine besondere Reparationskommission setzte schließlich im Januar 1921 eine in 42 Jahresraten zahlbare Summe von 269 Milliarden Goldmärk fest. Im Vertrag wurden zusätzlich zu den späteren Geldzahlungen sofortige Sach-

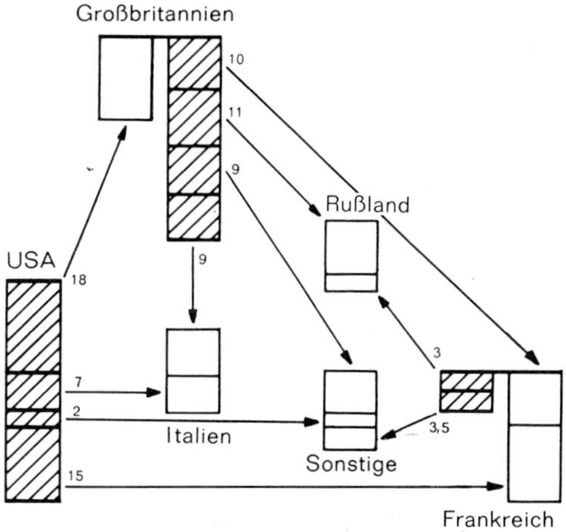

Zwischenstaatliche Darlehen zwischen den Kriegsgegnern der Mittelmächte von 1914 bis 1918 in Mrd. Mark. (Aus: F.-W. Henning: Das industrialisierte Deutschland 1914–1986, Paderborn 1988).

lieferungen verlangt. Alle Handelsschiffe über 1600 BRT, 140000 Kühe, Lokomotiven und Waggons, alle Überseekabel und anderes wurden ausgeliefert. In Verbindung mit den durch die Gebietsabtretungen entstandenen wirtschaftlichen Einbußen und der Enteignung aller deutschen Auslandsvermögen in den ehemaligen Gegnerstaaten wurde dadurch die deutsche Wirtschaft schwer belastet und damit die Möglichkeit zu Reparationszahlungen in Geld eingeschränkt. Das wurde auch nicht dadurch gemildert, daß der deutsche Staatshaushalt wesentlich geringer durch Militärausgaben belastet wurde als vor dem Krieg. Bereits während der Pariser Verhandlungen vertrat der englische Nationalökonom John Maynard Keynes die Ansicht, daß die Forderungen der Sieger das deutsche Zahlungsvermögen überstiegen und eine Zerrüttung der Weltwirtschaft als Folge der wirtschaftlichen Auswirkungen des Versailler Vertrages drohe.

Territoriale Veränderungen

Die zwischen den Siegern ausgehandelten vielfältigen Kompromisse über deutsche Gebietsabtretungen waren nicht immer mit dem Selbstbestimmungsrecht zu vereinbaren, das nach Wilson zur Grundlage der territorialen Neuordnung Mitteleuropas werden sollte. Ohne Abstimmung fiel Elsaß-Lothringen an Frankreich zurück; die Provinzen Posen und Westpreußen kamen an den wiedererstandenen polnischen Staat; das Memelgebiet (1923) und das Hultschiner Ländchen wurden an Litauen bzw. die Tschechoslowakei abgetreten, Danzig wurde Freie Stadt. In Oberschlesien hatte der Vertrag eine Abstimmung vorgesehen. Am 20. 3. 1921 stimmten fast 60% der Bevölkerung für den Verbleib beim Reich, die Alliierten beschlossen dennoch eine Teilung des Gebietes. Der Ostteil mit den wertvollsten Industrieanlagen und Bodenschätzen fiel dabei überwiegend an Polen. Hier hatten 56% für Polen gestimmt. In Eupen-Malmedy fand keine Volksabstimmung statt. Wer für den Verbleib beim Reich eintrat, mußte sich in eine Liste eintragen. Das tat nur eine Minderheit: das Gebiet kam zu Belgien. Nordschleswig fiel an Dänemark. Südschleswig und Südostpreußen blieben aufgrund der Abstimmungsergebnisse bei Deutschland. England und die USA gaben der Forderung Frankreichs auf das Saargebiet nicht statt. Die Kompromißlösung unterstellte das Saargebiet vorerst der Verwaltung des Völkerbunds und überließ die Kohlengruben Frankreich. Nach fünfzehn Jahren sollte die Bevölkerung über die Zugehörigkeit des Landes zu Deutschland oder Frankreich abstimmen, gegebenenfalls sollte Deutschland die Kohlengruben dann zurückkaufen können. Eine besonders konfliktträchtige Situation entstand infolge der territorialen Isolierung Ostpreußens vom übrigen Reichsgebiet durch den polnischen Korridor zur Ostsee. Die deutschen Kolonien mußten abgetreten werden, wurden nominell dem Völkerbund unterstellt und dann als Mandatsgebiete den Siegerstaaten zur Verwaltung übergeben, die die Gebiete allmählich zur Selbstregierung führen sollten. Die wirtschaftlichen Auswirkungen der Gebietsabtretungen waren für die deutsche Wirtschaft beträchtlich. Zwar hatte das Reich nur 13,1% seines Gebietes (und etwa 10% seiner Bevölkerung) eingebüßt, aber mit diesen Gebieten gingen 75% der Erzgewinnung und 26% der Kohlevorkommen verloren. Schlimmere Folgen als diese materiellen Einbußen hatte aber in der Folgezeit die Tatsache, daß das Selbstbestimmungsrecht von den Alliierten häufig dann mißachtet – wie in Oberschlesien – oder

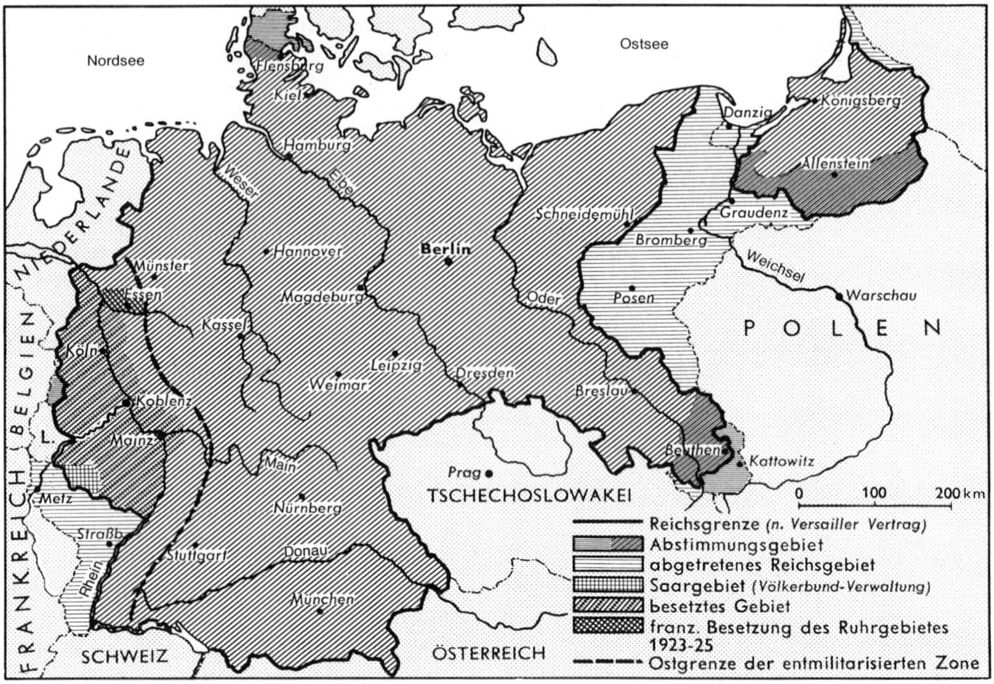

Das Deutsche Reich nach dem Vertrag von Versailles

nicht angewendet wurde, wenn es sich zugunsten der Deutschen ausgewirkt hätte. So untersagte der Versailler Vertrag, bereits vor Abschluß eines Friedensvertrages mit Österreich, den Zusammenschluß der deutschen Österreicher mit dem Reich. Den in den Sudetengebieten und in Südtirol lebenden deutschsprechenden österreichischen Staatsbürgern wurde keine Abstimmung über ihre Staatszugehörigkeit zugestanden. Überall dort, wo die Siedlungsgebiete Deutscher und Angehöriger anderer Nationalitäten sich überlagerten, entstanden in der Zukunft Nationalitätenprobleme. Hatte es früher in Deutschland starke polnische, in Österreich unter anderen starke tschechische Minder-

Die Weigerung der USA, dem Völkerbund beizutreten. (Englische Karikatur)

heiten gegeben, so gab es jetzt starke deutsche Minderheiten in Polen und der Tschechoslowakei.
Wilsons Gedanke der Selbstbestimmung der Völker wurde unversehens zu einem neuen Mittel nationaler Auseinandersetzungen besonders in Osteuropa, wo es in vielen Gebieten keine nationale Homogenität gab.

Der Völkerbund

Woodrow Wilsons Interesse während der Pariser Konferenz galt in erster Linie der Gründung eines Völkerbundes „zur Förderung der Zusammenarbeit der Nationen und

1919

zur Gewährleistung von Frieden und Sicherheit". Er erreichte, daß die Völkerbundsatzung als Artikel 1-26 am Anfang des Friedensvertrages mit Deutschland stand, weil er in ihr die Grundlage der nach dem Weltkrieg zu errichtenden neuen Ordnung sah.
Die Mitgliedstaaten der „League of Nations" waren zur Achtung der bestehenden Grenzen und der Unabhängigkeit der Staaten verpflichtet. Konflikte sollten vor dem Schiedsgerichtshof in Den Haag ausgetragen werden. Angreifer sollten durch gemeinsame wirtschaftliche und militärische Sanktionen der Völkerbundstaaten zur Friedfertigkeit gezwungen werden. Aber der nationalstaatliche Egoismus konnte den Völkerbund lahmlegen: Ebenso wie in der jährlich einmal tagenden Völkerbundversammlung (alle Mitgliedstaaten) konnten auch im eigentlichen Arbeitsgremium des Völkerbunds, dem Völkerbundsrat (neun Mitglieder, darunter die Großmächte), wichtige Beschlüsse nur einstimmig gefaßt werden. Sanktionen konnten mit einer Zweidrittelmehrheit der Mitglieder beschlossen werden. Aber da dem Völkerbund eine eigene Exekutivmacht, für die sich Frankreich sehr eingesetzt hatte, fehlte, blieb der Maßstab nationalstaatlicher Opportunität auch in dieser Frage entscheidend.
Da dem Völkerbund zunächst nur Siegerstaaten angehörten, erschien er in den Augen der Besiegten als Instrument zur Durchsetzung der Friedensvertragsbestimmungen, vornehmlich des Versailler Vertrags, in dem die Völkerbundsatzung steht. Weit mehr aber büßte der Völkerbund an Ansehen ein, als der amerikanische Senat infolge seiner isolationistischen Politik den Beitritt der USA zum Völkerbund ablehnte (s. S. 120). Rußland wurde nicht zum Beitritt aufgefordert. Somit hatten England und Frankreich im Völkerbund das entscheidende Gewicht. Dieser selbst aber konnte nach Lage der Dinge nicht mehr sein als ein nahezu machtloses internationales Diskussionsforum. Das war nicht viel, aber doch der erste Ansatz einer Entwicklung, die auf eine übernationale Organisation unter Zurücksetzung nationalstaatlicher Politik hinwies. Zum erstenmal war ein Staatenbund entstanden, der nicht imperialen Zielen diente.

2. Die Vorortverträge und der „Cordon Sanitaire"

Der Friedensvertrag mit Österreich

In Punkt 10 der Vierzehn Punkte Wilsons war den „Völkern Österreich-Ungarns" „die uneingeschränkte Möglichkeit einer autonomen Entwicklung" in Aussicht gestellt worden. Im Laufe des Jahres 1918 wurde diese Formulierung von den Alliierten mehr und mehr so ausgelegt, daß darunter die Auflösung der Donaumonarchie verstanden wurde. Im Sommer 1918 erkannten Frankreich, Italien, Großbritannien und die USA die Tschechoslowakei als selbständigen Staat an. Am 20. 10. 1918 antwortete Wilson auf das österreichische Waffenstillstandsangebot, daß die Selbständigkeitswünsche der Völker der Donaumonarchie anerkannt werden müßten. Als die Pariser Friedenskonferenz zusammentrat, hatte sich die Donaumonarchie bereits aufgelöst. Die Friedenskonferenz behandelte Deutsch-Österreich und Ungarn als besiegte Staaten und zählte die Tschechoslowakei und Jugoslawien zu den Siegern. Am 10.9.1919 wurde in St. Germain-en-Laye der Friedensvertrag mit Deutsch-Österreich unterzeichnet. Die Aufteilung der Konkursmasse der Donaumonarchie war schwierig gewesen, denn neben den Ansprüchen Italiens, Rumäniens und Serbiens – bzw. Jugoslawiens als Nachfolgestaat – aus der Kriegszeit waren die von nationalen, historischen und wirtschaftlichen Überlegungen bestimmten Forderungen der neu entstandenen Staaten Tschechoslowakei und Polen zu berücksichtigen. Dabei wurde die Adriaküste zum Streitobjekt zwischen Italien und Jugoslawien. Zwar erhielt Italien einen wichtigen Teil, aber nicht Stadt und Hafen Fiume. Obwohl von zahlreichen Italienern bewohnt, sollte nach Wilsons Wille dieser große Adriahafen aus wirtschaftlichen Erwägungen an Jugoslawien fallen. An der Fiume-Frage entzündete sich der italienische Nationalismus (vgl. S. 144). Stärker noch als in Fiume trat das Selbstbestimmungsrecht bei der Angliederung des deutsch besiedelten Südtirol an Italien hinter anderen Gesichtspunkten zurück. Vorwiegend aus strategischen Gründen war Italien bereits 1915 die Brennergrenze zugestanden worden. Der Selbstbestimmungsgedanke schien noch gewahrt, wenn das kulturelle Eigenleben der ungefragt zu italienischen Staatsbürgern gewordenen Südtiroler geschützt würde. Durch Volksabstimmungen wurden die Grenzen im Burgenland und in Südkärnten geregelt, in den sudetendeutsch besiedelten Grenzstreifen der Tschechoslowakei unterblieben sie. Im Friedensvertrag erkannte Österreich die neuen Staaten und die Aufteilung der Donaumonarchie an. Damit verlor Österreich Südtirol und Triest mit seinem Hinterland an Italien. Böhmen und Mähren an die Tschechoslowakei, Galizien an Polen, die Bukowina an Rumänien; Slowenien und das „Reichsland" Bosnien-Herzegowina fielen an Jugoslawien.

Als härteste Vertragsbestimmung wurde von den Österreichern das Verbot einer Vereinigung mit dem Deutschen Reich aufgefaßt, die bereits von der Wiener Nationalversammlung beschlossen und in der Reichsverfassung vorgesehen war. Man konnte „Selbstbestimmungsrecht" definieren als freie Entscheidung der Bevölkerung eines Gebietes oder als politische Entscheidungsfreiheit der Regierung eines Staates: Im Falle Österreichs wurden beide Interpretationsmöglichkeiten mißachtet. Der Bundesstaat Österreich – die Bezeichnung Deutsch-Österreich untersagte der Friedensvertrag – wurde zur Eigenexistenz gezwungen, obwohl es die Mehrzahl der Bevölkerung weder wollte noch die wirtschaftliche Voraussetzung zu einer unabhängigen Existenz gegeben schien. Aus Furcht vor dem Wiedererstarken Deutschlands verhinderte Clemenceau den Zusammenschluß der beiden Staaten. Für Österreich galten ähnliche Abrüstungsbestimmungen wie für Deutschland.

Die Friedensverträge mit Ungarn und Bulgarien

Im Friedensvertrag von Trianon vom 4.6.1920 mußte Ungarn alle Gebiete des alten Königreiches abtreten, in denen eine nicht-ungarische Bevölkerung lebte. Alle Nachbarstaaten profitierten von der Aufteilung Ungarns: Österreich erhielt den größten Teil des Burgenlandes, Jugoslawien Kroatien, Slawonien und die fruchtbare Batschka; der größte Teil des Banats und Siebenbürgen fielen an Rumänien; die Slowakei und die Karpatho-Ukraine kamen an die Tschechoslowakei. In den abgetretenen Gebieten – 2/3 des alten Staates – lebten aber auch 3 Millionen Ungarn, der ungarische Reststaat umfaßte nur noch 8 Millionen. Damit traten Probleme nationaler Minderheiten auf, die innenpolitische Schwierigkeiten verursachten und zu zwischenstaatlichen Spannungen führten. Besonders gemischt war das Nationalitätenverhältnis in der Tschechoslowakei: Slowaken, Ungarn, Deutsche, Ukrainer und Polen machten zusammen etwa die Hälfte der Bevölkerung aus. Die Pariser Friedenskonferenz hoffte das überall in Südosteuropa offene Nationalitätenproblem durch die Verpflichtung zu lösen, daß Minderheiten in den Staaten die gleichen Rechte wie die nationalen Mehrheiten genießen sollten.

In Ungarn war die Ablehnung des Friedensvertrages allgemein. Unter der kurzen Rätediktatur Béla Khuns wurde versucht, die Slowakei gewaltsam zurückzugewinnen, was den Einmarsch der Rumänen, die ähnliches für Siebenbürgen befürchteten, auslöste und zum Sturz Béla Khuns führte. Innenpolitisch setzte sich 1920 mit der Regierung des Admirals Horthy die Restauration durch; eine Rückkehr zur Monarchie schien möglich.

Auch Bulgarien büßte im Friedensvertrag (von Neuilly, 27.11.1919) einige Gebiete ein. Die Abtretungen erfolgten unter Berücksichtigung strategischer und wirtschaftlicher Gesichtspunkte der Nachbarstaaten.

Die Aufteilung Österreich-Ungarns nach dem Ersten Weltkrieg

Der Friedensvertrag mit der Türkei

Die Türkei verlor durch den am 10.8.1920 in Sèvres unterzeichneten Friedensvertrag alle ihre Gebiete außer Anatolien und der Umgebung von Istanbul. Thrazien und Smyrna mit den vorgelagerten Inseln fielen an Griechenland, Kilikien und Syrien (als Mandatsgebiet) an Frankreich, Irak und Palästina wurden englische Mandatsgebiete, der Dodekanes und Rhodos wurden italienisch. Arabien wurde englischer Schutzherrschaft unterstellt, Ägypten und Zypern blieben englischer Machtbereich, Tripolis italienischer. Schon ein Jahr vor Abschluß des Friedensvertrages hatten die Griechen das Gebiet um Smyrna besetzt und damit das türkische Kernland eingeengt. Das rief in der Türkei scharfen Widerstand hervor, den der General Mustafa Kemal Pascha organisierte. Im September 1919 errichtete er eine Gegenregierung gegen den Sultan und wurde im April 1920 zum Vorsitzenden der neuen Großen Nationalversammlung in Ankara gewählt. Als die Regierung des Sultans in Istanbul den Friedensvertrag ratifizierte, stieg das Ansehen Kemal Paschas, der kriegerisch gegen die Griechen in Smyrna vorging. 1922 wurden die Griechen aus Smyrna und die Franzosen aus Kilikien vertrieben. Die Nationalversammlung schaffte das Sultanat am 1.11.1922 ab. Die Türkei schloß im Juli 1923 den Frieden von Lausanne, der ihr Smyrna und Ostthrazien zurückgab und die Meerengen, die allerdings unbefestigt bleiben mußten, türkischer Oberhoheit wieder unterstellte. Im Oktober wurde Kemal Pascha, der 1934 den Ehrennamen Atatürk, Vater der Türken, erhielt, zum ersten Präsidenten der Republik gewählt. Der türkische Staat wurde weitgehend zum Nationalstaat; es blieben etwa 7% Kurden und eine sehr kleine armenische Minderheit, die im Ersten Weltkrieg dem Völkermord durch die Türken entgangen und nicht nach Sowjetrußland geflohen war. Das schwerstwiegende Minderheitenproblem wurde auf eine sehr fragwürdige Weise umgangen: Griechenland und die Türkei nahmen große Zwangsumsiedlungen der nationalen Minderheiten in den Nachbarstaat vor. 1,4 Millionen Griechen mußten ihre in der Türkei liegende Heimat verlassen, 380000 Türken wurden aus Griechenland ausgesiedelt. Damit war eine Methode nationalstaatlicher Politik angewendet worden, die der Pariser Friedenskonferenz ferngelegen hatte, die in späteren Jahrzehnten aber furchtbare Nachahmer fand.

Der „Cordon Sanitaire"

Auf der Pariser Friedenskonferenz war die Frage der polnischen Westgrenzen, nicht aber der polnischen Ostgrenze geregelt worden. Da Rußland an der Konferenz nicht teilnahm, blieben seine Interessen ebenso unberücksichtigt, wie die Konferenz keinen Einfluß auf die Entwicklung in Rußland hatte. Der Wunsch der westlichen Staatsmänner, den Bolschewismus von Mitteleuropa fernzuhalten, traf sich mit dem Ziel des polnischen Staatsführers Pilsudski, Polen weit nach Osten ausgreifen zu lassen. Allerdings reichten die Vorstellungen Pilsudskis, der die Grenzen von 1772 anstrebte, weit über die von den Westmächten schließlich vorgesehene „Curzon-Linie" hinaus: Der englische Außenminister Curzon hatte als Ostgrenze Polens die Linie Grodno–Brest–Przemisl abgesteckt, die etwa die ethnische Grenze zwischen Polen und Weißrussen, bzw. weiter südlich Ukrainern bildete. Pilsudski versuchte die Schwäche des vom Bürgerkrieg bedrängten bolschewistischen Rußland auszunutzen und ließ Truppen in Rußland einfallen. Die Polen erreichten im Sommer 1920 Kiew, wurden aber dann von der Roten Armee bis nahe Warschau zurückgeworfen. Mit materieller französischer Hilfe und Unterstützung durch französische Generale konnten die Russen wieder vertrieben werden, und Polen gewann im Frieden von Riga (März 1921) eine Grenze etwa 200 bis 300 km östlich der Curzon-Linie. Sie entsprach etwa der Grenze von 1793 vor der zweiten polnischen Teilung (s. Bd. K2).

Polen war damit zum Nationalitätenstaat mit starken weißrussischen, ukrainischen und deutschen Minderheiten geworden. Außenpolitisch hatte der Krieg einen scharfen Gegensatz zu Rußland und die Freundschaft mit Frankreich gebracht.

Die Pariser Friedenskonferenz hatte zwar den Frieden von Brest-Litowsk (vgl. Bd. K3) aufgehoben, die als Folge dieses Friedens gewonnene Unabhängigkeit Finnlands, Estlands, Lettlands und Litauens jedoch erhalten. 1919 halfen deutsche Verbände unter Duldung der Westmächte, den Bolschewismus von den baltischen Staaten fernzuhalten. 1920 erkannte die Sowjetunion in Friedensverträgen die Selbständigkeit der vier Staaten an. Wegen Gebietsforderungen (Wilna) kam es zwischen Litauen und Polen zu scharfen Spannungen, ähnlich wie sie auch zwischen Polen und der Tschechoslowakei wegen territorialer Fragen (Teschen) bestanden.

Das kriegerische Nachspiel in Ostmitteleuropa zum Ersten Weltkrieg brachte für Rußland den Verlust eines großen Teils seiner bisherigen Westgebiete und des größten Teils der Ostseeküste. Es war auf Grenzen des 18. Jahrhunderts zurückgeworfen. In der sowjetischen Politik konnten neben den revolutionären Zielen auch auf Revision dieser Grenzen gerichtete Bestrebungen auftreten und damit in die Nähe der imperialistischen Politik der Zaren führen.

Ebenso wie in Südosteuropa war auch die zwischen Deutschland und Rußland liegende, aus den Trümmern des Deutschen Reiches, des Zarenreiches und der Donaumonarchie entstandene Staatenwelt in sich außenpolitisch vielfach verfeindet und innenpolitisch durch Nationalitätenprobleme und infolge ihrer Wirtschafts- und Gesellschaftsstruktur labil. In allen ostmitteleuropäischen Staaten wurden Agrarreformen durchgeführt. Ihr Ziel war die Zerschlagung des Großgrundbesitzes, wobei aber auch nationalistische Tendenzen ein wichtiges Motiv waren. So war z. B. in den baltischen Staaten über die Hälfte des Landes in der Hand der kleinen deutschen Adelsschicht gewesen, während die estnische und lettische Landbevölkerung wenig oder kein Land besessen hatte. In den Ostgebieten Polens wurde der Grundbesitz auf 300 ha begrenzt, in den Westgebieten mit vorwiegend deutschen Großgrundbesitzern auf nur 60–180 ha. So wurde in den ostmitteleuropäischen Staaten der Großgrundbesitz vor allem der nationalen Minderheiten beseitigt. Aber nur in den baltischen Ländern gelang es, ein wirtschaftlich starkes Bauerntum zu entwickeln und damit die sozialen Probleme auf dem Land zu überwinden. Dagegen gab es in Polen etwa eine Million Bauern mit weniger als 2 ha nutzbarem Land. Ihre Höfe waren kaum existenzfähig. Infolge der nicht geänderten vorwiegend agrarischen Struktur der Wirtschaft konnte sich weder ein bürgerlicher Mittelstand noch eine Arbeiterschicht bilden, die die politische Entwicklung hätten übernehmen können. Nur in Finnland und der gebietsweise hochindustrialisierten Tschechoslowakei gelang die Festigung der demokratischen Staatsform. In den anderen Staaten der ostmitteleuropäischen „Schütterzone" entstanden bald mehr oder minder diktatorische Herrschaftsverhältnisse.

So war der auf der Pariser Friedenskonferenz als „cordon sanitaire" gegen den Bolschewismus vorgesehene Staatengürtel für seine ihm zugedachte Aufgabe auf die Dauer ein wenig geeignetes Instrument. Er konnte sie einigermaßen erfüllen, solange Deutschland und die Sowjetunion schwach waren. Ob der Rückhalt, den die Westmächte den neu entstandenen Staaten boten – vor allem zwischen Frankreich und Polen und der Tschechoslowakei war die Bindung eng –, auch unter veränderten Machtverhältnissen ausreichen würde, war nicht abzusehen.

II. Die Sowjetunion

1917, März	(Februar des alten russ. Kalenders) „Bürgerliche“ Revolution in Rußland
1917, 6./7. Nov.	(24./25. Okt.) Bolschewistische Revolution (in Petrograd)
7. Dez.	Gründung der „Außerordentlichen Kommission zur Unterdrückung der Gegenrevolution“ (Tscheka)
1918, 19. Jan.	Auflösung der Verfassunggebenden Versammlung durch bolschewistische Truppen
3. März	Friede von Brest-Litowsk
1918–1920	Russischer Bürgerkrieg zwischen „Weißen“ und „Roten“
1921, März	Kronstadter Aufstand
1921, März	X. Parteikongreß: Festigung der Macht von Zentralkomitee und Politbüro
1921	„Staatliche Plankommission“ (Gosplan) gebildet; Verbot der Opposition in der Partei
1921–1928	„Neue Ökonomische Politik“ (NEP)
1922	Stalin Generalsekretär der KP
1922	Rapallo-Vertrag mit Deutschland
1922, Dez.	Gründung der UdSSR
1924, 21. Jan.	Tod Lenins
1924–1929	Ausbau der Diktatur Stalins
1925	Stalin („Sozialismus in einem Land“) verdrängt Trotzkij („permanente Revolution“)
1928	Beginn der Zwangskollektivierung der Landwirtschaft
1929	Beginn des ersten Fünfjahresplans: Vorrang der Schwerindustrie
1935–1938	Schauprozesse gegen Stalins Gegner unter den alten Bolschewisten
1939, 23. Aug.	Deutsch-sowjetischer Nichtangriffspakt

1. Die russische Revolution

Die Revolution im März 1917

1917 zerbrach die Herrschaft des Zaren und die ihr zugeordnete Gesellschaftsstruktur. In den vergangenen Jahren, vor allem seit der Revolution von 1905 (vgl. Bd. K3), hatte sich der Absolutismus des autokratischen Zarenreiches als reformunfähig erwiesen. Einzig die dem Zaren abgerungene Existenz der Duma schien in eine mögliche hellere politische Zukunft zu weisen, aber bis zuletzt erwog Nikolaus II. immer wieder, selbst diesen „Scheinkonstitutionalismus“ (Max Weber) wieder einzuschränken oder aufzuheben. So fanden Gedanken an einen radikalen Umsturz des politischen und gesellschaftlichen Systems immer weitere Verbreitung. Der Krieg ließ die Schwächen des zaristischen Rußland kraß hervortreten: Finanziell, in der Industrie- und in der Agrarproduktion zeigten sich gravierende Mängel. Der Landwirtschaft fehlten nach der Mobilmachung Arbeitskräfte, die Industrie konnte weder zum Ersatz landwirtschaftliche Maschinen produzieren noch den Kriegsbedarf decken. So fehlten bald über 60% der Gewehre, bei der Artillerie war die Munition knapp. Lebensmittelmangel bei gleichzeitig stark steigenden Preisen höhlte zusätzlich die Moral vor allem der Städter aus.

Den Anstoß zum Ende der Zarenherrschaft gab der Zusammenbruch der Versorgung, vor allem der Brotversorgung, in Petrograd

März 1917

im Winter 1916/17, der am 23. Februar (8. März nach dem gregorianischen Kalender) Frauendemonstrationen auslöste. Wenige Tage später schlossen sich Arbeiter und Soldaten der Petrograder Garnison den Demonstrationen an, die sich ebenso wie in anderen Städten des Landes zum Aufstand ausdehnten. Die Arbeiter wollten Brot, die Soldaten Frieden,

die Bauern Land. Der „Progressive Block" der Duma, die Mehrheit ohne die Rechten und ganz Linken, der schon seit 1915 eine an das Vertrauen des Volkes gebundene Regierung angestrebt hatte, bildete eine Provisorische Regierung. Ministerpräsident wurde der liberale Fürst Lwow (28. 2). Am 2. (15.) 3. dankte Zar Nikolaus II. ab, einen Tag später verzichtete auch sein Bruder auf die Krone. Faktisch war Rußland Republik geworden, obwohl die endgültige Entscheidung über die Staatsform durch eine noch zu wählende, verfassunggebende Nationalversammlung getroffen werden sollte.
Neben der provisorischen Regierung, die freie Wahlen versprach und die liberaldemokratische Republik verwirklichen wollte, stand der Petrograder Sowjet, der sich nach dem Vorbild der revolutionären Vorgänge von 1905 (vgl. Bd. K3) aus den in Fabriken und Kasernen entstandenen Räten gebildet hatte. In ihm hatten die Sozialrevolutionäre und die Menschewiki (vgl. Bd. K3) die große Mehrheit. Die Provisorische Regierung war auf die Duldung durch den Petrograder Sowjet angewiesen, der am 1. (14.) 3. die Bildung von Sowjets in allen Truppenteilen anordnete und ihnen die Verfügung über die Waffen übertrug. Es bestand ein Dualismus zwischen der von Bürgerlichen getragenen Regierung und den sozialistischen Sowjets; diese wollten den Krieg beenden, jene ihn fortsetzen. Die Verbündeten Rußlands hofften auf die neue demokratische Regierung im Kampf gegen die autoritär-reaktionären Mittelmächte; diese förderten mit Geld und anderer Unterstützung die sozialistischen Kräfte in Rußland, die das Ausscheiden Rußlands aus dem Krieg in Aussicht stellten.
Die staatliche Ordnung zerbrach in Rußland. Im Mai wurde die Provisorische Regierung um sechs Menschewisten und Sozialrevolutionäre erweitert, ohne daß damit der Dualismus zwischen Regierung und Petrograder Sowjet überwunden war. Mit Hilfe der deutschen Obersten Heeresleitung eingeschleust, erschien Lenin im April in Petrograd. Jetzt, vor allem mit Hilfe von Lenins „Aprilthesen", spielte sich die bis dahin weitgehend einflußlose kleine Partei der Bolschewiki in den Vordergrund. Lenin rief zum Kampf gegen die Provisorische Regierung auf, gegen das liberale Bürgertum ebenso wie gegen die als kleinbürgerlich bezeichneten Menschewiki und Sozialrevolutionäre. Alle Macht sollte den Räten zufallen. Überall im Land arbeiteten die Sowjets mehr und mehr gegen die Regierung.
Aber die Bolschewiki waren noch eine kleine Minderheit, die Partei hatte kaum 24000 Mitglieder, die Sozialrevolutionäre dagegen etwa 1 Million. Auf dem 1. Allrussischen Kongreß der Sowjets im Juni 1917 waren von 641 Delegierten nur 108 Bolschewiki. Zwar gewannen sie durch ihre Forderung nach sofortigem Frieden und Landaufteilung bei der Masse der Bevölkerung an Boden, erlitten aber nach bewaffneten Demonstrationen vom 3. (16.)–5. (18.) Juli einen schweren Rückschlag. Unter dem bolschewistischen Motto „Alle Macht den Räten" hatten die Demonstrationen begonnen, obwohl das Zentralkomitee der Partei den Zeitpunkt für eine gewaltsame Übernahme der Macht noch nicht gekommen glaubte und deshalb nur zögernd die Leitung der Demonstrationen in die Hand nahm. Die seit kurzem nur noch aus sozialistischen Mitgliedern bestehende Regierung des sozialrevolutionären Ministerpräsidenten Kerenski (seit 8. (21.) 7.) schlug die Demonstrationen nieder und ließ führende Bolschewiki verhaften. Lenin floh für kurze Zeit nach Finnland.

Die Oktoberrevolution

Da die Regierung Kerenski keinen der Wünsche der unruhigen Massen erfüllte, verlor sie rasch an Ansehen. Die Landverteilung sollte im Zuge einer großen Agrarreform erfolgen, die die verfassunggebende Versammlung durchführen sollte; deren Wahl aber wurde mehrfach verschoben. Die Friedenshoffnung des Volkes wurde durch die Weiterführung des Krieges enttäuscht. Das Chaos in Verwaltung und Verkehr vergrößerte die Not in den Städten täglich. Die sogenannte Kerenski-Offensive in Galizien mißlang völlig, da die Truppen nicht mehr in der Hand der militärischen Führung waren. Den antirevolutionären Putsch des zaristischen Generals Kornilow konnte die Regierung Kerenski nur mit Hilfe des Petrograder Sowjets niederwerfen. Diese Ereignisse brachten den Bolschewiki die Mehrheit in den Sowjets von Petrograd und Moskau. Jetzt hielt Lenin die Gelegenheit für gekommen, durch einen bewaffneten Aufstand die Bolschewiki an die Macht zu bringen. Aus Finnland zurückgekehrt, gelang es ihm, die Mehrheit des Zentralkomitees der Partei am 10.10. (23.10.) zu gewinnen: Der Putsch wurde für den 25.10. (7.11.) festgesetzt. Dieser Tag wurde gewählt, weil an ihm der Zweite Allrussische Rätekongreß zusammentrat, in dem die Mehrheitsverhältnisse für die Bolschewiki voraussichtlich ungünstig sein würden. Vorbereitung und Durchführung des Aufstandes organisierte Leo Trotzkij, indem er das Militärrevolutionäre Komitee des Petrograder Sowjets benutzte, um die Garnison der Hauptstadt in die Hand zu bekommen. Am

7.11. 1917

25.10. (7.11.) besetzten den Bolschewiki ergebene Truppen und Rote Garden (Arbeitermilizen) widerstandslos wichtige Punkte der Hauptstadt. Nur am Winterpalais, dem Tagungsort der Provisorischen Regierung, kam es zu einem kurzen Kampf, sonst verlief die Revolution unblutig. Die Regierung wurde verhaftet, nur Kerenski entkam. Die Ansätze zu einer Parlamentarischen Demokratie in Rußland waren gescheitert.

Als am Abend des Revolutionstages der Zweite Allrussische Rätekongreß zusammentrat, bildeten die Bolschewiki zusammen mit den linken Sozialrevolutionären – diese Partei hatte sich im Sommer gespalten – eine schwache Mehrheit gegenüber den Menschewiki und den Sozialrevolutionären. Aus Protest gegen den bolschewistischen Aufstand verließen diese beiden Gruppen den Kongreß. Im verbleibenden Restkongreß hatten die Bolschewiki die Mehrheit und verkündeten am nächsten Tag drei Dekrete Lenins: der „sofortige Frieden ohne Annexionen und Kontributionen" wurde angestrebt; das Land war entschädigungslos zu enteignen und den Bezirkssowjets der Bauerndeputierten zur Verfügung zu stellen; als vorläufige Regierung wurde der „Rat der Volkskommissare" eingesetzt, in dem Lenin den Vorsitz hatte.

Zunächst hatten die Bolschewiki in der Oktoberrevolution die Macht nur in der Hauptstadt und in einigen anderen Städten errungen. Sie waren eine Minderheit, obwohl die Partei 1917 auf über 200000 Mitglieder gewachsen war. Aber sie fanden wenig Widerstand bei den Massen, da sie das Land enteigneten und den Krieg abbrachen. Die endgültige Regelung der Verhältnisse in Rußland erwartete man von der am 25.11.(8.12.) zu wählenden verfassunggebenden Versammlung. Den Termin hatte noch die Regierung Kerenski festgelegt.

3.3. 1918

Der Waffenstillstand vom 15. 12. 1917 und schließlich der Friede von Brest-Litowsk (3.3.1918) erfüllten die Friedenssehnsucht des Volkes und boten den Bolschewiki die Voraussetzung, das innere Chaos zu überwinden und ihre Macht zu stabilisieren (vgl. Bd. K3).

2. Der Leninismus

Lenin

Nach der Revolution am 25. Oktober (7. 11.) fiel die Staatsmacht sehr rasch an Lenin als Vorsitzenden des „Rates der Volkskommissare". Die Revolution war im wesentlichen ebenso sein Werk wie die Politik in den ersten Jahren des neuen Staates.

Wladimir Iljitsch Uljanow – seit 1901 nannte er sich Lenin – wurde 1870 als Sohn eines Schulrats in Simbirsk, einer kleinen Stadt an der Wolga geboren. Ein entscheidendes Jugenderlebnis war 1887 die Hinrichtung seines Bruders, der sich an einer Verschwörung gegen den Zaren beteiligt hatte. Als Jurastudent wegen revolutionärer Tätigkeit von der Universität relegiert, bestand Wladimir Iljitsch 1891 als Externer das Examen in Petersburg. Wenige Jahre war er dort als Rechtsanwalt tätig, gründete während dieser Zeit den „Kampfbund zur Befreiung der Arbeiterklasse", die Keimzelle der späteren Sozialdemokratischen Partei Rußlands, und wurde wegen revolutionärer Tätigkeit nach Sibirien verbannt. Dort las er revolutionäre und marxistische Schriften. 1898 heiratete er noch in der Verbannung Nadeshda Krupskaja. Dann emigrierte er und verbrachte die Jahre von 1900 bis 1905 in London, München und Genf, kehrte während der Revolution von 1905/06 nach Petersburg zurück und lebte zwischen 1907 und 1917 wieder in Westeuropa, in Genf, Paris, Krakau, Bern und Zürich. In den langen Jahren der Emigration war Lenin theoretisch und praktisch politisch tätig. Auf dem Zweiten Parteikongreß der russischen Sozialdemokraten 1903 in London spaltete sich die Partei in Menschewiki und Bolschewiki, Führer der Bolschewiki wurde Lenin; 1912 war der

Lenin während einer Ansprache in Moskau, Mai 1920. Neben der Tribüne steht Trotzkij. Auf Stalins Anweisung wurde die Aufnahme später so retuschiert, daß Trotzki verschwand. Der Ausschnitt recht zeigt die Retusche.

Bruch zwischen den beiden Gruppen endgültig. Seine Revolutionstheorie, die er in vielen Veröffentlichungen formulierte, forderte eine „Partei neuen Typs". Nach Ausbruch der bürgerlichen Revolution in Rußland im Februar 1917 konnte er im April mit Unterstützung der deutschen Obersten Heeresleitung aus dem Schweizer Exil nach Rußland zurückkehren. Er begann sofort, politisch tätig zu werden, was nur im Sommer 1917 noch einmal durch ein kurzes Ausweichen nach Finnland unterbrochen wurde.

Lenin hat die Gedanken von Marx und Engels verändert, indem er ihre Anwendung unter den Bedingungen, die in Rußland bestanden, anstrebte. Hier fehlten wichtige Voraussetzungen, ohne die für Marx ein Übergang zum Sozialismus nicht möglich war. Indem Lenin eine revolutionäre Praxis für die russischen Verhältnisse entwickelte, erfuhr die marxistische Theorie eine starke Akzentverschiebung. Aus dem Marxismus wurde der Marxismus-Leninismus.

Die Imperialismustheorie

1916 erschien Lenins Schrift „Der Imperialismus und die Spaltung des Sozialismus" und 1917 „Der Imperialismus als höchstes

Stadium des Kapitalismus", in denen er wie andere vor ihm den Imperialismus (vgl. Bd. K3) als „besonderes historisches Stadium des Kapitalismus" versteht, in dem „die Ablösung der freien Konkurrenz durch das Monopol ... der ökonomische Grundzug" ist. Der Markt verliert seine Funktion; die Verflechtung von Industrien und Banken gewinnt zunehmenden Einfluß auf die Politik. Die Industriestaaten gehen vom Warenexport zum Kapitalexport über: Anleihen oder direkte Investitionen fließen in industriell nicht oder nur gering entwickelte Gebiete und machen diese damit wirtschaftlich und politisch abhängig. Der Kampf um diese Kapitalexportmärkte wird von den Industriestaaten mit allen Mitteln bis hin zu Kriegen geführt, die für Lenin eine unvermeidliche Konsequenz des Imperialismus sind. Im Imperialismus sieht er die letzte Entwicklungsphase des Kapitalismus, auf die der Sozialismus folge. Seitdem werden von Marxisten-Leninisten die nichtsozialistischen Industriestaaten als imperialistisch bezeichnet.

Hohe Gewinne durch Ausbeutung der unterentwickelten Länder ermöglichen es den Monopolinhabern in den Industriestaaten, den Arbeitern oder wenigstens einer „Arbeiteraristokratie" eine gesicherte Existenz zu bieten, sie durch hohe Löhne zu korrumpieren, so daß sie für Opportunismus und Nationalismus anfällig werden und damit der revolutionären und internationalistischen Arbeiterbewegung verlorengehen. Den „Revisionismus" der westeuropäischen Sozialdemokratie sieht Lenin als Beweis für seine These an. Die Chance für die Revolution steigt deshalb im schwächsten Glied der „Kette des Imperialismus", in Rußland. Das zahlenmäßig noch unbedeutende russische Proletariat ist für eine Revolution eher geeignet als die zahlenmäßig starken evolutionistischen Sozialisten Westeuropas. Es kann dabei auf Verbündete unter den kolonialen und abhängigen Gebieten der Erde rechnen, auch wenn deren Gegnerschaft gegen den Imperialismus andere, nämlich nationale und ökonomische Gründe hat.

Die „Partei neuen Typs"

Die Lehre von Aufbau und Aufgaben der Partei entwickelte Lenin zuerst in seiner 1902 erschienenen Schrift „Was tun?". Der Blick auf die Geschichte zeige, „daß die Arbeiterklasse aus eigenen Kräften nur ein trade-unionistisches Bewußtsein herauszuarbeiten vermag." Folglich kann „das politische Klassenbewußtsein ... dem Arbeiter nur von außen gebracht werden, das heißt aus einem Bereich außerhalb des ökonomischen Kampfs". Der Aufbau der Partei, die sich als „Avantgarde des Proletariats" versteht, hat nach folgendem Organisationsprinzip zu erfolgen: „strengste Konspiration, strengste Auslese der Mitglieder, Heranbildung von Berufsrevolutionären." Wegen Lenins Lehre von der Partei, die den Ansätzen bei Marx und Engels nicht entspricht, spaltete sich die russische Sozialdemokratische Partei auf ihrem Parteitag 1903 in London, als Lenin eine schwache Mehrheit gegen den demokratisch-revisionistischen Parteiflügel gewann. Die Anhänger des unterlegenen rechten Parteiflügels bezeichneten sich seitdem als Menschewiki (Minderheitler), die Anhänger Lenins als Bolschewiki (Mehrheitler).

Die leninsche Elitepartei der Berufsrevolutionäre hatte 1916 in Rußland etwa 5000 bis 6000 Mitglieder. Der Aufbau der Partei erfolgte wegen der zaristischen Verfolgung unter schwierigen Bedingungen, änderte sich aber auch nach der Revolution nicht. Als „demokratischer Zentralismus" wurde die hierarchische Struktur der Partei, die straffe Unterordnung unter die Führungsspitze, die Einschränkung innerparteilicher Kritik und das Verbot von Fraktionenbildung bezeichnet. Trotzkij und Rosa Luxemburg wiesen früh auf die Gefahr dieser Machtballung in der Hand des Zentralkomitees der Partei hin.

Träger der sozialistischen Entwicklung war für Lenin nicht mehr wie für Marx das ganze Proletariat, sondern die straff disziplinierte Elitepartei, der die alleinige Führungsrolle und damit ein Absolutheitsanspruch zukam.

Die politische Taktik

Infolge der politischen Situation in Rußland zur Zeit des Zarismus, aber auch als Folge seiner Beurteilung der Entwicklung der westeuropäischen Sozialdemokratie gewannen für Lenin Fragen der Taktik eine beherrschende Bedeutung. Taktische Kompromisse und Zugeständnisse, die nur eine straff organisierte Partei leicht mitmacht, sind nach seiner Meinung häufig erforderlich. So sind gegebenenfalls z. B. „alle möglichen Schliche, Listen und illegalen Methoden anzuwenden, die Wahrheit zu verschweigen und zu verheimlichen, nur um in die Gewerkschaften hineinzukommen, in ihnen zu bleiben und in ihnen um jeden Preis kommunistische Arbeit zu leisten." Entsprechend der Imperialismustheorie haben die Kommunisten auch in kolonialen oder halbkolonialen Gebieten danach zu trachten, nationale und bäuerliche Bewegungen anzuführen.

Unter den gegebenen Bedingungen in Rußland hielt Lenin das Klassenbündnis zwischen dem zahlenmäßig kleinen Proletariat und der Masse der Bauern für eine unumgängliche Voraussetzung der Revolution. Die Situation ergab, daß die sozialistische Revolution mit dem Versprechen von freiem Ackerland für alle die Bauern gewann, die es als Zusage privaten Landeigentums mißverstanden. Aus ähnlichen taktischen Gründen hielt Lenin die Förderung der bürgerlichen Revolution, die im Februar 1917 stattfand, durch die Bolschewiki für notwendig, weil er im Erfolg der bürgerlich-demokratischen Revolution die Voraussetzung für die sozialistische Revolution sah.

Die „Diktatur des Proletariats"

Unter der nach Marx als Übergangsphase zwischen Kapitalismus und Sozialismus herrschenden „Diktatur des Proletariats" verstand Lenin etwas anderes als die westeuropäische Sozialdemokratie. Im Gegensatz zu dem deutsch-österreichischen sozialdemokratischen Theoretiker Karl Kautsky sah Lenin den Neubeginn nach der erfolgreichen Revolution nicht in einer breiteren parlamentarischen Demokratie, sondern hielt gewaltsame Unterdrückung zur Erhaltung der revolutionären Fortschritte für unumgänglich. Zu dieser Folgerung mußte Lenin kommen, weil er anders als Marx und Engels nicht an den ökonomischen und sozialen Voraussetzungen der Revolution – hoher Industrialisierungsgrad und Überwiegen der Arbeiterbevölkerung – festhielt, sondern die Möglichkeit der Revolution im überwiegend agrarischen Rußland bei günstiger politischer Situation für gegeben sah, obgleich die ökonomischen und sozialen Bedingungen nach Marx nicht für die sozialistische Revolution reif waren.

Die bolschewistische Partei, nicht als eine unter anderen, sondern als die mit dem Gesetz der Geschichte in Einklang stehende Spitze des Proletariats, hatte die Diktatur des Proletariats zu leiten. Dabei ist für Lenin die „revolutionäre Diktatur des Proletariats ... eine Macht, ... die an keinerlei Gesetze gebunden ist." Ihre Aufgabe sei die Unterdrückung der bisher herrschenden Klassen, wobei gelegentliche Kompromisse mit der bürgerlichen Intelligenz nützlich sein können. Das Bündnis mit den verarmten Bauern sei in Rußland unumgänglich.

Der Staat der Übergangsperiode

In seiner Schrift „Staat und Revolution" (1917) schließt sich Lenin zwar eng an die Staatstheorie des Marxismus an, legt aber einen entscheidenden Akzent auf den Revolutionsgedanken. „Der Übergang von der kapitalistischen Gesellschaft ... zur kommunistischen Gesellschaft ist unmöglich ohne eine ‚politische Übergangsperiode', und der Staat dieser Periode kann nur die revolutionäre Diktatur des Proletariats sein." Jede Demokratie in einer kapitalistischen Gesellschaft bedeutet nur „Freiheit für die Sklavenhalter", ist nur „Demokratie für eine verschwindende Minderheit, Demokratie für die Reichen". „Die Modifizierung der Demokratie beim Übergang vom Kapitalismus zum Kommunismus" dagegen soll zum erstenmal „Demokratie für die riesige Mehrheit des Volkes und gewaltsame Niederhaltung der Ausbeuter, der Unterdrücker des Volkes, das heißt ihre Ausschließung von der Demokratie" bringen. Die Organisationsform soll dabei das Rätesystem (Sowjets) sein. Neben der jederzeitigen Abwählbarkeit der Gewählten und dem imperativen Mandat ist die Beseitigung der Gewaltenteilung charakteristisch: „Die Vertretungskörperschaften bleiben, aber den Parlamentarismus als besonderes System, als Trennung der gesetzgebenden von der vollziehenden Tätigkeit, als Vorzugsstellung für Abgeordnete gibt es hier nicht."

Wenn auch „Gerechtigkeit und Gleichheit ... die erste Phase des Kommunismus noch nicht bringen" kann, so macht sie doch schon „die Ausbeutung des Menschen durch den Menschen" unmöglich, da es keinen Privatbesitz an Produktionsmitteln mehr gibt. Damit ist die wesentlichste Voraussetzung für das Absterben des Staates gesetzt. Schließlich wird dann niemand mehr da sein, „der niedergehalten werden müßte ‚niemand' im Sinne einer Klasse", wodurch der Staat überflüssig wird. „Solange es einen Staat gibt, gibt es keine Freiheit. Wenn es Freiheit geben wird, wird es keinen Staat mehr geben." Im Gegensatz zu Engels rechnete Lenin mit einer „ziemlich langen Übergangsperiode".

Sozialismus und Kommunismus

Die neue sozialistische Gesellschaft gilt als die Grundlage, aus der der Kommunismus entsteht. „Der Sozialismus bedingt Arbeit ohne Hilfe der Kapitalisten, gesellschaftliche Arbeit bei strengster Rechnungsführung, Kontrolle und Aufsicht durch die organisierte Avantgarde, den fortgeschrittensten Teil der Werktätigen, wobei sowohl das Maß der Arbeit als auch die Entlohnung festgesetzt werden müssen... Als Kommunismus jedoch bezeichnen wir eine Gesellschaftsordnung, in der die Menschen sich daran gewöhnen, ihren gesellschaftlichen Pflichten ohne besonderen Zwangsapparat nachzukommen, in der unentgeltliche Arbeit zum Nutzen der Gemeinschaft zur allgemeinen Erscheinung wird". Lenin fügt hinzu, daß dieses Ziel „in weiter Ferne liegt."

Die internationale Politik

Zuerst sah Lenin in der russischen Oktoberrevolution den Anfang einer sich rasch ausbreitenden Weltrevolution. Als diese ausblieb, war es die erste Aufgabe, den neuen Staat in einer kapitalistischen Umwelt zu erhalten. Gemäß der Imperialismustheorie waren die kapitalistischen Staaten eine ständige Bedrohung für den Sowjetstaat. Um in Rußland die Industrialisierung durchführen zu können und damit den Weg zum Kommunismus zu ebnen – „Kommunismus ist Sowjetmacht plus Elektrifizierung" –, strebte er die Koexistenz mit den kapitalistischen Staaten an. Gleichzeitig aber diente die 1919 in Moskau gegründete „Dritte Kommunistische Internationale" („Komintern", Zusammenschluß kommunistischer Parteien) der Vorbereitung der Weltrevolution. Zwischen praktischer Politik und theoretischer Zielsetzung bestanden Differenzen. Als außenpolitische Methode bezeichnete Lenin einmal die „Ausnutzung des Zwistes unter den imperialistischen Mächten"; als unvermeidliches Ziel galt: „Sobald wir aber stark genug sind, den gesamten Kapitalismus niederzuwerfen, werden wir ihn sofort an der Gurgel packen".

Lenin unterschied zwischen gerechten und ungerechten Kriegen. Da „der Krieg ... die Fortsetzung der Politik der einen oder anderen Klasse" ist, liegt für Lenin in der Klassenfrage allein der Maßstab zu seiner Beurteilung: „Der Charakter eines Krieges (ob er ein reaktionärer oder ein revolutionärer Krieg ist) hängt nicht davon ab, wer der Angreifer ist und in wessen Land der ‚Feind' steht, sondern davon, welche Klasse den Krieg führt, welche Politik durch diesen Krieg fortgesetzt wird." Erst nach der Beseitigung des Kapitalismus und damit des Imperialismus auf der Welt kann es für Lenin ein Leben ohne Krieg geben. Ein Krieg, der der Herbeiführung dieses Endzustandes dient, ist „berechtigt und heilig".

Der dialektische Materialismus

Wenngleich für Lenin die politische Praxis im Vordergrund seiner Arbeit stand, schuf er doch durch seine Weiterformung der philosophischen Gedanken von Marx und Engels, vor allem in der Schrift „Materialismus und Empiriokritizismus" (1908), die Grundlagen der offiziellen bolschewistischen Philosophie, des dialektischen Materialismus (Diamat). Ihm zufolge ist die Materie die einzige Form des Seins, existiert unabhängig vom Bewußtsein des Menschen, spiegelt sich aber mit ihrer sich nach den Gesetzen der Dialektik vollziehenden Selbstbewegung im Bewußtsein des Menschen (Widerspiegelungstheorie). Quantitative Veränderungen bewirken schließlich in ihrer Summierung eine qualitative Veränderung, den „dialektischen Sprung" von der These zur Antithese, deren Negation dann weiter zur Synthese führt. Dieses Bewegungsgesetz bestimmt den fortschreitenden Geschehnisverlauf in Natur und Kultur.

Im Gegensatz zu den Anhängern Kants hielt Lenin die Erkennbarkeit des „Dings an sich" in der Erscheinung für gegeben: „Übereinstimmung zwischen dem die Natur widerspiegelnden Bewußtsein und der im Bewußtsein widergespiegelten Natur". Relativ ist also menschliches Wissen nur im Hinblick auf die Differenz zwischen bereits Erkanntem und noch nicht Erkanntem. Wissenschaftliche Erkenntnis vollzieht sich in einem Prozeß, der die Kluft zwischen bereits erkannter Wahrheit und absoluter Wahrheit beseitigt: „Für den dialektischen Materialismus (gibt es) keine unüberbrückbare Kluft zwischen relativer und absoluter Wahrheit".
Somit ist im dialektischen Materialismus kein Platz für Religion, Idealismus, Agnostizismus. Als einziger Weg zur Wahrheit gilt Lenin „der Weg der auf dem materialistischen Standpunkt stehenden Wissenschaft". In Verbindung mit der geschichtlichen Rolle des Proletariats, wie sie aus dem Historischen Materialismus (vgl. Bd. K3) gefolgert wird, ergibt sich die Parteilichkeit der Wissenschaft, die in dem Maß „objektiv" wird, wie sie dem Standpunkt des Proletariats oder seiner Avantgarde, der Partei, entspricht.

3. Die Krise der Revolution

Sicherung der Macht

Unmittelbar nach der Oktoberrevolution hatte der Rat der Volkskommissare die Gunst der Massen durch drei Erklärungen zu gewinnen versucht, die lange gehegten Wünschen und Zielen anderer politischer Gruppen, vor allem der Sozialrevolutionäre, entsprachen: Der Krieg sollte sofort beendigt, Grund und Boden der Gutsbesitzer enteignet und den Nationalitäten im russischen Reich das Recht auf Selbstbestimmung gewährt werden. Die ersten beiden Dekrete entsprachen Programmpunkten der Sozialrevolutionäre, von denen einige, dem linken Parteiflügel angehörende, in den Rat der Volkskommissare aufgenommen wurden. Bis zum Sommer 1918 haben dann aber die Bolschewiki alle Sozialrevolutionäre und Menschewiki, also alle nicht-bolschewistischen Sozialisten, aus den Sowjets ausgeschlossen; die sozialrevolutionären Volkskommissare waren schon vorher zurückgetreten aus Protest gegen die Unterzeichnung des Friedens von Brest-Litowsk.
Am 25.11.1917 (8.12.) brachten die noch zur Zeit der Provisorischen Regierung unter Kerenski angesetzten Wahlen zur Konstituierenden Versammlung den Bolschewiki nur 9 von 36 Millionen Stimmen (25%). Die nicht-bolschewistischen sozialistischen Parteien erhielten 62% der Stimmen, die Bürgerlichen 13%. Als die Konstituante am 5.(18.)1.1918 in Petrograd zusammentrat, hatten unter den 707 Abgeordneten die 370 rechten Sozialrevolutionäre die Mehrheit, die Bolschewiki – unterstützt von 40 linken Sozialrevolutionären – verfügten nur über 183 Sitze. Nach Ablehnung ihres Antrags, die Staatsgewalt sofort den Sowjets zu übertragen, verließen die Bolschewiki die Verfassunggebende Versammlung, die anschließend den Privatbesitz an Grund und Boden für beseitigt erklärte und Rußland als demokratische föderative Republik ausrief. Aber am nächsten Tag (6.[19.]1.1918) verwehrten rote Truppen den Abgeordneten den Zugang zum Sitzungssaal. Lenin hatte das Zentralexekutivkomitee der Sowjets beschließen lassen: „Die Konstituierende Versammlung wird aufgelöst". Es war, so Lenin, „die offene und vollständige Liquidation der formalen Demokratie im Namen der revolutionären Diktatur." Lenin hatte – unterstützt von den Sowjets in Moskau und Petrograd – die Macht in Petrograd in der Hand. Ihrer Festigung dienten im Winter 1917/18 die Rücknahme der durch die Revolution gerade erst gewonnenen Pressefreiheit und vor allem am 7.(20.)12.1917 die Gründung der „Außerordentlichen Kommission zur Unterdrückung der Gegenrevolution" (russ. Abkürzung: Tscheka). Diese geheime Staatssicherheitspolizei – seit 1923 unter dem Namen GPU, 1934 als NKWD – terrorisierte alle Gegner der bolschewistischen Diktatur. Unter den zahllosen Opfern waren nicht nur Angehörige der ehemals herrschenden Schichten, sondern zunehmend auch Intellektuelle, Arbeiter und Bauern. Der Leiter der Tscheka hatte in seiner ersten Ansprache erklärt: „Wir brauchen jetzt keine Justiz. Was wir brauchen, ist der Kampf bis aufs Messer. Ich beantrage, ich fordere die Schaffung des re-

volutionären Schwertes, das alle Konterrevolutionäre vernichten soll."

3.3. 1918 Waffenstillstand und Friede von Brest-Litowsk (3.3.1918, vgl. Bd. K3) erfolgten zwar unter äußerst ungünstigen Bedingungen, gaben aber der Sowjetregierung die Möglichkeit, sich ganz auf die inneren Schwierigkeiten zu konzentrieren und dafür Sympathien bei der Mehrheit der Bevölkerung zu finden, die nichts wollte als Friede und Land. Gleichzeitig wuchsen sich die Schwierigkeiten zum Chaos aus: Die Enteignungswelle ließ die Produktion zusammenbrechen, Arbeitslosigkeit und Geldentwertung grassierten, die Massen der demobilisierten Soldaten und der hungernden Stadtbevölkerung konnten nicht mit Lebensmitteln versorgt werden, die Rationierung bevorzugte Parteimitglieder und Arbeiter; Bauern entzogen sich ihrer Ablieferungspflicht, Tscheka und rote Truppen nahmen in den Dörfern gewaltsame Requisitionen vor.

In diesen Monaten legte die Regierung Fundamente des neuen Staates: Die Frau wurde dem Mann rechtlich gleichgestellt, die Zivilehe eingeführt, die Trennung von Staat und Kirche verordnet; Eisenbahn, Handelsmarine, Banken und Außenhandel wurden verstaatlicht, in vielen Fabriken übernahmen Arbeiter die Verwaltung, der Achtstundentag wurde eingeführt; sämtliche Auslandsanleihen wurden gestrichen.

Gleichzeitig war der Bestand des russischen Staates aufs äußerste bedroht: Zur Zeit des allgemeinen Chaos entstanden gegenrevolutionäre Verbände, und als Folge des Friedens von Brest-Litowsk verfuhren Randgebiete des Staates gemäß dem von Lenin im November 1917 verheißenen Selbstbestimmungsrecht und erklärten ihre Unabhängigkeit. Bis Januar 1918 hatten die Ukraine, die baltischen Staaten, Georgien, Bessarabien und Finnland diesen Schritt getan; jetzt folgten Weißrußland, Armenien und Aserbeidschan. Diese Gebiete beriefen sich auf Punkt 2 der Deklaration der Sowjetregierung vom 2. (15.) November 1917: „Das Recht der Völker Rußlands auf freie Selbstbestimmung bis zur Abtrennung und Bildung eines selbständigen Staates." Es wurde aber in den folgenden Jahren eine reine Machtfrage, wo die Unabhängigkeit erhalten blieb und wo sie von den Sowjets gewaltsam wieder beseitigt wurde (überall außer in Finnland und den baltischen Staaten; Bessarabien schloß sich Rumänien an, einen kleinen Teil Armeniens erhielt die Türkei zurück).

Wichtigstes Instrument zur Festigung der Macht wurde die Rote Armee, deren Aufbau seit April 1918 der Volkskommissar für Landesverteidigung, Trotzkij, energisch und erfolgreich betrieb. Zur Festigung der Disziplin beseitigte er Soldatenräte und Wahl der Offiziere und führte die Dienstpflicht wieder ein, zunächst nur für Arbeiter und Bauern. Tausende von Offizieren der zaristischen Armee wurden als unentbehrliche Fachleute wieder herangezogen. Zur politischen Lenkung der Truppe wurden ihnen bolschewistische Kommissare an die Seite gestellt. Je mehr die Operationen der Roten Armee in der Folgezeit den Charakter der Landesverteidigung trugen – gegen die Interventionstruppen und 1920 gegen Polen –, um so stärker erwiesen sich auch nichtbolschewistische Glieder der Armee als zuverlässig.

Der Bürgerkrieg

Die Unabhängigkeitserklärungen der Nationalitäten am Rande des russischen Reiches waren Teil der Auflösung des Zarenreichs. Die Bildung von „weißen" Truppenverbänden 1918 in verschiedenen Teilen Rußlands dagegen war gegenrevolutionär. In ihnen sammelten sich politisch und sozial heterogene, nur in ihrem Antibolschewismus einige Gruppen. Unter ihnen hatten Mitglieder des zaristischen Offizierkorps, Adlige, Grundbesitzer und Großbauern das Übergewicht, nicht aber liberale Demokraten, Sozialrevolutionäre und Menschewiki. Sie strebten die Wiederherstellung des großrussischen Reiches und die Restauration der alten inneren Zustände an und konnten damit weder bei den nichtrussischen Nationalitäten noch bei der Masse der Bauern, die nichts mehr als die Rückkehr der Gutsbesitzer fürchteten, Unterstützung finden. Die Mehrzahl der Bevölkerung suchte sich diesem von beiden Seiten mit ungeheurer Grausamkeit geführten Bürgerkrieg möglichst zu entziehen, was z. B. die offiziellen Zahlen von etwa

1918 bis 1920

2,8 Millionen Desertationen aus der Roten Armee in den Jahren 1919/20 ausweisen. Beide Seiten schritten deshalb zu Zwangsrekrutierungen. Da die Weißen kein für die Bevölkerung diskutables Alternativprogramm zum Bolschewismus hatten und man von ihnen weder eine Agrarreform noch einen Föderalismus erwarten konnte, scheiterten sie politisch und deshalb auch militärisch. Hinzu kam, daß die militärischen und politischen Aktionen der einzelnen Gruppen nicht miteinander abgestimmt waren. Der Kern der Roten Armee aus fanatisch überzeugten Mitgliedern der Partei erwies sich zunehmend allen anderen Kräften überlegen.
1918 landeten englische, französische und japanische Verbände in Murmansk, Archangelsk, an der Schwarzmeerküste und in Wladiwostok. Der Friede von Brest-Litowsk, die weltrevolutionäre Propaganda der Bolschewiki, der Schutz des Kriegsmaterials, das – noch für die Truppen des Zaren geliefert – in den Hafenstädten lagerte, vor allem die Streichung westlicher Anleihen und die Enteignung ausländischen Kapitals waren Motive für die Intervention. Nur die Japaner stellten mit etwa 70000 Mann ein größeres Kontingent, das das machtpolitische Rückgrat einer antibolschewistischen Republik auf russischem Boden im Fernen Osten für eine kurze Zeit war und das auf kontinentale Interessen der japanischen Politik hinwies. Das wiederum veranlaßte auch die USA, einen kleineren Truppenverband zu landen. Die Interventionstruppen kamen kaum direkt mit der Roten Armee in Berührung, sicherten aber für eine Weile die Materialzufuhr für die „Weißen" und stärkten sie moralisch. Der Rückzug der Interventionstruppen nach den Pariser Friedensverträgen leitete 1920 das Ende der „Weißen" ein. Lediglich die Japaner blieben bis 1922 im Gebiet um Wladiwostok.
Eine große Bedrohung der Sowjetrepublik ging während des Bürgerkrieges von der tschechischen Legion in Sibirien aus. Diese etwa 40000 Mann starke Truppe war bei Ausbruch der Oktoberrevolution auf dem Weg nach Wladiwostok, um von dort an die Front nach Frankreich transportiert zu werden. Der Befehl zur Auflösung trieb die Tschechen auf die Seite der Gegenrevolution. Das Chaos in Rußland gab diesem gut organisierten Verband, der die transsibirische Eisenbahn beherrschte, im Sommer 1918 großes Gewicht. Aber schon im Spätsommer und Herbst 1918 war es Trotzkij gelungen, die Rote Armee soweit aufzubauen, daß sie den Vormarsch der mit den Tschechen gemeinsam operierenden Weißen auf Moskau aufhalten konnte. Auch in Südrußland kamen die Weißen nicht mehr weiter; Zarizyn an der Wolga (später: Stalingrad) wurde unter der Leitung Stalins von dem Druck der Weißen befreit. Der Zusammenbruch Deutschlands im November 1918 ermöglichte den Sowjets das Vordringen im Baltikum. Aber im Sommer 1919 erfolgte aus dem Baltikum ein weißgardistischer Angriff unter General Judenitsch, der erst vor Petrograd, wo wieder Trotzkij die Abwehr leitete, zusammenbrach. In der zweiten Hälfte des Jahres vertrieb die Rote Armee die weißen Truppen General Denikins aus der Ukraine, nachdem sie schon auf Moskau vorzurücken begonnen hatten. Auch der gleichzeitige Vormarsch der etwa 300000 Mann starken Armee Admiral Koltschaks von Sibirien nach Westen wurde von der Roten Armee zurückgeschlagen.
Polen, seit 1918 wieder selbständiger Staat, versuchte im Frühjahr 1920 durch plötzlichen Angriff ohne Kriegserklärung den Sowjetrussen die Grenzen von 1772 abzuzwingen. Die Ukraine wurde bis Kiew besetzt, aber der russische Gegenschlag – von weltrevolutionärem Schwung ebenso getragen wie von nationalem Widerstandsgeist – kam im August erst vor Warschau zum Stehen, wobei Polen viel französischer Unterstützung verdankte. Im Friedensvertrag konnte Polen seine Ostgrenze bis nahe Minsk vorschieben (s. S. 16).
Nach dem Krieg mit Polen hatte die Rote Armee die Hand frei, um die Reste des Widerstands der Weißen zu brechen. Der Bürgerkrieg war Ende 1920 gewonnen.

Der „Kriegskommunismus"

Die Jahre von 1917 bis 1921 bilden wirtschaftlich insofern eine Einheit, als der revolutionäre Umbruch der ersten Monate in seinen Auswirkungen entscheidend mitbestimmt wurde von den Bedingungen, die der Bürgerkrieg schuf. Das Land trieb tief in das

Die „Weißen" aus bolschewistischer Sicht (Plakat von Deni). Die Hunde tragen die Namen der Weißgardistischen Generäle Denikin, Koltschak und Judenitsch.

wirtschaftliche Chaos hinein, bis im März 1921 Lenin auf dem X. Parteikongreß das wirtschaftspolitische Steuer herumwarf.

Bis zum Sommer 1918 waren alle größeren Unternehmen enteignet und „nationalisiert" worden, wobei Arbeiterkomitees häufig die Kontrolle der Betriebe übernommen hatten. Vielfach wurden die Betriebsgüter verschleudert und in Naturalien umgesetzt. Da die Versorgung der Städte zusammenbrach, wanderten viele Arbeiter aufs Land ab, wo sie eher Lebensmittel zu finden hofften. Lenin ließ die Arbeiterselbstverwaltung rasch

1921

beseitigen und begann mit dem Aufbau einer straff zentralistischen Wirtschaftsbürokratie, der die von oben eingesetzten Fabrikdirektoren verantwortlich waren. Nach mehreren Vorstufen lag seit Februar 1921 die gesamte Wirtschaftsplanung in der Hand der staatlichen Planungsbehörde (GOSPLAN).

Der Zusammenbruch der Produktion spiegelt sich in einigen Zahlen:

	1914	1920
Kohleförderung (in 10000 t)	3189	874
Roheisenerzeugung " "	413	11
Stahlerzeugung " "	446	19

Die Bevölkerung Petrograds sank um etwa 2/3, die Moskaus um beinahe die Hälfte.

Die Enteignung der Gutsbesitzer war von den Bolschewiki durchgeführt worden als Beseitigung des privaten Eigentums am Boden, der den lokalen Sowjets zur Verwaltung übergeben wurde. Sie wurde von der Masse der Bauern aber als Gelegenheit zum Erwerb von Bodeneigentum verstanden. Die spontane Aufteilung des Bodens unter die Dorfarmen, die heimkehrenden Soldaten und die aus den Städten flüchtenden etwa 8 Millionen Menschen zersplitterte den Boden in Kleinbesitz, der keine Überschüsse zur Versorgung der Stadtbevölkerung abwerfen konnte. Vergebens blieb der Versuch der Sowjetregierung, ertragreiche große Güter in Staatsgüter (Sowchosen), die von Landarbeitern bearbeitet wurden, zu verwandeln und den Zusammenschluß von Einzelbauern zu Kollektivwirtschäften (Kolchosen) auf genossenschaftsähnlicher Basis zu fördern. 1920 wurden nur 1,7% des aufgeteilten Bodens von Kolchosen, 4,6% von Sowchosen, 93,7% des nationalisierten Bodens aber von Einzelbauern bewirtschaftet. Lenins Ziel, die private Landwirtschaft zu beseitigen, konnte vorerst nur dadurch gefördert werden, daß z. B. landwirtschaftliche Geräte vornehmlich an Sowchosen und Kolchosen gelangten; die Herstellung landwirtschaftlicher Geräte betrug jedoch nur noch etwa 10% der Vorkriegsproduktion.

Die Agrarerzeugung ging rapide zurück, Überschüsse zur Versorgung der Armee und der Städte wurden kaum noch erwirtschaftet. Das Wenige, was vorhanden war, konnte nicht sinnvoll verteilt werden, da der Zwischenhandel aus ideologischen Gründen beseitigt worden, ein funktionierender staatlicher Verteilungsapparat aber nicht vorhanden war. Das Land fiel nahezu auf die Stufe der Naturalwirtschaft zurück. Im Spätjahr 1918 wurde ein „Kreuzzug zur Brotbeschaffung", wie Lenin es nannte, begonnen: Militär spürte aufgrund von Denunziationen Vorräte bei den Bauern auf, gab sie aber kaum an die Städte weiter, weshalb ab November 1918 Arbeitertrupps die Requirierung übernahmen, zwei Jahre später staatliche Sicherheitsorgane. Die Bauern aber entzogen sich dem, denn sie bauten nur noch für den Eigenbedarf an, so daß schließlich 1921/22 die Anbaufläche um etwa 1/4, der Ertrag um etwa die Hälfte gegenüber der Vorkriegszeit gesunken waren.

Alle Schwierigkeiten wurden durch den Bürgerkrieg, die Verwüstung der Felder, die Plünderung der Dörfer, die Zerstörung der Transportwege – 1919 war die Hälfte der Eisenbahnstrecken zerstört – und schließlich durch eine Dürre 1921 vergrößert. Etwa 5

Millionen Menschen wurden Opfer des Hungers, Millionen konnten nur durch ausländische, vor allem amerikanische Hilfe davor bewahrt werden.
Der Zusammenbruch der Wirtschaft, damit verbunden der Ausfall von Steuereinnahmen und ihr Ersatz durch Notendruck, ließen die Kaufkraft des Rubels von 1914 bis 1921 auf etwa 12–15 Tausendstel sinken. Der Arbeitslohn wurde weitgehend in Naturalien gezahlt, staatliche Leistungen erfolgten zu unrealistischen festgesetzten Preisen oder unentgeltlich. Manche Bolschewiki mißverstanden den Geldwertverfall als Zeichen der anbrechenden kommunistischen Gesellschaft.

Der Kronstadter Aufstand und der X. Parteikongreß

Die Versorgungskrise erreichte im Januar 1921 einen Höhepunkt: Die Brotrationen in den Großstädten wurden um ein Drittel reduziert, in Petrograd mußten im Februar die großen Industriebetriebe wegen Brennstoffmangels schließen. Hunger und Kälte trieben die Petrograder Arbeiter in den Streik, den der Petrograder bolschewistische Parteiführer Sinowjew mit dem Standrecht beantwortete. Menschewiki und Sozialrevolutionäre wurden inhaftiert.
Über den unpolitischen Streik der Petrograder Arbeiter gingen die Sympathieaktionen der Matrosen und Arbeiter des benachbarten Kriegshafens Kronstadt hinaus.

März 1921

Am 1. März 1921 stimmten rund 16000 Matrosen einer grundlegenden politischen Resolution zu. Ihre wichtigsten Forderungen waren: „Sofortige Neuwahl der Sowjets in geheimer Wahl ... Herstellung der Rede- und Pressefreiheit für alle Arbeiter und Bauern, für die Anarchisten und für die linken sozialistischen Parteien. Versammlungsfreiheit für die Gewerkschaften und Bauernorganisationen... Freilassung aller sozialistischen politischen Gefangenen sowie aller Arbeiter, Bauern, Roten Soldaten und Matrosen, die aufgrund von Arbeiter- und Bauernbewegungen eingekerkert wurden... Gleichheit der Rationen für alle Arbeiter... Abschaffung der kommunistischen Sturmabteilungen in allen Armee-Einheiten, Abschaffung der kommunistischen Garden in den Betrieben und Fabriken. Gegebenenfalls können diese Garden in der Armee von den Kompanien und in den Betrieben von den Arbeitern selbst bestimmt werden. Volle Aktionsfreiheit für die Bauern zur Bearbeitung ihres Bodens... Zulassung des freien Handwerks ohne Lohnarbeit..."
Diktatur der bolschewistischen Partei und Zentralismus sollten verschwinden zugunsten der von der Revolution 1917 erwarteten Freiheit. Als die Matrosen nicht von ihren Forderungen abließen, setzte Lenin am 7. März Artillerie und Truppen ein, für deren politische Kampfmoral rund zweihundert Delegierte des gerade in Moskau zusammengetretenen X. Parteikongresses zu sorgen hatten. Nach erbitterten Kämpfen wur-

„Pomogi" – „Hilf!" Das Plakat (von D. S. Moor, 1921) sollte vor allem in den USA zu Spenden für die hungernden Bauern des Wolgagebiets aufrufen, die unter Bürgerkrieg und Dürre besonders gelitten hatten.

de Kronstadt am 18. März gestürmt. Die überlebenden Aufständischen wurden erschossen oder kamen in Straflager.
Die bolschewistische Partei stellte den Kronstadter Aufstand als Konterrevolution und Aktion bourgeoiser Weißgardisten dar. Der Anspruch der kommunistischen Partei, allein die Interessen der Proletarier zu vertreten, und damit die Gleichsetzung von Sozialismus mit kommunistischer Parteiherrschaft wurde deutlich. Lenin benutzte den X. Parteikongreß im März 1921, den Zentralismus in der Partei zu festigen, nachdem es in den Monaten davor starke innerparteiliche Auseinandersetzungen gegeben hatte. Er erreichte die Annahme von zwei Resolutionen. Die Resolution „über die Parteieinheit" untersagte jede Fraktionenbildung innerhalb der Partei, Gruppen mit eigener „Plattform" waren aufzulösen oder aus der Partei auszuscheiden; die Resolution „über die syndikalistische und anarchistische Abweichung" verwarf, „weil unvereinbar mit der Lehre des Marxismus", die Selbständigkeit der Gewerkschaften und ihren Anspruch auf Kontrolle über die Wirtschaft. Damit war das Parteiprogramm von 1919 verlassen, in dem den Gewerkschaften „die Verwaltung der gesamten Volkswirtschaft" zugedacht war. Die Macht war jetzt endgültig im Zentralkomitee und in dessen Kern, dem Politbüro, konzentriert. Die Reste der nichtbolschewistischen Parteien, der Menschewiki und der Sozialrevolutionäre, wurden in den nächsten Monaten beseitigt.
Um die Ernährungssituation zu bessern, ließ Lenin den X. Parteikongreß beschließen, daß der Bauer in Zukunft eine Naturalabgabe in bestimmter Höhe zu leisten habe, das darüber hinaus Produzierte aber frei verkaufen durfte. Die Requisitionen hörten auf.

Die „Neue Ökonomische Politik" (NEP)

Gegenüber der Praxis des „Kriegskommunismus" bedeutete es eine scharfe Wende, wenn nach dem X. Parteikongreß seit 1921 dem Bauern wieder die Möglichkeit eingeräumt wurde, mit seiner Produktion privatwirtschaftlichen Gewinn zu erzielen. Aber das war nur einer der Schritte der neuen Wirtschaftspolitik (Nowaja Ekonomitscheskaja Politika = NEP). Privates Wirtschaftsinteresse wurde auch im Binnenhandel und in der Kleinindustrie, die in Rußland weitgehend den Güterbedarf der Landwirtschaft deckte, wieder zugelassen.

1921 bis 1928

Ende 1922 gab es 667000 staatlich konzessionierte Händler; daneben bestanden staatliche Handelsgesellschaften, deren Anteil am Handel rasch wuchs. Private Gewerbebetriebe mit bis zu 20 Arbeitern durften wieder arbeiten. Auch konnten ausländische Kapitalisten Konzessionen zum Bau von Industriewerken erhalten. Auf diese Weise baute die amerikanische Firma Ford die erste Traktorenfabrik in der Sowjetunion.
Während des „Kriegskommunismus" sollte sich die soziale Gleichheit im Lohn spiegeln; jetzt wurden Stück- und Leistungslohn zur Steigerung der Produktivität wieder eingeführt. In den staatlichen Betrieben – Großbetriebe, Bergwerke und Schwerindustrie blieben verstaatlicht – wurden dementsprechend wieder Fachleute als verantwortliche Direktoren eingesetzt und Rentabilität angestrebt. Die Staatsbetriebe wurden zu Trusts zusammengeschlossen, um die Rentabilität zu steigern, was nach einem Beschluß des XII. Parteikongresses vom April 1923 von einem Wirtschaftsrat zu kontrollieren war.
Die bolschewistische Partei versuchte in der NEP-Periode, wie Lenin sagte, „nicht die Entwicklung des Kapitalismus zu verbieten oder zu unterbinden, sondern man bemüht sich, sie in das Fahrwasser des Staatskapitalismus zu leiten". Dementsprechend standen in der NEP-Periode Formen der Marktwirtschaft neben denen der Zentralverwaltungswirtschaft, letztere vor allem im Bereich der Großindustrie, der Banken, des Außenhandels.
Das privatwirtschaftliche Element in der Wirtschaft wurde, nachdem es seine Aufgabe, Güterproduktion und -verteilung zu sanieren, erfüllt hatte, zunehmend wieder zurückgedrängt. Der Anteil der privaten Kleinindustrie an der Gesamtproduktion betrug 1923/24 87,3%, 1928/29 nur noch 43,8%. Von 1923/24 bis 1928/29 ging der Anteil des privaten Kleinhandels am Gesamthandel von 66,5% auf 14,3% zurück, der des privaten Großhandels von 18,1 auf 0,9%. Die private landwirtschaftliche Pro-

duktion dagegen sank im gleichen Zeitraum nur geringfügig von 98,6% auf 98,3%. Die Währung war 1921 im Verhältnis 1:10000, ein Jahr später noch einmal im Verhältnis 1:100 abgewertet worden. 1923 bewirkte die Marktsituation sinkende Preise für Agrarerzeugnisse und steigende Preise für Industrieprodukte, verbunden mit Arbeitslosigkeit und erneuter Geldentwertung. Die Krise konnte allmählich überwunden werden, indem die Regierung wirtschaftspolitische Maßnahmen wie Kreditbeschränkungen, Importe u.a. ergriff. Insgesamt wurde mit der NEP-Politik das gesetzte Ziel erreicht: Nach der Mitte der zwanziger Jahre stieg die Produktion in den meisten Bereichen wieder auf den Vorkriegsstand, und die Ernährung der Bevölkerung war gesichert. Auch die Kaufkraft der Löhne hatte den Vorkriegsstand erreicht und teilweise überschritten. Von der Zielsetzung der Kommunisten her gesehen war aber dafür ein hoher Preis zu zahlen gewesen: Ein für russische Verhältnisse wohlhabendes privates Bauerntum, die Kulaken, und eine Schicht erfolgreicher Händler und Kleinproduzenten waren entstanden, ein kapitalistisch wirtschaftendes Kleinbürgertum.

Gesellschaft, Partei und Staat

In der russischen Gesellschaft hatte sich ein großer Umbruch vollzogen. Das alte Bürgertum war mittellos und politisch weitgehend rechtlos geworden und wurde durch Hunger, Kälte und individuellen Terror dezimiert. Ein äußeres Zeichen der Wandlung war etwa die Enteignung des bürgerlichen Hausbesitzes; die Wohnungen wurden Arbeitern zugewiesen.
In den ersten Jahren nach der Revolution wurden Gesellschaftsnormen, die man für typisch bürgerlich ansah, aufgegeben. So wurde von einem Teil der Bolschewiki die freie Liebe statt der Ehe als Normfall angesehen, die Abtreibung in das Ermessen des einzelnen gestellt. Die Ehe konnte auf Wunsch eines Partners ohne weiteres aufgelöst werden. Damit war aber auch die Gleichberechtigung der Frauen gesichert. Die herkömmliche Schulordnung wurde aufgelöst, ohne daß eine andere an ihre Stelle trat, so daß kaum noch geregelter Unterricht stattfand. Zahlreiche Banden Jugendlicher zogen durch das Land und lebten von Diebstählen und Überfällen. Seit Mitte der zwanziger Jahre wurde diese Entwicklung von der Partei umgebogen: in den Schulen galt eine sehr straffe Disziplin, die Ehescheidung wurde erheblich erschwert, die Abtreibung nicht mehr allein dem Ermessen des einzelnen überlassen.
Frühzeitig und erfolgreich bekämpfte der sowjetische Staat den Analphabetismus, da anders kaum Fortschritte im Aufbau eines modernen Industriestaates möglich sein konnten. Auf „Arbeiterfakultäten" konnten in Abendkursen die Voraussetzungen für ein Studium erworben werden, zu dem vornehmlich Kinder von Arbeitern und Bauern zugelassen wurden. An den Universitäten durften aber nur noch wissenschaftliche Ansätze vertreten werden, die der Parteidoktrin entsprachen.
Dabei hatte sich in den ersten Nachkriegsjahren eine kulturelle Blüte entfaltet, die seitdem nie wieder erreicht worden ist. In der Literatur und im Theater, dazu in der sich entwickelnden Filmkunst wurde mit modernen Ausdrucksformen experimentiert, der Film „Panzerkreuzer Potemkin" des Regisseurs Eisenstein erlangte Weltruhm. Dieser Aufbruch beeindruckte auch Künstler und Intellektuelle im westlichen Ausland und weckte bei manchen Sympathien für die bolschewistische Herrschaft, die bei einigen bis in die Jahre der Stalinschen Schauprozesse anhielten. Doch wurde die Freiheit des Geisteslebens sehr bald wieder eingeschränkt. Manche Schriftsteller, Maler und andere Künstler entzogen sich dem Druck der Partei und emigrierten ins Ausland – was damals noch ohne weiteres möglich war. 1925 wurden in der Sowjetunion weit mehr Zeitungen und Zeitschriften – sowohl nach Zahl wie Auflagenhöhe – gedruckt als vor dem Weltkrieg, aber die Zensur verhinderte schon jede Differenzierung. Kritik war nur gestattet, soweit sie sich auf unzureichende Verwirklichung kommunistischer Maßnahmen richtete oder als Selbstkritik auftrat. Grundsätzliche Kritik war untersagt. Innerparteiliche Diskussion konnte sich nach dem X. Parteikongreß 1921 nur noch innerhalb der kleinen Führungsspitze regen. Bezeichnend für das Verständnis von Parteidisziplin und „Zentralis-

mus“ ist ein Satz aus einer Rede Trotzkijs auf dem XIII. Parteikongreß: „Die Partei kann keine Entscheidungen treffen, sie seien so unkorrekt und ungerecht wie sie wollen, die auch nur um ein Jota unsere grenzenlose Hingabe an die Sache der Partei, die Bereitschaft eines jeden von uns, die Parteidisziplin unter allen Umständen auf sich zu nehmen, erschüttern könnte ... Gerecht oder ungerecht, es ist meine Partei, und ich trage alle Konsequenzen ihrer Entscheidungen bis zu Ende.“

Schon unter Lenin begann die Diktatur der zentralisierten Parteibürokratie über Mitglieder und Nichtmitglieder mit Hilfe der Geheimpolizei. Der Terror traf zuerst die Angehörigen der alten Oberschicht – des Bürgertums, des Adels, der Geistlichkeit -, soweit sie nicht emigriert waren oder als Fachleute noch gebraucht wurden.

In der Partei wurde der Typ des Revolutionärs von dem des Bürokraten verdrängt. Das widersprach zwar Lenins Absicht, ergab sich aber aus seiner Parteitheorie des „demokratischen Zentralismus“. Die Nominierung von Kandidaten für die einzelnen Parteigremien erfolgt grundsätzlich von oben, die Wahl von unten besteht fast stets nur in der – nicht geheimen und deshalb „einstimmigen“ – Zustimmung zu den Nominierten; die Beschlüsse oberer Parteiorgane sind für alle unteren absolut bindend. Formal ist das höchste Organ dieser zentralisierten Partei der bis 1925 jährlich, später in großen Abständen zusammentretende Parteitag. Dieser wählt das Zentralkomitee, das aus seiner Mitte Politbüro und Sekretariat des Zentralkomitees als höchste Machtinstanzen wählt. Nur die Dorf- und Stadtsowjets, die formal mit der Partei nicht identisch sind, wurden vom Volk direkt gewählt.

Die Partei überträgt ihren Willen durch zahlreiche Hilfsorganisationen, in denen Lenin die „Transmissionsriemen“ der Partei sah, auf die Gesellschaft: Durch die Gewerkschaften werden alle Arbeiter erreicht, durch den Jugendverband Komsomol alle 14–18jährigen, durch Kultur- und Sportvereinigungen weitere Bevölkerungsteile. Die Verschmelzung von Partei und Gesellschaft schritt rasch voran, die von Partei und Staat war längst vollzogen, auch wenn die Ver-
1922 fassung der im Dezember 1922 durch den Zusammenschluß der RSFSR (Russische Sozialistische Föderative Sowjetrepublik) mit den übrigen Sowjetrepubliken (Ukraine, Weißrußland, Transkaukasus) gegründeten UdSSR (Union der Sozialistischen Sowjet-Republiken) das in ihrem Wortlaut nicht zum Ausdruck brachte. Staats- und Parteimacht waren identisch. Der „demokratische Zentralismus“ des Ein-Partei-Staates kennt weder Gewaltenteilung noch die Möglichkeit des Machtwechsels. Unter Stalin erstickten selbst im Obersten Sowjet alle Diskussionen; im Obersten Sowjet als der obersten Volksvertretung gelten geheime Abstimmungen als undemokratisch, so daß es nur zur einstimmigen Billigung aller Vorlagen des Politbüros kommt. Das System der unbeschränkten Parteidiktatur erhielt unter der Herrschaft Stalins seine volle Ausprägung. Endgültig hatte „die nominelle Herrschaft der Räte der faktischen Diktatur der Partei Platz“ gemacht (K. D. Bracher).

4. Ausbau und Sicherung der Macht Stalins

Der Kampf um die Nachfolge Lenins

21. 1. 1924 Lenin war im Mai 1922 schwer erkrankt und starb am 21. Januar 1924 an den Folgen eines dritten Schlaganfalles. Stalin, der Generalsekretär der Partei, veranstaltete eine pomphafte Trauerfeier und ließ den einbalsamierten Leichnam Lenins in einem Mausoleum an der Kremlmauer bestatten. Dieses Mausoleum würde zu einer Art pseudoreligiösem Pilgerort für die sowjetische Bevölkerung. Petrograd wurde in Leningrad umbenannt.

Die einsetzenden jahrelangen Machtkämpfe entschied Stalin zu seinen Gunsten, obgleich Trotzkij wegen seiner größeren Leistungen während der Revolution bessere Aussichten zu haben schien. Aber als Folge der von Lenin geschaffenen totalen Herrschaft der Partei und ihres „demokratischen Zentralismus“ verfügte der Generalsekretär der Partei – Stalin – bereits über die entscheidende Machtkonzentration.

Jossif Wissarionowitsch Dschugaschwili hatte sich das Pseudonym Stalin (der Stählerne) zugelegt. Er war als Sohn eines armen Schusters 1879 in Gori in Georgien geboren worden und besuchte von 1894 bis 1899 das Priesterseminar in Tiflis. Seine entbehrungsreiche Jugend, in der er oft vom Vater geschlagen wurde, wird meist als eine Ursache für seinen mißtrauisch-listigen und verschlagenen Charakter angesehen. Früh wurde Stalin Berufsrevolutionär, beteiligte sich an revolutionären Aktionen und wurde zweimal nach Sibirien verbannt. Während der Oktoberrevolution gehörte er dem höchsten Führungsgremium der Partei an.
Im Rat der Volkskommissare war er Nationalitätenkommissar. Wegen seines brutalen Vorgehens gegen das bis 1921 unabhängige, von Menschewiken regierte Georgien kam es zu Spannungen mit Lenin. Seit April 1922 war er Generalsekretär des Zentralkomitees der Partei. Damit verfügte er über die entscheidende Stellung, von der aus er seine Macht ausbauen konnte. Er besaß das Recht, alle Kandidaten für Parteiämter vorzuschlagen. Der kranke Lenin begann Stalin zu mißtrauen, aber der Konflikt konnte infolge Lenins Krankheit nicht ausgetragen werden. Am 4. Januar 1923 schrieb Lenin dem Parteikongreß: „Stalin ist rücksichtslos ... Darum schlage ich den Genossen vor, einen Weg ausfindig zu machen, um Stalin von dieser Position zu entfernen und dafür einen anderen Mann zu ernennen". Dieser Brief wurde erst nach Stalins Tod offiziell bekanntgegeben.

Stalin verbündete sich noch zu Lebzeiten Lenins mit den Vorsitzenden der Sowjets von Moskau und Petrograd, Kamenew und Sinowjew, um Trotzkij auszuschalten. Das Triumvirat erlaubte der Geheimpolizei (Tscheka), auch gegen Parteimitglieder vorzugehen. Stalin gelang es mit Hilfe seiner Personalpolitik, die Partei in die Hand zu bekommen. Bis 1924 hat Stalin nach eigenen Angaben 16000 Funktionärsposten neu besetzt, darunter 8000 Schlüsselpositionen. Während Lenin an der Vorstellung der Elitepartei festgehalten hatte, nahm Stalin 1924 nach den ersten „Säuberungen" 316000 neue Mitglieder auf, überwiegend junge, politisch unerfahrene Arbeiter, so daß die Partei jetzt knapp 800000 Mitglieder zählte.
Nur etwa 12% davon waren Frauen, trotz des starken Anteils, den Frauen in den revolutionären Bewegungen in Rußland stets gehabt hatten. Während in den unteren Partei- und in den Betriebsgremien auch Frauen vertreten waren, sind – von wenigen Ausnahmen in den Revolutionsjahren abgesehen – keine Frauen in höhere Funktionen in Partei und Staat aufgestiegen. Hier versagte die errungene Gleichberechtigung ebenso wie bei der Stellung der Frau in der Familie: Obwohl die meisten Frauen im Arbeitsleben standen und oft dabei auch körperliche Schwerarbeit leisten mußten, wurden sie durch ihre männlichen Partner kaum bei der Hausarbeit entlastet. Im Gesundheitsdienst und im Erziehungsbereich begannen Frauen die Männer an Zahl zu übertreffen, schließlich sie fast ganz zu verdrängen. Freilich verdienten die Ärztinnen und Lehrerinnen noch weniger als die Facharbeiter.
Es gelang Trotzkij nicht, Stalins Taktik zu durchkreuzen und Popularität bei den einfachen Parteimitgliedern zu gewinnen.
Es entsprach dem Wesen der marxistischen Theorie, daß Vorwand oder Anlaß für Sta-

Stalin (eigentlich: Jossif Wissarionowitsch Dschugaschwili) (1879–1953), seit 1922 Generalsekretär der KPdSU.

lins Zuschlagen zunächst Auseinandersetzungen über Grundfragen der Wirtschaftspolitik waren. Auf dem XIV. Parteikongreß
1925 erklärte Stalin am 9. April 1925, daß „die Errichtung der sozialistischen Wirtschaft in unserem Lande möglich (ist) ohne den vorherigen Sieg des Sozialismus in anderen Ländern". Trotzkij dagegen hielt die „Vorbereitung der europäischen und der Weltrevolution" für wichtiger. Stalins These vom „Sozialismus in *einem* Lande" wurde zur Parteinorm, Trotzkijs Theorie von der permanenten Revolution zur „linken" Abweichung erklärt. Stalins Pläne zur Industrialisierung der Sowjetunion stießen bei Sinowjew und Kamenew auf Widerstand. 1925 wurde Trotzkij als Kriegskommissar abgesetzt, 1927 wurde er mit Sinowjew aus

dem Zentralkomitee der Partei ausgeschlossen, anschließend verloren beide ebenso wie Kamenew die Parteimitgliedschaft. Trotzkij wurde erst nach Alma Ata verbannt, 1929 ausgewiesen. 1940 erlag er einem von Stalin veranlaßten Mordanschlag in Mexiko. Sinowjew und Kamenew wurden 1936 hingerichtet.
Nach der Beseitigung der „linken" Opposition, wandte sich Stalin dem Kreis um Bucharin zu, der Stalin bisher gestützt hatte. Bucharin und seine Anhänger, die ein Beibehalten der NEP-Politik für richtig hielten, wurden jetzt der „rechten" Abweichung beschuldigt. 1929 wurde Bucharin aus dem Politbüro ausgeschlossen, 1938 hingerichtet. Seit 1929 wurde in der Kommunistischen Partei der Sowjetunion keine von Stalins Meinung differierende Ansicht mehr geäußert. Die Verfolgung beschränkte sich nicht auf Prominente, sondern traf eine große Zahl ihrer wirklichen oder vermuteten Anhänger. Der immer wieder anschwellende Massenterror ist ein Kennzeichen der Herrschaft Stalins.
1929 ließ sich der Diktator zu seinem fünfzigsten Geburtstag mit allen Zeichen des Persönlichkeitskults feiern.

Die sozialökonomische Problematik

In der zweiten Hälfte der zwanziger Jahre wurden bestimmte sozialökonomische Faktoren von außerordentlicher Bedeutung für die weitere Entwicklung der Sowjetunion. Nachdem die Weltrevolution und die von Lenin für besonders entscheidend angesehene Revolution in Deutschland ausgeblieben waren, mußte die Sowjetunion ihre Entwicklungsprobleme ohne Unterstützung von außen angehen. Das drückte Stalins These vom „Sozialismus in einem Land" aus. 1926 stellte Stalin die Revolutionstheorie von Marx auf den Kopf, indem er schrieb: „Die bürgerliche Revolution wird gewöhnlich mit der Machtergreifung abgeschlossen, während die Machtergreifung in der proletarischen Revolution erst ihr Anfang ist, wobei die Macht als Hebel für den Umbau der alten Ökonomik und die Organisierung der neuen benutzt wird." Kernfrage war, mit welchen Mitteln die Industrialisierung beschleunigt in Gang gesetzt werden könne. Das Wirtschaftswachstum der Industrie entsprach keineswegs den hochgespannten Zielen der Parteispitze. 1928 war die Vorkriegsproduktion wichtiger Rohstoffe und Industrieerzeugnisse nur geringfügig übertroffen worden, lediglich die von Lenin geforderte Ausweitung der Elektrizitätserzeugung hatte größere Fortschritte gemacht.

Produktionsanstieg in der russischen/sowjetischen Wirtschaft 1913-1939

	Steinkohle Mill. t.	Rohstahl Mill. t.	Erdöl Mill. t.	Elektrizität Mrd. kWh
1913	28,0	4,2	9,2	1,9
1928	33,0	4,3	11,6	5,0
1933	67,0	6,8	21,4	15,6
1939	123,0	18,8	29,6	43,5

Größte Bedeutung für die nach außen abgeschlossene sowjetische Wirtschaft hatte die Dorfbevölkerung, die über 80% der Gesamtbevölkerung ausmachte. Die vielfach erst durch die Revolution entstandene Bodenzersplitterung ließ viele Bauern aber nur für den Eigenbedarf produzieren, so daß die 1926/27 auf den Markt gebrachte Getreidemenge nur etwa die Hälfte der Menge des Jahres 1914 betrug. Der primitive technische Standard und das Fehlen von Kunstdünger hielten die Hektarerträge auf einem Drittel der gleichzeitig in Deutschland erzielten Ernten. Getreideexporte, mit deren Devisenerlös Kunstdüngerfabriken und landwirtschaftliche Maschinen zur Ertragssteigerung beschafft werden konnten, waren kaum möglich.
Auch die Entwicklung der Industrie entsprach nicht dem von der Partei gewünschten Tempo. Es gab zu wenig Facharbeiter und industrielle Führungskräfte. Da auch die Produktionsmittelerzeugung unzureichend blieb, stieg die Arbeitslosigkeit. 1928 kamen auf 3,5 Millionen in der Industrie Beschäftigte etwa 2 Millionen Arbeitslose. Meist waren es aus den Dörfern zugewanwanderte ungelernte Arbeiter, jeder vierte war gelernter Arbeiter. Der Versuch, die Arbeitslosigkeit durch Schicht- und Sonntagsarbeit einzudämmen, scheiterte oft am Rohstoffmangel, er beschleunigte zudem den Verschleiß der Maschinen. In den Dörfern lebten zusätzlich etwa acht bis neun Millionen Menschen ohne Arbeit.

Berufstätige in verschiedenen Wirtschaftsbereichen der Sowjetunion

(in % aller Berufstätigen)

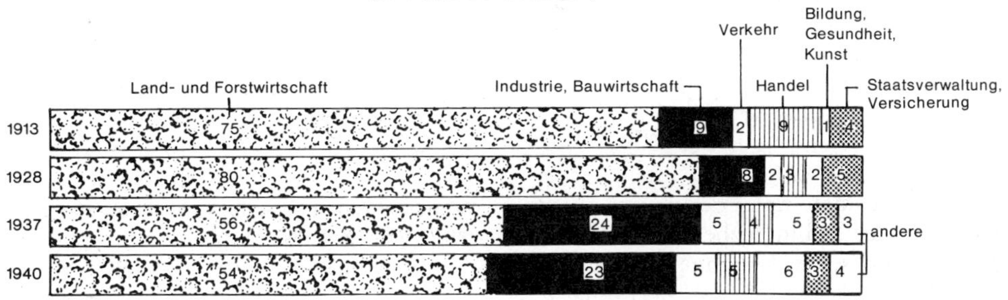

(Nach: Der Große Ploetz, Würzburg 1980)

Insgesamt hatte sich in der NEP-Periode die Lage der Bauern gegenüber der Vorkriegszeit gebessert: In den großen Getreideanbaugebieten war der Anteil der Bauernfamilien ohne eigene Ernte von 20% auf 6% gesunken, die Schicht der Mittelbauern hatte sich erheblich vergrößert. Aber die Verbesserung der Lage der Bauern löste nicht die Probleme, die die gewünschte rasche Industrialisierung aufwarf.

Die Zwangskollektivierung der Landwirtschaft

Der Beginn der Alleinherrschaft Stalins im Dezember 1927 fällt zusammen mit der Entscheidung, die Industrialisierung beschleunigt voranzutreiben und die dazu erforderliche Kapitalakkumulation durch rücksichtslose Ausbeutung der Bauern zu erreichen. Der Getreideverbrauch im Land wurde bis zur Hungersnot gedrosselt, damit Getreideexporte Devisen zum Kauf von Maschinen erbrachten. Aber eine Erhöhung der Getreideproduktion war damit nicht zu erreichen. Dem sollte die Kollektivierung dienen, die 1927 beschlossen und seit Dezember 1929 beschleunigt und mit brutalen Mitteln betrieben wurde. Stalin rief zur Liquidierung der Kulaken als Klasse auf. Damit hatte die von Stalin als „Revolution von oben" bezeichnete Zwangskollektivierung ein ideologisches Vorzeichen erhalten, das zwar insofern irreführend ist, als die Kulaken nach russischen Verhältnissen größere Bauern, nach westeuropäischen nur Mittelbauern waren: doch beschäftigten sie – „beuteten aus" – auch fremde Arbeitskräfte.

1927

Etwa eine halbe Million Kulaken wurde mitten im Winter deportiert oder auch physisch vernichtet, die andern sanken ins Industrieproletariat ab. Vorwerfen konnte man ihnen nur, daß sie die durch die NEP-Politik gegebenen wirtschaftlichen Möglichkeiten genutzt hatten. Die russische Landwirtschaft verlor mit einem Schlag ihre leistungsfähigste Schicht. Aber nicht nur die „Kulaken" wurden beseitigt, sondern die individuelle Landwirtschaft überhaupt, an deren Stelle das Kolchossystem trat. Die neuen Kolchosbetriebe existierten allerdings vielfach nur auf dem Papier, die Dorfbevölkerung schlachtete massenhaft Vieh ab, um es nicht bei ihrem erzwungenen Eintritt ihrer Kolchose zu überlassen. Damit wurde die zur Landbestellung erforderliche tierische Zugkraft gefährlich reduziert, ohne daß die Industrie Traktoren, die zum Symbol der Zukunft hochstilisiert wurden, in hinreichender Menge liefern konnte. Bauernrevolten wurden durch Militär niedergeschlagen. Die terroristische Methode der Zwangskollektivierung und die chaotische Hast, mit der sie erfolgte, bewirkten einen scharfen Rückgang der Getreideerzeugung und zwangen Stalin, langsamer vorzugehen. Manche Kolchosen lösten sich von selbst wieder auf, so daß 1932 erst ein Drittel der ehemaligen Familienbetriebe kollektiviert war, 1939 aber dann nahezu die gesamte Landwirtschaft. Die Kollektivierung schuf große landwirtschaftliche Produktionseinheiten und erlaubte zugleich auch auf dem Land die genaue Kontrolle der Ablieferung der Ernte, die Überwachung der Arbeitsleistung und beseitigte die Freizügigkeit der

Landarbeiter, die an ihre Kolchose gebunden blieben: Da dem Kolchosbauern ein Paß für das Inland verweigert wurde, war er wie im Mittelalter an die Scholle gebunden (bis 1951).

Kollektivierung der Landwirtschaft

	1929	1930	1931	1932	1933
Zahl der Kolchosen (in Tausend)	57,0	85,9	211,1	211,05	224,5
Zahl der den Kolchosen angeschlossenen Bauernhöfe (in Mill.)	1,0	6,0	13,0	14,9	15,2
Kollektivierung der Bauernhöfe (in %)	3,9	23,6	52,7	61,5	65,0

(Quelle: Der Große Ploetz, Freiburg/Würzburg 1980)

Die Zwangskollektivierung löste schwere Versorgungskrisen aus. 1932/33 forderte die Hungersnot schätzungsweise 10 Millionen Todesopfer. Die Hungersnot war dadurch verstärkt worden, daß die Sowjetunion trotz des Rückgangs der Erzeugung von Getreide dessen Ausfuhr enorm steigerte, ohne Rücksicht auf die Bedürfnisse der Bevölkerung:

1929 100000 t
1930 2290000 t
1931 5220000 t

Nur so konnten aus dem kapitalistischen Ausland die für die Industrialisierung benötigten Güter und Devisen beschafft werden. Erst ab 1933 begann eine Besserung, als die Industrie die „Maschinen-Traktoren-Stationen" der Kolchosen besser mit technischem Gerät versorgen konnte. Die Getreideablieferungen stiegen rasch an, obwohl die Produktion nur allmählich zunahm. Trotz geringeren Viehbestandes als in den zwanziger Jahren nahm die Ablieferung von Fleisch und Milch stark zu. Die Ursache lag in dem auf rigoroser Ausbeutung der bäuerlichen Arbeitskraft beruhenden Entlohnungssystem. Einen Markt gab es nur noch für die Produkte, die der Kolchosbauer auf seinem Gartenland, das ihm zugewiesen war, und mit einer Kuh und etwas Geflügel erwirtschaften konnte. Da das nur geringe Mengen blieben, waren die freien Marktpreise sehr hoch: 1932 betrugen sie für Getreide das Neunzig-, für Rindfleisch das Zwanzigfache des staatlich festgesetzten Preises für die Pflichtablieferungen, deren Preis allerdings extrem niedrig gehalten war. Infolge der hoch angesetzten Industriepreise war die erforderliche bäuerliche Arbeits- bzw. Ernteleistung zum Erwerb industrieller landwirtschaftlicher Geräte 1935 etwa siebenmal so hoch wie vor dem Krieg.
Die Einkommenslage der bäuerlichen Bevölkerung hatte sich also stark verschlechtert. Der einzelne Landarbeiter erhielt nur Geld, wenn der Kolchosbetrieb, an den er gebunden war, zu staatlich festgesetzten Minimalpreisen mehr abgeliefert hatte, als zur Begleichung der Kosten der vom Staat gelieferten Maschinen, Futtermittel und des Saatgutes erforderlich war. Der am Jahresende so erwirtschaftete Jahreslohn reichte selten für mehr als einen Mantel oder ein Paar Schuhe. Häufig genügten die von der Kolchose erwirtschafteten Mittel nicht, um die Schulden beim Staat zu decken, so daß die Erträge der kleinen Privatgärten zur Deckung herangezogen werden mußten. So gewannen viele Kolchosbauern die Überzeugung, ohne Lohn zu arbeiten, was sich in einer entsprechend schlechten Arbeitshaltung äußerte. Die Höhe der Getreideernten aus der Zeit vor dem Ersten Weltkrieg konnte daher nur durch stark erweiterte Anbauflächen gegen Ende der dreißiger Jahre erreicht werden. Infolge der gestiegenen Bevölkerungszahl war aber der Pro-Kopf-Ertrag an Getreide gegenüber 1913 um zehn Prozent gesunken.

Getreide- und Fleischerzeugung 1909-1940

		1909-13	1924-28	1936-40
Getreide	Mill. t	73	70	77
	dz/ha	6,9	7,6	7,6
	dz/Einw.	5,4	4,8	4,9
Fleisch	Mill. t	4,8	4,2	4,0
	kg/Einw.	31,4	32,5	24,2

(Quelle: Inf. f. pol. Bildung, Nr. 182. Die Sowjetunion. 3. Aufl. Bonn 1986)

Die Industrialisierung

Die Ausbeutung der ländlichen Bevölkerung gab dem Staat die Mittel zur Industrialisierung in die Hand. Der durch billigen Aufkauf und teuren Verkauf der Agrarerzeugnisse erzielte Staatsgewinn diente zur

Finanzierung des Aufbaus der Schwerindustrie. Der erste Fünfjahresplan, der am
1928 1. Oktober 1928 in Kraft trat, legte die Planziele im einzelnen fest. Der Ansatz zu dieser staatlich gelenkten Planwirtschaft stammte noch aus den letzten Jahren Lenins. Die staatliche Planwirtschaftskommission Gosplan – eine Behörde mit einigen hundert Wissenschaftlern, Technikern und Bürokraten – hatte aufgrund eines angelegten Inventars aller Produktionsmittel des Landes und ihrer möglichen Leistungen jedem Betrieb und jedem Wirtschaftszweig die jährlichen Produktionsziffern vorgeschrieben. Ziele waren, „die Sowjetunion... in ein hochentwickeltes Industrieland zu verwandeln" und die „technischen und ökonomischen Voraussetzungen für die Erhöhung der Verteidigungsfähigkeit des Landes zu schaffen". Dementsprechend erhielt die Schwerindustrie gegenüber der Konsumgüterindustrie absoluten Vorrang, so daß die erstere während des ersten Fünfjahrsplans um 285%, die letztere nur um 64,2% wuchs. Diese Ausweitung der Schwerindustrie war zunächst stark auf Maschinenimporte gegründet: 1932 ging fast die Hälfte des Weltexports an Maschinen an die UdSSR. Die Devisen dafür wurden mit Getreide- und Holzverkäufen gewonnen. Der inländische Kapitalbedarf für Investitionen wurde vornehmlich aus der Umsatzsteuer erzielt. Sie erbrachte 1931 gut die Hälfte, 1935 drei Viertel und noch 1938 63% des gesamten Steueraufkommens. Mit Hilfe der Umsatzsteuer, die vor allem auf Verbrauchsgütern lag, konnte das steigende Lohneinkommen ohne nachhaltige Erhöhung der Konsumgüterproduktion abgeschöpft und wieder in der Industrie investiert werden. Die staatliche Preisfestsetzung regulierte Angebot und Nachfrage, so daß 1935 die Rationierung der Verbrauchsgüter aufgehoben werden konnte. Dabei gestand die staatliche Warenverteilung der Stadtbevölkerung eine größere Verbrauchsquote zu als den Bauern. Der Reallohn war Mitte der 30er Jahre auf 50% des Lohnes der Vorkriegszeit abgesunken. Auf welch kargem Niveau der Konsum gehalten wurde, verdeutlicht ein Planziel des ersten Fünfjahrplans, demzufolge der jährliche Verbrauch an Schuhen pro Kopf der Bevölkerung von 0,5 auf 0,74 Paar erhöht werden sollte.

Während die Industrie des alten Rußland in den südlichen und mittleren Landesteilen stand, wurden in den dreißiger Jahren neue Industrien in den nördlichen und östlichen Teilen der Sowjetunion errichtet. Dabei spielten strategische Überlegungen eine wichtige Rolle. Vor allem die Errichtung des Ural-Kuznezk-Kombinats zeigt, daß dies ohne Rücksicht auf die Preis-Kosten-Relation geschah: Die Eisenverhüttung im Ural erfolgte mit Kohle, die über 2000 Eisenbahnkilometer herbeitransportiert wurde. Große städtebauliche und verkehrstechnische Anlagen waren erforderlich, um das neue Industrierevier in den Wirtschaftskreislauf des Landes einzufügen. Die Industrialisierung Sibiriens und des Fernen Ostens zeigte ihren Nutzen rasch im Zweiten Weltkrieg. Bereits 1940 erwirtschafteten die östlichen Industriegebiete ein Viertel der Produktion der Sowjetunion.

Die zentral geplante Wirtschaft der Fünfjahrespläne, deren dritter bei Ausbruch des Krieges lief, brachte trotz umfangreicher Fehlplanungen den angestrebten Erfolg, wobei „man nie wußte, ob man das Überleben des Systems wegen oder trotz der Zentralplanung bewundern sollte" (Raupach). Häufig waren verschiedene komplementäre Industriezweige schlecht aufeinander abgestimmt, Ersatzteile und Reparaturwerkstätten fehlten. Zahlreiche ähnliche Disproportionen in der Planung verursachten Leerlauf. Hinzu kam, daß qualifizierte Arbeitskräfte mit technischem Grundwissen ebenso fehlten wie Ingenieure. Der Anteil technisch vorgebildeter Arbeitskräfte in der Industrie betrug in der Sowjetunion nur etwa ein Zehntel des in den westlichen Industrieländern üblichen Prozentsatzes von 10–15%. Auch deshalb war die Ausschußproduktion hoch. Die Bemühungen, den technischen Bildungsstand der Arbeiter zu erhöhen, wurden begleitet durch andere Versuche, die Arbeitsproduktivität zu steigern. Zum Signal wurde 1935 die sorgfältig vorbereitete und propagandistisch ausgewertete Schichtleistung des Kohlenhauers Stachanow, der in einer Schicht die Hauernorm um das Vierzehnfache überschritt. Diese und ähnliche Leistungen in allen Arbeitsbereichen

wurden zum Anlaß für Normerhöhungen genommen. Der Herausstellung und Prämierung besonderer Arbeitsleistungen entsprach die harte Bestrafung für Fehler und Planverstöße. Schon im Strafgesetzbuch von 1926 war für mehrfache Verspätung am Arbeitsplatz jahrelange Freiheitsstrafe vorgesehen. Leitenden Personen in der Wirtschaft drohte bei ungünstigen oder planwidrigen Betriebsergebnissen schlimmstenfalls die Erschießung. In den zahlreichen Prozessen gegen leitende Personen wurde die Schuld immer bei ihnen, nie in Planungsfehlern von Partei und Staat gesucht.
Mehrere Millionen Sowjetbürger kamen meist ohne jede individuelle Schuld in Zwangsarbeitslager, in denen sie unter primitivsten Bedingungen als billige Arbeitskräfte die schweren Erschließungsarbeiten vornehmlich in subarktischen Gebieten der Sowjetunion verrichten mußten. Ende der dreißiger Jahre waren etwa sieben Millionen Menschen in Zwangsarbeitslagern, 1940 schätzungsweise zehn Millionen. Sie waren ein erheblicher Faktor im sowjetischen Wirtschaftssystem.
Die Industrialisierungspolitik Stalins ist eng verschmolzen mit dem System des stalinistischen Totalitarismus (Stalinismus). Ungeheure Leiden der Bevölkerung begleiteten Rußlands schnellen Aufstieg zur Industriemacht. Die Förderung der Schwerindustrie diente nicht zuletzt der Aufrüstung der Roten Armee. Die Produktion von Kriegsmaterial stieg sprunghaft an.

Rüstungsproduktion der Sowjetunion

	Panzer	Geschütze	Kriegsflugzeuge
1930	740	1911	860
1937	3139	5020	3578
1938	2270*	12500	5500

* Umstellung auf schwerere Typen.
1939 produzierte die Sowjetunion insgesamt 10382 Flugzeuge; 1941 – trotz der Kriegszerstörungen in den westlichen Gebieten – 15735 Flugzeuge.
(Quelle: Militärgesch. Forschungsamt (Hrsg.): Das Deutsche Reich und der Zweite Weltkrieg, Bd. 4, S. 62 ff. Stuttgart 1983)

Gesellschaft und Herrschaft in den dreißiger Jahren

Die Gesellschaft der Sowjetunion befand sich in den dreißiger Jahren im Übergang von der Agrar- zur Industriegesellschaft. Zwischen 1929 und 1939 stieg der Anteil der Städter von 19 auf 33% der Gesamtbevölkerung (1913: 17,6%). 1926 hatte es 31 Städte mit mehr als 100000 Einwohnern gegeben, 1939 waren es 82. Trotz der Bevorzugung der Städte gegenüber dem Land durch die Partei war die Lebenshaltung der arbeitenden Bevölkerung jämmerlich. In den Städten standen pro Kopf nur etwa 4 m^2 Wohnraum zur Verfügung; während des ersten Fünfjahresplans war der Reallohn um weitere 14% gefallen und blieb auch in den nächsten Jahren zeitweise unter dem Vorkriegsstand. Bevor 1935 der Rubel stabilisiert wurde, hob die rasche Geldentwertung auch hohe nominelle Leistungslöhne wieder auf. Aber noch 1938 blieb die Kaufkraft des Arbeitslohns weit hinter den westlichen Industrieländern zurück: Sie war in den USA 7,5mal größer, in England 4mal, in Deutschland 2,5mal und auch in Polen und in den baltischen Ländern größer als in Rußland. Allerdings gab es keine Arbeitslosigkeit mehr. Trotz sozialer Leistungen – etwa Gesundheitsdienst – erzwang das niedrige Lebenshaltungsniveau den Mitverdienst der Frauen, deren Arbeitseinsatz vom Staat gefördert wurde, so daß 1940 unter den Industriearbeitern 47% Frauen waren.
Als 1935 an die Stelle der Lohnfestsetzung durch Tarifverträge die staatliche Lohnverordnung getreten war, wurde die Ohnmacht der Arbeiter, für die es keine Möglichkeit zu einer selbständigen gewerkschaftlichen Vertretung gab, dem allmächtigen Staat gegenüber besonders deutlich. Das Leistungslohnprinzip wurde außerordentlich krass durchgeführt, so daß der Arbeitslohn bis zu einem Verhältnis von 1 : 30 variierte, wozu noch eine entsprechende Staffelung sozialer Leistungen kam. Die Bindung an den Arbeitsplatz war für den Arbeiter schon 1930 kaum lösbar, seit 1940 wurde der „Arbeitsvertrag“ angesichts der Kriegsgefahr unkündbar. Die innerbetriebliche Arbeitsordnung entsprach weitgehend einer auf Befehl und Gehorsam fußenden militärischen Ordnung. Seit 1938 war die Kontrolle des Arbeitsverhaltens jedes einzelnen durch die Eintragung in einem Arbeitsbuch, das jeder besitzen mußte, gesichert.
Die starke Differenzierung der Löhne er-

zeugte allmählich eine neue privilegierte Schicht von qualifizierten Arbeitern und Technikern. Die Ausbildung von Fachkräften wurde stark gefördert, das Schulwesen straff organisiert. Die Zahl der Analphabeten unter der Bevölkerung sank von 48,9% 1926 auf 10,8% im Jahr 1939 (1897 waren es 76% gewesen). Herangebildet wurden vor allem auf ein enges Fachgebiet ausgerichtete technische Spezialisten. Diese „Neue Intelligenz“ bildete zusammen mit den „Apparatschiks“, den hauptamtlichen Parteifunktionären, den Angestellten der Staatsverwaltung, Offizieren, Kolchosvorsitzenden, Betriebsdirektoren und auch mit linientreuen Künstlern und Wissenschaftlern die „Werktätige Intelligenz“ – ideologisch gesehen eine Zwischenschicht zwischen den „proletarischen“ Arbeitern und Bauern, von Stalin 1939 offiziell als Klasse anerkannt. Die weitgehende „Liquidierung“ der alten bolschewistischen Führungsschicht durch die Verfolgungen der 30er Jahre hatte genügend Positionen freigemacht, in die die Angehörigen der „Werktätigen Intelligenz“ aufsteigen konnten. So verdankten sie in den meisten Fällen ihre Stellung dem Stalinschen Terror. Ausbildung und Funktion sicherten den Mitgliedern der neuen Schicht allmählich die politische, wirtschaftliche und geistige Führung im Rahmen der Kommunistischen Partei, die alles beherrschte. 1940 zählte zu ihr etwa ein Sechstel der Bevölkerung, ihr Anteil am Volkseinkommen aber betrug 35%: Arbeiter erhielten 33%, Bauern (53% der Bevölkerung) 29%; die etwa ein Zehntel der Bevölkerung ausmachende Gruppe der Zwangsarbeiter bekam 3% des Volkseinkommens.

Soziale Herkunft der Studenten 1938

Arbeiterkinder	34%
Bauernkinder	22%
Kinder der „Werktätigen Intelligenz“	44%

Nachdem Stalin die Herrschaft der Parteifunktionäre über Partei und Staat gesichert hatte, ging er dazu über, die alten Revolutionäre auszuschalten, die sich der Bürokratisierung der Partei durch die von Stalin eingesetzten neuen Funktionäre nicht widerspruchslos gefügt hatten. Die Säuberungen („Tschistka“) erreichten 1936 bis 1938 ihren Höhepunkt. Die meisten führenden Altbolschewisten wurden ermordet, und auch kleineren Funktionären wurde der Prozeß gemacht. Zuverlässige Zahlen der Opfer sind nicht bekannt, doch kann der Umfang der Verfolgung an der Tatsache gemessen werden, daß 1939 40% der Parteifunktionäre aller Ebenen neu ernannt werden mußten. Zehntausende waren nach Sibirien deportiert worden. 1936/37 wurden große Schauprozesse inszeniert; der Ankläger Wyschinskij erreichte durch raffinierte Untersuchungsmethoden und Gewaltanwendung, daß die meisten Angeklagten „Geständnisse“ ablegten. Auch zahlreiche prominente ausländische Kommunisten wurden in der Sowjetunion heimlich umgebracht.

1936 bis 1938

Besonderes Aufsehen erregte 1937/38 der Prozeß gegen Marschall Tuchatschewskij, den Reorganisator der Roten Armee, der angeblich einen Aufstand der Roten Armee gegen Stalin geplant hatte. Dieser Vorwurf ist vermutlich als für die Öffentlichkeit bestimmte Rechtfertigung Stalins anzusehen, die selbstbewußte Schicht der Generalstabs- und Truppenoffiziere zu zerschlagen. Die Säuberungen in der Armee haben die Schlagkraft der Roten Armee empfindlich geschwächt: Ein Viertel der höheren Offiziere wurde hingerichtet. Einerseits stärkte die Furcht vor dem Diktator die Stellung Stalins, andererseits ließ er durch Propaganda, Massenfeiern und Verherrlichung seiner Person der russischen Bevölkerung das Bild eines unfehlbaren Mannes suggerieren, der – von inneren und äußeren Feinden bedroht – das erste „Vaterland der Werktätigen“ und die sozialistischen Errungenschaften wachsam verteidigen müsse. Geschickt hatte sich Stalin auf die gleiche Ebene wie der fast als Heiliger verehrte Lenin zu stellen gewußt.

Im sowjetischen Staat mit seinen zahllosen staatlichen Eingriffen in das Leben des einzelnen Bürgers mußte Lenins Theorie vom Absterben des Staates im Sozialismus wie eine wirklichkeitsferne Utopie anmuten. Stalin kehrte das marxistische Modell vom Vorrang der ökonomischen Basis im Verhältnis zum politisch-juristischen Überbau um: Alle Veränderungen in der Sowjetgesellschaft wurden vom staatlichen Überbau geplant und gelenkt.

Wenn auch nominell getrennt, wuchsen im Einparteistaat der Sowjetunion doch Partei- und Staatsorgane untrennbar ineinander. In der von Stalin veranlaßten Verfassung von 1936 heißt es, daß „die aktivsten und zielbewußtesten Bürger aus den Reihen der Arbeiterklasse, der werktätigen Bauern und der schaffenden Intelligenz sich freiwillig in der Kommunistischen Partei der Sowjetunion vereinigen, die der Vortrupp der Werktätigen in ihrem Kampf für die Errichtung der kommunistischen Gesellschaft ist und den leitenden Kern aller Organisationen der Werktätigen, der gesellschaftlichen wie der staatlichen, darstellt" (Art. 126). In Art. 141 wird der Partei und den von ihr abhängigen Organisationen das alleinige Recht zugestanden, Kandidaten für die Wahlen aufzustellen. Die Partei ist zwar keine staatsrechtliche Institution, aber der zentrale Machtfaktor, ohne den es keine staatliche Funktion gibt. Insofern sind Parteiaufbau und Parteiämter für die Politik der Sowjetunion weit wichtiger als die staatliche Organisation, wie sie die Verfassung umschreibt. Die Exekutivorgane des Zentralkomitees der Partei, vor allem Sekretariat und Politbüro, sind die Kernstellen der Macht, die jeder Kontrolle durch freie Wahl von unten entzogen sind. Es ist unter diesen Umständen bedeutungslos, wenn die Verfassung von 1936 erstmals das allgemeine, gleiche und direkte Wahlrecht einführt: Die Wahlen zu den lokalen Sowjets ebenso wie zum Obersten Sowjet, dem nach der Verfassung höchsten Organ der Staatsgewalt, sind Rituale der Akklamation ohne politische Entscheidungsfunktion. Was den Bürgern an Rechten verbal gewährt wurde, wird praktisch aufgehoben durch die Bestimmung, daß sie nur „in Übereinstimmung mit den Interessen der Werktätigen" (Art. 125) gebraucht werden können und der „Festigung der sozialistischen Ordnung" (Art. 126) dienen müssen. Ein Rechtsschutz der Bürger ist nicht gewährleistet, da Sondergerichte eingerichtet werden dürfen, deren Kompetenzen durch die Verfassung nicht begrenzt werden. Der Führungsanspruch der straff zentralistisch aufgebauten Partei macht auch die föderative Gliederung der UdSSR belanglos. Die Verfassungswirklichkeit widerspricht der Verfassungsnorm, die jedem Bundesstaat das Recht auf freien Austritt einräumt (Art. 17).

Formell sind die Sowjets, vor allem der Oberste Sowjet, die Machtträger im Staat, infolge des Prinzips des „demokratischen Zentralismus" der KPdSU ist es jedoch tatsächlich die Partei, d.h. deren Führungsspitze. Da es – theoretisch begründet mit dem Ende der Klassenstruktur der Gesellschaft – weder eine institutionelle Opposition noch Gewaltenteilung gibt, ist diese Macht ebenso umfassend wie unkontrollierbar. Die Partei ist Träger der Herrschaft und alleinige Formkraft der Gesellschaft.

Außenpolitik bis zum Zweiten Weltkrieg

Nach der Revolution war Sowjetrußland außenpolitisch isoliert. Erst 1921 kam es zu Handelsverträgen mit einigen westlichen Staaten. Mit dem Deutschen Reich wurde 1922 in Rapallo ein Vertrag geschlossen; er führte zur Wiederaufnahme der diplomatischen und zu engen wirtschaftlichen Beziehungen. Zwischen der Roten Armee und der Reichswehr begann eine geheime Zusammenarbeit (s. S. 73). Seit Ende 1923 mußte die Sowjetunion die Hoffnung auf das baldige Auflodern der Weltrevolution aufgeben und eine auf die realen politischen Gegebenheiten gerichtete Außenpolitik betreiben: Zuletzt war ein Aufstandsversuch in Deutschland gescheitert. Die Zersetzung der kapitalistischen Staaten mit bolschewistischen Gedanken sollte sich langfristig mit Hilfe der kommunistischen Parteien in diesen Ländern vollziehen, die in eine nahezu völlige Abhängigkeit von der Moskauer Zentrale der 1919 gegründeten Kommunistischen Internationale (Komintern) gebracht wurden. 1924 erfolgte die diplomatische Anerkennung der Sowjetunion durch viele Staaten, darunter auch Großbritannien, Frankreich und Italien – nicht aber durch die USA, die erst 1933 folgten. Wegen der Aufdeckung umstürzlerischer Tätigkeit in England, hinter der die Komintern stand, brach England aber von 1927 bis 1929 die diplomatischen Beziehungen zur UdSSR wieder ab. Einen weit folgenschwereren Rückschlag erlitt die Außenpolitik der Sowjetunion 1927 in China, als die von Stalin gestützte nationale Volkspartei Kuomintang unter Führung Chiang Kaischeks den Bund mit den chinesischen Kommunisten löste und die meisten ihrer Führer umbrachte. Die chinesische kommunistische Partei, die sich um Mao Dsedong sammelte, fühlte sich von Stalin verraten. Der wachsende imperialistische Druck Japans auf dem asiatischen Festland veranlaßte 1932 ein gegen Japan gerichtetes Abkommen zwischen der UdSSR und der Kuomintang-Regierung in China (vgl. S. 114).

1932 schloß die Sowjetunion zweiseitige Nichtangriffsverträge mit Lettland, Estland, Polen und Frankreich. Das Verhältnis zu Deutschland hatte sich seit dem Vertrag von Rapallo vor allem auf wirtschaftlichem Gebiet gut weiterentwickelt (vgl. S. 73). Auch die Machtübernahme der Nationalsozialisten änderte das nicht sofort. Im Mai 1933 wurde der Berliner Vertrag von 1926 erneuert (vgl. S. 73). aber der Nichtangriffspakt zwischen Deutschland und Polen vom Januar 1934 schuf ein anderes Klima. Der Anerkennung der Sowjetunion durch die USA und andere westliche Staaten 1933, die wesentlich durch den Machtgewinn Japans ausgelöst wurde, folgte 1934 – ein Jahr nach dem deutschen Austritt – der Eintritt der Russen in den Völkerbund, der vorher als antisowjetisches Instrument der kapitalistischen Staaten bezeichnet worden war. Die Wendung der sowjetischen Außenpolitik zu den westlichen Staaten wurde von Außenminister Litvinow vollzogen. Militärpakte mit der Tschechoslowakei und Frankreich folgten. Als Reaktion auf die potentielle Bedrohung durch den Nationalsozialismus änderte die Komintern auf ihrem 7. Kongreß 1935 ihre Anweisungen: Um die Chancen eines Vorgehens gegen den Faschismus zu vergrößern, wurden Bündnisse mit dem seitherigen Hauptfeind, den Sozialdemokraten, erlaubt und als „Volksfront" bezeichnet. Sogar Zweckbündnisse mit bürgerlichen Parteien hatten jetzt nicht mehr als ausgeschlossen zu gelten.

Die Taktik der Volksfront-Politik hatte nur in Frankreich vorübergehend einen gewissen Erfolg (vgl. S. 133f.). Nicht zuletzt durch die anlaufenden großen „Säuberungs"prozesse wurden die Demokratien des Westens erneut auf den Terrorcharakter der stalinistischen Sowjetunion hingewiesen.

Die Einmischung der Sowjetunion im Spanischen Bürgerkrieg wurde von Stalin auch dazu ausgenutzt, ihm unangenehme Verteidiger der republikanischen Freiheit Spaniens zu beseitigen. Daß die Sowjetunion 1938 nicht zur Münchner Konferenz (vgl. S. 178 f.) eingeladen wurde, zeigt das bis zum Frühjahr 1939 währende Bestreben Englands und Frankreichs, die Sowjetunion bei der Lösung politischer Probleme Europas möglichst wenig zu beteiligen.
Eine mögliche Wendung der sowjetischen Politik gegenüber Deutschland und den Westmächten deutete Stalin auf einer Rede am 10. März 1939 an: die Sowjetunion werde nicht für andere „die Kastanien aus dem Feuer holen". Angesichts der aggressiven Politik Hitlers und der Versuche der Westmächte, diese einzudämmen, konnte das nur als Andeutung einer neutralen Haltung Deutschland gegenüber verstanden werden. Der Pakt mit Hitler vom 23. August 1939 war die Konsequenz (vgl. S. 179 f.).

Lenin und Stalin im Urteil der Geschichtsschreibung

Geschichtsschreibung über die Sowjetunion und den Sowjetkommunismus wird nur selten zu ganz objektiven Ergebnissen führen, auch wenn man vielen westlichen Historikern das Bemühen um Objektivität zubilligen muß. Die Abhängigkeit des Historikers von seinem politischen, sozialen und nationalen Standort darf nicht übersehen werden, besonders bei einem Forschungsgegenstand, der seit 1917 die Menschen in aller Welt ideologisch – zustimmend oder ablehnend – beeinflußte und in den letzten Jahrzehnten die Weltpolitik stark mitbestimmte.
Hinzu kommt die Auseinandersetzung mit der sowjetischen bzw. kommunistischen Geschichtsschreibung, die bewußt „parteilich" ist, manche Tatsachen unterschlägt oder verfälscht, die aber auch imstande ist, manchem westlichen Historiker ähnliche Manipulationen nachzuweisen. Freilich haben es die sowjetischen Historiker oft schwer, ideologischen Kehrtwendungen ihrer Machthaber zu folgen und Teile ihrer Werke entsprechend umzuschreiben.
Für die Historiker steht Lenins Leistung an der Entfesselung und Durchführung der Oktoberrevolution und an der Festigung

der bolschewistischen Diktatur außer Frage. Offen bleibt dabei, ob das Gelingen der Revolution allein oder fast ausschließlich ihm zu verdanken war oder ob nicht vielmehr die äußeren Umstände, vor allem die durch den Krieg hervorgerufenen, entscheidender waren, ihm erst den Weg bahnten. Hier treffen wir auf die in der Wissenschaft kontrovers geführte Diskussion über die Rolle der „großen" Persönlichkeit in der Geschichte. Nicht zu bezweifeln ist die Tatsache, daß Lenin mit der Elitepartei der Berufsrevolutionäre das richtige Instrument geschaffen hat für die Situation in Rußland und dazu gegen alle Widerstände anderer „linker" Politiker die marxistische Lehre entsprechend weiterentwickelte. Umstritten bleibt, ob der Terror der Zeit des Kriegskommunismus unvermeidlich war, ob eine versöhnlichere Haltung gegenüber den andern linken Gruppierungen statt deren Verfolgung durch die Tscheka große Menschenopfer hätte verhindern können, ohne die sozialistischen Errungenschaften der Revolution zu gefährden. Der Erfolg scheint Lenin recht zu geben, das Gegenteil kann nicht bewiesen werden. Jede Antwort wäre spekulativ, dennoch ist die Fragestellung legitim, und zwar unter dem Gesichtspunkt der Menschenrechte und -würde und ihrer Bewahrung.

Anerkannt wird Lenins Bereitschaft, dem Volk durch die NEP ohne Rücksicht auf die Ideologie eine Erholungsperiode zu gewähren. Dagegen steht die Wahrscheinlichkeit – sie klingt in einigen Äußerungen Lenins an –, daß für ihn diese Abweichung nur ein zeitlich befristeter taktischer Schachzug war. Unbestritten ist, daß zu seinen Lebzeiten wenigstens in den höchsten Zirkeln der Partei eine offene Diskussion noch möglich war, daß das kulturelle Leben noch relativ frei war, obwohl seine Ausdrucksformen durchaus nicht Lenins Geschmack entsprachen.

Das Bild Stalins in der Geschichtsschreibung scheint weniger umstritten zu sein, vor allem seitdem in der Sowjetunion in der Ära Chruschtschows (Rede auf dem XX. Parteitag 1956) und wieder unter Gorbatschow heftige Kritik an seiner Machtgewinnung und -behauptung geübt werden darf und dabei sich auch für den Historiker die Quellenlage verbessert.

Daß Stalin rücksichtslos alle Menschenrechte mißachtete, steht außer Frage. Jeder Bewohner der Sowjetunion, und zwar nicht nur ein Funktionär oder Parteimitglied, konnte jede Nacht mit seiner Verhaftung rechnen, auch wenn er sich keines Vergehens schuldig fühlte. Es genügte, wenn ein persönlicher Feind ihn grundlos denunziert hatte oder ein Freund oder Verwandter in Verdacht geraten war, kritisch dem Sowjetregime gegenüberzustehen. Aber nicht einmal das war erforderlich: Die Verbreitung von Furcht und Schrecken allein schon war ein Zweck des Terrors. Verhaftung in der Stalin-Ära bedeutete oft den Tod, zumeist ein Vegetieren zum Tode hin in den Arbeitslagern des Ostens.

Auf der anderen Seite muß der Historiker berücksichtigen, welche Fortschritte die Sowjetunion unter der stalinistischen Herrschaft gemacht hat. Der Modernitätsrückstand der Wirtschaft gegenüber den kapitalistischen Industriestaaten hatte sich seit der Vorkriegszeit bis 1928 noch vergrößert; die Sowjetunion war überwiegend ein Agrarstaat geblieben. Das änderte sich, nahezu schlagartig, mit den Fünfjahresplänen Stalins; die Statistiken beweisen das. Mit dem Aufbau und der Bevorzugung der Schwerindustrie konnte die Sowjetunion auch ihr Rüstungspotential so vergrößern, daß sie dem Ansturm der deutschen Armeen im Zweiten Weltkrieg gewachsen war. Stalin besaß Härte und Integrationskraft zugleich, seinem Volk einen Konsumverzicht ohnegleichen aufzuzwingen, es stets durch seine Terrormethoden zu bedrohen und es dennoch im Krieg zu größtem Opfermut anzuspornen.

Welche der beiden Seiten der Diktatur das Urteil über Stalin vorwiegend bestimmen, muß jeder, der über Geschichte schreibt oder auch nur die Geschichte kritisch betrachtet, für sich entscheiden. Die Autoren dieses Buches vertreten den Standpunkt, daß für das Urteil der Terror schwerer wiegt als die Aufbauleistung.

III. Die Industriegesellschaft

seit 1914	Einführung der Fließbandarbeit in USA (Ford)	1927	erste Tonfilme
1918	Einführung des Achtstunden-Arbeitstages in Deutschland	1929–1932	Beginn der Weltwirtschaftskrise
1919	Tarifverträge zwischen Gewerkschaften und Unternehmern in Deutschland	seit 1930	J. M. Keynes' Lehre der Konjunktursteuerung durch „deficit spending" setzt sich allmählich durch
1920	erster Rundfunksender (Pittsburgh)	1934	Erzeugung künstlicher Radioaktivität durch Frédéric Joliot und Irène Joliot-Curie
1925–1929	Anstieg des Pkw-Bestandes in USA von 15,6 auf 23,12 Millionen	1938	Entdeckung der Kernspaltung (Uranatom) durch Otto Hahn, Lise Meitner und Fritz Straßmann
1927	Charles Lindbergh überquert den Atlantik im Flugzeug		

1. Die Industriewirtschaft

Der industrielle Fertigungsprozeß

In der ersten Hälfte des zwanzigsten Jahrhunderts vollzog sich in Wirtschaft und Gesellschaft ein tiefgehender Strukturwandel, der aus den in der Industrialisierung des neunzehnten Jahrhunderts entstandenen Tendenzen erwuchs. In diesem Prozeß waren die beiden Weltkriege mit dem Zwang zielgerichteter Planung, dem zur Selbstverständlichkeit gewordenen Verfügen über Menschen, der Förderung zweckgerichteter Wissenschaft und der Ausdehnung der diese Prozesse steuernden Bürokratie beschleunigende Faktoren. Der Wirkungszusammenhang der modernen Industriewirtschaft wurde in seiner Leistungsfähigkeit wie Störanfälligkeit zugleich sichtbar. Ursache für beides war die hochentwickelte Spezialisierung, die die wechselseitige Abhängigkeit aller im industriellen Arbeitsprozeß wirkenden Teile bedingte.

Der Durchbruch zur neuen industriellen Fertigungsmethode geschah kurz vor dem Ersten Weltkrieg, als Henry Ford in Detroit das erste Fließband in Gang setzte. Diese durchrationalisierte Arbeitsmethode ermöglichte, daß viele Arbeiter gleichzeitig an Teilstücken eines Endproduktes arbeiten. Die Fertigung auch komplizierter Geräte in Großserien wurde möglich. Die Zerlegung der Herstellung etwa eines Automobils in Tausende spezialisierte Tätigkeiten förderte die Spezialisierung der Arbeit ebenso wie sie den Menschen an seinem Arbeitsplatz austauschbar machte. Der Rhythmus des Arbeitsprozesses wurde vom Fließband bestimmt, anfällig war er gegen individuelle Arbeitsschwankungen. Die Tendenz zur Automatisierung der Arbeitsvorgänge deutete sich bereits an. Für den Arbeitenden verlor die Maschine mehr und mehr den Charakter eines Werkzeuges, mit dem er arbeitete; sie wurde zu einem Gerät, das er nur noch bediente. Für schöpferische Spontaneität im Arbeitsablauf – auch früher sicher nicht in der Regel vorhanden, aber doch grundsätzlich möglich – blieb kein Platz mehr. Unabhängig davon, wie weit die Fließbandarbeit schon um 1920 in der Industrie verbreitet war, war in ihr doch von Anfang an das Wesen des neuen industriellen Fertigungsprozesses idealtypisch sichtbar.

Die neue Fertigungsmethode mit mechanisierten und gegen die Jahrhundertmitte zunehmend automatisierten Arbeitsabläufen fand besonders rasch in den Wachstumsindustrien wie dem Automobilbau, der Elektroindustrie und der chemischen Industrie Eingang. In dem Maß, in dem die Maschine Teilfunktionen des Herstellungsvorgangs mehr oder minder selbsttätig übernahm, stellte die verbleibende Arbeit an den Arbeiter spezielle Forderungen. Um den Arbeitsvorgang überwachen, steuern, planen zu können, sind Kenntnisse erforderlich, die der Arbeiter des neunzehnten Jahrhunderts nicht brauchte. In der Industrie fanden immer weniger ungelernte Arbeiter Platz; dagegen stieg der Bedarf an qualifizierten Facharbeitern infolge der technologischen Entwicklung. Andererseits wurden aber auch jederzeit umschulbare Arbeiter in steigender Zahl gebraucht.

Die genormten Massenprodukte, die die Fließbänder von Jahrzehnt zu Jahrzehnt – von Konjunkturschwankungen nur vorübergehend unterbrochen – in gesteigerter Zahl auswarfen, setzten einerseits einen aufnahmefähigen Markt voraus und schufen ihn andererseits zugleich selbst. In England war die Industrieproduktion zwischen 1850 und 1913 pro Kopf der Bevölkerung um das Doppelte gestiegen, von 1924 bis 1937 nahm sie allein um ein Drittel zu. Typische Wachstumsindustrien wie die Automobilindustrie, die Elektroindustrie und die Stromerzeugung hatten sich in England im gleichen Zeitraum etwa um das Doppelte vergrößert. Um ihre Produkte absetzen zu können, brauchte die Industrie eine sichere, möglichst wachsende Kaufkraft. Dabei gewannen zunehmend die Löhne der in der Industrie Beschäftigten an Bedeutung. Um einen möglichst großen Teil der Kaufkraft an sich zu ziehen, wurde von den Produzenten der neue Wirtschaftszweig der Reklame ins Leben gerufen, der schließlich so hypertrophierte, daß er selbst zu einem bedeutenden Wirtschaftszweig wurde.

Der industrielle Fertigungsprozeß ist in allen Industriestaaten identisch, auch wenn die Besitzverhältnisse an Produktionsmitteln verschieden sind. Die Technologie hat dabei über jede Form der Ideologie dominiert. Zu welchem Ziel der industrielle Fertigungsprozeß aber in Gang gehalten wurde, war in den kapitalistischen Ländern und der Sowjetunion verschieden, differierte zwischen den am Konsumgütermarkt orientierten Industrien der westlichen Demokratien und der zunächst auf den Ausbau der Schwerindustrie gerichteten sowjetischen und der vom Nationalsozialismus für die Rüstung eingespannten deutschen Industrie. Die wissenschaftliche Forschung wurde von wachsender Bedeutung für die industrielle Entwicklung. In der Chemie- und Elektroindustrie war besonders leicht zu erkennen, wie die wissenschaftliche Forschung unmittelbare Voraussetzung für den industriellen Produktionsvorgang ist. In der Physik waren in der Quantentheorie von Max Planck (1900) und in der Relativitätstheorie von Albert Einstein (1905) die Voraussetzungen für die Weiterentwicklung physikalischer Erkenntnis über die Grenzen der bisherigen physikalischen Denkmodelle hinaus gelegt worden. Die von Einstein gefundene Äquivalenzbeziehung zwischen Energie und Masse führte schließlich im Zweiten Weltkrieg zur Beherrschung der Atomkernenergie. Die Forschungen der Kernphysik – die Erzeugung künstlicher Radioaktivität durch Frédéric Joliot und Irène Joliot-Curie (1934); die Spaltung des Uranatomkerns durch Otto Hahn, Fritz Straßmann und Lise Meitner (1938) – leiteten einen Wandel ein, der in der zweiten Jahrhunderthälfte Politik und Wirtschaft nachhaltig bestimmt.

Kostspielige wissenschaftliche Grundlagenforschung, Mechanisierung, Rationalisierung und Großserienproduktion konnten nur in Großbetrieben geleistet werden, so daß die Konzentration in der Wirtschaft – und im Bankwesen – sich rasch vergrößerte. Privatpersonen begannen als selbständige Unternehmer und Aktionäre eine immer geringere Rolle zu spielen gegenüber angestellten Managern und dem Aktienbesitz der Banken, Versicherungen und industriellen Großunternehmen. Gerade in den Wachstumsindustrien entstanden große, kapitalkräftige Konzerne und Trusts wie General Motors, General Electric, Ford in den USA, IG-Farben, AEG, Siemens und die Vereinigten Stahlwerke in Deutschland. Höhere Rentabilität und verbesserte Konkurrenzlage wurden auch durch Kartellabsprachen vielfach zu erreichen versucht. allein in Deutschland gab es um 1925 nach amtlicher Schätzung etwa 2 500 Kartelle, obwohl bereits seit 1923 Kartellgesetze Kartellabsprachen zumindest einschränken sollten. Aber hier wie in den anderen Staaten mit Kapitalwirtschaft blieben die staatlichen Versuche zur Eindämmung des Monopolstrebens wenig wirkungsvoll. Die Tendenz zu Oligopolen war überall sichtbar: Einige wenige Anbieter decken den Bedarf des Marktes ab.

Handel und Verkehr

War der industrielle Bereich der Wirtschaft für eine Volkswirtschaft längst wichtiger geworden als der primäre Bereich der Landwirtschaft, so trat jetzt neben den industriellen, sekundären Bereich mit zunehmendem Gewicht ein tertiärer, unter dem man neben Handel und Verkehr Dienstleistungen aller Art zusammenfaßt. In diesem Bereich, nicht mehr im industriellen, stieg die Zahl der Beschäftigten prozentual am stärksten an.
Stärker als vor dem Ersten Weltkrieg wurde neben ihrem Binnenmarkt der Warenaustausch zwischen den hochentwickelten Industriestaaten für ihre Wirtschaft wichtig, da nur in diesen zahlungsfähige Abnehmer für die differenzierten Industrieprodukte in hinreichender Zahl vorhanden waren. In Deutschland stieg die Zahl der Personenwagen von 60800 im Jahr 1914 auf 175600 (1925) und 501200 im Jahr 1930; in den USA vergrößerte sich der Personenwagenbestand von 1925 bis 1929 von 15,6 Millionen auf 23,12 Millionen; in England nahm die Automobilproduktion von 1924 bis 1935 um mehr als das Doppelte zu. Der Bau der ersten Autobahnen wurde in den zwanziger Jahren geplant.
Technische Fortschritte, die während des Ersten Weltkrieges im Flugzeugbau gemacht wurden, ermöglichten in den zwanziger Jahren den Ausbau der Verkehrsluftfahrt. 1927 überquerte der Amerikaner Charles Lindbergh als erster den Atlantik im Flugzeug. Die in den dreißiger Jahren wachsende Flugzeugindustrie war als erster Industriezweig zunächst vorwiegend auf staatliche Aufträge angewiesen, sei es in Form von Bestellungen halbstaatlicher Luftverkehrsgesellschaften, sei es in Form von Aufträgen für Militärflugzeuge. Die Produktion der Flugzeugindustrie stieg in England zwischen 1924 und 1935 um mehr als das Fünffache.
In der Schiffahrt verdrängten Motorschiffe mit Ölfeuerung mehr und mehr die Kohlendampfer. Tanker mit immer größerer Tonnage wurden gebaut. Zu ihren Verladehäfen wurden die ersten Pipelines verlegt.
Aus überseeischen Gebieten importierten die Industriestaaten in vergrößertem Umfang Rohstoffe und Lebensmittel zu relativ niedrigen Preisen, da die Wertschöpfung der Industriewirtschaft im wesentlichen in dem Fertigungsvorgang vom Rohstoff zum Fertigprodukt geschieht. Der Abstand zwischen dem reichen, industriell wirtschaftenden Teil der Welt und dem armen, nichtindustriellen Teil der Welt vergrößerte sich rasch.
Obwohl im 19. Jahrhundert das Freihandelsprinzip generell anerkannt wurde, wurde es doch schon gegen Ende des Jahrhunderts von wichtigen Welthandelsstaaten durch eine Schutzzollpolitik zumindest vorübergehend eingeschränkt, so in den USA 1861 und im Deutschen Reich 1879. Der Erste Weltkrieg unterbrach den Welthandel umfassend, die Abkehr auch vom Grundsatz des Freihandels geschah dann endgültig in der Weltwirtschaftskrise. Während Schutzzölle den Handel indirekt beeinträchtigten, engten seit etwa 1931 zweiseitige staatliche Handels- und Zahlungsabkommen, die wegen Devisenmangel auf der Basis von Verrechnungseinheiten abgewickelt wurden, den freien Warenaustausch weiter ein. Die Entwicklung der Welthandelsumsätze macht das deutlich:

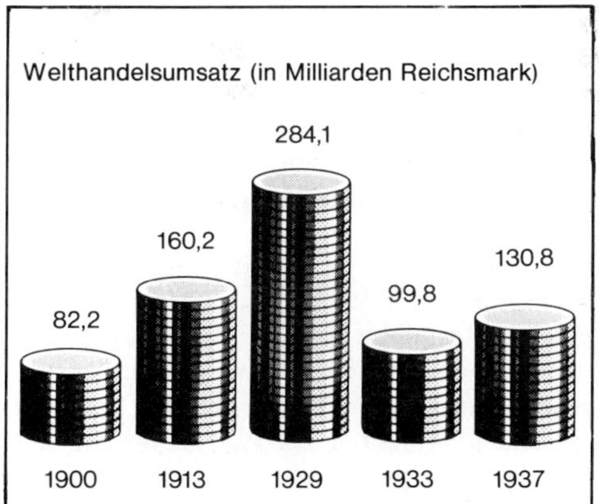

Welthandelsumsatz zwischen 1900 und 1937

Der Anteil Europas am Welthandelsumsatz sank in der gleichen Zeit von 65,9% auf 52,2%, ein Ergebnis der durch den Weltkrieg beschleunigten industriellen Entwicklung außereuropäischer Staaten. Die sieben größten Welthandelsstaaten und ihr prozentualer Anteil am Welthandel waren:

1909–13 (Mittel)		1929	
Großbritannien	13,8%	USA	14 %
Deutsches Reich	11,6%	Großbritannien	13,2%
USA	10,1%	Deutsches Reich	9,5%
Frankreich	7,4%	Frankreich	6,3%
Niederlande	6,8%	Japan	3,6%
Belgien	4,2%	Kanada	3,6%
Rußland	3,7%	Britsch Indien	3,1%

Von 1913 bis 1929 war die Ausfuhr der Maschinenindustrie in den westeuropäischen Industriestaaten um etwa 20% gestiegen, in den USA um 25%. Der Export von Kraftwagen aus den USA war 1929 mehr als dreimal so groß wie aus England, Frankreich, Italien und Deutschland zusammen.
Am Beispiel des deutschen Außenhandels läßt sich erkennen, wie sich der Anteil der Lebensmittel, Rohstoffe und Fertigwaren am Volumen der Ein- und Ausfuhr verschob:

Einfuhr (Anteil in %)				
	Nahrungsmittel	Rohstoffe	Halbfabrikate	Fertigwaren
1913	38	35	17	10
1928	41	28	18	13
1938	38	37	18	7
Ausfuhr (Anteil in %)				
1913	12	13	11	64
1928	7	12	12	69
1937	1	10	9	80

(Nach Petzina: Grundriß der deutschen Wirtschaftsgeschichte 1918 bis 1945, Stuttgart 1973)

Der Staat als Wirtschaftsfaktor

Im neunzehnten Jahrhundert, zur Zeit der Blüte kapitalistisch-freihändlerischer Wirtschaftsauffassung, beschränkte sich die wirtschaftliche Tätigkeit des Staates auf indirekte Maßnahmen wie die Erhebung von Zöllen oder den Schutz der Flagge auf See und in Kolonialgebieten. Erst seit etwa der Jahrhundertwende begannen einzelne Staaten im Zusammenhang mit dem Schlachtflottenbau in weit größerem Umfang als bei Rüstungsaufträgen im 19. Jahrhundert unmittelbar als Auftraggeber an die Industrie in Erscheinung zu treten. Damit begann die Zeit des wirtschaftlichen „Laisser faire“ endgültig zu Ende zu gehen. Die tief in den Wirtschaftsprozeß eingreifende staatliche Planung und Lenkung während des Ersten Weltkrieges wurde nach dem Krieg zwar zögernd abgebaut, um dann aber in der Weltwirtschaftskrise verstärkt und endgültig wieder aufgenommen zu werden. Seit den Schriften des Nationalökonomen John Maynard Keynes in den späten zwanziger Jahren setzte sich nach 1930 die Auffassung durch, daß Konjunkturzyklen nur durch direkte staatliche Eingriffe abgeschwächt werden könnten, wobei staatliche Aufträge, auch durch Finanzierung mit Hilfe des sogenannten „deficit spending“ (im Staatshaushalt ungedeckte Ausgaben), eine wichtige Rolle spielten. Die Weltwirtschaftskrise schien deutlich zu zeigen, daß es keinen Selbststeuerungsmechanismus gab, der den wirtschaftlichen Interessen und sozialen Erfordernissen der Gesellschaft hinreichend entsprach, wie es der Wirtschaftsliberalismus des 19. Jahrhunderts angenommen hatte. Die Einheit des Komplexes sozialer, wirtschaftlicher und politischer Probleme war nicht mehr zu übersehen. Politiker aller Richtungen erkannten, daß staatliche Maßnahmen wirtschaftliche Krisen und damit Massenarbeitslosigkeit hemmen oder – falsch angewandt – beschleunigen können. Meinungsunterschiede bestanden nur über die Art der zu ergreifenden Mittel. Sie reichten von völliger zentraler Planung wie im nichtkapitalistischen Wirtschaftssystem der Sowjetunion bis zu dem Versuch, nur bei Bedarf einzugreifen – so wie es Brüning in Deutschland in möglichst geringem Umfang und Roosevelt in den USA im „New Deal“ in erheblichem Umfang taten (vgl. S. 124). Der Staat wurde auch in der kapitalistischen Wirtschaft allmählich zum größten Auftraggeber und auch dadurch für den Wirtschaftsprozeß in hohem Maß verantwortlich. Besonders in den Diktaturen wurde die Wirtschaft zu einem Instrument der Politik. Krieg, Weltwirtschaftskrise und Nationalismus weckten in einigen Staaten das Streben nach wirtschaftlicher Autarkie oder doch wenigstens nach Abschirmung vor den wirtschaftlichen Problemen anderer Staaten. So kam es zu stark anachronistischen Ansätzen, den Welthandel und die wirtschaftliche Verflechtung der Länder untereinander zu reduzieren. Während die Sowjetunion – in diese Rolle teils durch die Abschließung von der Umwelt gezwungen – und die USA aufgrund ihrer Größe und natürlichen Ressourcen diesen Weg mit einiger Aussicht auf Erfolg gehen konnten, war er für alle anderen Staaten der Erde auf die Dauer nicht durchzuhalten. Aber bis zum Zweiten Weltkrieg war die Abkehr von der freihändlerischen Tendenz erheblich. Einfuhrbeschränkungen durch hohe Einfuhrzölle und Importkontingente, vor allem aber durch Devisenbewirtschaftung waren die am häufigsten üblichen staatlichen Eingriffe zur Steuerung des internationalen Warenaustauschs. Die USA hatten z. B. bis in die dreißiger Jahre Einfuhrzölle in der ungewöhnlichen Höhe von über 50% des Einfuhrwertes der Waren.

2. Die Landwirtschaft

Während des neunzehnten Jahrhunderts war der Anteil der in der Landwirtschaft tätigen Menschen in allen Industriestaaten schnell zurückgegangen. Diese Entwicklung setzte sich fort. In den dreißiger Jahren waren nur noch etwa 30% der Berufstätigen in den Industriestaaten in der Landwirtschaft beschäftigt. In Deutschland arbeiteten in Land- und Forstwirtschaft 1907 noch 34%, 1925 noch 30,5% und 1939 nur noch 26,1%. In den USA waren 1910 noch 34,9% der arbeitenden Bevölkerung in der Landwirtschaft tätig, 1920 waren es noch 30,1%, 1930 nur noch 24,9%. Trotz dieser Abwanderung führte aber die Intensivierung der Landwirtschaft durch die immer breitere Verwendung landwirtschaftlicher Maschinen, chemischer Düngung und chemischer Pflanzenschutzmittel zu Ertragssteigerungen, die schon im neunzehnten Jahrhundert bei den wichtigsten Getreidearten etwa eine Verdoppelung der Hektarerträge ergeben hatten.

Nach dem Ersten Weltkrieg geriet die europäische Landwirtschaft in eine schwierige Lage, da die rasche Vergrößerung der Anbauflächen in den USA, verbunden mit einer weitgehenden Mechanisierung der Arbeitsvorgänge auf den dafür gut geeigneten landwirtschaftlichen Großbetrieben, eine Überproduktion auslöste. Die Chance der europäischen Landwirtschaft lag in einer Umstellung auf Veredelungsbetriebe, diese aber hätte zum Beispiel in Ostdeutschland eine Agrarreform zur Umstrukturierung der großen, auf Getreide- und Hackfruchtanbau spezialisierten Güter zur Voraussetzung gehabt. Statt dessen aber wurden staatliche Hilfen in allen ostmitteleuropäischen Staaten zur Stützung der bestehenden Agrarordnung eingesetzt. Dazu sollte etwa in Ostpreußen die als „Osthilfe" bezeichnete staatliche Entschuldung (1930) der großen Güter ebenso dienen wie die Errichtung von Schutzzollschranken.

Infolge der Ausdehnung der Anbauflächen in Übersee kam es zu einem Preisrückgang für Getreide am Weltmarkt. Als dann in der Weltwirtschaftskrise die Kaufkraft in den Industriestaaten stark schrumpfte, wurde die Tendenz zum Preisverfall verstärkt. Der Weltmarktpreis für Weizen (ein Doppelzentner) stieg von 17 Mark im Jahr 1913 auf 24 Reichsmark 1927 und fiel dann 1931 auf 9,25 RM, 1933 auf 7 RM und erreichte 1939 vor Kriegsausbruch mit 5,80 RM seinen Tiefststand. Der Zollsatz zum Schutz der einheimischen Produktion betrug in Deutschland etwa das Dreifache des Weltmarktpreises. Das deutete an, daß die Probleme der Landwirtschaft auf die Dauer auf diese Weise nicht zu lösen waren.

Das Streben des nationalsozialistischen Deutschland nach Autarkie und der Bolschewismus in der Sowjetunion gaben der Landwirtschaft eine Sonderstellung, die zu erheblichen Abweichungen von der Stellung der Landwirtschaft in den anderen Industriestaaten führte, jedoch nichts am Grundtrend – Ertragssteigerung bei Rückgang der Beschäftigtenzahl und zunehmender Mechanisierung – änderte.

3. Der Kulturbetrieb

Wissenschaftlich-technische Erfindungen und ihre industrielle Anwendung bereicherten in der ersten Hälfte des Jahrhunderts die Gesellschaft durch neue Medien, die wesentliche Veränderungen schufen. Sie bildeten die Voraussetzung für eine Breitenstreuung des kulturellen Lebens, wie es sie vorher nie gegeben hatte. Freilich sollte die Masse der Teilnehmer hierbei mehr die Rolle passiver Konsumenten spielen.

1920 wurde in Pittsburgh (USA) der erste Rundfunksender in Betrieb genommen. Seit

1923 strahlte der Rundfunk in Deutschland Informations- und Unterhaltungssendungen aus. 1928 konnten Rundfunkempfänger an das elektrische Netz angeschlossen und daher in allen Industriestaaten betrieben werden. Die Schallplatte erhielt 1928 durch die elektrische Schallaufnahme eine entscheidende Verbesserung. Sie vervielfältigte die einzelne Musikproduktion und machte sie auf völlig neue Weise wiederholbar für jedes Haus.
Der Film, dem noch bis in die 20er Jahre etwas von Jahrmarktschaubude anhaftete, wurde mehr und mehr das wichtigste Unterhaltungserlebnis breiter Schichten, zunächst als Stummfilm – seit 1927 auch als Tonfilm.
Rundfunk und Film lieferten jetzt mit großer Breitenwirkung der Bevölkerung Informationen, von denen der Mensch in den differenzierten Industriegesellschaften abhängig ist. Der Rundfunk brachte sie brandneu, mitunter live; aber auch der Film wirkte mit Wochenschauen und Kulturfilmen. Auch der Sport wurde durch diese Medien nun viel breiteren Schichten unmittelbar nahegebracht. Weithin ermöglichte es der Funk einer schnell wachsenden Hörerzahl in der eigenen Wohnung Unterhaltung zu genießen, die sie früher weite Wege und Eintrittsgeld gekostet hätte. Hauptsächlich gab es dabei musikalische Sendungen. Mit dem Hörspiel entstand eine neue Werkgattung, die Hörer durch ernste Probleme, aber auch durch Spannung fesselte. Sendungen sogenannter „E-Musik", auch Hörspielbearbeitungen klassischer Dramen und Rezitation guter Literatur erleichterten vielen den Zugang zu Bildungsgütern, die ihnen vorher schon aus finanziellen Gründen fremd geblieben waren. – Ähnliches leistete die Schallplatte: Sie verbreitete die mit der Mode wechselnden Schlager, sie ermöglichte aber auch vielen das Kennenlernen ernster Musik. Auch der Kinobesucher wollte Unterhaltung durch eine märchenhafte Traumwelt genießen, doch gefielen auch künstlerisch anspruchsvolle Filme, in denen die besten Theaterschauspieler mitwirkten. Gerade im Kino schwand für viele die Grenze zwischen angenehmer Unterhaltung und ernsthafter Bildungsbemühung. Auch bildete sich mit dem Film eine neue Kunstgattung heraus, die – wie der Sport – Menschen verschiedener Gesellschaftsklassen vereinigte.
Doch brachten die neuen Medien auch Gefahren mit sich: Bereits erwähnt ist, daß ihr „Konsum" vielfach weder eine ausgesprochene geistige Anstrengung noch Geschicklichkeit benötigte wie etwa das Spielen eines Musikinstrumentes. Manche Rundfunkhörer ließen sich, beeindruckt durch das neue Medium, das vielfach noch als Statussymbol angesehen wurde, von morgens bis abends vom Programm „berieseln", ohne intensiv zuzuhören und während sie gleichzeitig anderen Tätigkeiten nachgingen. Eine andere Gefahr war, daß der Konsument der Medien doch nur ein „Leben aus zweiter Hand" empfing. In Kinosälen, deren Namen wie „Walhalla", „Odeon" oder „Apollo-Palast" das Außerordentliche versprachen, flimmerten Wunschklischees über die Leinwand, in denen sich alles zum „Happy-End" auflöste – oft wenige Meter neben der düsteren Wirklichkeit grauer Vorstädte, in die die Mehrzahl der Besucher anschließend wieder zurücksank.
Die größte Gefahr durch die neuen Medien zeigte sich aber dort, wo totalitäre Regierungen neben der Presse nun auch Rundfunk und Film in ihre Gewalt nahmen und sie rücksichtslos zu Mitteln ihrer Propaganda machten.

4. Die Gesellschaft

Umschichtungen

Der Schwerpunkt der Umschichtung, der sich im Arbeitsleben vollzog, hatte im neunzehnten Jahrhundert in der Ausdehnung der Industrie und im Rückgang der Beschäftigtenzahlen in der Landwirtschaft gelegen. In der ersten Hälfte des zwanzigsten Jahrhunderts ging diese Umschichtung zwar weiter, aber der Schwerpunkt verlagerte sich auf den relativ am schnellsten wachsenden tertiären Sektor. In Verkehr, Verwaltung, Organisation, Vorplanung, Erziehung, Kulturbetrieb und ähnlichen Bereichen entstanden neue Berufsgruppen, vornehmlich aus Angestellten bestehend. Im Vergleich zur manuellen Arbeit nahm die Büroarbeit viel schneller zu. Die Verteilung der Produkte

erforderte immer umfangreichere Arbeitsvorgänge. Unter den Beschäftigten in der englischen Textilindustrie waren 1907 3,5% technisches und Büropersonal, 1935 waren es schon 6,7% und 1951 10,6%. Zwischen den beiden Klassen des neunzehnten Jahrhunderts, der Bourgeoisie und dem Proletariat, wuchs eine neue Art des Mittelstandes heran. Nach den Arbeitern wurden die Angestellten die zweite große, schnell wachsende Schicht in der gesellschaftlichen Entwicklung der Industriestaaten. Dabei bildete sich im zweiten Drittel des Jahrhunderts eine starke horizontale, aber auch allmählich zunehmend eine vertikale Mobilität heraus, wenn auch die Bewegung nach oben meist nur wenige Stufen umfaßte und oft erst in der nächsten Generation einer Familie erfolgte, die Energie in dieser Richtung entwickelte.
Die Angestellten empfanden sich den Arbeitern gegenüber als sozial höherstehend, obwohl ihr Gehalt zumeist nicht erheblich über dem der wachsenden Zahl der Facharbeiter lag; häufig aber bemühten sie sich, durch ihren Lebensstil – Sparen und höhere Bildung für ihre Kinder – einen höheren sozialen Status zum Ausdruck zu bringen. Doch um die Jahrhundertmitte hatte sich der Lebensstil der großen mittleren Gesellschaftsschicht von Angestellten und Facharbeitern weitgehend angeglichen. In den 20er Jahren hatte die Inflation in Deutschland sichtbar gemacht, daß für große Bevölkerungsteile nicht das Vermögen, sondern das Lohneinkommen die wichtigste Einkommensform war, auch für den durch den Verlust der kleinen Vermögen sozial abgesunkenen alten Mittelstand und erst recht für den heranwachsenden neuen. Ihm gehörten 1939 in den USA schon 29% der Bevölkerung, in Deutschland 20% an (Angestellte). War es bis zum Ersten Weltkrieg zumindest für Teile des alten Mittelstandes (höhere Beamte, Kaufleute, mittlere und größere Handwerksmeister) ein Statussymbol gewesen, ein Hausmädchen zu haben, so wurde es jetzt allmählich zum Statussymbol, sich mit Maschinen zum täglichen Gebrauch zu umgeben: Mit Radio, Staubsauger und – selten – kleinem Auto war der Anfang einer Entwicklung gemacht, die nach der Jahrhundertmitte ihren Höhepunkt erreichte.

Der Einzelne in der Industriegesellschaft

Es wuchs die Abhängigkeit von Maschinen und Apparaten, ohne deren Funktionieren die immer größer werdenden Städte – im Vergleich zum neunzehnten Jahrhundert wuchsen sie jetzt langsamer, häufig vornehmlich durch Eingemeindungen – nicht mit Gütern versorgt werden können, die wie Gas und Elektrizität zunehmend zur Voraussetzung für ihre Bewohnbarkeit wurden. Die Abhängigkeit des einzelnen von funktionierenden Versorgungseinrichtungen wurde ebenso wie das Eingefügtsein in einen vorgeplanten Arbeitsablauf immer größer. Es entstand der „außengeleitete" Menschentypus (David Riesman), der auf Außenreize zu reagieren gelernt hat und die Möglichkeit des „innengeleiteten" Typus früherer Zeiten, aus sich heraus Ziele zu setzen, kaum noch finden kann. Der Lebenshorizont des einzelnen wuchs ebenso wie die Möglichkeit abnahm, Informationen nachzuprüfen, von denen er abhängt.
Die einfache manuelle Arbeitsleistung wurde immer entbehrlicher, qualifizierte Facharbeit in immer mehr Beschäftigungszweigen erforderlich. Facharbeiter und qualifizierte Angestellte, unter denen die Zahl der Frauen langsam zunahm, wurden sich allmählich ihrer Bedeutung im Betriebsablauf bewußt. Dem entsprachen aber nicht die aus dem 19. Jahrhundert überkommenen autoritären Strukturen in Betrieben und Bürokratie. Die Führungseliten waren kaum durchlässig für Mitglieder aller Schichten, sondern rekrutierten sich vorwiegend aus der Oberschicht und der oberen Mittelschicht. Deren Verhaltensnormen blieben das Leitbild, obwohl das Verhalten des einzelnen sich vielfach nicht damit deckte.
Anders sah es in den Industriegesellschaften aus, die sich unter der Diktatur einer Partei wandelten. Die monarchisch-autoritären Strukturen verschwanden sofort in der Sowjetunion; in Deutschland wurden sie nach 1933 zumindest tendenziell überwunden. Die egalitäre Industriegesellschaft zeigte verschiedene Gesichter: Sie konnte aus gleichgerichteten „Genossen", aus uniformierten „Volksgenossen" oder aus „einsamer Masse" (D. Riesman) bestehen.
In allen Industriestaaten wurde die Klein-

familie zur typischen Form des Zusammenlebens. Die überkommene Rollenteilung zwischen Mann und Frau verlor durch die Eingliederung der Frau in den Arbeitsprozeß an Bedeutung, ohne daß die dadurch entstehenden Probleme für das Heranwachsen der Kinder – zumal in der Großstadt – gelöst worden wären.
Die nach Abzug von Lebensmitteln, Kleidung, Miete und Heizkosten einer Familie verbleibende Summe wuchs in englischen Arbeiterfamilien von etwa 10% des Lohnes 1913 auf etwa 40% 1937. Dies war die Voraussetzung zur allmählichen Teilhabe am steigenden Konsumgüterangebot, das wiederum ohne diese freiwerdende Kaufkraft nicht abzusetzen gewesen wäre. Der Zusammenhang zwischen Wirtschafts- und Sozialpolitik machte es erforderlich, daß die Sozialpolitik der Staaten umfangreicher wurde, wobei Anstöße von wirtschaftlichen Erschütterungen kamen wie der Inflation in Deutschland oder der Weltwirtschaftskrise, der in den USA mit dem New Deal eine Wirtschaftspolitik mit zumindest auch sozialen Zielen folgte. 1870 sah man den zwölfstündigen Arbeitstag als Erleichterung an, seit 1918 setzte sich der Achtstundentag durch, Ende der dreißiger Jahre begann man in einigen Industriestaaten schon die Vierzigstundenwoche zu fordern.

Gewerkschaften und Verbände

Diese Entwicklung war wesentlich den Gewerkschaften zu danken. Sie hatten sich als selbständige Verbände von Arbeitern und Angestellten bis zum Ersten Weltkrieg in Europa und den USA durchgesetzt; nach 1918 (in den USA nach 1935) wurde ihre Rolle in Wirtschaft und Gesellschaft nicht mehr nur geduldet, sondern vom Staat anerkannt, in Deutschland war ihre Stellung sogar in der Weimarer Verfassung garantiert (Art. 159). Überall waren sozialistische Gewerkschaften die stärksten, aber in vielen Staaten gab es daneben christliche und vereinzelt auch liberale Gewerkschaften. In Italien und Spanien wirkten anarchistische Tendenzen in den sozialistischen Gewerkschaften; in der französischen Confédération Générale du Travail (CGT) gab es heftige Auseinandersetzungen über den Streik als Instrument des Arbeitskampfes oder revolutionärer Veränderungen.
Entscheidend für die politischen Einflußmöglichkeiten war, daß es den verschiedenen Gewerkschaften eines Landes gelang, Zusammenschlüsse zu bilden und damit die Zersplitterung in Richtungsgewerkschaften mit unterschiedlichen politischen oder weltanschaulichen Akzentuierungen ebenso einzuschränken wie die Aufspaltung in Gewerkschaften einzelner Produktionsbereiche. Dies gelang 1919 in Deutschland, wenngleich neben dem Allgemeinen Deutschen Gewerkschaftsbund der Christliche Deutsche Gewerkschaftsbund stand. Der englische General Council, 1920 gegründet, dagegen zog seine Stärke aus dem Fehlen von Richtungsgewerkschaften in Großbritannien. In Frankreich wurde die Macht der CGT durch die von 1921 bis 1936 dauernde Abspaltung (s. S. 132, s. auch Volksfrontregierung S. 133) einer kommunistisch beeinflußten Gruppe geschwächt.
Die Gewerkschaften übernahmen als Repräsentanten der Arbeiter die Funktion des Vertragspartners der Arbeitgeber bei Fragen des Lohnes, des bezahlten Urlaubs, der Arbeitsbedingungen. Dabei vertraten sie auch die nicht den Gewerkschaften angeschlossenen Arbeiter (in den 60iger Jahren in Westeuropa etwa die Hälfte, mit stärkeren Schwankungen). In der Sowjetunion und in den faschistischen Staaten verschwanden freie Gewerkschaften als unabhängige Interessenvertretungen der Arbeiter.
Neben den Gewerkschaften stand eine Reihe anderer Interessengruppen: Unternehmerverbände, Bauernverbände, Vereinigungen von Beamten und von Angehörigen der freien Berufe. Sie traten vielfach in Rivalität zueinander und strebten wie die Gewerkschaften danach, für ihre Mitglieder einen möglichst großen Teil des Sozialprodukts zu erlangen. Es wurde notwendig, daß in Spezialfragen gut eingearbeitete Verbandsfunktionäre die Interessen der einzelnen Vereinigungen vertraten. So erhielten die Verbände der Arbeitgeber und Industrie ebenso wie die Gewerkschaften allmählich politischen oder doch wirtschaftspolitischen Einfluß, ohne daß sie ein politisches Mandat hatten und damit politisch verantwortlich gewesen wären.

Wer hat im **Weltkrieg** dem deutschen Heere den Dolchstoß versetzt? Wer ist schuld daran, daß unser Volk und Vaterland so tief ins Unglück sinken mußte? Der Parteisekretär der Sozialdemokraten **Vater** sagt es nach der Revolution 1918 in Magdeburg:

> „**Wir** haben unsere Leute, die an die Front gingen, zur Fahnenflucht veranlaßt. Die Fahnenflüchtigen haben wir organisiert, mit falschen Papieren ausgestattet, mit Geld und unterschriftslosen Flugblättern versehen. **Wir** haben diese Leute nach allen Himmelsrichtungen, hauptsächlich wieder an die Front geschickt, damit sie die Frontsoldaten bearbeiten und die Front zermürben sollten. Diese haben die Soldaten bestimmt, überzulaufen, und so hat sich der Verfall allmählich, aber sicher vollzogen."

Wer hat die **Sozialdemokratie** hierbei **unterstützt**? Die **Demokraten** und die **Leute um Erzberger**. Jetzt, am 7. Dezember, soll das Deutsche Volk den

zweiten Dolchstoß

erhalten. **Sozialdemokraten** in Gemeinschaft mit den **Demokraten** wollen uns

zu Sklaven der Entente machen,

wollen uns für immer zugrunde richten.

Wollt ihr das nicht,

dann

Wählt deutschnational!

Wahlplakat der Deutschnationalen Volkspartei von 1924

nalistische Publizistik hatte es schon früher umschrieben, aber jetzt hatte man das zugkräftige, demagogisch brauchbare Schlagwort vom „Dolchstoß" bekommen (Das Wort des britischen Generals aber war verfälscht.). Die Legende entsprach den psychischen Bedürfnissen vieler; Grauen und Qual der verflossenen Kriegsjahre seien um ihren Preis gebracht worden, nicht infolge subjektiven Versagens, nicht als Folge einer objektiv widrigen Weltlage, sondern durch das Dazwischentreten einer hämischen Bosheit, deren Verkörperung es nur aufzusuchen gelte. Und die radikale Rechte fand sie, weil sie sie zu ihrer eigenen Existenz brauchte: So wurde etwa der Zentrumsabgeordnete Erzberger, der 1917 den Verständigungsfrieden gefordert und am 11.11.1918 den Waffenstillstand unterzeichnet hatte, 1921 ermordet.

Aber auch die äußerste Linke stand dem neuen Staat ablehnend bis feindlich gegenüber. In der Dolchstoßlegende der Rechten sah sie einen Beweis dafür, daß das Volk von den Verantwortlichen des alten Staates hintergangen worden sei und durch den Kompromiß weiter hintergangen werde, den die Republik mit Vertretern der alten Herrschaftsschicht, mit der Reichswehr und 1925 mit Hindenburg als Präsident schließlich, geschlossen hatte. Für die Rechte blieb die Republik das Produkt der Revolution, die die Niederlage verursacht hatte, für die radikale Linke war die Republik unakzeptabel, weil sie aus einer unfertigen Revolution entsprungen war, die die Großagrarier, das Kapital und den Offiziersstand nicht weggefegt hatte, sondern teils von ihnen abhängig war, teils sie in den demokratischen Staat zu integrieren suchte. So mußte jede Stärkung der äußersten Linken oder Rechten zu einer Schwächung der Republik werden.

Rätestaat oder parlamentarische Demokratie

Die Verfassungsentwicklung im Deutschen Reich (s. Bd. K3) hatte in den letzten Kriegsjahren zu einer Erosion der konstitutionellen Monarchie geführt. Insofern war der am 28.10.1918 vollzogene verfassungsrechtliche Übergang zur parlamentarischen Monarchie – wenn auch jetzt von außen beschleunigt und erzwungen – der letzte Schritt des Weges, der sich seit der Bildung des Interfraktionellen Ausschusses des Reichstags im Sommer 1917 abgezeichnet hatte.

Schon der am 3.10.1918 vom Kaiser ernannte Reichskanzler Max von Baden hatte seine Regierung unter Mitwirkung der Parteien der Reichstagsmehrheit gebildet. Unter dem Eindruck des deutschen Waffenstillstandsangebotes (s. Bd. K3) und der damit vielen erst bewußt werdenden hoffnungslosen militärischen Lage mehrten sich die Rufe nach Abdankung des Kaisers. Damit war auch die Hoffnung auf günstigere Waffenstillstandsbedingungen entsprechend den vierzehn Punkten Wilsons verbunden (s. Bd. K3). Der Kaiser war aus Berlin in das Hauptquartier der OHL in Spa ausgewichen; er wollte an der Spitze des Heeres gegen die aufrührerische Heimat marschieren. Nur schwer gelang es der militärischen Führung, ihn von seinen illusionären Plänen abzubringen; abdanken aber wollte er nicht. Als der letzte Kanzler der kaiserlichen Regierung, Prinz Max von Baden, dem SPD-Vorsitzenden Friedrich Ebert am 9. November 1918 die Kanzlerschaft anbot, und die – noch gar nicht erfolgte – Abdankung des Kaisers bekanntgab, zerbrach das kaiserliche Deutschland endgültig. Aber dieser Schritt, die bisherige Regierung durch verstärkte Einbeziehung der SPD zu erweitern, zielte doch auf die Kontinuität zwischen altem Staat und neuer Regierung.

9.11. 1918

Ohne Wissen Eberts rief am selben Tag um 14.00 Uhr das Mitglied des SPD-Parteivorstands Philipp Scheidemann von einem Balkon des Reichstagsgebäudes die „Deutsche Republik" aus und zog damit die Konsequenzen aus der eingetretenen Entwicklung. Er wollte der Proklamierung der „Freien sozialistischen Republik" nach russischem Vorbild zuvorkommen, die um 16.00 Uhr am kaiserlichen Schloß durch Karl Liebknecht (USPD) erfolgte. Liebknecht war einer der Gründer und Wortführer des linksradikalen Spartakusbundes, in dem sich intellektuelle Befürworter eines proletarischen Rätesystems und utopistische Anarchisten zusammengeschlossen hatten. Die sozialistische Bewegung in Deutschland war gespalten; man war sich einig im Ziel der sozialistischen Neuordnung des Reiches, aber über den zu wählenden Weg und über die Struktur des neues Staats gingen die Meinungen weit auseinander. Während für die SPD („Mehrheitssozialisten“) die parlamentarische Demokratie die angestrebte politische Organisationsform war, wollten die Anhänger der USPD und vor allem der Spartakus-Bund einen Rätestaat schaffen. Die einen orientierten sich an der westeuropäischen demokratischen Tradition, die andern am russischen Vorbild Lenins. Zunächst aber erforderte die Lage ihr Zusammengehen: Die USPD kam an einer Koalition mit der SPD nicht vorbei, und die SPD mußte vorerst auf die Bildung einer parlamentarischen Regierung verzichten.

In den meisten deutschen Staaten lag für kurze Zeit die Macht in den Händen örtlicher Arbeiter- und Soldatenräte, die sich spontan gebildet hatten. Die Monarchie verschwand überall rasch, von niemandem verteidigt und zunächst von nur wenigen betrauert. Der Kaiser floh nach Holland (10. 11.), denn seine Ratgeber meinten, sein weiteres Bleiben löse einen Bürgerkrieg aus. Versuche, wie etwa der des Prinzen Max von Baden, den Kaiser rechtzeitig zur persönlichen Abdankung zu bewegen, um so die Monarchie – als parlamentarische Monarchie ähnlich der englischen – zu retten, waren gescheitert. Er dankte am 28. 11. ab.

Die USPD veranlaßte am 9. 11. eine Zusammenkunft der Berliner Arbeiter- und Soldatenräte, die die eben gebildete Regierung des „Rats der Volksbeauftragten“ bestätigte (drei Mehrheitssozialisten, drei Mitglieder der USPD). Damit hatte Deutschland eine sozialistische Regierung, die ihre Legitimation aus den von der Revolution geschaffenen Gremien herleiten konnte.

Die SPD wollte den weiteren Gang der Dinge, vor allem die Hinwendung zur parlamentarischen Demokratie durch eine möglichst bald zu wählende Nationalversammlung bestimmen lassen; die USPD wollte vor der Wahl zur Nationalversammlung die durch die Revolution geschaffenen neuen Tatbestände sich festigen lassen und die Revolution weiterführen. Man einigte sich, einen Reichskongreß der Arbeiter- und Soldatenräte einzuberufen und ihm die Entscheidung zu überlassen. Er tagte vom 16.–20. 12. 1918 in Berlin. Anhänger der SPD bildeten in ihm die Mehrheit und entschieden im Sinne ihrer Partei: Mit etwa 400 zu 50 Stimmen wurde die Ausschreibung von Wahlen zur Nationalversammlung beschlossen. Bis dahin galt: „Bis zum Zusammentritt der Nationalversammlung sind die Arbeiter- und Soldatenräte die Repräsentanten des Volkswillens“. Solange sollten Exekutive und Legislative in der Hand des Rats der Volksbeauftragten bleiben, den ein Zentralrat der Arbeiter- und Soldatenräte überwachen sollte.

Dez. 1918

In der Regierung, dem Rat der Volksbeauftragten, waren die beiden Parteien verbunden, aus deren Reihen die Revolution ihre Kraft gezogen hatte, wenn auch mit unterschiedlicher Zielsetzung. Schon in einem Aufruf der Regierung des Rats der Volksbeauftragten vom 12. 11. war die Erfüllung einer Reihe alter sozialpolitischer Forderungen der SPD angekündigt bzw. begonnen worden. So fiel z. B. die preußische Gesindeordnung von 1810, die dem Herrn noch ein „väterliches Züchtigungsrecht“ eingeräumt hatte, und der achtstündige Arbeitstag bei vollem Lohnausgleich galt ab Januar des neuen Jahres. Mit der Einführung des aktiven und passiven Frauenwahlrechts wurde eine jahrzehntealte Forderung, vor allem der SPD, erfüllt.

In der Regierung verfolgten die drei SPD-Volksbeauftragten und unter ihnen vor allem der Vorsitzende Ebert das Nahziel, Ruhe und Ordnung in Deutschland zu erhalten bzw. wiederherzustellen. Es war dafür zu sorgen, daß die für die Versorgung der Bevölkerung wichtigen Betriebe weiterarbeiteten, die Behörden funktionsfähig blieben und die Schwierigkeiten der Demobilisierung der sechs Millionen Soldaten gemeistert wurden. Dazu bedurfte man der Mitarbeit bürgerlicher Fachminister, der alten Ministerialbürokratie und auch der Heeresleitung. So entstand eine Kontinuität der Verwaltung zwischen dem Kaiserreich und dem neuen Staat, obwohl ein Großteil der in der Verwaltung der Republik tätigen Beamten diesen neuen Staat ablehnte oder ihm zumindest gleichgültig gegenüberstand. Auch die OHL lehnte die Republik ab, stellte sich ihr aber doch zur Verfügung. Der dafür zunächst verantwortliche General Groener hoffte so, „einen Teil der Macht im neuen Staat an Heer und Offizierskorps zu bringen."

Ebert ließ in den Weihnachtstagen zum erstenmal noch nicht demobilisierte Truppen des kaiserlichen Heeres mit Unterstützung Groeners gegen die den Spartakisten nahestehende, undisziplinierte „Volksmarinedivision" in Berlin einsetzen, da diese die Regierung finanziell zu erpressen suchte, in der Reichskanzlei einsperrte und den Kommandanten von Berlin, den führenden Sozialdemokraten Otto Wels, gefangennahm und bedrohte. An dieser Unterdrückung revolutionärer Unruhen zerbrach das Bündnis von SPD und USPD. Die Unabhängigen traten aus der Regierung aus (29. 12.), außer in Bayern auch in den Ländern. Jetzt war der Spielraum der SPD gewachsen, aus ihren Reihen wurde der Rat der Volksbeauftragten ergänzt.

Seit der Meuterei der Matrosen in Berlin zeigte jeder Tag deutlicher, daß die Regierung verloren war, wenn sie sich nicht auch auf eine bewaffnete Macht stützen konnte. Hatten schon die Kämpfe an den Weihnachtstagen in Berlin bürgerkriegsähnliche Züge getragen, so war dies vollends während des Spartakusaufstandes in den ersten Januartagen der Fall, dessen unmittelbares Ziel es war, die Wahlen zur Nationalversammlung zu verhindern. Die Regierung des Rates der Volksbeauftragten wurde für abgesetzt erklärt. Aber der Aufstand wurde von Freikorpsverbänden niedergeschlagen, die Offiziere in Zusammenarbeit mit dem Volksbeauftragten Gustav Noske aufgestellt hatten, indem sie ehemalige Soldaten und andere als Freiwillige angeworben hatten. Es war kein demokratischer Geist, der die Verbände zusammenhielt.

So entstand eine Diskrepanz zwischen den Truppen, die für die Regierung kämpften, und deren zahlreichen Anhängern unter der Arbeiterschaft. Daß die Regierung sich auf die Arbeiter verlassen konnte, zeigten die Demonstrationen für die Regierung im Berliner Regierungsviertel, nachdem unter anderem die Reichsdruckerei und das Gebäude der SPD-Zeitung „Vorwärts" von Spartakisten besetzt worden waren.

Wenige Tage vor dem Aufstand hatte die äußerste Linke die Kommunistische Partei Deutschlands (KPD) gegründet. Ihre Führer Karl Liebknecht und Rosa Luxemburg – letztere hatte sich gegen den Aufstand ausgesprochen – wurden gefangengenommen und von Freikorpsoffizieren ermordet.

Mit dem Zusammenbruch des Spartakusaufstands war der Versuch der Spartakisten zunächst gescheitert, Ebert und seine Anhänger am Aufbau einer parlamentarischen Demokratie zu hindern. Die Kommunisten – der Spartakusbund ging in der KPD auf – blieben aber entschiedene Gegner Eberts und des von der SPD gewählten Weges. Schon am 14. 12. 1918 hatte sich der Spartakusbund mit der russischen Räterepublik solidarisch erklärt.

Die Ereignisse der Januartage hatten deutlich das Zusammenwirken von Regierung und altem Offizierskorps gezeigt. Der sozialdemokratische Rat der Volksbeauftragten suchte sich der Freiwilligenverbände unter überwiegend monarchisch-autoritär eingestellten Offizieren als Mittel zur Sicherung der Demokratie zu bedienen und war damit auf ihre Unterstützung angewiesen. Übereinstimmung bestand nur in der Ablehnung einer Revolution nach sowjetischem Vorbild. Immerhin ermöglichte die Existenz dieser Truppenverbände trotz der vielerorts herrschenden Unruhen, daß die

19. 1. 1919

Wahlen zur Nationalversammlung am 19. 1. 1919 im wesentlichen ungestört stattfanden. Aber die Republik verdankte ihr Entstehen zu einem erheblichen Teil einem Bündnis heterogener Kräfte, das sie stark belasten mußte.

Es ist in der Forschung unbestritten, daß es wesentlich das Werk der MSPD war, wenn aus den revolutionären Novembertagen schließlich die parlamentarische Demokratie der Weimarer Republik erwuchs. Allerdings ist die Beurteilung ihres Verhaltens nicht einheitlich. Daß marxistische Historiker diese Entscheidung gegen das Rätesystem negativ werten, ist naheliegend. Aber ob das 1918/19 Erreichte unter den gegebenen Umständen alles war, was erreicht werden konnte, oder ob die Revolution durch Fehlverhalten der MSPD zu früh „stehengeblieben" oder gar „verraten" wurde, das wird auch von nichtmarxistischen Historikern noch diskutiert. Die ältere Forschung hielt den Handlungsspielraum der Regierung angesichts der Alternative Rätestaat oder par-

lamentarische Demokratie für äußerst eingeengt.
Die jüngere Forschung hat nachgewiesen, daß hinter der extremen Linken ein viel kleineres Kräftepotential stand, als ihr propagandistisches Erscheinungsbild vorspiegelte. Auch waren die Arbeiter- und Soldatenräte überwiegend nicht kommunistisch orientiert, wie z. B. die Abstimmung des Reichskongresses der Arbeiter- und Soldatenräte in Berlin im Dezember 1918 zeigte (s. S. 61). So ergibt sich als heute vorherrschende Interpretation etwa: Um der inneren Wirren Herr zu werden, waren die regierenden Männer um Ebert zumindest auf eine begrenzte Zusammenarbeit mit Repräsentanten des alten kaiserlichen Reiches aus Heer und Beamtenschaft angewiesen. Der Umfang dieser Zusammenarbeit erscheint aber heute vielen Historikern größer, als es den Gegebenheiten entsprechend erforderlich gewesen wäre. Die Republik hätte diesem Verständnis zufolge politisch und gesellschaftlich weniger die Kontinuität zum Kaiserreich und seinen Eliten bewahren müssen, sie hätte einen echten Neuanfang wagen können (s. auch S. 57 f.).
Daß es nicht wie in Österreich gelang, rasch eine demokratische Armee aufzustellen, sondern daß sich die Regierung auf Freikorps-Soldaten und ihre Offiziere mit meist wenig Sinn für demokratisches Verhalten verließ, mußte sich bedenklich auswirken. In Österreich schlugen demokratische Verbände im Frühjahr 1919 einen kommunistischen Aufstand nieder und sicherten die Grenzen im Burgenland und in Kärnten. In Deutschland konnte 1919 die Regierung an der polnischen Grenze, in Berlin, Hamburg, Bremen, Thüringen und anderswo nur Freikorps einsetzen. Dabei blieben Ausschreitungen der sehr verschiedenartig zusammengesetzten und oft wenig disziplinierten Truppen nicht aus. Gerade vielen Arbeitern kamen deshalb Zweifel, ob der demokratische Staat mit derartigen Helfern ihre Interessen unterstützen werde oder könne.
Die innerdeutschen Ereignisse stehen im Zusammenhang mit den Vorgängen im Ausland. Im März 1919 kam es in Ungarn unter Béla Khun kurzfristig zu einer Räteherrschaft, Wien war vorübergehend einer kommunistischen Revolution nahe. Beides strahlte auf Bayern aus, wo für drei Wochen eine Räterepublik bestand, bis Regierungstruppen Anfang Mai 1919 München einnahmen. Die Kämpfe forderten etwa 600 Tote, mehr als 450 davon auf Seiten der „Roten Garden“. Als Vorgriff auf den Friedensvertrag hatte sich Frankreich Elsaß-Lothringen wieder angegliedert. Mit unterschiedlichem Erfolg versuchte Polen, sich wirtschaftlich wichtige Grenzgebiete einzuverleiben. Im Baltikum standen deutsche Freikorps im Kampf gegen die Bolschewisten, nachdem im Waffenstillstandsvertrag den Deutschen auferlegt worden war, diese Gebiete von roten Truppen freizuhalten, die regulären, kriegsmüden deutschen Verbände dazu aber nicht mehr in der Lage waren. Als sich Ende 1919 die baltischen Staaten gefestigt hatten, vergrößerte sich mit den rückkehrenden Freikorps in Deutschland das Potential derer, die die Republik ablehnten. Während dieser Wirren im Innern und an den Grenzen konnte erst allmählich wieder eine reguläre Truppe, die Reichswehr, organisiert werden.

Aufruf der SPD zur Bildung einer regierungstreuen republikanischen Schutztruppe, die die Regierung von den Freikorps unabhängig machen sollte.

Nationalversammlung und Parteien

Die Revolution hatte keinen direkten Eingriff in Gesellschaftsstruktur und Wirtschaftsordnung zur Folge, so daß man fragen konnte, ob überhaupt ein revolutionärer Umsturz erfolgt sei. Der von der äußersten Linken dazu ausgehende Versuch war mißlungen. Die Wahlen brachten dem Verlangen nach Sozialisierung keine Mehrheit. Die Nationalversammlung wurde am 19.1.1919 nach dem Verhältniswahlrecht gewählt, alle über 20 Jahre alten Männer und Frauen waren wahlberechtigt. Das Wahlergebnis gab den drei großen Parteien, die den neuen Staat zu tragen bereit waren, eine große Mehrheit (SPD 163, Zentrum 91, DDP 75 von 421 Sitzen). Die Mehrzahl der Wähler hatte sich sowohl gegen die Restauration als auch gegen die kommunistische Revolution entschieden. Die Nationalversammlung trat in Weimar – gesicherter als im unruhigen Berlin – zusammen, wählte den SPD-Vorsitzenden Ebert zum Reichspräsidenten und bildete eine Koalitionsregierung, die sogenannte „Weimarer Koalition" von SPD, DDP und Zentrum, die den Rat der Volksbeauftragten ablöste. Bis zur ersten Reichstagswahl im Sommer 1920 übernahm die Nationalversammlung die Funktion des Parlaments. Hauptaufgaben waren die Ausarbeitung einer Verfassung und der Abschluß des Friedensvertrages.

Etwa ein Drittel der Abgeordneten gehörte den Gewerkschaften an. So konnten diese größten Massenorganisationen in Deutschland – zeitweise hatten sie in den Arbeiterräten Konkurrenz gefunden – ihre Bemühungen zur Erfüllung der Arbeiterinteressen intensivieren. Schon Ende 1918 hatten die Gewerkschaften in Verhandlungen mit den Arbeitgeberverbänden erreicht, daß ihnen allein das Recht zustand, für einzelne Industriezweige mit den Arbeitgebern rechtsverbindliche Tarifverträge abzuschließen. Gewählte Betriebsräte kontrollierten die Einhaltung der Verträge. Der Achtstundentag bei vollem Lohnausgleich wurde eingeführt; die Gewerkschaften hatten dafür weitgehend auf Sozialisierungsforderungen verzichtet.

Von den Parteien aus dem Kaiserreich waren zwei erhalten geblieben: die SPD und das Zentrum. Trotz Abspaltung der USPD, die in der Wahl aber nur 22 Sitze errang, war die SPD wie in der letzten Reichstagswahl vor dem Weltkrieg die stärkste Partei des Parlaments geblieben. Das Zentrum war die zweitstärkste Partei. Ihre Anhänger waren vornehmlich Katholiken – etwa 60% der katholischen Wähler wählten Zentrum. Zwar versuchte die Partei auch Protestanten anzusprechen; doch hatte das kaum Erfolg, weil viele Protestanten eine alte Abneigung gegen den politischen Katholizismus hegten oder ihre monarchistisch rechtsgerichteten Tendenzen im Zentrum nicht vertreten sahen. Die politische und soziale Entwicklung der Kriegsjahre hatte im Zentrum das Gewicht der katholischen Arbeiter und Bauern vergrößert, so daß nun zahlreiche Zentrumsabgeordnete den christlichen Gewerkschaften angehörten. Das Zentrum war die einzige Partei der Weimarer Zeit, deren Anhänger allen sozialen Schichten entstammten.

Die drittstärkste Fraktion in der Nationalversammlung stellte die neugegründete Deutsche Demokratische Partei, in der die dritte der „Mehrheitsparteien" des alten Reichstags, die linksliberale „Fortschrittspartei", aufging. Ihren Kern bildeten Intellektuelle und Kaufleute, die die gespaltenen liberalen Gruppen zusammenfassen wollten zur Schaffung eines sozialliberalen Staates, für den weder Restauration noch Sozialismus das Ziel sein sollten.

Neben den drei großen Parteien standen auf dem linken Flügel die USPD und die KPD, die sich aber erst ab 1920 an den Wahlen beteiligte. Rechts standen die Deutschnationale Volkspartei und die Deutsche Volkspartei. Die DNVP sammelte Konservative und Monarchisten unter ihren Anhängern und fand Sympathien bei Industrie, Großagrariern und Akademikern. Auch die ehemaligen Alldeutschen unterstützten die DNVP. Der einstige preußische Beamte und spätere Industrielle Alfred Hugenberg wurde Ende der zwanziger Jahre zur wichtigsten Gestalt der Partei. Die DVP – gegründet von Gustav Stresemann – begann scharf rechts-liberal und als erklärter Gegner der Sozialdemokraten. Die Großindustrie unterstützte sie.

Die Verfassung

In den Monaten zwischen dem Zusammenbruch des Kaiserreichs und dem Beginn der intensiven Verfassungsberatungen in dem dafür zuständigen Ausschuß der Nationalversammlung am 4. März 1919 waren bereits wichtige Vorentscheidungen über die zukünftige Struktur des Reichs gefallen: Die Revolution hatte das Alte nicht hinweggefegt, trotz zahlreicher Neuansätze kam der Weiterbildung und Umformung des Bestehenden, also auch der Bismarckschen Verfassung und ihrer parlamentarischen Variante aus den letzten Tagen des Weltkrieges erhebliches Gewicht zu. Die Dynastien in den Ländern waren verschwunden, aber die neuen, sozialdemokratisch bestimmten Länderregierungen betonten weiterhin ihre Eigenexistenz, wobei die Ausdehnung Preußens ein besonderes Problem darstellte.
In den Ländern hatten die Wahlen ähnliche Ergebnisse wie im Reich erbracht. Die historische Situation war schwierig: Die sozialen und politischen Verhältnisse im Reich waren verworren, die Niederlage drückte materiell und psychisch, den deutschen Bürgern und Parteien war in den vergangenen Jahrzehnten politisch verantwortliches Handeln durch die Bismarcksche Verfassung (vgl. Bd. K3) verwehrt worden – jetzt mußten sie unter schwierigsten Bedingungen die Kunst des Regierens beherrschen, wenn sie nicht scheitern wollten.
Der Verfassungsentwurf stammte von dem linksliberalen Staatsrechtler Hugo Preuß, der bereits am 15. November 1918 zum Staatssekretär des Inneren ernannt worden war. Schon in den Vorbesprechungen mit Länderbeamten hatten diese sich der Stärkung des Reichs gegenüber den Ländern widersetzt.
Vielfältig waren die Kompromisse, die in die Verfassung einflossen. Eine Reichsreform unterblieb, das Verhältnis von Unitarismus und Föderalismus blieb offen, vor

Der Staatsaufbau des Deutschen Reiches nach der Verfassung von 1919 (Weimar)

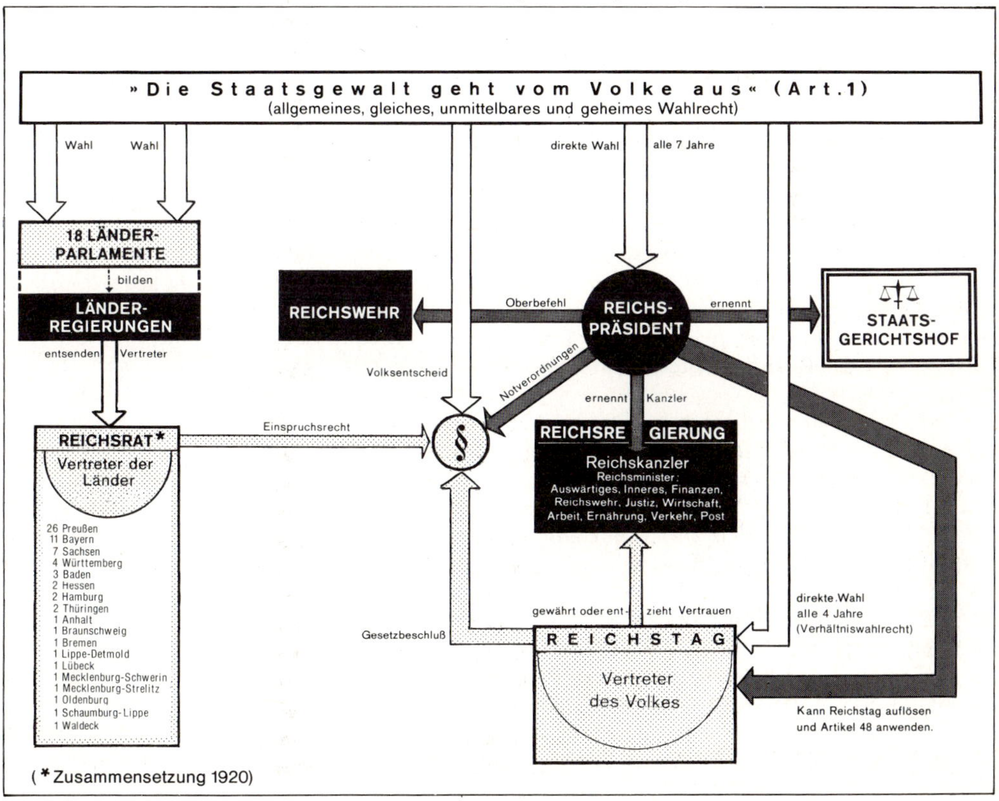

allem im Hinblick auf Preußen, dessen Übergewicht als Relikt aus dem alten Reich erhalten blieb. Aber anders als das nur auf indirekte Steuern angewiesene Kaiserreich besaß das Reich jetzt die volle Steuerhoheit. Die Reichskompetenzen waren erheblich ausgedehnt worden. Der Bundesrat lebte mit vermindertem Gewicht als „Reichsrat" wieder auf; er war nicht mehr, wie früher der Bundesrat, Träger der Souveränität des Reiches.

Die Kontinuität in der Verwaltung und das in der Weimarer Koalition vollzogene Bündnis zwischen Bürgertum und Sozialismus bestimmten die Verfassung: Die Zugeständnisse der Bürgerlichen an die Sozialisten wurden mit der Erhaltung der alten Gesellschaftsordnung erkauft. Manche Forderung der Sozialisten wurde zwar Verfassungsnorm, aber dann doch nicht Verfassungswirklichkeit, da die Verhältnisse sich anders entwickelten (z. B. Art. 156 über die Möglichkeit von Sozialisierungen, und Art. 165 über Bezirks- und Reichsarbeiterräte). Bereits vor Beginn der Verfassungsberatungen hatten sich Gewerkschaften und Arbeitgeberverbände verständigt: Die Gewerkschaften erhielten das alleinige Recht zur Vertretung der Arbeitnehmer in Lohnverhandlungen. Der Existenz dieser beiden Interessengruppen innerhalb der kapitalistischen Wirtschaftsordnung trug die Verfassung Rechnung. Symptomatisch für die Situation zwischen Revolution und Restauration ist Artikel 156: Er gab dem Reich die Möglichkeit, „private wirtschaftliche Unternehmungen in Gemeineigentum" zu überführen, aber das Reich machte davon keinen Gebrauch.

Infolge der starken Stellung des Reichspräsidenten enthielt die Verfassung sowohl Elemente der präsidialen wie der parlamentarischen Demokratie. Präsident und Parlament – beide vom Volk direkt gewählt – waren Repräsentanten des Volkswillens. Als sie sich während der Amtszeit des monarchisch gesonnenen Reichspräsidenten von Hindenburg (seit 1925) gegeneinander stellten, zerbrach unter anderem an diesem Dualismus die Republik. Artikel 48 ermöglichte dem Präsidenten eine Präsidialregierung; in Verbindung mit den Artikeln 25 (Reichstagsauflösung) und 53 (Ernennung und Entlassung des Kanzlers) hatte er in Krisenzeiten nahezu diktatorische Vollmachten. 1919 sollte der Präsident mit ihrer Hilfe die Demokratie schützen können, 1933 konnte damit die Demokratie vernichtet werden, ohne ihre Verfassung formal aufzuheben. Artikel 48 gab dem Parlament die Möglichkeit, unpopuläre oder schwierige Maßnahmen, auf deren Durchführung sich die Parteien nicht einigten, zu umgehen und ihre Anordnung auf dem Weg der Notverordnung dem Präsidenten zu überlassen. Gerade in schwierigen Situationen konnte so das Parlament die Verantwortung von sich schieben. Neben der Präsidentenwahl blieben andere plebiszitäre Elemente der Verfassung in der Praxis ohne große Bedeutung. Es gab (Art. 73 ff.) das Volksbegehren (außerparlamentarische Gesetzgebungsinitiative) und den Volksentscheid (Befragung des Volks über eine Gesetzesvorlage).

Im Unterschied zur Verfassung von 1871 und in Anknüpfung an die Tradition von 1848 enthielt die Weimarer Verfassung einen langen Katalog der „Grundrechte und Grundpflichten der Deutschen". In ihnen finden sich neben den liberalen Freiheits- und Eigentumsrechten auch Vorstellungen einer gesellschaftlichen Neuordnung. Die Republik sollte liberaler Rechtsstaat und soziale Demokratie werden (Art. 153, 156, 165). Daß es zu letzterem nur in Ansätzen kam, wurde zu einer besonderen Belastung für den Staat und zur Enttäuschung für viele soziale Demokraten. Da die wirtschaftliche Situation als Folge des verlorenen Krieges und aufgrund der Verpflichtungen des Versailler Vertrages sehr schwierig war, mußten alle Eingriffe in das bestehende soziale und wirtschaftliche Gefüge bedenkliche Auswirkungen für die Produktivität befürchten lassen. Nach einigen Jahren aber waren radikale und monarchistische Bewegungen stark geworden, die die Republik und ihre Verfassung überhaupt ablehnten. So blieb die Verfassungswirklichkeit hinter der Verfassungsnorm zurück.

„Die Staatsgewalt geht vom Volke aus." (Art. 1) – also weder wie im Kaiserreich von den Fürsten noch von einer Klasse, wie die Linksradikalen es wollten. Auch deshalb waren die Rechte und die äußerste Linke gegen die Verfassung. Für die Rechten war sie ein Produkt der Revolution und damit des „Dolchstoßes“, für die radikalen Linken das Ergebnis der unvollendeten, abgebrochenen Revolution, in der die wirtschaftliche und soziale Neuordnung versäumt worden war. Da die alte Gesellschaftsordnung mit ihrer wirtschaftlichen und verwaltungstechnischen Machtverteilung im wesentlichen erhalten geblieben war, entsprach der demokratischen Verfassungsstruktur insbesondere bei den führenden Schichten kein hinreichend starkes demokratisches Staatsbewußtsein, das ihr erst auf die Dauer hätte Leben verleihen können. Die autoritäre Staatstradition der Kaiserzeit blieb bei vielen lebendig. Die Wahl Hindenburgs zum Reichspräsidenten zeigte es 1925 hinlänglich. Die politische Grundstimmung vieler Bürger entsprach nicht der Verfassung, die die Nationalversammlung am 31. 7. 1919 gegen die Stimmen der USPD, der Deutschnationalen Volkspartei und der Deutschen Volkspartei verabschiedet hatte.

Putschversuche und Aufstände

Die Annahme des Versailler Friedensvertrages durch die Regierung am 28. 6. 1919 war ein von der Not erzwungener Akt der politischen Vernunft, hatten doch noch im Mai alle in der Nationalversammlung vertretenen Parteien den Vertragsentwurf abgelehnt. Während der Außenminister Brockdorff-Rantzau vergeblich durch brüske Schärfe Konzessionen der Alliierten erreichen wollte, warnte Erzberger, der die deutsche Waffenstillstandskommission leitete, vor einer Ablehnung des Vertrages. Ein Einmarsch der Alliierten wäre die Folge und dann würden die Franzosen ihr Ziel erreichen: die Auflösung des Reichs in Einzelstaaten. So wurde schließlich der Vertrag in seiner vollen Härte angenommen. In den nächsten Jahren wurde von den rechten Politikern die Unterzeichnung durch die SPD/Zentrum-Regierung, die die Einheit des Reiches gesichert hatte, als „Verrat an Deutschland“ bezeichnet. Die Ablehnung des Vertrages war in der Bevölkerung nahezu einhellig, deren Alltag noch immer unter der sich erst seit Frühjahr 1919 bessernden Ernährungslage litt – die Blockade bestand bis dahin – und deren wirtschaftliche Zukunft durch das im Vertrag ungelöste Reparationsproblem verdunkelt blieb. Seit Herbst 1919 begann zudem ein scharfer Preisanstieg die ersparten Reserven der Mittelschichten schnell aufzuzehren. Gestützt auf Freikorpsverbände, die aus dem Baltikum zurückgekehrt waren, drohte im März 1920 ein Rechtsputsch des reaktionären Politikers Kapp Erfolg zu haben. Soldaten der Brigade Ehrhardt, deren geplante Auflösung durch die Regierung den Putsch auslöste, trugen das Hakenkreuz am Stahlhelm. Die Regierung mußte nach Stuttgart ausweichen, da der Chef des Truppenamtes (ein Nachfolgeamt des Generalstabs), General von Seeckt, in Berlin den Einsatz der Reichswehr gegen die aufständischen Truppenteile verweigerte. Vier Tage herrschte der Alldeutsche Kapp, Mitbegründer der Vaterlandspartei des Jahres 1917, in Berlin,

Friedrich Ebert (1871 bis 1925), Politiker der SPD, Vorsitzender der Volksbeauftragten 1918/1919, Reichspräsident 1919–1925

dann mußte er vor dem Druck des politischen Generalstreiks, zu dem Reichsregierung und Gewerkschaften aufgerufen hatten, weichen. Auch die Ministerialbürokratie und große Teile der Armee hatten nicht mit Kapp arbeiten wollen. Ein bedenkliches Zeichen für die Haltung der Justiz war es dann, daß nur einer der Hochverräter verurteilt wurde.

Der Kapp-Putsch verstärkte in der Arbeiterschaft das Mißtrauen gegen die rechten Tendenzen in der Reichswehr und die Enttäuschung über die schwächliche Haltung der Regierung. Aus dem Generalstreik entwickelte sich im Ruhrgebiet unter kommunistischer Führung ein Aufstand. Auch in Sachsen und Thüringen griffen Selbstschutztruppen der Arbeiter Freikorpsverbände an. Gegen die radikale Linke verweigerte die Reichswehrführung keineswegs den Einsatz ihrer Truppen. Das rücksichtslose Vorgehen der Truppen, der „Noskeknechte“, wie sie auch von immer mehr Anhängern der SPD genannt wurden, veranlaßte die Partei, den Reichswehrminister Noske zurückzuziehen. Im Zuge dieser Entwicklung wurde mit General Hans von Seeckt ein Mann zum Chef der Heeresleitung ernannt, der es als seine wesentlichste Aufgabe ansah, die Reichswehr nicht unter, sondern unabhängig neben die politische Gewalt zu stellen. Der dem Parlament verantwortliche Reichswehrminister übte Einfluß auf die Armee schließlich nur noch über die Person des Chefs der Heeresleitung aus, also praktisch überhaupt nicht. Seeckt arbeitete mit nationalistischen Kampfverbänden wie dem „Stahlhelm“ und den Grenzschutzverbänden des Ostens als potentiellen Reserven für die Reichswehr zusammen. Die sich hier anbahnende Entwicklung war bedenklich. Schon in den Reichstagswahlen vom Juni 1920 gewannen die Parteien der Weimarer Koalition, die in der Nationalversammlung über die Zweidrittelmehrheit verfügt hatten, nicht einmal die einfache Mehrheit und erreichten sie auch später nie mehr. Dazu trug neben dem Niedergang des Liberalismus (fast die Hälfte der Wähler der DDP ging zu den Rechtsparteien über) die Enttäuschung in der Arbeiterschaft erheblich bei, die zur Spaltung der politischen Arbeiterbewegung in eine gemäßigte (SPD) und eine radikale (USPD, KPD) Richtung führte. Von zwei kurzfristigen Episoden 1921/22 und 1923 abgesehen, beteiligte sich die SPD nur noch von 1928 bis 1930 an der Reichsregierung, blieb aber in vielen Ländern, vor allem in Preußen unter dem Ministerpräsidenten Otto Braun, lange in der Regierungsverantwortung.

Die innere Situation wurde durch die ungelöste Reparationsfrage und die steigende Inflation verschärft. Rechtsradikale ermordeten 1921 Matthias Erzberger und 1922 den Außenminister Walther Rathenau als „Erfüllungspolitiker“. Daraufhin sollte ein „Staatsgerichtshof zum Schutze der Republik“ den demokratischen Staat mit Hilfe des „Gesetzes zum Schutze der Republik“ sichern helfen. Aber mehr und mehr wandte man es nur gegen die Linken, kaum aber gegen die rechten Feinde der Republik an. 1923 kam es im Rheinland zu separatistischen Putschversuchen. Bayern geriet in die Hand der Rechtskonservativen, die sich den Anordnungen des Reichs widersetzten. Die Reichswehr wurde aber zunächst nicht wie gegen linksradikale Revolten in Thüringen und Sachsen eingesetzt. In dieser unklaren Lage versuchte Adolf Hitler, Führer der außerhalb Bayerns noch nahezu unbekannten rechtsradikalen NSDAP, im Bund mit Ludendorff am 9. 11.1923 in einem improvi-

Die Zusammensetzung der Nationalversammlung und der Reichstage (1919–1933)

	Nationalversamml. vom 19. Januar 1919	I. Reichstag vom 6. Juni 1920	II. Reichstag vom 4. Mai 1924	III. Reichstag vom 7. Dez. 1924	IV. Reichstag vom 20. Mai 1928	V. Reichstag vom 14. Sept. 1930	VI. Reichstag vom 31. Juli 1932	VII. Reichstag vom 6. Nov. 1932	VIII. Reichstag vom 5. März 1933
Abgeordnetenzahl	421	459	472	493	491	577	608	584	647
Nationalsozialisten	—	—	32	14	12	107	230	196	288
Deutschnat. Volkspartei	44	71	95	103	73	41	37	52	52
Deutsche Volkspartei	19	65	45	51	45	30	7	11	2
Wirtschaftspartei	4	4	10	17	23	23	2	1	—
Kleine Parteien und Splittergr. d. Rechten	3	5	19	12	28	55	9	11	7
Bayerische Volkspartei	—	21	16	19	16	19	22	20	18
Zentrum	91	64	65	69	62	68	75	70	74
Dt. Demokr. Partei	75	39	28	32	25	14	4	2	5
Sozialdemokr. Partei	163	102	100	131	153	143	133	121	120
Unabh. soziald. Partei	22	84							
Kommunist. Partei	—	4	62	45	54	77	89	100	81

(Statistisches Jb. f. d. Deutsche Reich. 52. Jg. 1933. Berlin 1933, S. 539) sierten Unternehmen in München erst die bayerische und dann die deutsche Republik zu stürzen. Der Staatsstreich mißlang, da sich die rechtskonservative Gruppe der leitenden Männer in München nicht von Hitler einspannen ließ und Reichswehr und Polizei gegen seinen Demonstrationszug einsetzte, die ihn schnell auseinandertrieben. Hitler erhielt fünf Jahre Festungshaft, wurde aber nach knapp einem Jahr, in dem er seine Programmschrift „Mein Kampf“ schrieb, „zur Bewährung“ entlassen.

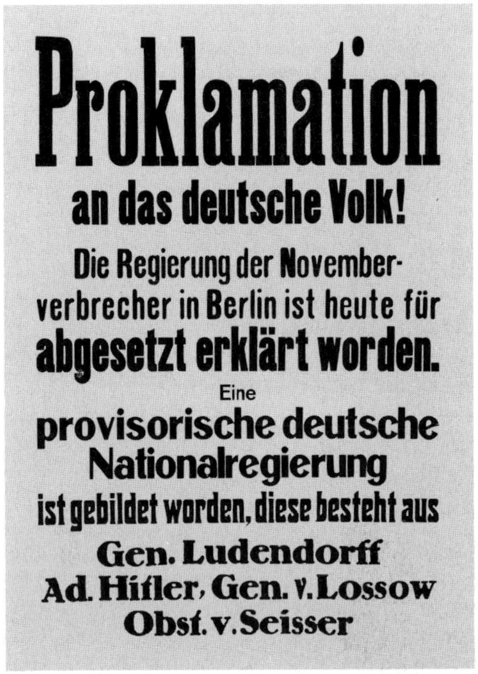

Plakat zum Hitler-Putsch am 9.11.1923 in München

Die Reparationsfrage

In den ersten Jahren der Republik hatte eine Reihe deutscher Politiker, unter ihnen besonders Außenminister Rathenau, versucht, durch das Bemühen, den Bestimmungen des Versailler Vertrages und besonders den Reparationsforderungen entsprechend zu handeln, der Weltöffentlichkeit zu beweisen, daß auch bei gutem Willen die Forderungen unerfüllbar seien und auf diese Weise ihre Revision einzuleiten. Mit dem Schlagwort „Erfüllungspolitik“ wurden diese realitätsbezogenen politischen Versuche in großen Teilen der deutschen Öffentlichkeit abqualifiziert; die radikale Rechte scheute nicht vor dem Mord an „Erfüllungspolitikern“ zurück. Eine erste Klärung der Reparationsfrage begann mit dem „Londoner Ultimatum“ der Alliierten (Mai 1921), in dem von den Deutschen 132 Milliarden Goldmark in 42 Jahresraten gefordert wurden (das Volkseinkommen hatte 1913 50 Mrd. Mark betragen). Die Summe wäre aufzubringen gewesen – besonders unter Berücksichtigung der stark abgesunkenen Rüstungsausgaben – wenn die Alliierten bereit gewesen wären, die Reparationen in Form von Sachleistungen zu akzeptieren. Statt dessen aber hinderten sie durch Handelsbeschränkungen und Schutzzölle den deutschen Export und damit den Erwerb der für die Reparationsleistungen erforderlichen Devisen – die sie freilich wieder für die Rückzahlung der US-Kriegskredite benötigten. Unter dem Druck der Besetzung einiger Städte im Ruhrgebiet nahm die Regierung das Ultimatum an und machte damit ihre Überzeugung deutlich, daß nur eine „Erfüllungspolitik“, wie Rathenau sie verstand, eine Reduzierung der Forderungen erhoffen lassen konnte. In der

Aufruf zum Volksbegehren gegen den Young-Plan (1929)

Öffentlichkeit begann man irrigerweise in den Reparationszahlungen die wichtigste Ursache der immer spürbarer werdenden Geldentwertung zu sehen.
Mehrfache Sachverständigenkonferenzen brachten eine Annäherung zwischen der wirtschaftlichen Realität und den Reparationsforderungen. 1924 wurde der Dawes-Plan angenommen. An ihm hatten erstmals seit den Versailler Verhandlungen wieder Amerikaner mitgearbeitet und sich damit an Problemen europäischer Politik beteiligt. Sie hatten auf eine Orientierung der Forderungen an der deutschen Zahlungsfähigkeit gedrängt. Der Plan legte allmählich steigende deutsche Jahresraten (ab 1929 2,5 Milliarden) fest, ohne aber die Gesamtschuld zu fixieren. Ebenso darin wie in den Sicherheitsgarantien, die in einer internationalen Kontrolle der Reichsbahn und der Reichsbank und der Einsetzung eines amerikanischen Reparationsbevollmächtigten bestanden, sah die Rechte den Anfang einer „Dauerknechtschaft“ Deutschlands. Daß Deutschland überhaupt wieder als internationaler Verhandlungspartner aufgetreten war und die Nichtfixierung der Gesamtschuld auch einen großen Verhandlungsspielraum für die Zukunft bot, wurde übersehen. Der Dawes-Plan gab den Westmächten zwar massive Garantien für die deutsche Zahlungswilligkeit in die Hand, brachte aber gleichzeitig der deutschen Wirtschaft ausländische Kredite, die eine wesentliche Voraussetzung des Wirtschaftsaufschwungs der Jahre bis 1929 waren. Die Geldgeber, vor allem in den USA, hatten wieder Vertrauen gefaßt, der hohe deutsche Zinssatz war überdies verlockend. Die entscheidende Wendung von zunächst nur politischen zu finanziell-wirtschaftlich realistischeren Zahlungsansprüchen war vollzogen, wenn das auch in der deutschen innenpolitischen Auseinandersetzung nicht unbestritten blieb, je nachdem welchen Aspekt der Abmachungen man betonte oder auch aus demagogischen Absichten übersah.
Von der radikalen Linken und Rechten wurde 1929/30 auch die Annahme des Young-Plans massiv, aber vergeblich bekämpft. Dieses neue Reparationsabkommen gab dem Reich die Finanzhoheit zurück und begrenzte die Reparationszahlungen der Höhe und Dauer nach endgültig: Jährlich sollten im Durchschnitt bis 1988 etwa 2 Milliarden Mark gezahlt werden, was etwa 30 Goldmark pro Kopf der Bevölkerung entsprach und damit nur wenig höher war als 1913 die Rüstungsausgaben des Kaiserreichs, die 1,82 Milliarden betrugen. Die Rechte sprach trotzdem von der Schuldversklavung noch der Enkel, die verantwortlichen Politiker dagegen hielten die für die unmittelbare Zukunft erreichte Senkung der jährlichen Reparationslasten um etwa 20% für wesentlich. Daß der Blick auf die nahe Zukunft richtig gewesen war, bewies die Streichung aller Reparationslasten als Folge der Weltwirtschaftskrise schon 1932.

Die Inflation

Eine der größten innenpolitischen Schwierigkeiten der ersten Jahre der Weimarer Republik war die Währungsfrage. Nicht die Reparationsleistungen, wie vielfach behauptet wurde, hatten sie ausgelöst, sondern der Krieg, da die Kriegsausgaben nicht durch Steuererhöhungen, sondern durch ungedeckte Kredite finanziert worden waren. Der Wertverfall des Geldes wurde nach dem Krieg durch geringes Steueraufkommen der Wirtschaft, aber hohe Staatsausgaben für Kriegsfolgelasten und Reparationsleistungen beschleunigt. Geldentwertung und Preisniveau hatten im Jahr 1920 etwa die Höhe erreicht, die infolge der Kriegskosten und unmittelbaren Kriegsfolgelasten unvermeidbar war. Da aber die Regierung keinen ausgeglichenen Haushalt zustande brachte und die Reichsbank zur Belebung der Produktion eine expansive Kreditpolitik betrieb und damit den Geldumlauf vergrößerte, nahm die Geldentwertung seit Anfang 1922 schnell zu.

Die Reichsfinanzen 1920 bis 1923 (in Milliarden „Kaufkraft-Mark“)

1. April–31. März	Einnahmen	Ausgaben	Ausgaben-Überschuß
1920/21	4,091	11,266	7,175
1921/22	5,236	11,964	6,728
1922/23	3,529	9.665	6,136
1923/24	1,245	12,977	11,732

(nach: Karlheinz Dederke: Reich und Republik, Deutschland 1917-1933. Stuttgart [2]1973, S. 62)

Die wirtschaftliche und damit soziale Not traf die Bevölkerungsteile, die keinen Besitz

Index der Geldentwertung		
	gemessen an den Devisenkursen	gemessen an den Großhandelspreisen
Januar 1913	1.0	1.0
Januar 1919	2.1	
Juli 1919	3.3	12.6
Januar 1920	15.4	
Juli 1920	9.4	13.7
Januar 1921	15.4	14.4
Juli 1921	18.3	14.3
Januar 1922	45.7	36.7
Juli 1922	117.0	101.0
Januar 1923	4 279.0	2 875.0
Juli 1923	84 150.0	74 787.0
August 1923	1 100 100.0	944 041.0
September 1923	23 540 000.0	23 949 000.0
Oktober 1923	6 014 300 000.0	7 095 800 000.0
15. Nov. 1923	1 000 000 000 000.0	750 000 000 000.0

Dollarnotierungen	
(im Monatsdurchschnitt)	
Juli 1914	4.2
Januar 1919	8.9
Juli 1919	14.0
Januar 1920	64.8
Juli 1920	39.5
Januar 1921	64.9
Juli 1921	76.7
Januar 1922	191.8
Juli 1922	493.2
Januar 1923	17 972.0
Juli 1923	353 412.0
August 1923	4 620 455.0
September 1923	98 860 000.0
Oktober 1923	25 260 208 000.0
15. Nov. 1923	4 200 000 000 000.0

oder nur Geldersparnisse besaßen. Sachwertbesitzer dagegen litten weniger: Der Wert von Grundstücken, Häusern und vor allem von Produktionsmitteln war nicht vom Geldkurs abhängig. Industrielle konnten unmittelbaren Nutzen aus der Inflation ziehen, da sie mit Hilfe von Krediten Sachwerte schaffen konnten, die Kredite aber infolge der raschen Geldentwertung ohne Schwierigkeiten rückzahlbar waren. Spekulanten konnten auf diese Weise große Vermögen zusammenbringen (z. B. der Großindustrielle Hugo Stinnes) und ihre Schulden durch die Geldentwertung bequem loswerden. Die Flucht in Sachwerte steigerte die Produktion, so daß die Arbeitslosigkeit 1922 einen Tiefstand von weit unter einer Million erreichte, während die Stabilisierung der Währung und damit verbunden die Verknappung des Geldes im Herbst 1923 sofort zum Anstieg der Arbeitslosigkeit auf vorübergehend ein Viertel aller Arbeiter führte. Der Mittelstand verlor sein in Bargeld, Versicherungen und Staatsanleihen bestehendes Vermögen, die Gehaltsempfänger des unteren Mittelstandes – Angestellte und kleine Beamte – unterschieden sich wirtschaftlich nicht länger von Arbeitern, suchten sich aber den Nimbus einer höheren sozialen Stellung zu bewahren. Da Löhne und Gehälter trotz oft täglicher Auszahlung in rasch beschafftem Notgeld hinter der Geldentwertung herhinkten, wurde die materielle Lebensgrundlage der Lohn- und Gehaltsempfänger schmal. Bauern begannen sich zu weigern, ihre Ernteerträge gegen Papiermark zu verkaufen, hungernde Städter stürmten Lebensmittelgeschäfte. Kommunisten auf der einen und Rechtsradikale auf der anderen Seite erhielten aus Furcht vor einer Inflation noch in den späteren Jahren Zulauf.

Ihren Höhepunkt erreichte die Inflation durch den Ruhrkampf. Da das Reich mit einigen Reparationslieferungen geringfügig

Plakataufruf zum passiven Widerstand gegen die Ruhrbesetzung 1923

im Rückstand war, besetzten französische und belgische Truppen – gegen den Willen der englischen Regierung – im Januar 1923 das Ruhrgebiet als „produktives Pfand". Der französische Ministerpräsident Poincaré hatte diesen Vorwand benutzt, um die deutsche Kohle- und Stahlindustrie unter Kontrolle zu bekommen. Die Reichsregierung rief die Bewohner zum „passiven Widerstand" auf, den meist die Gewerkschaften leiteten. Kohleförderung und Güterproduktion sanken rasch ab, die Kohletransporte nach Frankreich kamen zum Erliegen und konnten von der Besatzungsmacht nur unter großem Personalaufwand und scharfem Druck auf die Bevölkerung schleppend und unergiebig wieder in Gang gebracht werden. Der Ausfall der Steuereinnahmen aus Deutschlands größtem Industriegebiet und die Unterstützung der von den Franzosen ausgewiesenen 140000 Beamten und Angestellten und ihrer Familien überstieg schnell die finanziellen Kräfte des Reichs, das die Mittel nur noch in Form pausenlos gedruckter wertloser Banknoten aufbringen konnte. Im September mußte die neue Regierung der „Großen Koalition" von SPD, DDP, Zentrum und DVP unter Gustav Stresemann den Ruhrkampf abbrechen. Nur so schien der drohende Verlust des Ruhrgebietes und ein Zerfall des Reichs angesichts der Ereignisse in Thüringen, Sachsen und Bayern (s. S. 68f.) vermeidbar zu sein.

Nov. 1923

Im November 1923 ordnete die Regierung Stresemann durch eine Währungsreform die Währung. Einer neuen Rentenmark entsprachen eine Billion Mark alter Währung. Sämtliche Ausgaben des Reichs, auch Gehälter und Renten, wurden scharf gekürzt, um die neue Mark stabil zu halten. Damit war die Voraussetzung für den wirtschaftlichen Aufschwung der Jahre 1924-29 geschaffen. Stresemann wurde nach einer Regierungszeit von hundert Tagen am 23. 11. 1923 gestürzt, blieb aber bis zu seinem Tod 1929 Außenminister in wechselnden Kabinetten. Weil Stresemann anders als gegen die Linken in Sachsen den Einsatz der Reichswehr gegen die Rechten in Bayern aus Furcht vor einem Bürgerkrieg für kein geeignetes Mittel zur Stabilisierung der Lage im Reich hielt, schied die SPD aus der Regierung aus, was Ebert für eine „Dummheit" hielt. In der kurzen Regierungszeit der „Großen Koalition" hatte die Regierung schwere Krisen überwunden: Der Ruhrkampf war beendet worden, ein kommunistischer Aufstand in Hamburg wurde von der Polizei niedergeworfen, durch Reichsexekutionen nach Art. 48 der Verfassung waren kommunistische Minister in Sachsen und Thüringen aus der Regierung gedrängt worden, der Separatismus im Rheinland endete, nach dem Hitlerputsch begann sich die Lage in Bayern zu konsolidieren, und vor allem beendete die Stabi-

Mitteilung des Ullstein-Verlags an seine Mitarbeiter über die Höhe der Gebühr für ein Telefongespräch am 18. 9. 1923

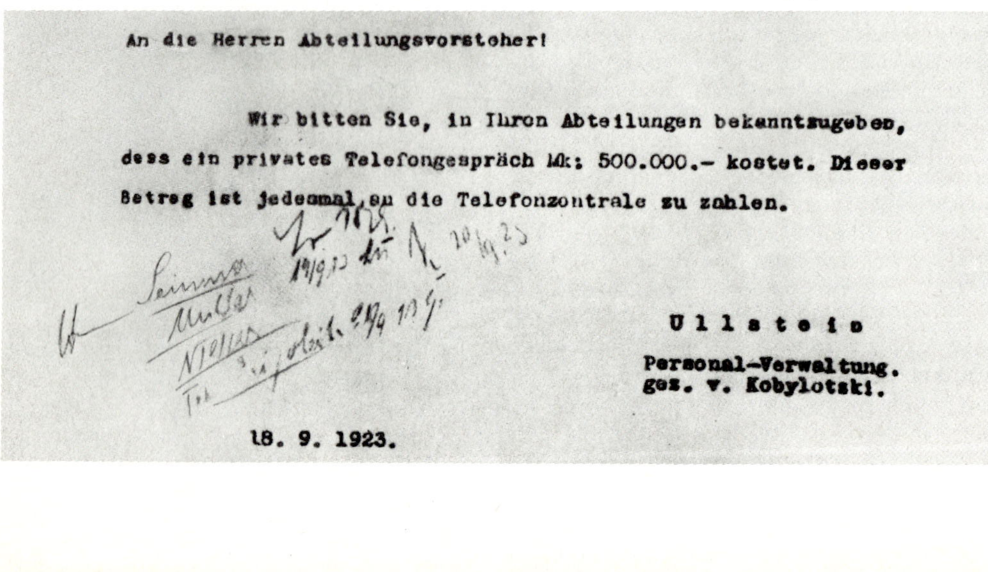

An die Herren Abteilungsvorsteher!

Wir bitten Sie, in Ihren Abteilungen bekanntzugeben, dass ein privates Telefongespräch Mk: 500.000.- kostet. Dieser Betrag ist jedesmal an die Telefonzentrale zu zahlen.

Ullstein
Personal-Verwaltung.
gez. v. Kobylotski.

18. 9. 1923.

lisierung der Mark die schlimmste wirtschaftliche Unsicherheit für die Masse der Bevölkerung.

3. Innere Probleme, Verständigung mit den Nachbarn

Die Verträge von Rapallo und Locarno

Durch die Verträge von Rapallo (April 1922) und Locarno (Oktober 1925) kehrte das Reich als selbständiger Partner in das Geflecht der internationalen Politik zurück und überwand seine außenpolitische Isolierung.

1922 Mit dem Vertrag von Rapallo zwischen dem Reich und der Sowjetunion vergrößerten diese beiden außenpolitisch isolierten Mächte ihr internationales

Gustav Stresemann (1878 bis 1929), Gründer der Deutschen Volkspartei 1919, Reichskanzler 1923, Reichsaußenminister 1923 bis 1929

Aristide Briand (1862 bis 1932), sozialistischer Abgeordneter, seit 1909 mehrfach französischer Minister und Ministerpräsident. Er erhielt mit Stresemann, A. Chamberlain und Dawes den Friedensnobelpreis 1926.

Gewicht. Beide Staaten nahmen die seit 1918 abgebrochenen diplomatischen Beziehungen wieder auf, verzichteten gegenseitig auf alle Forderungen, die sich aus dem Weltkrieg ergeben könnten, und tauschten Botschafter aus. Die Sowjetunion erhoffte die Unterstützung deutscher Sachverständiger für die Industrieproduktion, die Reichswehr, d. h. vor allem von Seeckt, strebte die Ausbildung von Offizieren an russischen Panzern und Kampfflugzeugen an. Obwohl solche von den Westmächten vermuteten geheimen Zusatzabsprachen nicht bestanden, war die Furcht vor ihnen eine wichtige Wirkung des Vertrages, den Kreise um Seeckt als Keimzelle eines späteren deutsch-sowjetischen Militärbündnisses zur Aufteilung Polens und der baltischen Staaten ansahen. In geringem Umfang wurden in den nächsten Jahren Angehörige der Reichswehr in der Sowjetunion an den Waffen ausgebildet, die Deutschland entsprechend dem Versailler Vertrag nicht besitzen durfte.

Als sich 1925 eine Verständigung zwischen Deutschland und den Westmächten anbahnte, fürchtete die Sowjetunion eine antisowjetische europäische Allianz. So kam es im April 1926 zum Berliner Vertrag, durch den Stresemann den Russen das Festhalten an der Linie des Rapallo-Vertrages und seine Vereinbarkeit mit dem Vertrag von Locarno zu beweisen suchte. Im Vertrag war der Wille zur Verständigung über beide Vertragspartner interessierende Fragen ausgedrückt und die Zusicherung der Neutralität im Falle eines Angriffs von dritter Seite auf einen Vertragspartner enthalten. Allerdings mußte die Tätigkeit der Komintern zu einer Belastung des Vertrags werden, da sie auf die Aushöhlung des politischen Systems des deutschen Vertragspartners gerichtet war.

1925 Die mit dem Vertrag von Locarno vom Oktober 1925 verknüpfte deutsch-französische Verständigungspolitik ist vornehmlich das Werk der beiden Staatsmänner Aristide Briand (mehrfach Außenminister und Ministerpräsident) und Gustav Stresemann. Ihr Bemühen, so erfolgreich es in Einzelheiten war, blieb doch als Ganzes weit hinter ihren Zielen zurück, da eine starke nationalistische Opposition in beiden Staaten jede weitergehende Verständigung blockierte und das Fehlen einer Exekutivgewalt des Völkerbundes ebenso wie das Scheitern der Abrüstungsbemühungen schließlich ihre Pläne durchkreuzte.

Im Locarno-Vertrag erkannte Deutschland die Westgrenze an und sicherte die dauernde Entmilitarisierung des Rheinlands zu. Er entsprach damit dem Sicherheitsbedürfnis Frankreichs und Belgiens, schützte aber auch das Reichsgebiet vor der Wiederholung französischer Schritte wie der Ruhrbesetzung von 1923, denn er garantierte den territorialen Status quo im Westen. Italien und Großbritannien garantierten den Vertrag, durch den Deutschland die Friedensregelung von Versailles freiwillig noch einmal akzeptierte, soweit sie sich auf die Westgrenze bezog. Für die Ostgrenzen verpflichtete sich das Reich nur zum Verzicht auf jede gewaltsame Änderung. Der Vertrag löste in Deutschland und Frankreich erhebliche Kontroversen aus. Vereinbarte „Auswirkungen von Locarno" wie die vorzeitige Räumung besetzter Gebiete durch Frankreich und der Beitritt Deutschlands zum Völkerbund (1926) führten in Frankreich zum Vorwurf, nur das Reich ziehe Vorteile aus dem Vertrag, während in Deutschland die nationale Rechte im Rahmen ihrer Polemik gegen den Versailler Vertrag die Locarno-Politik als Verrat anprangerte. So scheiterten aus innenpolitischen Gründen weitergehende Absichten Briands und Stresemanns, wie sie am 17. September 1926 in dem Gespräch von Thoiry anklangen. Briand hoffte auf „die Gesamtlösung aller Fragen, die zwischen Deutschland und Frankreich ständen", aber Stresemanns Einschätzung der Lage in Berlin galt auch für Paris: „Ich muß mich... in Berlin auf einen starken Kampf gefaßt machen, wenn ich auf Ihre Gedanken eingehe." Als kollektiver Sicherheitspakt ging der Locarno-Vertrag über die üblichen Beistandspakte hinaus. Aber die Tendenzen zur Überwindung der vorwiegend nationalstaatlich bestimmten Politik in Europa waren in den zwanziger Jahren noch viel zu schwach, um sich durchsetzen zu können. Stresemann und Briand stießen in ihren Ländern auf den heftigen Widerstand der jeweiligen nationalistischen Rechten. Zwar verstanden sich beide, und vor allem Stresemann, als nationale Politiker, die auf übernationale Ziele gerichtete Tendenzen für nationalstaatliche Zwecke benutzten, aber beider Haltung hatte nichts mit dem politischen Nationalismus des französischen Ministerpräsidenten Poincaré und des Reichspräsidenten von Hindenburg gemein. Stresemanns Nationalgefühl war in seinen letzten Jahren primär kulturell orientiert und daher von liberaler Offenheit.

Die Wahl Hindenburgs zum Reichspräsidenten

Schon die Reichstagswahlen im Mai 1924 hatten die Sozialdemokraten und die Mitte-Parteien – außer dem Zentrum – stark geschwächt und einen Ruck nach rechts ge-
1925 bracht. Am 28. Februar 1925 war Friedrich Ebert gestorben. Große Teile des Bürgertums hatten in seinen letzten Lebensjahren den Resonanzboden gebildet für zahlreiche unqualifizierte Presseangriffe gegen den sozialdemokratischen Reichspräsidenten und damit primitiven Verleumdungen erst politisches Gewicht gegeben. Diese Schichten votierten jetzt für Hindenburg, weil sie dem „Sattler" den „Generalfeldmarschall" folgen lassen wollten. Die Gerichte hatten Ebert nur unzulänglich geschützt; ein Beweis dafür, daß die Mehrzahl der Richter die republikanische Staatsform und deren Politiker ablehnten. Der „Ruck nach rechts" war unübersehbar.

„Sie tragen die Buchstaben der Firma – aber wer trägt den Geist?" (Karikatur von Th. Th. Heine im „Simplizissimus" vom 21. 3. 1927)

Ehe der 77jährige Hindenburg, gedrängt von den Deutschnationalen, die Kandidatur für das Amt des Reichspräsidenten annahm, hatte er sich der Zustimmung des ehemaligen Kaisers versichert. Nachdem im ersten Wahlgang kein Kandidat die erforderliche absolute Mehrheit erhalten hatte, stellte ihn die Rechte im zweiten Wahlgang dem Kandidaten der Parteien der früheren „Weimarer Koalition“, dem ehemaligen Reichskanzler Marx (Zentrum), und dem Kommunisten Thälmann entgegen. Der Sieg Hindenburgs (14,6 Mill. Stimmen; Marx 13,7 Mill.; Thälmann 1,9 Mill.) verstärkte die restaurativen Tendenzen. Damit war der Verfechter der Dolchstoßlegende zum Staatsoberhaupt der Republik gewählt worden. Dem Glanz der Uniform und Orden, der Erinnerung an die Siege – aber nicht an die Niederlagen – des kaiserlichen Deutschlands, den altvertrauten „vaterländischen“ Parolen hatte die Republik nur Schlichtheit und langwierige, von Rückschlägen begleitete Wiederaufbauarbeit entgegenstellen können. Das hatte den Wählern Hindenburgs nicht genügt. Hindenburg hat sein Amt zunächst pflichtbewußt verwaltet. Obwohl er die Parteien ablehnte, arbeitete er loyal mit ihren Politikern zusammen. Erst die Staatskrise, sieben Jahre später, in der das Amt des Reichspräsidenten größte Bedeutung erlangte, erwies, daß der greise Präsident seine Vergangenheit doch nicht vergessen hatte. Erst da wurde sichtbar, daß mit der Wahl des Jahres 1925 eine Entscheidung gegen die Demokratie gefallen war.

Nach Ablauf der ersten Amtszeit Hindenburgs zeigte seine Wiederwahl 1932 die Entwicklung nach rechts überdeutlich: Die Wahl Hitlers – dessen Partei, die NSDAP, war inzwischen stark geworden – zum Reichspräsidenten konnte nur noch verhindert werden, indem sich außer den Kommunisten, die wieder Thälmann als eigenen Kandidaten aufstellten, alle Parteien, die nicht auf der extremen Rechten standen, auf Hindenburg einigten, obwohl dessen schwindendes Reaktionsvermögen in der schwierigen Lage der Republik zu größten Befürchtungen Anlaß geben mußte. Im zweiten Wahlgang erhielt Hindenburg 19,4 Mill. Stimmen, Hitler 13,4 und Thälmann 3,7 Millionen.

Die Reichswehr

Die Stellung der Reichswehr zur Republik war von Anfang an problematisch. Daß es in den ersten Jahren des neuen Staates Offizieren und Freikorpsführern häufig gelungen war, die politische Führung zu umgehen und zu überspielen, vergrößerte rasch die Kluft zwischen der Reichswehr und den Sozialdemokraten. Die SPD aber war zunächst nach Lage der Dinge die für die Festigung der jungen Demokratie wichtigste Partei. Doch ebensowenig wie Zentrum und DDP wußten die Sozialdemokraten, wie die Armee in den demokratischen Staat zu integrieren sei. Schon durch die frühe Absprache zwischen Ebert und Groener war der Keim zu jener dann von Seeckt bis 1925 systematisch ausgebauten Sonderstellung der Reichswehr im Staat gelegt worden. Sie war nicht verfassungsrechtlich, sondern in der Haltung des Offizierskorps begründet, dessen Neigung, sich als exklusive Elite zu verstehen, durch die Beschränkung auf ein kleines Heer langdienender Berufssoldaten gefördert wurde. Zudem war bei der Reduzierung der Armee gemäß Versailler Vertrag auf 100000 Mann gerade das preußisch-traditionell gesonnene Element weitgehend erhalten geblieben und zum Kern der neuen Reichswehr geworden. Während vor dem Weltkrieg jeder vierte Offizier aus einer Offiziersfamilie stammte, war es jetzt nahezu jeder zweite. So konnte sie leicht von Seeckt zu einem Gebilde neben dem Staat geformt werden. Daß die Republik in ihren Anfangsjahren die Armee zu ihrer Selbsterhaltung wiederholt benötigt hatte, gab vielen Offizieren ein Gefühl der Überlegenheit gegenüber dem neuen Staat. Als Seeckt 1926 abgelöst wurde, versuchte sein Nachfolger an der Spitze der Reichswehr, General Groener, die Reichswehr näher an die Republik heranzuführen. Aber der Geist Seeckts, der von der Verfassung gesagt hatte, sie widerspreche „in den grundlegenden Prinzipien“ seinem politischen Denken, war aus der Armee nicht mehr zu vertreiben. So ist zu verstehen, daß die Armee, statt die vorgesehene überparteiliche Stellung zu wahren, mit rechtsgerichteten Verbänden wie dem Frontkämpferbund „Stahlhelm“ sympathisierte, als „unpolitische“ Institution 1933 nichts zur Rettung der Republik unternahm und ein Jahr später die Ermordung führender Offiziere durch Hitler hinnahm.

Wirtschaftsentwicklung

Die Ausgangssituation war 1919 für die deutsche Wirtschaft schlecht: Durch Ge-

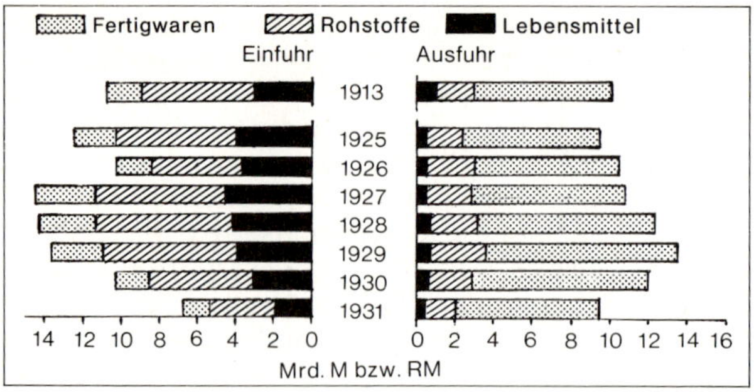

Der deutsche Außenhandel nach Warengruppen 1913–1931. (Nach: H. Bechtel, Wirtschafts- und Sozialgeschichte Deutschlands, München 1967)

bietsabtretungen hatte Deutschland 75% der Eisenerzvorkommen und 26% der Kohleförderleistung verloren; die Handelsflotte wurde fast ganz abgeliefert. Die Bauern waren gegenüber Einfuhren nur bedingt konkurrenzfähig, verschuldeten daher rasch und tendierten – vor allem in den protestantischen Gebieten – politisch zur radikalen Rechten. Die großen Güter im Osten waren durch die Schwankungen der Weltmarktpreise besonders gefährdet. 1925 wurden deshalb landwirtschaftliche Schutzzölle errichtet, die die Getreidepreise hochhielten. Deutschland war auf Importe angewiesen, die es nur durch gesteigerte Exporterlöse bezahlen konnte. Die Krise wurde in den Jahren 1924-29 nach Stabilisierung der Mark und dem Inkrafttreten des Dawes-Plans überwunden, obwohl die Handelsbilanz passiv blieb und der Haushalt seit 1925 nicht mehr ausgeglichen werden konnte. Ausländische Kredite ermöglichten den Wirtschaftsaufschwung; durch Investitionen wurden der Maschinenpark erneuert und rationellere Produktionsmethoden (Fließband) ermöglicht. Bedenklich war die Verwendung der meist kurzfristigen Kredite – zwischen 1924 und 1930 rund 20 Milliarden Mark – zu langfristigen Zwecken, wobei langfristig angelegte, der Sozialpolitik und dem Ausbau der Infrastruktur dienende „unrentable" Ausgaben der öffentlichen Hand wie z. B. Schulen und Turnhallen das Risiko sehr vergrößerten. Die Ausfuhr erreichte 1926 wieder den Vorkriegsstand, blieb aber bis 1929 kleiner als die Importe. Die Industrieproduktion überschritt 1929 die Vorkriegszahlen um 15%, die Handelstonnage betrug 1930 wieder 4,2 Mill. BRT (1914: 5,4 Mill. BRT).

Seit der Inflation hatte sich die Konzentration in der Wirtschaft sehr beschleunigt. 1926 gab es im Reich rund 12400 Aktiengesellschaften mit einem Kapital von etwa 20 Milliarden Mark. Etwa 2000 von ihnen gehörten Konzernen an, sie allein verfügten über 13,25 Mrd. Kapital. Es bestanden 1925 etwa 3000 Kartelle. Große Konzerne – die größten waren IG-Farben und Vereinigte Stahlwerke (beide 1926 gegründet) – kontrollierten in Deutschland 96% der chemischen Industrie, 95% der Stahlindustrie, 93% des Bergbaus, 87% der Elektroindustrie und besaßen damit große wirtschaftliche Macht und sehr großen politischen Einfluß. Nicht wenige Industriewerke unterstützten bestimmte Parteien: So stand die Schwerindustrie den Deutschnationalen nahe, andere Industriezweige finanzierten mehr die Deutsche Volkspartei.

Gesellschaftliche Entwicklung und Sozialpolitik

Die Revolution hatte 1918 den alten Obrigkeitsstaat beseitigt, die Struktur der Gesellschaft aber kaum angetastet. Zwar fielen Privilegien der ehemals führenden Gesellschaftsschichten, ihr faktisches Gewicht im neuen Staat bedeutete aber, daß sie ihn weit stärker prägten, als es dem demokratischen Prinzip entsprach. Im höheren Beamtentum – also auch in der Justiz –, im Offizierskorps und im Großbürgertum waren es vielfach dieselben Personen, die die Führungsschicht des Kaiserreichs wie der Republik bildeten. Durch sie blieben überkommene Verhaltensformen und Wertsetzungen gültig, die monarchischen oder autoritären Staatsvorstellungen entsprachen. Gewachsen war der Einfluß der Funktionäre der großen Interessenvertretungen, der Gewerkschaften und der Industriellenverbände. Ohne ein politisches Mandat zu haben, verfügten einzelne Großindustrielle infolge ihrer wirtschaftlichen Stärke über erhebliche politische Macht, gewannen Gewerkschaftsfunktionäre an politischem Gewicht.

Nach der Stabilisierung der Mark waren weite Teile des Volkes verarmt, die Industrieunternehmen aber waren – mit Hilfe „billigen" Inflationsgeldes modernisiert – leistungsfähige Produktionsstätten geworden, die hohe Gewinne abwarfen. Die Gewerkschaften konnten für die Arbeiter eine gewisse Anpassung der Löhne an die steigende Produktivität erreichen. Die Arbeiterschaft, zu der rund die Hälfte der Erwerbspersonen zählte, war in der Weimarer Republik noch nicht selbstverständlich in die Gesellschaft integriert, obwohl die Mehrzahl als Anhänger der SPD positiv zum Weimarer Staat stand und ihn mittrug, als er sich stabilisiert hatte. Eigene Arbeitersportvereine und Arbeiterbildungswerke waren aus der Vorkriegszeit überkommen, auch sie zeigten, daß die Abkapselung der Arbeiterschaft von Bürgern und Bauern noch nicht überwunden war. Die Organisationsquote der Arbeiter in Gewerkschaften und Linksparteien war hoch.

Der durch die Inflation mit Ausnahme des Handwerks verarmte Mittelstand befand sich im Vergleich zur Vorkriegszeit in einer wirtschaftlich weit schlechteren Lage. Die meisten Menschen dieser Schicht waren durch Verlust ihres kleinen Vermögensrückhalts zu bloßen Gehaltsempfängern abgesunken und sahen sich wirtschaftlich den Proletariern gleichgestellt, denen sie sich aber gesellschaftlich weit überlegen glaubten. Hier lag ein gewichtiges Motiv für ihre reservierte Haltung gegenüber der Republik. Die Zahl der Beschäftigten stieg von 1907 bis 1925 von 28 auf 32 Millionen, darunter waren 9,5 bzw. 11,5 Millionen Frauen. Von diesen waren in der Industrie beschäftigt 2,1 bzw. 2,9 Mill., das waren 22,1 und 25,2% der weiblichen Beschäftigten. (In diesen Jahren stieg die Zahl der weiblichen Angestellten und Beamtinnen von 371000 auf 1450000.) Darin zeigten sich auch die Folgen der zunehmenden wirtschaftlichen Abhängigkeit vom Arbeitseinkommen nach der Vernichtung der kleinen Vermögen in der Inflation. Lohn- und Arbeitsbedingungen verbesserten sich, so daß die Arbeitnehmer seit Mitte der zwanziger Jahre in einer wirtschaftlich gesicherteren Lage waren als vor dem Krieg, obwohl die Arbeitslosigkeit nie überwunden wurde. Das Realeinkommen pro Kopf blieb aber auch in den wirtschaftlich besten Jahren 1928/29 um 6% unter dem Stand von 1913 und sank dann in der Weltwirtschaftskrise um 25% (1931), bzw. um 30% (1932) unter den Vorkriegsstand.

Die Unterschiede der Entlohnung von Arbeitern und unteren und mittleren Angestellten wurden immer geringer. An der Durchsetzung von sozialen Verbesserungen (Achtstundentag, seit 1927 auch Arbeitslosenversicherung) hatten die Gewerkschaften erheblichen Anteil. Hatten sie 1913 nur für 2 Millionen Arbeitnehmer Tarifverträge abschließen können, so waren es 1919 bereits 6 und 1928 12 Millionen Menschen, für die die Tarifvereinbarungen zwischen Gewerkschaften und Unternehmern galten. Durch das Betriebsrätegesetz von 1920 war ein erster Schritt zur Beteiligung der Arbeitnehmer an der Betriebsleitung getan worden. Der Betriebsrat von Aktiengesellschaften war stimmberechtigt im Aufsichtsrat vertreten, konnte allerdings wenig bewirken, da er leicht überstimmt werden konnte und es überdies an Betriebsratsmitgliedern fehlte, die im Management geschult waren.

Vor allem in der Schwerindustrie waren seit 1923 die Arbeitgeber bestrebt, einige der sozialpolitischen Fortschritte, die die Arbeiterschaft im Krieg und in den Anfangsjah-

Streiks und Aussperrungen in der Weimarer Republik

Jahr	Beteiligte Arbeitnehmer	Verlorene Arbeitstage	Erfolgreiche Streiks in %
1925	502 230	4 025 000	70
1926	56 373	802 000	68
1927	229 534	3 071 000	75
1928	324 084	8 563 000	72
1929	106 452	1 637 000	40
1930	207 391	3 696 000	51
1931	130 545	1 461 000	61
1932	127 740	1 119 000	48

(Quelle: Stat. Jahrbücher für das Deutsche Reich)

ren der Republik errungen hatte, wieder einzuschränken. Sie hatten damit teilweise Erfolg. So wurde auch im Bergbau 1923 der 10-Stundentag gesetzlich wieder erlaubt. Im Spätherbst 1928, also noch vor dem Einbruch der Weltwirtschaftskrise, entließen die Ruhrindustriellen 220000 Arbeiter, um den Abschluß eines günstigeren Lohntarifs zu erzwingen.

Der Staat war bemüht, den Wirtschaftsaufschwung zugunsten breiterer Kreise des Volkes auszunutzen. Vor allem der Wohnungsbau wurde stark gefördert (s. S. 159). Die öffentlichen Investitionen für Wohnungsbau und Versorgungsbetriebe waren 1928 größer als je in den späteren Jahren der nationalsozialistischen Herrschaft, die Investitionen für Verkehr des Jahres 1928 wurden erst 1937 und 1938 überschritten (wobei dann jedoch strategische Gesichtspunkte im Vordergrund standen).

Ausgaben für die Wohnungswirtschaft

(Reich, Länder und Gemeinden) in Mill M/RM	
1913	31
1925	1 070
1926	1 449
1927	1 628
1928	1 542
1929	1 599
1930	1 287
1931	638
1932	337

(Stat. Bundesamt: Bevölkerung und Wirtschaft 1872-1972. Wiesbaden/Stuttgart 1972)

4. Die Auflösung der Republik

Antidemokratisches Denken in der Weimarer Republik

Es gab viele einflußreiche Kreise und breite Bevölkerungsschichten, die die demokratische Staatsform ablehnten, da sie dem deutschen Volk nicht „wesensgemäß“ sei, oder die ihr zumindest passiv-abwartend gegenüberstanden. So war antidemokratisches Denken auch bei einflußreichen Schriftstellern und zahlreichen Wissenschaftlern anzutreffen. Im Mittelstand und in den oberen Schichten wurde es besonders durch Schriftsteller der „konservativen Revolution“ verbreitet. Oswald Spengler ließ 1918 in seinem Buch vom „Untergang des Abendlands“ Demokratie und Technologie als Symptome eines kulturmorphologisch gesehenen Zerfalls erscheinen; 1929 brandmarkte Ludwig Klages den „Geist als Widersacher der Seele“; Ernst Jünger pries 1922 den „Kampf als inneres Erlebnis“; 1923 erschien Arthur Moeller van den Brucks Buch „Das Dritte Reich“, in dem das mystisch und kulturell verstandene endgültige Reich der Deutschen angekündigt wurde. Diese Ideologie der Neokonservativen rührte an die Wurzeln der Demokratie und bereitete den Boden für die Nationalsozialisten, von deren Barbarei die meisten Neokonservativen sich später jedoch angewidert abwandten.

Die neokonservativen Schriftsteller wirkten stärker auf das öffentliche Bewußtsein ein als die meist liberalen bedeutenden deutschen Literaten. In diesem geistigen Klima wirkte unter den Universitätsphilosophen das der Ratio westlicher philosophischer Tradition verpflichtete nüchterne Denken

Wahlplakat der radikalen Rechten, 1924

Wahlplakat der radikalen Linken, 1920

von Karl Jaspers weniger in die Breite als die Philosophie Martin Heideggers, die dem irrationalen, mythischen Denken der Zeit entgegenkam. Insgesamt herrschten an den deutschen Universitäten apolitische oder antidemokratische Haltungen vor. So erhoben gerade viele Intellektuelle die Forderungen nach einer diktatorischen Führung, zumindest nach einer autoritären Staatsform.

In der Weimarer Republik wurde die politische Opposition für die Demokratie bald lebensgefährlich, da sie nicht auf dem Boden der Verfassung stand, sondern sich gegen jede Demokratie oder doch zumindest gegen ihre parlamentarische Form wandte. Die Kommunisten lehnten den bürgerlichen Staat und seine kapitalistische Wirtschaftsform ohnehin ab. Die Rechte, vor allem die radikale Rechte, verwarf die Demokratie als nüchtern-rationales, „westlich"-undeutsches Gebilde zugunsten eines Irrationalismus, der von einer natürlich-organischen Volksgemeinschaft mit hierarchischer Gliederung träumte. Der Mythos von „Blut und Boden" raunte längst in den Köpfen rückwärtsgewandter Zeitgenossen, ehe ihn die Nationalsozialisten laut verkündeten. Daß viele „Intellektuelle" sich an dieser Diffamierung des Intellekts beteiligten, war eine zusätzliche grobe Schwächung des demokratischen Denkens in diesem Staat, der 1929 in den Strudel der Weltwirtschaftskrise und ihrer politischen Auswirkungen stürzte.

Deutschland und die Weltwirtschaftskrise

Die Weltwirtschaftskrise der Jahre 1929 bis 32 begann als Überproduktionskrise in den USA (vgl. S. 51 f.). Da die Wirtschaft der Industrieländer in enger Wechselbeziehung zueinander stand und durch Kriegsschulden und Reparationen zusätzliche Verklammerungen bestanden, wirkte der gleiche Kreislauf in allen Industriestaaten: Absatzschwierigkeiten verursachten das Absinken der Produktion und damit den Anstieg der Arbeitslosigkeit, wodurch die Kaufkraft schwand und damit die Absatzschwierigkeiten sich weiter vergrößerten. Die Industrieproduktion der Welt sank von 1928/29 bis 1932 um 62%, die Getreideausfuhr um nahezu die Hälfte. Alle Staaten wollten exportieren, aber, um ihre eigene Wirtschaft und die Arbeitsplätze zu schützen, nicht importieren, weshalb sie die Zölle erhöhten und vielfach ihre Währungen abwerteten.

Das Wiedererstarken der deutschen Wirtschaft und die Sozialpolitik der Länder und Gemeinden war in erheblichem Maße durch ausländische, insbesondere amerikanische Kredite ermöglicht worden (insgesamt etwa 20 Mrd. Goldmark). Sie waren durch das hohe deutsche Zinsniveau angelockt worden, aus einem gewissen Mißtrauen aber gegenüber der politischen Entwicklung im Reich jeweils nur kurz- oder mittelfristig (3 Monate bis etwa 3 Jahre) gewährt worden. Im Falle einer Krise konnten die Gelder also schnell wieder abgezogen werden.
Auf die Ankündigung der deutschen Regierung, sie wolle die Reparationslasten loswerden, also von ihren Zahlungsverpflichtungen freikommen, verlor die Reichsbank durch Kreditrückrufe allein im Juni/Juli 1931 in sechs Wochen rund 2 Milliarden an Gold und Devisen. Der Rückruf der kurzfristig kündbaren amerikanischen Kredite traf auch Österreich, vor allem aber Deutschland hart, da die deutsche Wirtschaft keine hinreichend hohen Rücklagen besaß, um den dringendsten Kapitalbedarf selbst zu decken. Eine zur wirtschaftlichen Erleichterung von Wien und Berlin vorbereitete deutsch-österreichische Zollunion, die auch eine politische Union beider Staaten nach sich ziehen konnte, stieß unter Hinweis auf den Versailler Vertrag auf den Widerstand Frankreichs. Der Haager Gerichtshof erklärte sie 1931 für unvereinbar mit den bestehenden internationalen Verträgen.
Neben der Bankenkrise in den USA und Frankreich hatte schon die Reichstagswahl vom September 1930 einige Kreditrückrufe aus Deutschland verursacht, da die Gewinne von NSDAP und KPD eine wachsende politische Instabilität anzeigten. Besonders verhängnisvoll wirkte sich der Zusammenbruch einiger deutscher Großbanken im Sommer 1931 aus: Infolge der starken Konzentration im Bankwesen wurden weite Bereiche der Wirtschaft davon unmittelbar betroffen. Die Banken waren besonders schnell illiquid geworden, da die Kredite mehr als die zehnfache Höhe des Eigenkapitals erreicht hatten. Das Ausland, die großen Geldanleger und auch die kleinen Sparer versuchten nun ängstlich ihre Einlagen abzuziehen; auch Großbanken mußten ihre Schalter schließen, das Reich mit großen Summen die Banken stützen. Das Vertrauen aber war dahin. Der Diskontsatz der Reichsbank stieg am 1. August auf 15%. Die Industrieproduktion sank während der Krisenjahre um knapp die Hälfte, die Ausfuhr noch stärker. Konsumrückgang, Massenarbeitslosigkeit – jede zweite Familie war 1932

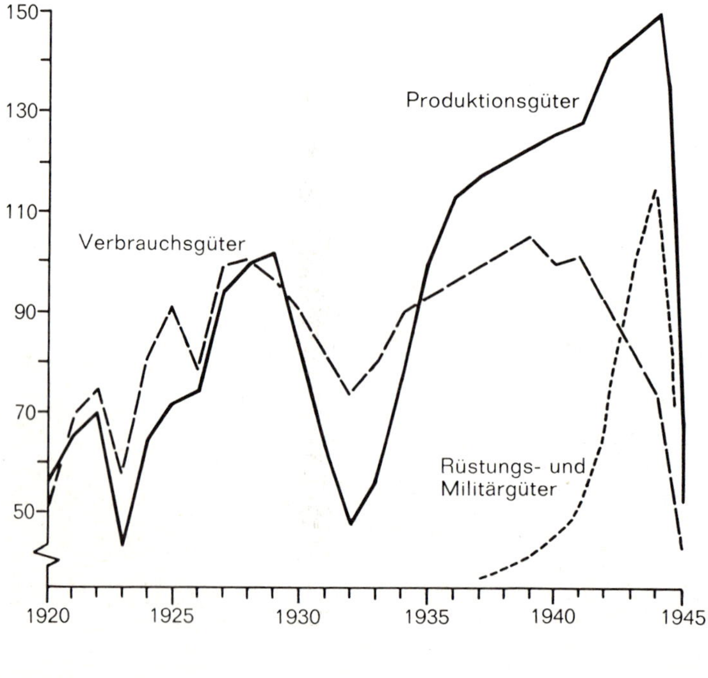

Industrielle Produktions- und Verbrauchsgütererzeugung je Einwohner (1928 = 100) in Deutschland 1920 bis 1945 (Produktionsgüter einschl. Rüstungsgüter).
Aus: F.-W. Henning, Das industrialisierte Deutschland 1914–1986. Paderborn 1988)

davon betroffen – und Kurzarbeit brachten zahllosen Menschen empfindliche wirtschaftliche und soziale Not. Millionen hungerten. Hunderttausende konnten ihre Miete nicht mehr bezahlen und wurden obdachlos. Der Forderung der Unternehmen nach Senkung von Löhnen und bestimmten Steuern zur Sanierung der Betriebe widersetzten sich, oft vergeblich, die Gewerkschaften, da die Lasten für die Arbeitnehmer sonst noch schwerer geworden wären. Ihr Argument, daß die sinkende Kaufkraft weitere Produktionsrückgänge nach sich ziehen müßte, wurde nicht anerkannt. Die Regierung Brüning (30. 3. 30–30. 5. 32) versuchte vergebens durch eine scharfe Deflationspolitik

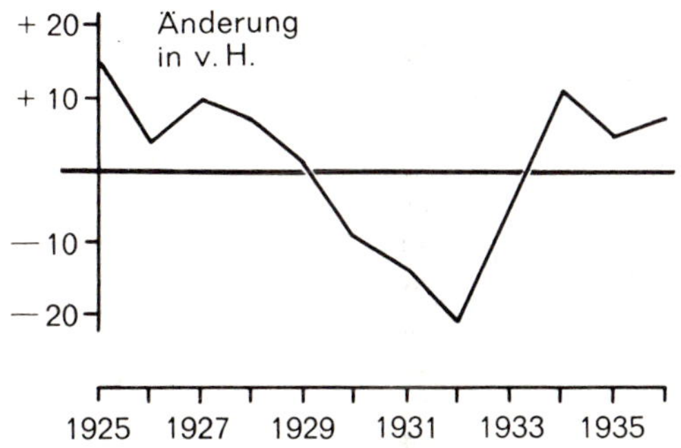

Änderungsraten des Verbrauchs in Deutschland 1925–1936. (Aus F.-W Henning, Das industrialisierte Deutschland 1914–1986, Paderborn 1988)

der Krise entgegenzuwirken: Löhne und Preise wurden gesenkt, der Geldumlauf reduziert. Niedrige Exportpreise und der weitgehende Verzicht auf Importe führten zunächst zu einer aktiven Handelsbilanz. Aber die Schutzzölle, mit denen alle Industriestaaten ihren Binnenmarkt abkapselten, und die Abwertung des englischen Pfundes, der Leitwährung (s. S. 53), trugen mit dazu bei, daß diese Erfolge der Deflationspolitik nur vorübergehend waren. Die Exportüberschüsse hatten den Kreditabzug nie ganz ausgleichen können, somit fehlten die erforderlichen Investitionsgelder weiterhin. Trotz Erhebung neuer Steuern (zehn neue Steuern in eineinhalb Jahren) und drastischer Kürzung der Staatsausgaben, blieb der Haushalt unausgeglichen. Zwischen 1930 und 1932 wurden die Beamtengehälter bis zu 25% gekürzt, die Löhne und auch die Renten der Kriegsbeschädigten sanken um 21%; sie fielen schneller als die Lebenshaltungskosten. Das Nettoeinkommen aus unselbständiger Arbeit sank von 1929 bis 1932 auf 59%, das Volkseinkommen reduzierte sich von 72,3 Milliarden Mark 1929 auf 42,6 Milliarden Mark 1932. Die Deflationspolitik verhinderte eine Inflation, die den deutschen Bürgern in schrecklicher Erinnerung war, aber auch die Bereitschaft zu Investitionen, die Voraussetzung für das Sinken der Arbeitslosigkeit waren. Brüning hoffte den Nachweis zu erbringen, daß Deutschland zu Reparationszahlungen nicht in der Lage sei. Auch deshalb griff seine Regierung nur durch einige zögernde Maßnahmen lenkend in den Wirtschaftablauf ein. Die Kasse der Arbeitslosenversicherung, die der Belastung durch fast 7 Millionen Arbeitslose 1932 nicht mehr gewachsen war, erhielt Reichszuschüsse. Pläne für öffentliche Auftragsarbeiten lagen vor. Aber bevor diese Maßnahmen sich auswirken konnten, hatten die Nationalsozialisten den Staat in der Hand. Sie fanden eine Wirtschaft vor, in der Ansätze zur Überwindung der Krise vorhanden waren und die an staatliche Eingriffe gewöhnt war. Beides nutzten sie aus.

Die Parteien in der letzten Phase der Republik

Obwohl das Ausmaß der Wirtschaftkrise sich in Deutschland nicht erheblich von dem in vergleichbaren Industriestaaten unterschied, traten nur hier politisch verheerende Folgen ein. Wichtige Gründe dafür sind in der Einschätzung der Krise in weiten Teilen der Bevölkerung und in der labilen innenpolitischen Lage zu sehen. Man hielt vielfach – unwissend-hilflos oder hämisch-triumphierend – die Krise der Wirtschaft für eine Krise der Demokratie in Deutschland; psychologisch erlag der Mittelstand seiner Angst vor der Bedrohung der Sicherheit und dem Zerfall seines sozialen Status; anders als in der Krise von 1923, die das Reich gefestigt überstand, war jetzt nicht ein Demokrat wie Ebert, sondern der Monarchist Hindenburg an der Spitze des Staates und förderte eine autoritäre Regierungsweise, der das handlungsunfähige Parlament keine Eigeninitiative entgegenzusetzen wußte.

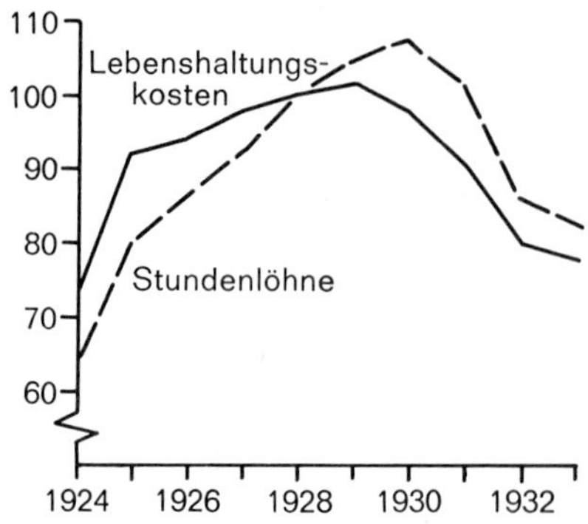

Stundenlöhne in 17 Gewerben und Lebenshaltungskosten von 1924 bis 1932 (1928 = 100) (Aus: F.-W Henning, Das industrialisierte Deutschland 1914–1986, Paderborn 1988)

Mit dem Zerfall der Großen Koalition aus SPD, DDP, Zentrum und DVP, deren Regierung unter dem Sozialdemokraten Müller am 27. 3. 1930 wegen der vergleichsweise geringfügigen Streitfrage über die Erhöhung der Beiträge zur Arbeitslosenversicherung um 0,5% zerbrach, begann die letzte Phase der Weimarer Republik. Gedrängt von den großen Interessenverbänden, deren Wählerstimmen oder Geld sie brauchten, fanden SPD – hinter ihr standen die Gewerkschaften – und DVP – gestützt von der Industrie – zu keinem Kompromiß. Der Zusammenbruch der seit den Reichstagswahlen von 1928 amtierenden Regierung Müller beseitigte die einzige Mehrheitsregierung, die bei der Zusammensetzung des Reichstags überhaupt möglich war. Die Sitzverteilung nach der Neuwahl vom September 1930 (s. S. 68) ermöglichte keine vom Parlament getragene Regierung mehr: Weder die Parteien der bisherigen Koalition, noch Kommunisten oder Rechtsradikale (NSDAP, DNVP) waren dazu stark genug. Statt im Parlament fanden die entscheidenden politischen Auseinandersetzungen vorwiegend ganz im privaten, konservativen Beraterkreis des Reichspräsidenten und zwischen den halbmilitärischen „Kampfverbänden“ der Parteien auf den Straßen statt.

Der systematische Straßenterror der nationalsozialistischen „SA“ (Sturmabteilung) sollte die Bürger zermürben und die Sehnsucht nach einem „Führer“ stärken. Die SA ging gegen die Republik und die Kommunisten vor. Deren „Roter Frontkämpferbund“ setzte sich zur Wehr, bekämpfte aber seinerseits auch die Republik. Zu ihrer Verteidigung hatten die Parteien der Weimarer Koalition das „Reichsbanner Schwarz-Rot-Gold“ gegründet. Neben diesen drei im engeren Sinn parteigebundenen Kampfverbänden gab es schon seit den Anfangsjahren der Republik den „Stahlhelm“. Dieser Bund ehemaliger Frontsoldaten war republikfeindlich und stand der rechtsgerichteten DNVP nahe. Die Polizei war vielerorts zu schwach, um Straßenkämpfe und Schlägereien zu verhindern, die Justiz fällte auffallend häufig milde Urteile gegen rechtsradikale Terroristen. Die staatliche Autorität zerbröckelte. Als ein Gericht 1932 fünf des Mordes überführte SA-Terroristen zum Tode verurteilte (später begnadigt), stellte Hitler sich öffentlich hinter die Mörder und geißelte die „blutige Objektivität“ des Gerichts!

Die Wahlergebnisse seit 1930 zeigen in der Stimmenbewegung der Rechtsradikalen und der Kommunisten einen deutlichen Zusammenhang mit dem Verlauf der Wirtschaftskrise. In Kommunal-, Länder- und Reichstagswahlen trat die Radikalisierung der Bevölkerung gleichermaßen in Erscheinung. Der Rechtstrend, den die Hindenburgwahl am 10. 4. 1932 zeigte, setzte sich in den Länderwahlen am 24. 4. fort und nahm den gemäßigten Parteien dort die Mehrheit. Zwar konnten die Rechtsparteien der „nationalen Opposition“ in keinem der großen Länder die Mehrheit erringen, aber die gemäßigten Regierungen hatten ihre parlamentarische Grundlage verloren. Die Reichstagswahl im Juli 1932 brachte den Nationalsozialisten mit 37,2% der abgegebenen Stimmen ihren größten Erfolg. Zusammen mit den Kommunisten hatten sie 52,2% der Parlamentssitze und blockierten mit dieser Sperrmehrheit ähnlich wie in vielen Länderparlamenten jede erfolgreiche parlamentarische Arbeit.

Auch innerhalb einiger Parteien herrschte ein Rechtstrend. Im Zentrum stand der rechtskonservative Prälat Kaas an der Spitze; die DNVP wurde seit 1928 von Alfred Hugenberg geführt, der als Besitzer eines Zeitungs- und Filmkonzerns auf die öffentliche Meinung in antidemokratischem Sinn einwirkte und dabei von Schwerindustrie und Großgrundbesitz unterstützt wurde. Im

Oktober 1931 fand auf Betreiben Hugenbergs in Bad Harzburg im Land Braunschweig, in dem die Nationalsozialisten bereits mit den Deutschnationalen die Regierung bildeten und den Innenminister stellten, eine gemeinsame Kundgebung von DNVP, NSDAP und Stahlhelm statt. Diese „Harzburger Front" vereinte die rechtsradikalen Antidemokraten der nationalistischen Opposition. Die NSDAP gewann durch das Bündnis mit Hugenbergs Partei nach ihren Wahlerfolgen seit 1929 zusätzliches Gewicht und finanzielle Unterstützung. Die durch die Wirtschaftskrise geschürte Angst des Mittelstandes, der – protestantischen – Bauern und der Kleinbürger vor Proletarisierung und Kommunismus schuf den Nationalsozialisten ein zusätzliches Wählerreservoir. Und der Antiparlamentarismus der NSDAP mochte manchem Wähler im Reich und auch in mehreren Ländern, die seit 1930 und den folgenden Jahren durch von Parlamentsmehrheiten nicht mehr getragene, sondern nur noch tolerierte Regierungen verwaltet wurden, nicht so außergewöhnlich oder gefährlich erscheinen. Aber die Reichstagswahl im November 1932 zeigte, daß das Wählerreservoir der NSDAP erschöpft war: Viel mehr als ein Drittel aller Stimmen konnten die Nationalsozialisten in freien Wahlen nicht für sich zu gewinnen hoffen.

Ablehnung der Demokratie und Antiparlamentarismus der Rechten wurden verstärkt durch die grundsätzliche Kritik einflußreicher Staatsrechtler am Parteiwesen. So reduzierte Carl Schmitt in diesen Jahren Politik auf ein „Freund-Feind-Verhältnis", stellte dem Parteienstaat den „totalen Staat" gegenüber und fand Zustimmung in den Kreisen der Neokonservativen, die ihrerseits auf Reichspräsident und Reichswehr Einfluß ausübten.

Die Präsidialregierungen seit 1930 mußten die Parteien allmählich an ihrer eigenen Bedeutung zweifeln lassen; die Notwendigkeit zu Zusammenarbeit und Kompromiß entfiel, parteipolitische Aktivität verlor an Gewicht für das politische Geschehen. Diesem verhängnisvollen Kräfteschwund demokratischer Parteien war auch die SPD, die größte demokratische Partei, unterworfen. Indem sie die Regierung Brüning tolerierte, aber sich nicht an ihr beteiligte, war sie weder Regierungspartei noch Opposition und somit in der parlamentarischen Demokratie handlungsunfähig. Die demokratischen Parteien fanden zu keiner Koalition mehr zusammen, die ein Gegengewicht gegen die Bedrohung durch die extreme Rechte und Linke hätte sein können.

Die Regierung Brüning

Die in der Verfassung liegende Möglichkeit, vorübergehend eine Präsidialregierung ohne parlamentarische Grundlage einzusetzen, ergriff Hindenburg 1930 mit der Ernennung des Zentrumsabgeordneten Brüning zum Reichskanzler (30. 3. 1930 bis 30. 5. 1932). Nach der Septemberwahl 1930 (s. S. 68) war keine Regierung ohne die SPD möglich, aber SPD

1930 bis 1932

Heinrich Brüning (1885 bis 1970), Zentrumspolitiker, Reichskanzler 1930 bis 1932

und DVP waren in keiner Koalition zu verbinden. Zudem lehnte die SPD Brünings Wirtschaftspolitik ab, denn die SPD wollte durch staatliche Finanzspritzen rasch die Arbeitsplätze vermehren, während Brüning erst den Tiefpunkt der Konjunktur hinter sich lassen wollte. Eine aktive Konjunkturpolitik wurde nicht betrieben. So blieb der demokratischen Reichstagsmehrheit nur übrig, die Regierung Brüning zu tolerieren, wollte sie die Nationalsozialisten von der Regierung fernhalten. Indem die Reichstagsmehrheit aber die Notverordnungen nach Art. 48 (s. S. 66) tolerierte, d. h. die Aufhebungsanträge der rechten und linken Opposition stets ablehnte, förderte sie die schrittweise Ablösung der Wirklichkeit von der Verfassungsnorm: Es installierte sich eine autoritäre Regierungsform. Auch wenn Brüning sich noch weitgehend den demokratischen Grundzügen der Verfassung unterwarf, so strebte er doch für die Zukunft eine von den Parteien unabhängige Regierung an. Unterdessen wurde Brüning um so stärker vom Reichspräsidenten, dem er noch nicht rechts genug stand, und der Reichswehr abhängig, je länger die Lähmung des Parlaments währte.

Brüning gab der Außenpolitik den Vorrang und hoffte durch außenpolitische Erfolge innenpolitische Rückwirkungen zu erzielen. Es schadete ihm, daß die deutsch-österreichische Zollunion, für die er sich eingesetzt hatte, nicht zustande kam (s. S 80). In der Reparationsfrage kam es zunächst zu einem Zahlungsaufschub („Hoover-Moratorium"). Dann konnte Brüning die Voraussetzungen zu einer endgültigen Lösung dieses Problems schaffen (einmalige Schlußzahlung von 3 Milliarden Mark, nach Brünings Sturz vereinbart auf der Konferenz von Lausanne im Sommer 1932) und gewann die Bereitschaft zu Verhandlungen über die grundsätzliche Anerkennung der deutschen Gleichberechtigung in der Rüstung. Aber der Erfolg wurde erst nach seiner Entlassung sichtbar und fiel den Nationalsozialisten in den Schoß. Um sie zu bezwingen, wurden zwei Mittel diskutiert: Entweder mußte ihr verfassungsfeindliches Vorgehen mit politischen und juristischen Schritten unterbunden werden, oder sie sollten an einer Koalitionsregierung beteiligt und so „gezähmt" werden. Aber das erstere scheiterte an der Einstellung weiter Kreise der Justiz und einer Verkennung der Gefahr durch viele Politiker, zum zweiten war Hitler vorerst nicht zu bewegen, da er die ganze Macht wollte, was manche Politiker nicht hinderte, an der Illusion einer Zähmung festzuhalten.

Plakat der SPD zur Reichstagswahl 1932

So blieben innenpolitisch wirksame Erfolge für Brüning aus: Die nationalsozialistische Gefahr wurde trotz des Verbots von SA und SS (1932) nicht eingedämmt, Ausgabenkürzung und Steuererhöhungen waren keine Mittel, um breite Sympathien zu gewinnen. Aber gestürzt wurde Brüning, weil er den Rückhalt beim Reichspräsidenten verlor. Hindenburg ließ Brüning am 30.5.1932 fallen, weil dieser u. a. die Interessen der ostdeutschen Großgrundbesitzer, zu denen der Reichspräsident selbst gehörte, nicht hinreichend vertrat.

Das Ende der ersten deutschen Demokratie

Daß Hindenburg den rechten Zentrumsabgeordneten Franz von Papen am 1. 6. 1932 zum neuen Reichskanzler ernannte, war wesentlich dem Intrigenspiel des Generals Kurt von Schleicher zuzuschreiben, der das neue „Kabinett der nationalen Konzentration" zusammengestellt hatte, in dem er als Wehrminister fungierte. Schleicher hoffte den Nationalsozialismus durch eine ausgeprägte Rechtsregierung zu unterlaufen und die paramilitärischen Kampfverbände der NSDAP nach ihrer Wiederzulassung an die Reichswehr heranzuführen.

Papen und sein „Kabinett der Barone" fanden im Gegensatz zu Brüning nicht einmal die parlamentarische Tolerierung. Das Reich wurde von einer reinen Präsidialregierung regiert. Das Zentrum, Papens eigene Partei, distanzierte sich von ihm; sein autoritärer, konservativ-reaktionärer Regierungskurs fand bei den Reichstagswahlen im Juli 1932 nur bei weniger als 10% der Wähler Zustimmung. Die Nationalsozialisten, deren SA und SS wieder in Uniformen durch die Straßen ziehen durften und sich blutige Kämpfe mit der Polizei und politischen Gegnern lieferten, errangen statt bisher 107 jetzt 230 Parlamentssitze.

Bereits auf der ersten Sitzung des neugewählten Reichstags erlitt Papen mit 510 : 42 die schwerste Abstimmungsniederlage, die eine Regierung der Weimarer Republik je erlebte. Vorsorglich hatte der Kanzler sich von Hindenburg die Auflösungsorder für den Reichstag bereits geben lassen. Der Reichstag wurde mit der Begründung aufgelöst, daß er sonst die Aufhebung von Notverordnungen der Regierung verlangen könne, d. h. sein verfassungsmäßiges Recht wahrnehmen könnte.

Im Juli 1932 suchte Papen im größten Land, in Preußen, eine Machtgrundlage mit Hilfe eines Staatsstreiches zu gewinnen: Die Regierung aus den Parteien der Weimarer Koalition unter dem sozialdemokratischen Ministerpräsidenten Braun – seit den preußischen Wahlen im April ohne Mehrheit – wurde für abgesetzt erklärt und Papen zum Reichskommissar für Preußen ernannt. Damit gebot die Reichsregierung über die preußische Polizei, der neben der Armee stärksten bewaffneten staatlichen Macht im Reich. Für den weiteren Verlauf wurde wichtig, daß die preußische Regierung nichts anderes zu ihrer Verteidigung unternahm, als den Staatsgerichtshof anzurufen. Die Ohnmacht der demokratischen Parteien wurde deutlich. Ein politischer Generalstreik wie während des Kapp-Putsches wurde nicht versucht – ob er zur Zeit der Wirtschaftskrise und bei etwa 6 Millionen Arbeitslosen – etwa jedes zweite Gewerkschaftsmitglied war im Juli 1932 ohne Arbeit – hätte erfolgreich sein können, ist fraglich, zumal Polizei, Verwaltung und Reichswehr sich der Autorität Hindenburgs, der den Schritt Papens deckte, fügten. Während des Kapp-Putsches hatte der Reichspräsident auf der Seite der Legalität gestanden, jetzt unterstützte er den Staatsstreich der Regierung!

In der Reichstagswahl im November 1932 ging zwar der Stimmenanteil der NSDAP von 37,3% im Juli auf 33,1% zurück, aber da die Kommunisten 16,9% der Stimmen gewonnen hatten, war eine parlamentarische Mehrheit zwischen den beiden Extremen auch jetzt nicht vorhanden. Papen plante, Parteien und Gewerkschaften zu verbieten und die Verfassung in rechts-autoritärem Sinn zu ändern. Als Schleicher die Mitwirkung der Reichswehr verweigerte, weil sie in dem zu erwartenden Bürgerkrieg nationalsozialistischen und kommunistischen Kampfverbänden nicht gewachsen sei, mußte Papen demissionieren.

Plakat der Zentrumspartei zur Reichstagswahl 1932

Plakat der NSDAP zur Reichstagswahl 1932

Hindenburg sträubte sich gegen den ehemaligen Gefreiten Hitler, den man ihm als Kanzler vorschlug, und ernannte General Kurt von Schleicher am 3.12.1932 zum Kanzler. Dieser hoffte vergebens, die NSDAP zu spalten und dann eine parlamentarische Mehrheit finden zu können. Hitler setzte sich gegen diejenigen seiner Anhänger um Gregor Strasser durch, die vergebens noch immer sozialistische Gedanken in der NSDAP zu verwirklichen suchten. Auch trog Schleichers Hoffnung, auf den Zerfall oder mindestens die Schwächung der NSDAP bei sich bessernder Wirtschaftslage warten zu können und die Unterstützung der Gewerkschaften zu finden. Taktische Züge konnten das fehlende politische Konzept nicht ersetzen.

Nach dem Verlust von etwa 12% seiner Wähler bei den Reichstagswahlen im November änderte Hitler seine Taktik und war eher zu einer Koalition bereit. Inzwischen vermittelten Finanzleute zwischen Hitler und den rechten Gegnern Schleichers. Das Ergebnis einer Begegnung zwischen Hitler und Papen im Hause des Kölner Bankiers von Schroeder war, daß Hitler finanzielle Zuwendungen von der Industrie erhielt und dafür mit Papen zu verhandeln bereit war, den die Industrie wegen seiner antigewerkschaftlichen Wirtschaftspolitik Schleicher vorzog. Am 30. Januar 1933 ernannte Hindenburg, der von Agrariern und Industriellen seiner Umgebung überredet worden war, Hitler zum Reichskanzler einer aus den Parteien der „Harzburger Front“ zu bildenden Regierung. Der Koalitionsregierung aus NSDAP und DNVP, die nur als Präsidialregierung amtieren konnte, da auch sie keine parlamentarische Mehrheit besaß, gehörten neben Hitler nur zwei nationalsozialistische Minister an, darunter allerdings der Innenminister, dem die Polizei unterstand. Papen wurde Vizekanzler, Hugenberg Wirtschafts- und Landwirtschaftsminister, der willfährige General von Blomberg Reichswehrminister. Die Konservativen glaubten, Hitler „gezähmt“ zu haben. Die starke autoritäre Tradition in Deutschland hatte über die schwache liberale Tradition gesiegt. Nur in diesem Zusammenhang konnten Wirtschaftskrise und harte Kriegsfolgen in Deutschland zum 30. Januar 1933 führen.

30.1. 1933

5. Die Frau in der Weimarer Republik

Wahlrecht und Mitwirkung in der Politik

Mit Ausnahme der Zusammenschlüsse konservativer Frauen hatten schon vor dem Ersten Weltkrieg alle Frauenverbände das Wahlrecht für Frauen gefordert, auch die SPD hatte diese Forderung oft parlamentarisch wiederholt. Es war daher folgerichtig, daß zu den Maßnahmen der Regierung der „Volksbeauftragten“ schon zu Beginn 1919 der Beschluß über das aktive und passive Wahlrecht der Frauen gehörte. So konnten diese bereits an der Wahl zur Nationalversammlung teilnehmen. Die Zahl der Stimmberechtigten hatte sich damit mehr als verdoppelt, wenn auch in allen Wahlen die Frauen von ihrem Recht weniger Gebrauch machten als die Männer. Von den 423 Abgeordneten waren 41 (9,6%) Frauen. Die Weimarer Verfassung verankerte das Wahlrecht der Frauen in den Artikeln 17 und 22, sie bestimmte in Artikel 109 „Männer und Frauen haben grundsätzlich dieselben staatsbürgerlichen Rechte und Pflichten“ und in Artikel 128, daß „alle Staatsbürger ohne Unterschied .... zu den öffentlichen Ämtern zuzulassen“ sind und „Alle Ausnahmebestimmungen gegen weibliche Beamte werden beseitigt“. Mit diesem Artikel wurde z. B. die Forderung erfüllt, das bis dahin bestehende Eheverbot(!) für Lehrerinnen und andere weibliche Beamte aufzuheben.

Die in das Parlament gewählten Frauen kämpften mit Nachdruck für die Durchführung der zunächst nur grundsätzlich anerkannten Gleichberechtigung. So rangen sie darum, daß Frauen zu gleichen Bedingungen wie die Männer zu den juristischen Prüfungen zugelassen wurden; 1922 konnte dann die erste Rechtsanwältin ihre Zulassung erhalten, aber erst 1924 wurde die erste Richterin ernannt. Sie verlangten auch eine Revision des Familienrechts und dazu ein neues Güterrecht, um in diesen Bereichen die bestehenden Benachteiligungen der Frauen zumindest zu mildern. Sie forderten eine Erleichterung der Ehescheidung, die Anwendung des Zerrüttungs- statt des Verschuldensprinzip. Heftig war auch unter den

Parlamentarierinnen der Abtreibungs-§ 218 umkämpft. Insgesamt war nur ein Teil der Forderungen durchzusetzen, da in den „bürgerlichen“ Mehrheiten im Reichstag die Ansichten weit auseinanderklafften. Von großem Einfluß aber war das Wirken, das persönliche und das parlamentarische, in der Sozialpolitik; in diesem Bereich konnten Frauen auch in Ministerien und Gemeinden in höhere Positionen aufsteigen.
In ihrem Wahlverhalten neigten die Frauen in ihrer Mehrzahl zu den bürgerlichen Parteien, insbesondere zum Zentrum und der DNVP, und das, obwohl diese als Lebensziel für die Frau deren Aufgabe als Hausfrau und Mutter vertraten. Hier zeigte sich übrigens, daß der Einfluß der Kirchen auf das Wahlverhalten der Frauen stärker war als auf das der Männer. 1920 stammten bei der KPD 37% der für sie abgegebenen Stimmen von Frauen, bei der SPD 43%, bei Zentrum, DVP und DNVP aber über 50%. Im Dezember 1924 betrugen die Anteile: KPD 41%, SPD 49%, DNVP 56%, Zentrum 60%. Zu beachten ist bei der Bewertung dieses Wahlverhalten auch der kriegsbedingte Frauenüberschuß: Nach der Volkszählung von 1925 waren 53% der über 20-Jährigen Frauen. Letzten Endes wirkte sich damit das Wahlrecht gegen die Linksparteien aus, obwohl die Sozialisten am stärksten dafür gekämpft hatten. Dabei hatte es keinen Einfluß, daß die Mitgliederzahl der Frauen in der SPD zunahm:

Anfang 1925	153000	= 22%
Ende 1931	230000	= 23%

Die NSDAP fand in den 20er Jahren bei den Frauen noch weniger Zustimmung als bei den Männern. In der Reichstagswahl von 1928 waren 42% ihrer Stimmen von Frauen abgegeben. Doch nahm dann deren Anteil zu: 1930 und 1932 waren es 49%. In protestantischen Großstädten überholten sie 1932 die Männer, in katholischen Städten und Landgebieten blieben sie stärker zurück. Die Behauptung ist falsch, daß der Aufstieg der NSDAP seit 1932 auf den Zustrom weiblicher Wähler zurückzuführen gewesen ist, doch trug ihre wachsende Abwanderung von den bisher bevorzugten Rechtsparteien zu dem Wahlerfolg der NSDAP bei.

Frauenorganisationen

Aus der Vorkriegszeit stammte der Bund Deutscher Frauenverbände (BDF), die Dachorganisation der bürgerlichen Frauenvereinigungen. In der SPD war seit 1900 die Frauenarbeit aktiviert worden, die Gleichstellung der Frau war schon 1891 im Erfurter Programm gefordert worden. Zwar waren viele Ziele der sozialdemokratischen und der bürgerlichen Frauen gleich oder ähnlich, zu einer Zusammenarbeit kam es aber nicht; die Kluft zwischen den gesellschaftlichen Schichten war auch noch nach dem Krieg zu groß. Führende Persönlichkeiten der sozialistischen Frauenbewegung hatten schon früh dem linken Spektrum der Partei angehört, wie Clara Zetkin und Rosa Luxemburg, während die Führerinnen des BDF – bei aller Aufgeschlossenheit für soziale und rechtliche Fragen – zumeist dem konservativen Denken verhaftet blieben. Gertrud Bäumer, Vorsitzende des BDF, demokratische Politikerin und Schriftstellerin, beschrieb in ihrer Zeitschrift „Die Frau“, deren Mitherausgeberin sie von 1893 bis 1944(!) war, im Heft 1 1919 die Revolution als „die blinde und brutale Gewalt, in deren Fäuste im unglücklichsten Augenblick das deutsche Schicksal gefallen war“. Der BDF vereinigte 1918 87 Frauenverbände mit 4000 Vereinen und etwa 1 Million Mitglieder, er proklamierte 1919 als Ziel die „Überwindung sozialer, konfessioneller und politischer Gegensätze durch Opferbereitschaft, Gemeinsinn und starkes einheitliches Volksbewußtsein“. Aber er bekannte sich auch zur Weimarer Verfassung. Deshalb kam es bei der nationalistischen Rechten zu eigenen Frauenverbänden, wie etwa dem „Königin-Luise-Bund“.
Sehr bemüht waren die Verbände um die Organisation der weiblichen Jugend. Besonders erfolgreich waren dabei die Vereinigungen, die der Zentrumspartei und damit der katholischen Kirche nahestanden. Den katholischen Jugendverbänden gehörten 1926 430000 Mädchen an, den evangelischen 224000. Die SPD konnte dagegen nur 94000 organisieren, die KPD 24000. Der nationalsozialistische „Bund Deutscher Mädchen“ (BDM) in der Hitlerjugend hatte bei der „Machtergreifung“ etwa 24000 Mit-

glieder. Überhaupt war der Organisationsgrad der Frauen in der NSDAP trotz der Gründung einer „NS-Frauenschaft" – im Gegensatz zu ihrem Wahlverhalten – gering; eine Ursache dafür könnte gewesen sein, daß nach einem von Hitler durchgesetzten Grundsatz Frauen keine leitenden Posten in der Partei übernehmen durften; sie wurden auch nicht bei Wahlen als Kandidaten aufgestellt. Der Niedergang der Weimarer Republik führte auch zu einem Bruch in der bürgerlichen Frauenbewegung: 1931 war die Mehrheit im BDF bereit, gegen die Frau als „Doppelverdienerin" zu agitieren (s. S. 165) – was zu einer Auseinandersetzung mit liberalen und stärker feministisch tendierenden Verbänden führte, freilich nicht mit dem Gewerkschaftsbund, bei dem noch sehr patriarchalische Verhältnisse vorherrschten.

Gertrud Bäumer (1873–1954), Schriftstellerin und Politikerin, maßgebliche Organisatorin der bürgerlichen Frauenbewegung.

1932 traten dann mitgliederstarke Verbände aus, weil der BDF sich gegen das Wettrüsten ausgesprochen hatte, während sie für die deutsche Wiederaufrüstung eintraten. Im Mai 1933 löste sich der BDF, noch 450 000 Mitglieder stark, auf – wie die Parteien und andere Verbände.

Die Frau in Arbeit und Gesellschaft

Im Deutschen Reich lebten 1925 32,2 Millionen weibliche Einwohner, davon waren 21 Millionen über 20 Jahre alt. 12,7 Millionen waren verheiratet, 2,8 Mill. verwitwet, 0,2 Mill. geschieden. Es gab 15,3 Mill. Haushalte, davon waren nur 6,7% Einpersonen-Haushalte (Zum Vergleich: Bundesgebiet 1988 27,4 Mill., davon 35% „Single"-Haushalte). Die Bindung in einer Familie, z. T. auch Großfamilie, war seinerzeit also noch erheblich stärker. Darauf wies auch eine größere Geburtenhäufigkeit hin, die allerdings Schwankungen, vornehmlich durch die wirtschaftlichen Verhältnisse, unterworfen war:

Auf 1000 Einwohner kamen Lebendgeborene
1900 35,6 – 1925 20,7 – 1930 17,5 – 1933 14,7 (Bundesgebiet 1988: 11).

Ledige Frauen heirateten 1925 im Durchschnitt mit 25,3 Jahren (Männer 27,9). 12% der Geborenen waren unehelich (1988 10%). 1925 gab es 91 000 Studierende, davon 7 600 (8,4%) Frauen, 1932 waren es 128 000, davon 20 000 (15,7%) Frauen. Zum Vergleich: Bundesgebiet, Wintersemester 1988/89: 1 471 000, davon 38,2% Frauen.

Rosa Luxemburg (1871–1919), sozialistische Politikerin, Mitbegründerin des Spartakusbundes, von Freikorpsoffizieren ermordet.

Erwerbstätig waren 1925 32 Millionen, davon 11,5 Mill. Frauen, von diesen arbeiteten 43% in der Landwirtschaft, 25% in Industrie und Handwerk, 14% in Handel und Verkehr, 18% in Dienstleistungsberufen – damals noch überwiegend als Haushaltshilfen (Dienstmädchen). Selbständig waren 9,4%, dazu zählten z. B. auch die vielen Schneiderinnen, die mühsam und oft hungernd ihrem Gewerbe nachgingen. Mithelfende Familienangehörige waren 36%, in der Mehrzahl Bäuerinnen, Geschäftsfrauen. 42% waren Arbeiterinnen (Industrie, Heimarbeit, Haushalt, Landwirtschaft); 12,6% Beamtinnen und – zunehmend – Angestellte in den Büros.

Aus der Statistik ergibt sich, daß in der Zeit der Weimarer Republik mehr als die Hälfte der Bevölkerung in Dörfern oder Kleinstädten wohnte, etwa ein Viertel in Großstädten.

Frauen waren erwerbstätig im Alter von (in % der Frauen entsprechenden Alters und Familienstandes):

Alter	1907	1925	1971*	1984*	verheiratet	1907	1925	1971*
20–30	52	58	62	37		22	27	50
30–40	35	40	46	43		26	28	41
40–50	37	38	49	55		29	31	43
50–60	38	37	41	43		30	32	35
60–65	29	32	21	12		27	29	18
älter als 65	19	18	6	3		16	21	7

* 1971 und 1984 Bundesgebiet, 1984 wegen Umstellung der Statistik ohne Familienstand.
Alle Zahlenangaben in diesem Abschnitt: Stat. Jahrbuch des Deutschen Reiches (der Bundesrepublik Deutschland), verschiedene Jahrgänge.

Von der Gesamtbevölkerung lebten 1925,		**zum Vergleich 1985, Bundesgebiet**
in Gemeinden unter 2000 Einwohnern	35,6 %	6,1 %
2 000 – 10 000 Einwohnern	17,7 %	20,2 %
10 000 – 50 000 Einwohnern	11,2 %	31,8 %
50 000 – 100 000 Einwohnern	5,7 %	9,8 %
über 100 000 Einwohnern	26,8 %	32,7 %

Schon auf Grund dieser Aufteilung ist es nicht möglich, von „der“ Frau in der Weimarer Zeit zu schreiben, zu groß waren allein dadurch die Unterschiede in Verhaltensmustern, Moralauffassung, Beschäftigungsmöglichkeiten. Auf dem Land hatte eine Veränderung durch Krieg und Revolution kaum stattgefunden. Zwar waren im November 1918 die alte Gesindeordnung aufgehoben worden und damit die patriarchalischen Vorrechte der Arbeitgeber, aber in der Praxis hatte sich bei den 3 Millionen Knechten und Mägden und den Tagelöhnerfamilien kaum etwas geändert. Ihre Mobilität war gering; als Arbeitsplätze in den Städten waren vorwiegend nur noch die Dienstmädchen-Stellungen vorhanden, die dann auch einen Teil des weiblichen Bevölkerungsüberschusses vom Land aufsogen. Im übrigen blieb der Bildungsstand der abhängig beschäftigten Frauen auf dem Land gering, die tägliche Arbeitslast hoch – schon von früher Jugend an, der Lohn war kaum ausreichend. Auch die Bäuerin, die meist noch überdurchschnittlich viele Kinder aufzog, litt unter der Arbeitsbelastung, besonders als gegen Ende der 20er Jahre die Schuldenlast der Betriebe anwuchs und deshalb Personal entlassen werden mußte. Die kirchlichen Bindungen blieben eng, die wechselseitige soziale Kontrolle im Dorf und in der Kleinstadt war intensiv; der Unterschied zwischen Besitz und Besitzlosigkeit, zwischen reich und arm, wurde auch von den Frauen betont. Heiraten erfolgten meist nach Besitz und Mitgift; den besitzlosen Mägden und Tagelöhnerstöchtern blieben, wenn sie überhaupt heiraten konnten, als Partner nur die ebenfalls besitzlosen Knechte oder die Kleinbauern: Ein hartes Arbeits- und Familienleben war damit vorprogrammiert.

Auch in den Mittelstädten hatte sich nicht viel verändert. Zwar war der Mittelstand – außer den Handwerkern – in der Inflation arm geworden, doch wollten die Familien ihr mühsam aufrechterhaltenes gesellschaftliches Ansehen nicht dadurch aufs Spiel setzen, daß die Ehefrau eine Erwerbstätigkeit aufnahm. Oft genug hatte sie auch gar keine Berufsausbildung, sondern war im Elternhaus oder bei Verwandten für die Haushaltsführung „vorbereitet“ worden. Für die Töchter war man nun allerdings eher bereit, eine Berufsausbildung zu bezahlen (Lehrlinge erhielten zumeist keinen Lohn) – sie sollte aber nicht zu lange dauern, denn „heiraten würden sie ja doch einmal“. Neben den „typischen“ Frauenberufen wie Friseuse, Verkäuferin, Pflegekraft kamen auch in den Mittelstädten in zunehmendem Maße die Büroberufe, auch in der staatlichen Verwaltung, für die Frauen infrage, meist aber nur die unteren Positionen. Schlecht war die Versorgung der Kriegerwitwen und ihrer heranwachsenden Kinder: Die Renten waren zu gering, Arbeit in der Industrie war nicht in allen Städten zu finden, so überwogen Heimarbeit oder sie gingen in die Häuser Bessergestellter als Schneiderin,

Putzfrau, Waschfrau. Oft hatten sie ihre Wohnungen aufgeben müssen, waren in schlecht ausgestattete, kleine gezogen. Die Kirchen bemühten sich um verarmte Frauen, bei denen zumeist noch eine starke Religiosität bestand; dabei gab es in den evangelischen Kirchen einige Erschwernisse: Oft kam der Pastor, fast immer kamen die die soziale Betreuung leitenden Frauen aus oberen Schichten, zwangsläufig hatten sie Schwierigkeiten, die Lebensumstände der Armen zu verstehen.

Der Abstand zwischen den Gesellschaftsschichten war auch in den Großstädten sehr groß geblieben, er fiel manchmal dadurch weniger auf, daß die Wohnviertel oft deutlich getrennt waren: Westend – Ostend. Frauen der Oberschicht und der oberen Mittelschicht waren in den wenigsten Fällen berufstätig, auch wenn sie keine Kinder hatten, es sei denn, sie gehörten zu den wenigen – fast stets ledigen – Beamtinnen der höheren Laufbahn (vornehmlich Studienrätinnen). Eine Erwerbstätigkeit der Frau hätte auch in der Großstadt der sozialen Stellung des Ehegatten geschadet. Zu dieser gehörte es auch, daß mindestens ein Dienstmädchen im Haushalt beschäftigt war. Dessen Monatslohn betrug durchschnittlich 30 RM bei freier Verpflegung und Zimmer (Kammer). „Ausgang" gab es höchstens einmal in der Woche abends, dazu vielleicht an einem Tag des Wochenendes ab Nachmittag. Die Zahl der Dienstmädchen betrug in der Zeit der relativen Wirtschaftsblüte bis zu 1,5 Millionen. Ihre Altersversorgung war schlecht: Sie gehörten, ihrem Gehalt entsprechend, zu den untersten Stufen der Rentenversicherung – wenn der Hausherr für sie überhaupt zahlte. So ist es verständlich, wenn sie zur Heirat drängten, besonders wenn ein Kind erwartet wurde – denn das führte fast immer zu ihrer Entlassung. Am begehrtesten als Ehemann war der untere Beamte, z. B. ein Briefträger oder Polizist, also ein Pensionsberechtigter. Doch dem erlaubte sein Status, auch nach einer Braut „mit Aussteuer" Ausschau zu halten. So blieb dem Mädchen als Partner meist der Industriearbeiter oder der Handwerksgeselle übrig. Soweit es sich bei ihm nicht um einen Facharbeiter handelte, dessen Lohn für eine Familie ausreichte, mußte auch die Frau sich neben dem Haushalt und der Kindererziehung wieder Arbeit suchen, erst recht, wenn der Mann arbeitslos wurde. Die Haupttriebfeder für die Arbeitsaufnahme der Frauen war also in wirtschaftlichen Motiven zu suchen – nicht etwa in dem einer „Selbstverwirklichung".

1927 waren Ehefrauen berufstätig, deren Mann war

Angestellter und Beamter	Landarbeiter	Arbeiter in Industrie oder Handwerk
10 %	41 %	21 %

(Stat. des Deutschen Reiches 1927, Bd. 402, S. 440)

Je niedriger der Lohn des Mannes war, etwa in der Textilindustrie, um so eher mußte die Frau Arbeit aufnehmen – oft in derselben Fabrik. Nur in Ausnahmefällen wurde für gleiche Arbeit der gleiche Lohn bezahlt.

Stundenlöhne in der Textilindustrie Juli 1924 (in Pfennig):

Gelernte oder angelernte Arbeiter		Hilfarbeiter (ungelernt)	
Mann 50	Frau 39	Mann 41	Frau 30

(Handwörterbuch der Staatswissenschaften 1927, S. 308 f.)

1927 erhielten Arbeiterinnen im Durchschnitt 45,7% des Lohnes eines gelernten Arbeiters, wobei freilich zu beachten ist, daß die Mehrzahl der Frauen „ungelernt", höchstens „angelernt" war. Für die Berufsausbildung der Töchter konnte in diesen Proletarierfamilien – und die waren oft noch kinderreich – wenig gesorgt werden, sie sollten baldmöglichst „von der Tasche". So blieb auch die Zahl der weiblichen Lehrlinge weit hinter der der männlichen zurück.

Nur wenige Proletarierfamilien waren um einen sozialen Aufstieg ihrer Töchter bemüht. Um so größer waren oft die Lebensträume dieser Mädchen. Dazu trug zunehmend der Film bei, der zumeist das Leben der Oberschicht widerspiegelte, oft die angeblichen Aufstiegsmöglichkeiten der Mädchen aus der Unterschicht märchenhaft und verlogen darstellte. In den billigen 20-Pf.-Romanen lasen sie ähnliches. Über die Unterschiede zwischen „bürgerlicher" und „proletarischer" Lebensgestaltung urteilt eine zeitgenössische Quelle: „Für den in bürgerlichen Ideologien verankerten Menschen ist der Inhalt und Grund seines Selbstgefühls das, was in seinen Kreisen als anständig gilt. Er erreicht das dadurch, daß er die dort bestehenden Sitten befolgt. Die ‚bürgerlichen' Sitten gelten für das ‚Proletariat' nicht, da es unter anderen Lebensnotwendigkeiten steht. Das Überschreiten dieser Sitten wird dem ‚Proletariat' aber zur Last gelegt und in Konsequenz dieses Verhaltens wird seine ‚Ehrlosigkeit' konstatiert. Die Verteidigung seiner Menschenwürde ist (dem Proletarier) ... deshalb bedeutend schwieriger, weil er sich nicht auf äußerlich festgelegte Regeln, die anerkannt sind, stützen kann, darin besteht vor allem das moralische Dilemma der Mädchen des ‚Proletariats'". (L. Franzen-Hellersberg: Die jugendliche Arbeiterin, ihre Arbeitsweise und Lebensform. Tübingen 1932, S. 82).

Anschluß an die Frauenbewegung und damit den Ausbruch aus der Perspektivelosigkeit der jungen Proletarierin und ein Aufgreifen der Forderungen der Bewegung für die Frau in Beruf und Gesellschaft fanden nur wenige; am ehesten die Frauen und Mädchen, deren Männer/Väter fest in der sozialistischen Arbeiterbewegung verwurzelt waren und sie in deren Versammlungen mitnahmen, deren Schriften ins Haus brachten.

Auch darin beweist sich wieder der Unterschied zu den oberen Schichten. Da in diesen eine qualifiziertere Berufsausbildung der Töchter üblich war – nicht mehr nur die Bereitstellung einer „Aussteuer" – kamen diese Mädchen viel eher mit den Vereinigungen und Forderungen der Frauenbewegung in Berührung, insbesondere die Akademikerinnen. Aber auch ganz ohne eine solche Bindung an die Bewegung wagten Frauen in Berlin und in anderen sehr großen Städten den Ausbruch aus traditioneller Lebensgestaltung. Bei der Partnerwahl war eine Heirat nicht unabdingbares Ziel, sie traten allein in der Öffentlichkeit auf, ihre Röcke waren nicht mehr knöchel- sondern knielang, die Frisur mit dem „Bubikopf" bewußt abgesetzt vom Haarknust der Mutter, Zigarette und Lippenstift galten als Zeichen einer mehr äußerlich verstandenen Emanzipation, die Medien kreierten den Typ des „Vamps".

Neben den Akademikerinnen – höhere Positionen blieben auch diesen oft verschlossen – waren gesellschaftlich jetzt auch Kulturträgerinnen geachtet, Schriftstellerinnen, Malerinnen, Schauspielerinnen. Besonders letztere fanden Beifall in der „breiten Masse" (der „Star-Kult" breitete sich aus) und Aufnahme in den sogenannten „höheren Kreisen". „Tänzerinnen" nannten sich freilich auch jene Mädchen, die nach amerikanischem Vorbild als „Girls" in Revuetruppen eingereiht waren; knapp bekleidet waren sie – wie Soldaten – gedrillt worden, ihre Beine im Gleichtakt zu werfen, für einen Hungerlohn, dessen Aufbesserung durch Prostitution nahelag.

Eine Betätigung aber gab es, bei der die Arbeiterin die Fließband-Monotonie, die „bürgerliche" Frau die Enge des Verhaltenskodexes wenigstens zeitweise vergessen konnte, an der alle Schichten zunehmend teilnahmen: Der Sport. Er trug dazu bei, der Frau zu einer freieren Lebensgestaltung zu verhelfen. Freilich gab es schichtenspezifische Sportarten, sonderten sich die Arbeiter-Sportvereine nach wie vor ab, war auf dem Land an eine Teilnahme noch kaum zu denken.

Zusammenfassend läßt sich feststellen, daß in der Zeit der Weimarer Republik in vielen Teilen des Landes und vielen Bereichen des Lebens eine Veränderung in der gesellschaftlichen Stellung der Frau gegenüber der Vorkriegszeit kaum festzustellen war. Das Ideal – zumeist auch von den Frauenverbänden propagiert – war ihre Betätigung als Hausfrau und Mutter geblieben, fast nur in den großen Städten gab es Frauen, die ein Leben in eigener Verantwortung anstrebten.

V. Der Vordere Orient und Asien

1915	Konstantinopel-Abkommen McMahon-Hussein-Korrespondenz
1916	Sykes-Picot-Abkommen über die Aufteilung des Osmanischen Reiches
1917, 2. Nov.	Balfour-Erklärung: Unterstützung der Zionismus-Bewegung
1922	Briten erklären Unabhängigkeit Ägyptens Völkerbund bestätigt britisches Mandat über Palästina
1923	Britisches Abkommen mit Transjordanien
1925	Reza Khan zum Schah erklärt. Beginn der Pahlavi-Dynastie
1931	Islamische Konferenz von Jerusalem
1932	Unabhängigkeit Iraks Gründung des Königreichs Saudi-Arabien
1936	Anglo-Ägyptischer Vertrag
1936–1939	Aufstand in Palästina
1941	Britische und sowjetische Truppen besetzen Iran
1943	Unabhängigkeit Syriens und Libanons
1945, 22. März	Gründung der Arabischen Liga in Alexandria
1947, 15. Aug.	Indien und Pakistan selbständig
1912, 1. Jan.	Sun Yat-sen proklamiert die Republik China
1927	Herrschaftsbeginn der Kuomintang-Regierung in China
1934/35	„Langer Marsch“ der chinesischen Kommunisten nach Shensi
1937–1945	Japanisch-chinesischer Krieg

1. Europa und die Neuordnung des Vorderen Orients

Die Aufteilung des Osmanischen Reiches 1915–1917

Der Eintritt der Türkei an der Seite Deutschlands in den Ersten Weltkrieg machte die Orientalische Frage zum Gegenstand konkreter Kriegsziele seitens der Ententemächte. Der Reigen der Teilungsabkommen wurde im Frühjahr 1915 von der Regierung des zaristischen Rußland eröffnet. Im Konstantinopel-Abkommen legte sie ihre Ansprüche auf die Meerengen und Teile Nordost-Anatoliens dar. Britische und französische Unterhändler begannen darauf mit der Ausarbeitung des Sykes-Picot-Teilungsabkommens vom Jahre 1916. Danach wurden die arabischen Provinzen des Osmanischen Reichs im Gebiet des Fruchtbaren Halbmonds sowie Teile Anatoliens in Interessensphären eingeteilt (vgl. Bd.K5). Im südlichen Mesopotamien und am Mittelmeer waren Annexionen, weiter im Landesinnern ein autonomes arabisches Herrschaftsgebiet unter britischer und französischer „Kontrolle“ vorgesehen. Palästina mit Jerusalem sollte eine internationale Verwaltung erhalten. Lediglich Haifa, das spätere Terminal der Erdöl-Pipeline (1934) der Irak Petroleum Company (IPC) aus dem Irak, sollte britisch bleiben. Im Werben um den italienischen Kriegsbeitritt hatte London bereits im Frühjahr 1915 den Italienern insgeheim ihre Ansprüche auf Teile Kleinasiens zugestanden. Rom erklärte daraufhin dem Habsburgischen Reich den Krieg. Als im August 1916 auch Deutschland der Krieg erklärt wurde, verlangte die italienische Regierung die Bestätigung ihrer kleinasiatischen Ansprüche durch alle Ententemächte, traf dabei aber auf russische Ablehnung. Die Anfang 1917 in London eröffneten Verhandlungen konnten dann aber, nachdem Rußland infolge der Revolutionswirren diplomatisch handlungsunfähig geworden war, im April für Italien erfolgreich abgeschlossen werden. Schwieriger war die Abstimmung des Sykes-Picot-Abkommens mit den britischen Zusagen an die arabische Unabhängigkeitsbewegung (Korrespondenz zwischen McMahon, brit. Hoher Kommissar in Kairo, und Hussein von Mekka 1915). Die britische Geheimdiplomatie hatte mit

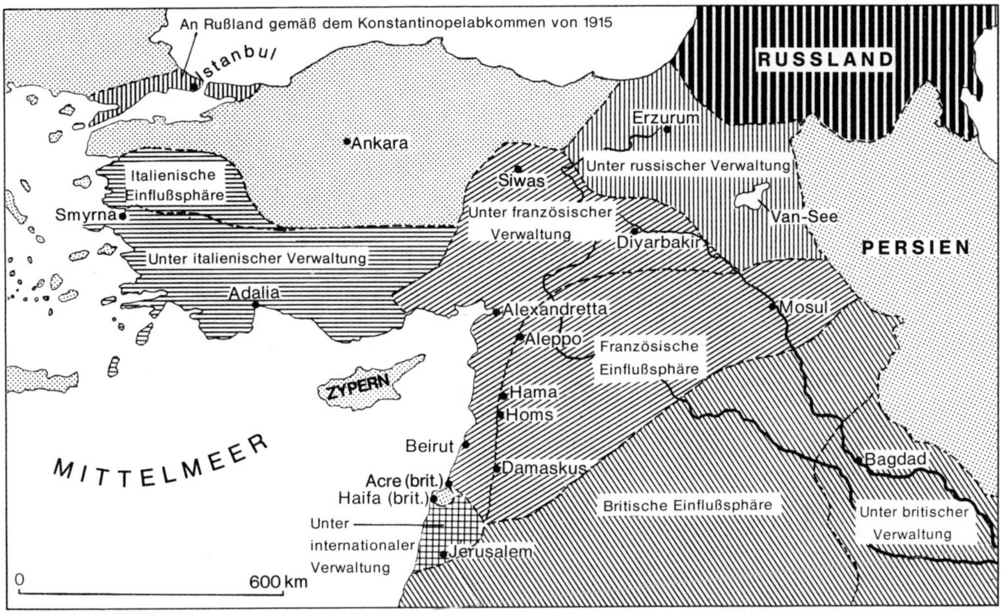

Die beabsichtigte Aufteilung des Osmanischen Reiches durch die Geheimabkommen 1915–1917

den Franzosen und Arabern getrennt verhandelt. Dabei waren Definition und Interpretation der jeweiligen Zusagen vage geblieben. Das betraf vor allem die Palästinafrage.

Die widersprüchlichen Zusagen an Araber und Franzosen erfuhren eine für die Nachkriegszeit verhängnisvolle Komplizierung durch die im November 1917 vom britischen Außenminister Balfour abgegebene Sympathieerklärung für das Ziel der Zionismusbewegung, nämlich in Palästina eine jüdische Nationalheimstätte zu errichten. Propagandistisch und diplomatisch bezweckte die Erklärung damals die Festigung der Entente, sie wollte die starke jüdisch/zionistische Lobby in deren Metropolen hierfür mobilisieren. Dabei war zum einen an das bereits zusammenbrechende zaristische Rußland gedacht, wo jüdische Sozialisten unter den Revolutionären an vorderster Front standen, aber auch an Amerika, wo die Kräfte des Isolationismus immer noch einflußreich waren und von wo gleichzeitig die 14 Punkte Wilsons die Kriegszielpolitik der Ententemächte herausforderten.

Die Balfour-Erklärung, die mit den Regierungen in Washington und in Paris abgestimmt war, unterstrich eine britische Schutzfunktion für Palästina, wie sie den Franzosen gegenüber dem maronitischen Libanon bereits 1860 zugestanden worden war. Sie bedeutete eine Änderung des Sykes-Picot-Abkommens, in dem für den größten Teil Palästinas noch eine internationale Verwaltung vorgesehen war.

Die arabischen Nachfolgestaaten des Osmanischen Reichs – Grundzüge des Mandatssystems

Das Mandatssystem des Völkerbundes (Art. 22 der Satzung) war eine politische Kompromißformel. Mit ihrer Hilfe sollten die neuen kolonialen Bestrebungen und imperialen Sicherheitsbedürfnisse der siegreichen Ententemächte in Afrika und im Vorderen Orient mit den Forderungen nach Selbstbestimmungsrecht der Völker und Verbot von Annexionen (Wilsons 14 Punkte; Aufrufe der russ. Revolution) in Einklang gebracht werden. Zufrieden war keiner der Betroffenen. Die Regierungen von Großbritannien und Frankreich wähnten sich um ihre Kriegsbeute betrogen. Fragwürdig mußte der Kompromiß auch erscheinen, nachdem die USA die Übernahme eines Mandats über Armenien abgelehnt hatten

und Lenin 1920 die orientalischen Völker zum Unabhängigkeitskampf aufgerufen hatte. Die arabische Bevölkerung konnte auch keinen Trost darin finden, daß sie gegenüber den afrikanischen Völkern (B-Mandate) als weiter fortgeschritten und „provisorisch unabhängig" (A-Mandate) eingestuft wurde. Sie blickte zu den europäischen Provinzen Istanbuls. Diese erfreuten sich vollständiger Unabhängigkeit (vgl. S. 15 f.).
Noch verunsicherter als die in ihrer Mehrheit muslimisch-arabischen Mandatsvölker im Orient waren die über die neuen Grenzlinien hinweg siedelnden ethnischen und religiösen Minderheiten wie Assyrer, Kurden und Armenier. Sie siedelten in angestammten Gebieten, ohne daß ihnen eine Nationalität zuerkannt wurde. Für sie wurde nicht einmal eine Ständige Minderheitenkommis-

Feisal I. Ibn Hussein (1883–1933), Arabischer Heerführer, 1920 König von Syrien, ab 1921 König vom Irak

sion im Völkerbund eingerichtet. Noch verworrener war die Lage in Palästina. Dessen traditionelle Verbindung zu Syrien wurde durchschnitten. Im Lande sollte unter dem Mandat eine Nationalheimstätte für Juden errichtet werden. Es waren Zionisten, die sich durch ihren politischen Aktivismus und ihre europäische Lebensweise von der einheimischen Bevölkerung unterschieden. Ihr größter Teil mußte erst noch einwandern.
Was die Rohstoffländer anging, so wurden vor allem die Erdöllagerstätten im irakischen Mandatsgebiet keinesfalls für die Entwicklung des neuen Staatswesens erschlossen. Das nationale und strategische Interesse der Mandatsmacht sowie die Geschäfts- und Weltmarkt-Politik multinationaler Konzerne und Kartelle behielten Vorrang. Der Imperialismus (vgl. Bd. K3) war nur insoweit gebändigt, als durch die Verankerung des Prinzips der Offenen Tür im Mandatssystem die ökonomischen Antriebskräfte für Kolonialkriege zwischen den europäischen Mächten entschärft worden waren.

Irak

Die Eroberung Mesopotamiens (seit 1921 Irak) fiel zunächst in die Zuständigkeit der britischen Regierung in Indien. 1915 landete ein anglo-indisches Expeditionskorps in Basra, das aber 1916 vor den Türken kapitulierte. Von den arabischen Stämmen konnte keine Hilfe kommen. Die anglo-indische Politik hatte die Revolutionierung der Araber im Zweistromland untersagt. Von einer arabischen Unabhängigkeitsbewegung befürchtete man ungünstige Auswirkungen auf die Muslime im eigenen Herrschaftsbereich (heutiges Pakistan) sowie auf die indische Nationalbewegung (Mahatma Gandhi, s. S. 108 ff.). Ferner war geplant, das südliche Mesopotamien wie eine Kolonie von Indien aus zu verwalten.
Infolge der militärischen Niederlage übernahm die Londoner Regierung die Zuständigkeit für Mesopotamien. Neue Truppen eroberten im März 1917 Bagdad. Die ölreiche Nordprovinz von Mosul wurde erst nach der Unterzeichnung des Waffenstillstandes mit der Türkei 1918 besetzt. 1920 traten die arabischen Stämme in den Aufstand. Seine Niederschlagung war blutig und verschlang große Kosten. Die Folge waren heftige Pressekampagnen und Protestdemonstrationen in London. Der Rückzug von einem imperialen Überengagement wurde gefordert. Auf der britischen Kolonialkonferenz in Kairo (März 1921) wurde eine kostensparende Verwaltungspolitik für den Irak beschlossen. Sie sollte in erster Linie den Briten ihre strategischen Interessen sichern. Für die militärische Überwachung wurden statt kostenintensiver Garnisonen ein paar Royal-Air-Force-Geschwader im Land stationiert. Sie konnten den Aufmarsch zum Widerstand entschlossener Stämme durch Bombenabwürfe bereits im Keim ersticken und die unruhige Bevölkerung der Städte einschüchtern. Die konstitutionelle Monarchie des Landes wurde mit außergewöhnlichen Vollmachten ausgestattet, die aber in Wirklichkeit dem britischen Hohen Kommissar zufielen, dessen Wei-

sungsbefugnis bindend war. Im Irak war der von den Briten eingesetzte König Feisal landfremd. Die dortige politische Führungsschicht war eher republikanisch gestimmt oder hegte Loyalitätsgefühle gegenüber Istanbul. Die Stämme waren gegen jede Art von Zentralgewalt eingestellt. Die von der britischen Mandatsverwaltung gelenkte Verfassungsentwicklung nahm unter diesen Umständen keinen wirklichen Repräsentativcharakter an. In den Ministerien saßen britische Ratgeber mit Weisungsbefugnis. In den einheimischen Ordnungskräften wurden Angehörigen von Minderheiten besondere Privilegien wie Offizierspatente eingeräumt. Dem Land wurde ein einseitiger Vertrag aufgezwungen, der dem Irak nur Pflichten und England Rechte einräumte.

Auf entwicklungspolitischem Gebiet waren zwar vor allem auf dem Verwaltungssektor (Bodenkataster, Steuersystem, Rechtsordnung, Regierungsinstitutionen) neue Grundlagen geschaffen worden. Für eine leistungsfähige Landwirtschaft und Industrie geschah aber wenig. Erst kurz vor der Verleihung der Unabhängigkeit wurden wirtschaftspolitische Entwicklungsmaßnahmen getroffen: Aufstellung eines Dreijahresplans (1927); Industrieförderungsgesetz (1929). Eine Landwirtschafts- und eine Industriebank für einheimische Kapitalbildung und Kreditverleihung wurden erst nach der Unabhängigkeit (1930/32) im Jahre 1936 eingerichtet. Bis dahin lag der Kapitalverkehr in Händen britischer Banken. Bis dahin war auch der Eisenbahnbetrieb noch in britischem Besitz.

In den Regierungsämtern verblieben auch nach der Unabhängigkeit einflußreiche britische Berater. Der Tod Königs Feisals I (1933) hinterließ dem Land einen unmündigen König. Die Auswirkungen der Weltwirtschaftskrise (1929/32) bescherten dem neuen Staat wirtschafts- und gesellschaftspolitisch schlechte Startjahre. Der junge irakische Nationalstaat, das erste aus einem Mandat entlassene Land, wurde durch drei neue Entwicklungen maßgeblich geprägt: In der Innenpolitik entwickelte sich die Armee rasch zu einem neuen Machtfaktor. Die Briten hatten schon zu Beginn des Mandats die im Norden des Landes siedelnden muslimischen Kurden sowie die christlichen Assyrer stark bewaffnet und mit Sonderprivilegien innerhalb der irakischen Armee ausgestattet. Im Jahre 1933 kam es aber zu Auseinandersetzungen zwischen den Assyrern und Kurden. Die Kurden waren als sunnitische Muslime dem sunnitischen Regime in Bagdad besonders wichtig. Die Assyrer lehnten die Aufforderung nach Übergabe ihrer Waffen ab. Von kurdischen Offizieren geführte Einheiten der irakischen Armee gingen daraufhin gewaltsam gegen die Dörfer der Assyrer vor. Dieser erste Einsatz der irakischen Armee wurde wie ein nationaler Sieg gefeiert. Die Armee, so schien es ihren Führern und erstmals auch Politikern, empfahl sich für die Bewältigung schwieriger innenpolitischer Probleme. 1936 gelangte durch den ersten Armeeputsch ein sozialreformerisches Minderheitskabinett an die Macht. Dieser gelungenen Generalprobe folgte 1941 der ebenfalls von der Armee herbeigeführte Regierungsantritt des deutschfreundlichen Raschid Ali al-Gailani, der aber bereits nach zwei Monaten von den Briten wieder vertrieben wurde.

Die zweite innenpolitische Veränderung trat auf sozial- und wirtschaftspolitischem Gebiet ein. Unter den Auswirkungen der Weltwirtschaftskrise hatte sich vor allem die soziale Lage der Kleinbauern, Pächter und Landarbeiter verschlechtert. Die Regierung suchte die Landflucht durch drakonische Maßnahmen zu unterbinden. Auf dem Industrie-Entwicklungssektor und unter dem Einfluß der Wirtschaftsplanung in der neuen Türkei neigte die Regierung in Bagdad jetzt stärker zum Staatsinterventionismus (Etatismus) und zur Diktatur. Oppositionelle sozialreformerische Gruppierungen bildeten sich. Durch ihre Programmatik, Organisationsformen und Gefolgschaft unterschieden sie sich stark von den traditionellen Honoratiorenparteien. Eine Polarisation der innenpolitischen Kräfte war die Folge, die nur mühsam durch nationalistische Appelle überbrückt werden konnte. Die dritte Entwicklung betrifft die neue irakische Außenpolitik gegenüber den arabischen Nachbarstaaten. Als erstem unabhängigen Mandatsstaat in der Region fiel dem Irak eine gewisse Führungsrolle zu. Unterstrichen wurde sie auch durch den besonderen Umstand, daß sowohl das Königshaus als auch ihm besonders nahestehende irakische Politiker im Weltkrieg für die arabische Unabhängigkeit gekämpft hatten. Eine aktive und vor allem von Nuri as-Said verfolgte panarabische Politik setzte 1936/37 ein, als sich die französische Volksfrontregierung zu Unabhängigkeitsverhandlungen mit Syrien und Libanon anschickte. Nuri as-Said schmiedete einen Föderationsplan für die Region des Fruchtbaren Halbmonds, der auch den Palästinakonflikt, der sich 1936 in einem Aufruhr entlud (s. S. 101), lösen helfen sollte. Angesichts interarabischer Gegensätze, aber auch britischer Vorbehalte, scheiterte diese Politik. Sie wurde erst 1943 wieder aufgenommen und trug 1945 zur Gründung der Arabischen Liga bei.

Syrien – Libanon

Bei der Eroberung Syriens und der Einnahme von Damaskus am 1. Oktober 1918 waren die Franzosen nur durch ein kleines Truppenkontingent beteiligt gewesen. Der Feldzug wurde hauptsächlich von britischen Empiretruppen sowie von der von Feisal befehligten arabischen Armee durchgeführt. Nur wenige Tage nach der Einnahme von Damaskus gingen französische Marinetruppen im Libanon an Land und besetzten Beirut. Die französische Regierung hatte bereits am 9. April 1917, also noch vor der Eroberung Syriens, Georges Picot zum Hohen Kommissar für Palästina und Syrien ernannt. Als dieser schließlich im November 1918 in Beirut eintraf, führte er die Amtsbezeichnung eines „Haut-Commissaire de la République Française en Syrie et en Arménie". Die französische Regierung hatte inzwischen ihre Ansprüche auf Palästina zugunsten der Briten zurückgenommen und auf die ölreiche Provinz von Mosul verzichtet. Lloyd George, der britische Premier, hatte in zähen Verhandlungen mit Clemenceau den Franzosen dafür den deutschen Anteil von 25% an der Türkischen Petroleum-Gesellschaft vermacht sowie Frankreich freie Hand in Syrien, im Libanon und in Elsaß-Lothringen gelassen. In Syrien selbst boykottierten die Franzosen eine von Woodrow Wilson vorgeschlagenen Befragung der Bevölkerung. Der Allgemeine Syrische Nationalkongreß wurde von den Franzosen für illegal erklärt. Als der Kongreß und der eben erst zum König gekürte Feisal der Aufforderung zur Unterwerfung nicht nachkamen, bombardierten die Franzosen Damaskus und besiegten am 24. Juli 1920 die schlecht gerüstete arabische Streitmacht. Feisal wurde von den Franzosen ins Exil vertrieben – und ein Jahr später von den Briten im Irak als König eingesetzt (s. S. 94 f.).

Die Losung „teile und herrsche" kennzeichnete das weitere französische Vorgehen in Syrien und im Libanon. Durch gebietsmäßige Neuordnung, verwaltungspolitische Zergliederung und Sonderbehandlung der ethnisch-konfessionell verschiedenartigen Bevölkerungsgruppen sollten das kulturelle Zusammengehörigkeitsgefühl und das Zentrum der arabischen Einigungsbewegung zerstört werden. Der heutige ethnisch-konfessionell bunt gemischte Libanon wurde im September 1920 durch Angliederung von Nachbargebieten an das maronitische Kerngebiet geschaffen. Das restliche Syrien wurde in die vier staatsähnlichen Gouvernate von Latakia, Aleppo, Jebel Druze und Damaskus aufgeteilt. Die Zentrale lag beim französischen Hohen Kommissariat, dem auch der Groß-Libanon unterstand.

Der politische Widerstand der Bevölkerung konnte sich erst wieder organisieren, als die französische Mandatsverwaltung 1925 die Bildung politischer Parteien gestattete. Eine von zwei ehemaligen Ministern aus Feisals Regierung in Damaskus gegründete Volkspartei wurde schnell zum Träger einer Nationalbewegung. Es kam zur Bildung einer provisorischen syrisch-arabischen Regierung im Jebel Druze, die zum landesweiten nationalen Befreiungskampf aufrief. Die französische Mandatsverwaltung konnte den Aufstand erst nach zwei Jahren mühsam unter Kontrolle bringen und sah sich gezwungen, die im Mandat vorgesehene Verfassungsentwicklung zu beschleunigen. In den Jahren 1928 und 1932 wurden Wahlen für eine Nationalversammlung veranstaltet. Die Sitzungsdebatten wurden aber von den Anhängern der oppositionellen Volkspartei und Nationalbewegung so stark beherrscht, daß in beiden Fällen die Nationalversammlung von den Franzosen aufgelöst wurde. Einen wesentlichen Grund für ihre wachsenden Schwierigkeiten in Syrien sahen die

Franzosen in den Vorgängen im Irak. Erst die besonderen Umstände des Zweiten Weltkriegs und der alliierten Bündnispolitik zwangen schließlich de Gaulle, der die Freifranzosen führte, die zusammen mit den Briten die vichytreuen Truppen (s. S. 196) in Syrien überwunden hatten, Syrien und Libanon 1943 die Unabhängigkeit zu versprechen.

In der Gesellschafts- und Wirtschaftspolitik hatte die französische Mandatsverwaltung die Entwicklung des Landes kaum gefördert. Zwar wurden auch hier wie im Irak Grundlagen für eine neue Verwaltung geschaffen. Auch wurden hier und da Straßen und Brücken gebaut und die Elektrifizierung der Städte vorangetrieben. Die Masse der Bevölkerung lebte aber auf dem Land; dort blieb eine durchgreifende Bodenreform aus; die sozial-ökonomischen Gegensätze wurden sogar noch durch einen allgemeinen Rückgang der Produktivität, vor allem auf dem Industriesektor, vertieft. Es handelte sich hier vorwiegend um Klein- und Mittelbetriebe. Die Beschäftigungsrate (1937: 203927 Arbeiter) sank unter die der spätosmanischen Zeit (1913: 309525 Arbeiter). Die durchschnittliche Wochenarbeitszeit von 80 bis 90 Stunden in den traditionellen Handwerksbetrieben wurde von der Mandatskommission in Genf gerügt. Die französische Verwaltung führte aber keine Arbeiter-Gesetzgebung ein. Der Verfall der Getreidepreise in der Weltwirtschaftskrise bewirkte eine Verarmung der Landbevölkerung und verursachte wie im Irak eine Landflucht. Die tiefen sozialen Probleme des Landes brachten um die Mitte der 30er Jahre und in den 40er Jahren neuartige sozialreformerische Massenbewegungen hervor. Anders als im Irak unterblieb in Syrien und Libanon in dieser Zeit aber die Ausbildung einer Armee-Elite.

Transjordanien

In der Verwaltungsgliederung des osmanischen Groß-Syrien (bis 1914) galt Transjordanien zusammen mit einem großen Teil Palästinas als Südsyrien. Dort war der Sandschak von Jerusalem im späten 19. Jh. reichsunmittelbare Provinz und damit Istanbul direkt untergeordnet worden. Der von Ägypten ausgehenden Bedrohung Syriens und der osmanischen Zentralregierung sollte damit ein Riegel vorgeschoben werden. Im Verlauf des Weltkriegs wurde dieser Riegel von der britisch-ägyptischen Expeditionsarmee aufgebrochen. Transjordanien dagegen war den arabischen Truppen Feisals überlassen, die aus dem Hedschas und in einer von dem britischen Oberst Lawrence entworfenen Guerilla-Taktik gegen die türkischen Truppen und deren Verbindungslinien (Hedschasbahn) vordrangen.

Als Hauptkampfgebiet der arabischen Armee galt Transjordanien nach dem Krieg der arabischen Unabhängigkeitsbewegung als Teil des Hussein, dem Scherif von Mekka (und Vater Feisals), zugesagten arabischen Königreichs. Es war für die vorherrschende Stammesstruktur kennzeichnend, daß sich nach dem Krieg hier vorübergehend eine Reihe von unabhängigen Stadt- und Stammesstaaten bildete, die Hussein gegenüber loyal waren. Hussein selbst schickte sich an, den südlichen Teil von Transjordanien, also das Gebiet von Akaba am Roten Meer bis Ma'an als eine Provinz des Hedschas zu betrachten. Im Norden Transjordaniens dagegen bildeten Angehörige der von den Franzosen beseitigten arabischen Regierung in Damaskus und Exilsyrer zeitweilig eine provisorische unabhängige Regierung. Die Zionismusbewegung ließ diese Realitäten außer acht, als sie unter Verweis auf alttestamentarische jüdische Siedlungsverhältnisse und Staatenbildungen ihre jüdische Nationalheimstätte auf das gesamte Jordantal und auch dessen Ostufergebiete ausgedehnt sehen wollte. Nachdem Feisal in Damaskus gescheitert war, versuchte Husseins zweiter Sohn Abdallah sein Glück. Er zog mit einem Beduinenheer nach Norden, um das Blatt wieder zugunsten der arabischen Unabhängigkeitsbewegung zu wenden. Auf seinem Vormarsch nach Transjordanien erkannte er aber bald die Übermacht der Briten. Diese wollten ihrerseits keinen militärischen Konflikt zwischen Arabern und Franzosen an der Grenze ihres Mandatsgebiets. Sie boten deshalb Abdallah einstweilen ein Fürstentum über Transjordanien an, das dieser annahm. Zu diesem Zeitpunkt hatten die Briten aber noch keine Lösung dafür, wie das neue Amirat Transjordanien der Mandatsverwaltung Palästinas in Jerusalem zugeordnet oder unterstellt werden sollte. Auf der anderen Seite stieß in Transjordanien das Mandat und besonders der darin enthaltene Auftrag zur Errichtung einer jüdischen Nationalheimstätte auf entschiedene Ablehnung. In Jerusalem wiederum legte der erste Hohe Kommissar Lord Samuel, ein Jude und Zionist, beim Kolonialministerium in London entschiedenen Protest gegen die Ernennung Abdallahs zum Amir (Fürsten) in Transjordanien ein. Er wollte die jüdische Nationalheimstätte auf Transjordanien ausgedehnt sehen. Doch die britische Regierung ließ im Palästinamandat eine Klausel einfügen, die Transjordanien ausdrücklich von der Politik des jüdischen Nationalheims ausnahm. Ferner wurde die verwaltungstechnische Verbindung Transjordaniens zum Hohen Kommissariat in Jerusalem durch Einrichtung einer britischen Zweigbehörde in Amman abgeschwächt. Bis Mitte der 20er Jahre gestaltete sich Abdallahs Verhältnis zur britischen Mandatsbehörde aber höchst schwierig. Er lehnte die britischen Verwaltungsvorschriften und die Kontrolle seines Budgets ab, mußte sich aber einem britischen Ultimatum beugen.

Dem Royal Air Force-Kommando in Palästina wurden die Inspektion und Leitung der von Briten in Transjordanien aufgestellten und befehligten Arabischen Legion übertragen. Gefordert wurde ferner die Auflösung der autonomen transjordanischen Verwaltungsbehörde für die Beduinenstämme, die den Großteil der Bevölkerung ausmachten. Eine letzte Forderung unterwarf Abdallah der uneingeschränkten Finanzkontrolle, wann immer diese von der britischen Regierung für notwendig gehalten wurde. Die Realität hinter der Erklärung vom 25. Mai 1923, in der Transjordanien als unabhängiger Staat unter dem Vorbehalt der britischen Mandatsverpflichtungen ausgegeben wurde, glich also der eines Protektorats. So blieben auch die auswärtigen Beziehungen Transjordaniens der britischen Regierung überantwortet. Diese war dann auch maßgeblich an den wegen der Beduinenverhältnisse schwierigen Verhandlungen (1930 bis 1933) mit Saudi-Arabien beteiligt. In einem Zusatzabkommen vom Juni 1934 gestatteten die Briten Abdallah schließlich die Einrichtung konsularischer Vertretungen in anderen arabischen Ländern.

Was die Verfassungsentwicklung in dem ca. 300000 Einwohner umfassenden Land (1935) angeht, so hatte ein Abkommen aus dem Jahr 1928 die Wahl eines Gesetzgebenden Rats vorgesehen. Die 16 Ratsmitglieder entstammten den wenigen führenden Familien des Landes. Ökonomisch bot sich das Land kaum für britische Aktivitäten an. Der größte Teil der Bevölkerung lebte auf der Basis einer beduinischen und weidewirtschaftlichen Subsistenzwirtschaft. Der Lebensstandard und die Kaufkraft waren zu gering, um überhaupt nennenswerte Gewerbezweige zu tragen. Das einzige bedeutende Rohstoffvorkommen, Pottasche, wurde 1932 in größeren Mengen nördlich von Amman entdeckt. Zum Abbau fehlten jedoch die Transportmöglichkeiten. Vorübergehende Arbeitsmöglichkeiten verschaffte der Bau der IPC-Pipeline vom Irak nach Haifa. Für die britisch-imperiale Strategie im Nahen Osten behielten das Land und die frühzeitig aufgestellte Arabische Legion aber eine nicht unwesentliche Bedeutung. Sie zeigte sich vor 1945 vor allem in der Niederwerfung des Raschid Ali al-Gailani-Aufstands im Irak (s. S. 95) und danach (1947/48) in der erfolgreichen Verteidigung der Altstadt Jerusalems durch die Araber.

Palästina: Jüdische Nationalheimstätte und Bi-Nationalität

Die britische Eroberung Palästinas erfolgte erst im Herbst 1917. Die anfängliche Unsicherheit in der britischen Kriegführung im Vorderen Orient hatte sich auf die Formierung der arabischen Unabhängigkeitsbewegung verzögernd ausgewirkt. Obwohl die arabischen Truppen schließlich von Lawrence und Feisal zum Vormarsch angefeuert werden konnten, stellten die Veröffentlichung der Balfour-Erklärung (vgl. S. 93) und die Aufdeckung des Sykes-Picot-Abkommens (vgl. S. 92) durch die Bolschewiki eine schwere Belastung der britisch-arabischen Allianz dar. Die britische Politik sah sich in Palästina und in Kairo zu Beschwichtigungserklärungen gezwungen. Dabei verstrickten sich die Briten gerade hinsichtlich der Nachkriegsregelung für Palästina in neue Widersprüchlichkeiten. Anläßlich der

Einnahme von Jerusalem hatte General Allenby verkündet, daß sich die zukünftige Regierung des befreiten Gebietes auf die Zustimmung der Bevölkerung gründen werde. In einer gemeinsamen britisch-französischen Erklärung am 7. November 1918 in Kairo gegenüber sieben Persönlichkeiten der arabischen Unabhängigkeitsbewegung war diese Versicherung wiederholt worden.
Vor dem Hintergrund dieser Erklärungen ist eine bis heute andauernde und von politischen Nebenabsichten getragene historiographische Kontroverse über den Beitrag der arabischen Unabhängigkeitsbewegung zur Befreiung ihrer Länder und Gebiete entstanden. Eine weitere und ebenfalls häufig politisch verwendete historiographische Kontroverse, die auf jene Zeit zurückgeht, betrifft das durch eine arabische Vorbehaltsklausel eingeschränkte Feisal-Weizmann-Abkommen vom Januar 1919. Pro-zionistische Interpretationen wollen in dem Abkommen eine grundsätzliche und quasi rechtsverbindliche Zustimmung der arabischen Unabhängigkeitsbewegung zur jüdischen Nationalheimstätte in Palästina sehen. Arabische Historiker leugnen zuweilen die Existenz des Abkommens oder bezweifeln seinen vertraglichen Charakter. Tatsache ist, daß Feisal während der Friedenskonferenz und beraten von Oberst Lawrence sich mit Weizmann, dem Führer der Zionismusbewegung, über eine Zusammenarbeit verständigte, aber vorbehaltlich der Gründung des von der Unabhängigkeitsbewegung bzw. vom Allsyrischen Nationalkongreß in Damaskus geforderten Arabischen Reiches durch die Ententemächte.
Hinter dem Abkommen, das mit der Nationalversammlung in Damaskus nicht abgesprochen war und für das eine arabische Fassung nicht existiert, steckte der allerdings vergebliche diplomatische Schachzug, über die einflußreiche Lobby der Zionisten den arabischen Bestrebungen mit amerikanischer Unterstützung zum Erfolg zu verhelfen. Die Verständigung wies noch insofern eine tiefere Ambivalenz auf, als in den arabisch-islamischen politischen Ordnungsvorstellungen jener Zeit abendländische Muster von Territorialstaatlichkeit und Staatsnation fehlten. Aber auch in der britischen Regierung und bei den Angehörigen der britischen Mandatsverwaltung in Palästina gab es bis 1948 keine einheitliche Auffassung über die endgültige staatsrechtliche Form des jüdischen Nationalheims. Zwar war die

2. 11. 1917

Balfour-Erklärung vom 2. November 1917 im Palästinamandat verankert und damit völkerrechtlich sanktioniert worden. In der vom Völkerbundsrat am 24. Juli 1922 bekräftigten Mandatsverfassung war auch die historische Verbindung des jüdischen Volkes mit Palästina unterstrichen worden. Ferner erhielt darin die Errichtung eines jüdischen Nationalheims eine prominente Stellung. Im Wortlaut war von den Arabern selbst nur im Zusammenhang mit der Sprachregelung im Mandat die Rede. Auf der anderen Seite aber hatten die Briten die von der Zionismus-Bewegung gewünschte exklusive Formulierung, Palästina als eine jüdische Nationalheimstätte wiederzuerrichten, abgelehnt. Statt dessen war im Mandat nur von einem jüdischen Nationalheim *in* Palästina die Rede. Damit war den im Lande ansässigen und mehrheitlich nicht-jüdischen Gemeinschaften ein Platz eingeräumt. Ihnen waren auch die religiösen und bürgerlichen Rechte zugesichert worden, allerdings unter der Vormundschaft des Mandatsherrn. Souveränitätsrechte waren also nicht gemeint. Gegenüber den übrigen Mandaten trat aber eine weitere Einschränkung hinzu. Regierungsintern hatte der britische Außenminister Lord Balfour im Frühjahr 1919 Palästina bezüglich des Selbstbestimmungsrechts als eine absolute Ausnahme bezeichnet. Damit sollte, wie es ausdrücklich hieß, das mit Sicherheit zu erwartende antijüdisch/antizionistische Votum der Bevölkerungsmehrheit unterbunden werden. Im Jahre 1919 betrug der jüdische Bevölkerungsanteil 9,7%. Der jüdische Landbesitz im palästinensischen Territorium belief sich auf 2,4%.
Die Ernennung Lord Samuels, eines Juden und Zionisten, zum ersten Hohen Kommissar (1920–1925) in Palästina war Ausdruck der britischen Entschlossenheit, mit dem Aufbau des jüdischen Nationalheims zügig beginnen zu wollen. Aufgrund ihrer beherrschenden Stellung im Vorderen Orient wie im Völkerbund glaubte die britische Regierung, ihre Mandatspolitik in Palästina unbehelligt von den Vorgängen in den Nach-

barländern sowie in der internationalen Politik durchführen zu können. In einer Reihe von Maßnahmen versuchte die britische Mandatspolitik, die palästinensisch-arabischen Führungsschichten von ihrer grundsätzlichen Boykotthaltung gegenüber dem Mandat abzubringen und ihre Zustimmung zum Aufbau des jüdischen Nationalheims zu gewinnen. In seinem Weißbuch (1922) sprach Winston Churchill, der britische Kolonialminister, von der doppelten Verpflichtung im Mandat. Damit sollten die Befürchtungen der arabischen Bevölkerung, die sich bereits in verschiedenen Landesteilen und Städten in gewaltsamen Protestdemonstrationen entluden, beschwichtigt werden. Der Hohe Kommissar unterbreitete den Vorschlag, eine Arabische Agentur analog zur Jüdischen Agentur einzurichten, fand dafür aber keine Zustimmung.

Die arabische Boykotthaltung schien sich auszuzahlen, als in der zweiten Hälfte der 20er Jahre nicht nur der von Osteuropa eintreffende Einwanderungsstrom sehr stark zurückging, sondern 1927 auch die Auswanderung aus dem Jischuw (jüdisches Gemeinwesen in Palästina) deutlich über der Einwanderungsquote aus Osteuropa lag. Die zionistischen Organisationen in der jüdischen Diaspora und vor allem in Westeuropa und in den USA fanden sich mit diesem Gang der Ereignisse aber nicht ab. Neben der Sammlung bedeutender Hilfsgelder übten sie erfolgreich Druck auf die britische Regierung aus, die Jüdische Agentur, die sich bis dahin nur aus Vertretern des Jischuw zusammengesetzt hatte, um eine gleich große Anzahl von Vertretern aus der jüdischen Diaspora zu erweitern. Die Nachfolger Lord Samuels im Amt des Hohen Kommissars waren optimistisch, daß eine Verstärkung der Wirtschaftskraft in Palästina eine allseitig zufriedenstellende Lösung der politischen Probleme herbeiführen würde. Dabei schätzten die Briten einerseits die Hemmnisse der traditionellen feudalen Strukturen unter der landsässigen Bevölkerung sowie die Konkurrenzfähigkeit der meist kleinen gewerblichen Betriebe und andererseits die Kooperationsbereitschaft des Jischuw mit der palästinensisch-arabischen Bevölkerung falsch ein. Vor allem die Histadrut, der zionistische Gewerkschaftsverband, benutzte die neuen finanziellen Hilfsquellen, um den Aufbau des jüdischen Nationalheims nach der Losung „jüdischer Boden, jüdische Arbeit, jüdische Waren" noch rigoroser als bisher fortzuführen. Vor diesem Hintergrund schwanden auch die Chancen für eine jüdisch/zionistisch-arabische Zusammenarbeit in der Selbstverwaltung.

Die Mandatsbehörde verfiel daraufhin auf die Idee, daß sich die Kompromisse, die in einem Mehrheit-Minderheit-Gefälle unmöglich schienen, vielleicht bei einem zahlenmäßigen Gleichgewicht zwischen der jüdischen und arabischen Bevölkerung erzielen ließen. Vor dem Hintergrund ihrer eigenen Geschichte glaubten die meisten Briten aber auch, daß sich Menschen trotz unterschiedlicher nationaler Herkunft (Engländer, Schotten, Waliser) vertraglich zu einem Staat zusammenschließen können. So betrachteten sie auch den Jischuw häufig als ein Gemisch von Angehörigen vieler Völker (Polen, Russen, Deutsche ...), in dem eigentlich auch für die Araber ein Platz sein müsse.

Um das numerische Gleichgewicht herbeizuführen, handhabten die Briten die Einwanderungsbestimmungen großzügiger. Die rapide Vermehrung der jüdischen Einwanderungszahlen in der ersten Hälfte der 30er Jahre erfolgte also aus diesem Kalkül der britischen Palästinapolitik und nicht, wie häufig fälschlich behauptet wird, einzig unter dem Druck der mit der nationalsozialistischen Machtergreifung beginnenden Judendiskriminierung und -verfolgung in Deutschland.

Auch gegenüber den Einwirkungsversuchen aus der arabisch-islamischen Umwelt erwies sich die britische Politik unfähig, die Geschicke Palästinas exklusiv zu lenken. Für die gewaltsamen Unruhen an der Klagemauer in Jerusalem (1928/29) wurde ein tiefgehender Sozialkonflikt im Lande als Ursache angegeben. Inzwischen hatte aber auch eine von Ägypten ausgehende Islamisierungswelle die politisch engagierte palästinensische Jugend erfaßt (Muslimische Vereinigung Junger Männer). An einer islamischen Konferenz in Jerusalem (1931) nahmen neben führenden Vertretern der indischen Kalifatsbewegung und der nord-

	Gesamtbevölkerung Palästinas	Gesamte legale jüdische Einwanderung	Jüdische Einwanderung in der Kategorie des „freien Zugangs", d. h. mit Kapitalnachweis von 1 000 Pfund und mehr	Prozentsatz der aus Deutschland Einwandernden
1931	1 036 000	4 075	233	
1932	1 074 000	9 553	727	
1933	1 141 000	30 327	3 250	
1934	1 211 000	42 359	5 124	16%
1935	1 308 000	61 854	6 309	11%
1936	1 367 000	29 727	2 970	
1937	1 401 000	10 536	1 275	
1938	1 435 000	12 868	1 753	
1939	1 501 000	16 405	1 629	49,8%

Die jüdische Einwanderung in Palästina 1931–1939. (Nach: Gabriel Sheffer, Policy Making and British Policies towards Palestine, Oxford 1970, S. 164; ESCO,II, S. 677)

afrikanischen Unabhängigkeitsbewegungen auch bereits pan-arabisch ausgerichtete Persönlichkeiten wie der spätere erste Generalsekretär der Arabischen Liga, ‘Abdul Rahman‘Azzam, teil. Die Palästinafrage wurde zusehends als ein gesamtarabisches und gesamtislamisches Anliegen angesehen, das auch von der christlich-arabischen Bevölkerung des Landes geteilt wurde, die dem Konkurrenzdruck der jüdischen Siedler und Gewerbetreibenden in besonderer Weise ausgeliefert war.

Aus einem Generalstreik der Araber für einen totalen Einwanderungsstopp entwickelte sich 1936 ein bewaffneter Aufstand, der von den Briten bis 1939 nie ganz unterdrückt werden konnte. Nachdem es auch im syrischen Bludan 1937 zu einer gesamtarabischen und interkonfessionellen Demonstration für ein arabisches Palästina und gegen die auch vom Zionistenkongreß in Zürich (1937) abgelehnten britischen Teilungspläne für das Land gekommen war, luden die Briten 1939 Vertreter der Zionismusbewegung, der verschiedenen arabischen Regierungen, aber auch der palästinensisch-arabischen Gemeinschaft zu einer allerdings ergebnislosen Round-Table-Konferenz nach London ein. Die Hinwendung der britischen Politik zum arabischen Standpunkt in der Palästinafrage am Vorabend des Zweiten Weltkriegs kann nur teilweise als ein Appeasement gegenüber einem drohenden Zusammenschluß zwischen den Achsenmächten und dem arabischen Nationalismus gedeutet werden. Die im Weißbuch (1939) zugrundegelegten Bedingungen für die weitere Entwicklung Palästinas, nämlich die über fünf Jahre gestreute Einwanderung von insgesamt 75000 Juden, die Geltung eines arabischen Vetorechts danach und die Errichtung eines palästinensischen Staates auf der Grundlage der dann immer noch de facto bestehenden arabischen Mehrheit entsprachen auch den Konsequenzen einer Mandatspolitik, die in der Herstellung eines sozialökonomischen Ausgleichs und eines zahlenmäßigen Gleichgewichts zwischen den Bevölkerungsgruppen gescheitert war, die aber am Konzept einer Bi-Nationalität festhielt und eine Teilung des Landes unbedingt abwenden wollte.

Im Verlauf des Zweiten Weltkriegs wurde diese Politik nicht wesentlich verändert. Dagegen veränderten sich aber die Rahmenbedingungen für ihre Durchsetzung. Im Verlauf des Palästinaaufstands 1936 bis 1939 war die palästinensisch-arabische Gesellschaft ihrer national eingestellten Führungselite durch Flucht oder Internierung beraubt worden. Am Ende des Krieges war diese wegen ihrer radikalen anti-britischen Einstellung sowie ihrer Zusammenarbeit mit den Achsenmächten diskreditiert. Dagegen hatte die Zionismusbewegung ihre politische Lobby von London nach Washington verlegt und dort im Kampf gegen das Weißbuch und für einen jüdischen Staat die USA und vor allem deren Präsidenten Truman (seit 12. 4. 1945) als mächtigen Verbündeten gewonnen. Ein in seiner Bedeutung allerdings schwankendes Gegengewicht stellte die Arabische Liga dar, die offiziell am 22. 3. 1945 gegründet wurde und für die die Palästina-Frage von Anfang an zentrale Bedeutung besaß.

Ägypten

Beim Ausbruch des Ersten Weltkriegs war Ägypten bereits drei Jahrzehnte lang ein britisches Herrschaftsgebiet mit Garnisonen und mit einer Finanz- und Schuldenverwaltung, die von einem Vertreter der britischen Regierung beaufsichtigt wurde. Der Vizekönig (Khedive) war nur nominell dem Sultan-Kalifen in Istanbul untertan. Die britische Dominanz war auch von den europäischen Mächten so unangefochten, daß die Regierung in London am 18. Dezember 1914 Ägypten kurzerhand zum Protektorat erklären, den in Istanbul weilenden Vizekönig absetzen und durch einen genehmeren Kandidaten auswechseln konnte. Es erübrigte sich deshalb, Ägypten in die geheimen Teilungsabkommen über das Osmanische Reich einzubeziehen. Dennoch entstand während des Weltkriegs in Ägypten eine starke Nationalbewegung, die nach der vollen Unabhängigkeit strebte. Die Verkündung neuer politischer Ordnungsideen (Wilsons 14 Punkte, vgl. Bd. K3) und die Unabhängigkeitsversprechen gegenüber Vertretern der arabischen Länder hatten zum Selbstbewußtsein der neuen nationalen Kräfte beigetragen. Saad Zaghlul, ein ehemaliger Erziehungsminister bäuerlicher Herkunft, war zusammen mit einigen Mitstreitern gegen Ende des Jahres 1918 an den Britischen Hohen Kommissar mit der Unabhängigkeitsforderung herangetreten. Die Gruppe von Männern bezeichnete sich selber als Delegation (wafd) Ägyptens und gründete in Anlehnung hieran einige Monate später die sogenannte Wafd-Partei. Sie sollte Ägyptens weitere Geschichte bis zur Revolution Nassers (1952) entscheidend mitbestimmen.

Angesichts der britischen Verweigerung kam es überall im Lande zu gewaltsamen Demonstrationen. Bis dahin wohl einmalig für ein islamisches Land war die Beteiligung einer feministischen Bewegung an den politischen Demonstrationen. Huda Shaarawi, eine junge Frau aus der ägyptischen Oberschicht, hatte sie begründet. 1923 erregte sie landesweites Aufsehen, als sie im Bahnhof von Kairo vor der Menschenmenge demonstrativ ihren Schleier fortschleuderte. Ähnliches hatte es wohl nur in der neuen Türkei gegeben. Es gelang ihr sogar, in Zusammenarbeit mit der Gattin Zaghluls einen Frauenausschuß in der Wafdpartei zu bilden. Dabei wurde allerdings auch die ägyptische Frauenbewegung von den harten britischen Repressionen gegen das nationale Aufbegehren betroffen. Die Anführer der Wafd wurden 1919 deportiert und Truppenverstärkungen ins Land geholt, ohne daß die Unruhen aber beendet werden konnten. Saad Zaghlul wurde es daraufhin gestattet, mit einer Abordnung nach Paris und London zu reisen, um seine Forderungen der Friedenskonferenz sowie der britischen Regierung vorzutragen. Währenddessen begab sich der britische Kolonialminister Lord Milner Ende 1919 mit einer Untersuchungskommission nach Ägypten. Das Ergebnis waren Empfehlungen für eine Ablösung des Protektorats durch einen Vertrag. Darin sollten die wichtigsten imperialen Interessen Großbritanniens langfristig gesichert sein. Es handelte sich um die Rechte der Verteidigung Ägyptens gegen jegliche Bedrohung von außen, um die Kontrolle des Suezkanals sowie um die Leitung der auswärtigen Beziehungen Ägyptens. Diese Forderungen wurden von der Wafd abgelehnt. Die Briten schritten auch jetzt beim Ausbruch neuer Unruhen wieder zum Mittel der Deportation. Darauf wandten sie sich mit einem nur leicht abgeänderten Vertragsentwurf an das Königshaus und vermochten den anti-parlamentarisch eingestellten König Fuad für die Bedingungen dieser Art von „Unabhängigkeitserklärung“ zu gewinnen (1922). Wie im Irak suchten sie ihre Vormachtstellung und ihren einseitigen Vertrag institutionell durch die Gewährung außergewöhnlicher Vollmachten für den König zu sichern, den sie als ihr Instrument betrachteten.

Die Rechnung, zukünftig über den Monarchen sich das ägyptische Parlament gefügig machen zu können, ging aber nicht auf. Mit der Aufhebung des Kriegsrechts, die durch die Unabhängigkeitserklärung unumgänglich geworden war, hatten die Briten einen wirksamen Interventionsmechanismus verloren. Der überwältigende Sieg der Wafd-Partei in den Wahlen zu Beginn des Jahres 1924, die ihr 188 von 215 Sitzen im Parlament brachten, schuf eine innenpolitische Herausforderung. Die Briten begannen, Palast und Parlament gegeneinander auszuspielen. Aber auch diese Politik, die für die indirekte britische Herrschaft der nächsten zwei Jahrzehnte bis zum Ende des Zweiten Weltkriegs charakteristisch war, verlief nicht ohne größere Erschütterungen. Der große Wahlsieg der Wafd-Partei im Januar 1924 hatte Saad Zaghlul in das Amt des Premierministers gebracht. Sofort nahm er Revisionsverhandlungen über den einseitigen Vertrag in London auf. Für die ägyptische Seite hatte dabei die Sudan-Frage eine absolute Priorität; denn wer das Nilwasser im Sudan kontrollierte, der war gleichzeitig auch Herr über die Geschicke Ägyptens. Die Briten erwogen gerade damals Bewässerungspläne für den Sudan; sie waren sich dabei ihres Druckmittels voll bewußt. Auch das Minderheitskabinett des Sozialistenführers Ramsay MacDonald wollte dieses Machtinstrument nicht aus der Hand geben. Der Abbruch der Verhandlungen führte in Ägypten zu neuen gewaltsamen Unruhen, bei denen der britische Oberkommandierende der ägyptischen Armee, der zugleich Generalgouverneur des Sudan war, ums Leben kam. Die Briten rächten sich mit härteren Forderungen wie eine ungewöhnlich hohe Entschädigungssumme, den Abzug der ägyptischen Truppen aus dem Sudan und die Beibehaltung weisungsbefugter britischer Beamter in wichtigen Ministerien der ägyptischen Regierung. Sie besetzten kurzerhand den Zoll in Ägyptens Haupthafen Alexandrien und kündigten die Ausdehnung der Bewässerungs- und Kanalprojekte im Sudan an, was zu Lasten der ägyptischen Landwirtschaft und der auf Baumwollanbau basierenden Wirtschaftskraft des Landes gehen mußte. Der Suezkanal war ohnehin unter britischer Kontrolle. Saad Zaghlul zog seinen Rücktritt einer Unterwerfung vor. Palast und Parlament konnten bis in die Mitte der 30er Jahre von den Briten nun leichter gegeneinander ausgespielt werden. Nationalistische Unruhen flammten aber immer wieder auf.

Eine wichtige Zäsur in den britisch-ägyptischen Beziehungen, und damit auch in der innen- und außenpolitischen Entwicklung Ägyptens, war der neue Vertrag vom August 1936. Die Bedeutung der Zäsur liegt aber nur teilweise in den Bestimmungen des Vertragswerks, das seine britisch-imperiale Einseitigkeit, wenn auch in abgeänderter Form, behielt. Weitreichender war der Umstand, daß die einst so nationalkämpferische Wafd-Partei unter der Führung von Nahas Pascha als Vertragspartner ihr weiteres Schicksal mit dem Großbritanniens in Ägypten verband. Der Vertrag hatte die Form eines Beistands- und Freundschaftspaktes. Großbritannien verpflichtete sich, Ägypten bei Gefahr von außen zu verteidigen und erhielt dafür im Kriegsfall die Verfügung über das Verkehrsnetz und die dazugehörigen Einrichtungen im Lande. Vor allem im Gebiet des Suezkanals wurden Großbritanniens Interessen anerkannt und zu deren Sicherung dort die Stationierung von Soldaten und Piloten zugestanden. Dafür sollten die britischen Garnisonen in den übrigen Landesteilen aufgelöst werden. Davon war aber die britische Marinebasis in Alexandrien für weitere acht Jahre ausgenommen. Die Briten erhielten das ausschließliche Recht auf Ausbildung der ägyptischen Armee, deren Vermehrung den ägyptischen Behörden überlassen blieb. Ägypten wurde die Einwanderung in den Sudan und ägyptischen Truppen die Rückkehr dorthin erlaubt. Die britische Regierung verpflichtete sich, die ägyptischen Begehren auf Völkerbundsmitgliedschaft und Abschaffung ausländischer Handelsvorrechte tatkräftig zu unterstützen. Der neue Vertrag, der in seinen Grundzügen dem Vertrag mit dem ehemaligen Mandatsstaat Irak glich, stellte jedoch längst nicht alle nationalen Kräfte im Land zufrieden.

Noch massiver als im Ersten Weltkrieg wurde Ägypten nach 1939 eine einzige Garnison und logistische wie strategische Kommandozentrale der britischen und alliierten Kriegführung im Mittelmeerraum, der Kriegsbewirtschaftung der Nahostregion und des militärischen Nachschubs für bedrängte Alliierte in Südosteuropa und für die Sowjetunion. Die von den Achsenmächten ausgehende Bedrohung Ägyptens und seiner britisch-imperialen Verbindungswege setzten den Mechanismus der britischen Verteidigungsklauseln im Vertrag von 1936 in Kraft.

Die Briten wollten unter allen Umständen Ägypten als Bollwerk gegen die drohende

Eroberung der Nahostregion durch die Achsenmächte halten. Dennoch war die britische Dominanz in Ägypten auf völkerrechtlichem Gebiet schwächer als vor 1936. Der wiederholten britischen Aufforderung zur Kriegserklärung an die Achsenmächte kam die ägyptische Regierung erst im Februar 1945 nach (Irak: 16.1.1943). Zuvor hatte die Konferenz von Jalta (vgl. S. 213 f.) stattgefunden, auf der die Kriegserklärung an die Achsenmächte als Eintrittspreis zur Gründungskonferenz der Vereinten Nationen in San Franzisko erklärt worden war.
Der sozial-ökonomischen Entwicklung Ägyptens lagen ungünstige Ausgangsbedingungen zugrunde: Die – auf Landesgröße bezogen – minimale Verfügbarkeit landwirtschaftlich nutzbaren Bodens im Niltal und Nildelta, der dort herrschende große Bevölkerungsdruck, die von den europäischen Wirtschaftsmächten eingeführte Baumwoll-Monokultur, die wirtschaftliche Dominanz der meist landfremden Geschäfts- und Finanzoligarchie erschwerten Reformen. Dabei gab es in Ägypten schon seit dem späten 19. Jahrhundert nationalgesinnte Wirtschaftsfachleute, die besonders in der Zwischenkriegszeit einheimische Kapitalbildung, Industrieansiedlung, eine Diversifizierung der Wirtschaftszweige und eine Mechanisierung der Landwirtschaft voranzutreiben suchten. Die Auswirkungen der Weltwirtschaftskrise wurden als eine Lehre empfunden, auf dem Weg autonomer Wirtschaftsentwicklung noch entschlossener voranzuschreiten. Dahinter blieben die notwendigen gesellschaftspolitischen Reformen aber allmählich zurück. Genossenschaftliche und gewerkschaftliche Organisationsformen bildeten sich hier und dort aus, ohne aber eine landesweite Geltung zu erlangen; ähnlich stand es um die Ansätze einer staatlichen Sozialpolitik von seiten der Wafd-Partei. Seit dem Ende der 20er Jahre verbreiteten sich aber auch fundamentalistisch-islamisch geprägte Vorstellungen von Allgemeinwohl, deren Vertreter (Muslim-Brüder) sich vor allem in den 40er Jahren in den städtischen Zentren Unterägyptens mit Anhängern europäisch-sozialistischer Ideen stritten. Die außerordentlich hohe Inflationsrate in Ägypten während des Zweiten Weltkriegs vergrößerte und radikalisierte das vorhandene soziale Protestpotential, ohne daß sich dies in Institutionen politischer Willensbildung artikulieren konnte. Unter dem herrschenden Kriegsrecht und angesichts der internen Sicherheitsvorkehrungen der Briten konnten sich Protestbewegungen nur in der Illegalität formieren. Das gleiche galt für die bereits in den späten 30er Jahren entstehende sozialrevolutionäre und nationalgesinnte Armee-Elite, die erst zu Beginn der 50er Jahre an die Öffentlichkeit treten sollte.

Die Arabische Halbinsel

Beim Ausbruch des Ersten Weltkriegs wies die Arabische Halbinsel eine Vielzahl unterschiedlicher Herrschafts- und Souveränitätsverhältnisse auf. Sie ließen vor allem in den südlichen und östlichen Küstenregionen die geopolitische Bedeutung der Gesamtregion für den Schutz des britischen Seewegs nach Indien erkennen. Von der britischen Kronkolonie Aden aus erstreckte sich ein britisches Protektorat entlang der südarabischen Küste über den Hadramaut bis nach Dhofar. Mit Maskat (Oman) sowie mit den Scheichtümern am Persisch-Arabischen Golf einschließlich Bahreins und Kuwaits bestanden seit dem 19. Jahrhundert und zum Teil länger britische Schutzverträge, die eine Interessennahme seitens anderer auswärtiger Mächte ausschlossen. Kuwait hatte noch bis zum Kriegsausbruch nominell osmanischer Oberhoheit unterstanden, war dann aber 1914 wie Ägypten zum britischen Protektorat erklärt worden. Anders lagen die Verhältnisse am Roten Meer. Das Imamat Jemen mit der Hauptstadt Sanaa blieb bis zum Kriegsende eine loyale osmanische Provinz. Auch das nördlich vorgelagerte Fürstentum von Asir blieb nominell Istanbul unterstellt, obwohl dessen Herrscher mit den Briten sympathisierte.
Der Hedschas mit den heiligen Stätten Mekka und Medina und dem Handelsplatz Dschidda war 1914 ebenfalls noch eine osmanische Provinz. Hier aber initiierte zwei Jahre später der von der Türkei zum Hüter der Heiligen Stätten eingesetzte Haschemitenfürst Hussein eine Aufstandsbewegung und forderte die Anerkennung eines Arabischen Reiches, dessen Ausdehnung und Unabhängigkeit er in seiner Korrespondenz

Der Vordere Orient 1936

mit dem britischen Hohen Kommissar in Kairo, McMahon, gesichert zu haben glaubte (s. S. 92). Im Inneren der Arabischen Halbinsel standen sich während des Krieges der osmanisch-loyale Raschid aus der nördlich gelegenen Provinz Hail und der nach Ausdehnung seiner Herrschaft und Einigung der Arabischen Halbinsel strebende Wahhabitenfürst Abdul Aziz ibn Saud gegenüber.

Die britisch-imperiale Politik auf der Arabischen Halbinsel war in ihren Grundlinien von der anglo-indischen Regierung bestimmt. Ihr Oberziel war, diese Region nach Möglichkeit aus den Wirren des Weltkrieges herauszuhalten und regionale Entwicklungen nach außen hin zu isolieren. Diese Umstände erklären allesamt die nach dem Weltkrieg bestehenden völkerrechtlichen Unverbindlichkeiten gegenüber dem Hedschas, aber auch Jemen. Die Briten hatten Husseins selbsternanntes Königtum ignoriert und ihn lediglich als selbständigen Fürsten eines unabhängigen Hedschas anerkannt. Hussein selbst hatte wiederum auf einen formalen und völkerrechtlich verbindlichen Vertrag mit der britischen Regierung verzichtet. Weil er die europäische Teilungspolitik und das Mandatssystem ablehnte, nahm er auch nicht an der Pariser Friedenskonferenz und an den Verhandlungen mit den Türken in Sèvres und später in Lausanne teil. Er verzichtete darauf, nach europäischer diplomatischer Gepflogenheit als völkerrechtlich handelndes Subjekt aufzutreten, was seine diplomatische Selbstisolierung und letztlich seine Schutzlosigkeit gegenüber Ibn Saud zur Folge hatte. Letzterer eroberte 1925 den Hedschas, ohne daß Hussein auf ein völkerrechtliches Instrumentarium zurückgreifen konnte. Mängel völkerrechtlicher Verbindlichkeit, zumindest in europäischer Sicht, hafteten auch den Vorgängen im (Nord-)Jemen an. Dort war während des Weltkrieges eine türkische Garnison verblieben, die aber wegen der Abgeschiedenheit der Region und wegen ihrer Blokkierung durch den aufständischen Hedschas untätig blieb. Bei Kriegsende schien sich der jemenitische Herrscher nicht sonderlich vom türkischen Waffenstillstand berührt zu

Abdul Aziz II. Ibn Saud (1880–1953), Gründer des saudiarabischen Königreiches

fühlen. Jedenfalls unterließ er es, seine Unabhängigkeit zu proklamieren oder sich eine solche von den Siegermächten bestätigen zu lassen. Die Folge waren größere Grenzkonflikte, in die schließlich das aufstrebende Wahhabitenreich hineingezogen wurde, nachdem Ibn Saud 1926 die Provinz Asir seiner Oberhoheit unterworfen hatte. Erst im Frühjahr 1934 konnten sich beide Parteien auf ein Grenzabkommen zwischen dem Jemen und dem Protektorat Aden einigen.

Im Nordwesten der Arabischen Halbinsel waren die Herrschaftsverhältnisse durch die Eroberung des Hedschas um die Mitte der 20er Jahre zugunsten der saudischen Dynastie konsolidiert worden. Damit war Ibn Saud Hüter der Heiligen Stätten des Islam geworden. Geblieben waren allerdings saudische Ansprüche auf südliche Gebiete Transjordaniens. Erfolgreicher waren unter britischer Vermittlung auf der Konferenz von Uqair (1922) im Nordosten der Halbinsel Grenzabkommen mit dem Irak und Kuwait geschlossen worden. Als schwieriger erwies sich die Grenzziehung zwischen Saudi-Arabien und den Emiraten am Golf, insbesondere mit Abu Dhabi und dem Oman. Hier waren in den 30er Jahren zu den älteren stammes- und religionspolitischen Konflikten neuartige Gesichtspunkte der Erdölentwicklung und Konzessionspolitik hinzugetreten. Mit den territorial-staatlichen Grenzziehungen auf der Arabischen Halbinsel, die fast überall durch britische Vermittlung zustande kamen, war vor allem in Saudi-Arabien eine innere Herrschaftsstabilisierung einhergegangen.

Durch eine geschickte Heiratspolitik hatte sich Ibn Saud der Loyalität der zahlreichen zerstrittenen Stämme versichern können. Seine Eroberungszüge in den 20er Jahren, vor allem gegen den Hedschas und Asir, hatte er mit den Kriegern der sogenannten Ihwan (Bruderschaft) durchgeführt. Letztere waren Glaubensanhänger und Gefolgsleute, die seßhaft geworden waren. In den frühen 30er Jahren hatte Ibn Saud mit neuen Truppen diese streng puritanische und einen modernen Staat ablehnende Ihwan-Bewegung gewaltsam unterwerfen müssen. Erst jetzt (1932) erklärte er sein Herrschaftsgebiet zum Königreich Saudi-Arabien. Seine Staatseinkünfte bezog das Herrscherhaus fast gänzlich aus den Erlösen der jährlichen islamischen Pilgerfahrt nach Mekka. Als im Gefolge der Weltwirtschaftskrise (1929/32) sowie beim Ausbruch des Zweiten Weltkrieges der jährliche Pilgerstrom plötzlich abebbte, geriet das Königreich mehrmals an den Rand des ökonomischen und staatlichen Bankrotts. Diese Umstände veranlaßten Ibn Saud, das Land der Erdölexploration durch zahlungskräftige amerikanische Ölgesellschaften zu öffnen. Als während des Weltkrieges zeitweilig auch die Erdölentwicklung stockte, gelang es ihm und den Ölgesellschaften, den amerikanischen Präsidenten Roosevelt zu der Erklärung zu veranlassen, daß Saudi-Arabien lebenswichtig für die Verteidigung der Vereinigten Staaten von Amerika sei und deshalb Anspruch auf die materiellen Vergünstigungen des amerikanischen Leih- und Pacht-Systems habe. Infolge der umfangreichen Finanzhilfe geriet das Land daraufhin stärker in das Fahrwasser der neuen amerikanischen Erdöl- und Nahostpolitik, die in den 40er Jahren die britische Hegemonialstellung auf der Arabischen Halbinsel abzulösen begann.

Iran

Beim Ausbruch des Ersten Weltkriegs hatte Persien seine Neutralität erklärt. Trotzdem besetzten die Briten und Russen ihre schon 1907 vereinbarten Einflußzonen im Süden und Norden des Landes. Ihr Argwohn richtete sich gegen die rege Tätigkeit deutscher Agenten. Die Briten gewannen die Vormacht, als sich anläßlich der Oktoberrevolution die zaristischen Truppen zurückzogen. Nach dem Krieg vermochte die britische Politik dem Land aber keinen einseitigen Vertrag aufzuzwingen. Wie in der Türkei konnte sich die Regierung mit russischer Rückendeckung und diplomatischer Unterstützung durch die USA einem britischen Diktat widersetzen. Als wiederum 1920 Moskau persische Separatisten ermutigte, in einer Grenzprovinz eine Persische Sozialistische Sowjetrepublik auszurufen, regte sich nationaler Widerstand. Angeführt von dem angesehenen Journalisten Tabatabai und dem Kosakenkommandeur Reza Khan wurde die schwächliche Regierung des Landes 1921 in einem Staatsstreich beseitigt. Dadurch wurde der Aufstieg der Pahlavis (1925–1979) eingeleitet. Wie Kemal Atatürk in der neuen Türkei leitete in Persien der im Dezember 1925 vom Parlament zum Schah erklärte Reza Pahlavi (der neue Familienname ersetzte die traditionelle militärische Bezeichnung Khan) umfassende laizistische Reformen und entwicklungspolitische Maßnahmen ein: Reinigung der Sprache von arabischen Lehnwörtern; europäische Kleidervorschrift, Verbot des Schleiers (Schador) der Frauen, französisches Rechtssystem (1927); Industrialisierung; Annahme des Staatsnamens Iran (1935) zur Betonung der eigenen arischen Herkunft und damit der vorislamischen Vergangenheit. Innenpolitisch rief seine Erziehungsdiktatur eine sozialistische Opposition (Tudeh-Partei) hervor, die vor allem bei den Minderheiten im Norden des Landes Rückhalt fand. In der Erdölprovinz Chuzistan im Süden, die von der mächtigen Anglo-Persischen Ölgesellschaft kontrolliert wurde, gelangen dem Schah nur geringfügige Revisionen der britischen Konzessionsbedingungen aus der Vorkriegszeit.

Außenpolitisch behauptete sich der Iran in der Zwischenkriegszeit gegenüber den imperialen Rivalen Großbritannien und Sowjetunion durch eine Pendelpolitik und zeitweise Hinwendung zu Deutschland als einer dritten Macht. 1937 wurde ein Nichtangriffs- und Beistandspakt mit dem Irak, Afghanistan und der Türkei abgeschlossen. Auch im Zweiten Weltkrieg ignorierten die Briten und Russen die iranische Neutralitätserklärung. Zweck der gewaltsamen Besetzung des Landes (1941) war die Einrichtung und Sicherung einer anglo-amerikanischen Nachschubroute für die sowjetischen Streitkräfte im Kaukasus. Aus Protest gegen die Souveränitätsverletzung trat der Schah zugunsten des Kronprinzen Muhammad Reza Pahlavi zurück. Auf der Konferenz von Teheran im November 1943 verpflichteten sich Roosevelt, Churchill und Stalin zur Anerkennung der Unabhängigkeit und territorialen Unversehrtheit wie zur wirtschaftlichen Unterstützung des Landes nach dem Krieg. Bald aber schon verdächtigte jeder jeden der Verfolgung eigener Erdölinteressen. Wie nach dem Ersten Weltkrieg versuchte die Sowjetunion auch nach 1945 durch Unterstützung separatistischer Bewegungen im nördlichen Landesteil ihre machtpolitische Position im Iran zu behaupten. Die als unabhängig ausgerufenen Republiken von Aserbeidschan und Mahabad (kurdisch) wurden aber 1946 von iranischen Truppen besetzt. Die Vorgänge im Iran trugen auch zum Kalten Krieg zwischen den neuen Supermächten bei.

2. Indien und Pakistan

Die aktive Beteiligung Indiens am Ersten Weltkrieg und Erklärungen der britischen Kolonialregierung hatten bei den indischen Politikern Hoffnungen auf weitergehende Verfassungsreformen geweckt. Da mit Unruhen zu rechnen war, erließ die britisch-indische Regierung Anfang 1919 die sog. Rowlatt-Gesetze zur Aufrechterhaltung von Ruhe und Ordnung („Kein Gerichtsverfahren, keine Berufung, kein Verteidiger"), die von der indischen Bevölkerung mit großer Entrüstung aufgenommen wurden. Vielerorts kam es zu Protestversammlungen, u. a. auch in Amritsar im Punjab, das unter Militärverwaltung gestellt wurde. Um ein Exempel zu statuieren, ließ der General Dyer britisches Militär in eine auf einem geschlossenen Platz versammelte Menge hineinfeuern, wobei mehrere hundert Menschen getötet wurden. Dieses Blutbad und ähnliche Vorfälle trugen zu einer Radikalisierung der nationalen Bewegung bei. Unter Führung von M. K. Gandhi entwickelte sich der Indian National Congress, der seit 1885 als Interessenorganisation der westlich gebildeten indischen Städter mit vorwiegend parlamentarischen Methoden gemäßigte Reformen

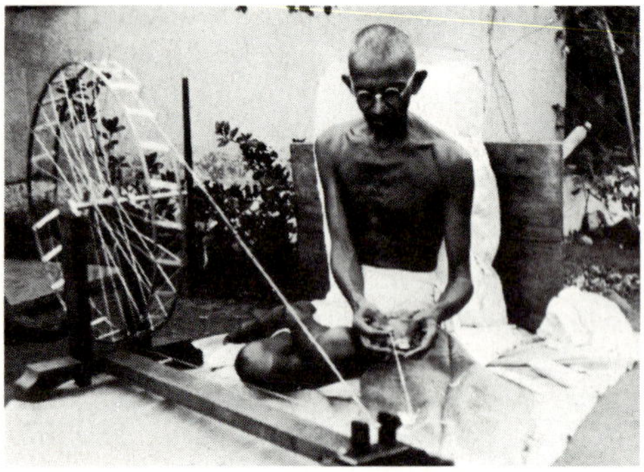

Mohandas Karamchand Gandhi (geb. 1869, ermordet am 30. 1. 1948), Führer des Indian National Congress in den Jahren der Civil Disobedience gegenüber der Kolonialmacht. Das Spinnrad wurde zum Symbol des Boykotts britischer Waren.

verlangt hatte, zu einer Massenbewegung, die sich gandhischer Agitationsmethoden bediente, um, wie die Forderung lautete, „Swaraj" (Unabhängigkeit, Freiheit) in einem Jahr zu erlangen. In einem Sonderkongreß hatte sich Gandhi mit seinem Programm des zivilen Ungehorsams (Boykott von Wahlen, Schulen, Gerichtshöfen u. a. Regierungsinstitutionen) durchgesetzt. Vorübergehend gelang es, die Muslim-Minderheit, die für die Integrität des Osmanischen Reiches und die Erhaltung des Khalifenamtes kämpfte, in die nationale Bewegung zu integrieren. Mit dem abrupten Abbruch der Agitation und der Verhaftung Gandhis 1922 ging diese künstliche Einheit wieder verloren und wich einer zusehends bitter werdenden Beziehung zwischen Hindus und Muslims.

Mohandas Karamchand Gandhi, ein Angehöriger der Händlerkaste aus Gujarat und Jurist von Beruf, wurde durch diese ersten Erfolge einer Massenmobilisierung zu einer nationalen Führungspersönlichkeit mit großer moralischer Ausstrahlung. Seine bereits in Südafrika erprobte Methode des passiven und gewaltlosen Widerstands und des zivilen Ungehorsams erforderte Disziplin und ging von hohen persönlichen Idealen aus. Sie hatte überall dort besonders großen Erfolg, wo eine politische Willensbildung noch unartikuliert geblieben war, stieß aber unter den führenden politischen Köpfen, die der parlamentarischen Methode den Vorzug gaben, auf Kritik und Widerstand. Die Muslim-Minderheit, die von der politisch wirkungsloseren Muslim League, die 1906 gegründet worden war, repräsentiert wurde, fühlte sich zudem durch die vom Geist des Hinduismus beeinflußte Congress-Bewegung befremdet und fürchtete einen Identitätsverlust in einem zukünftigen von Hindus dominierten Indien. Ein wesentlicher Teil des so gespaltenen Congress konstituierte sich als Swaraj-Partei und beteiligte sich an Wahlen und Regierung (1922–28). Die Verfassungsreformen von 1919 (Montagu-Chelmsford-Reformen) hatten eine geringe Erweiterung des Wahlrechts, die Übertragung bestimmter Regierungsressorts an indische Minister nach dem Prinzip der „Dyarchie" (Doppelherrschaft gewählter Minister und ernannter Exekutivräte), welches die zentralen Ämter wie Finanzen in britischer Hand beließ, und die Einrichtung einer zweiten zentralen Kammer (Oberhaus) eingeführt. Die damit gegebenen politischen Möglichkeiten wahrzunehmen, war diese Partei nun bereit. Gandhi wirkte weiterhin durch persönliches Vorbild und Lehre, jedoch ohne offizielles Amt prägend auf den Stil der Befreiungsbewegung. So betonte er durch seine Lebensart den dörflichen Charakter der indischen Kultur. Im Zusammenhang mit dem Boykott britischer Textilimporte, die die Entstehung einer einheimischen Industrie behinderten, führte er unter seinen Anhängern das Handspinnen ein.

In den frühen 30er Jahren gelang es Gandhi,

den Forderungen nach einer Revision der Verfassung mit neuerlichen Agitationen, u. a. dem berühmten Salzmarsch, mit dem gegen die Salzsteuer der Briten demonstriert wurde, Nachdruck zu verleihen. Das Hauptziel blieb die Unabhängigkeit. 1928 wurde vom Nehru-Ausschuß des Congress ein Verfassungsentwurf erarbeitet, der eine Dominionverfassung vorsah, die mittels einer Reihe von Grundrechten die Position der Minderheiten (Muslims, Sikhs, Unberührbare), welche eine Majorisierung durch die Hindus fürchteten, festigen sollte. Man wollte damit die Institution der seit 1909 üblichen getrennten Wählerschaften, d. h. eine Vertretung im Parlament nach Religions- bzw. Kastengemeinschaft, abschaffen. Gespräche des Mahatma („Große Seele“) Gandhi mit

Mohammed Ali Jinnah (1876–1948), seit 1916 Präsident der Moslemliga, Gründer Pakistans

dem Vizekönig Irwin, dem Vertreter der britischen Regierung in Indien, führten zum Gandhi-Irwin-Pakt (1931), der den Auftakt für die sog. Gespräche am Runden Tisch in London gab. Die Bundesverfassung von 1935 war das Ergebnis harten Ringens zwischen den indischen Nationalisten und den britischen Parteien, innerhalb Indiens zwischen den Minderheiten, den Fürsten und dem Congress. Eine wesentliche Neuerung war die Emanzipation der Provinzen, die nun von indischen Ministern regiert wurden, von der Kontrolle der Zentralregierung. Da die über 500 Fürstenstaaten sich dem Bund noch nicht angeschlossen hatten, galt die Verfassung nur für Britisch-Indien. Getrennte Wählerschaften für die Minderheiten waren beibehalten worden. 1936 erklärte sich der Congress unter Vorsitz des Präsidenten J. Nehru zu Wahlen bereit, die zur Regierungsbildung durch den siegreichen Congress in mehreren Provinzen führten. Der Mißerfolg der Muslim League und der Alleingang des Congress in Nordindien wirkten desillusionierend auf die muslimische Führung. M. A. Jinnah, Jurist, westlich gebildet, seit den späten 20er Jahren ein Vorkämpfer muslimischer Sonderrechte, kehrte aus seinem selbsterwählten Londoner Exil zurück und versuchte nun, die Muslim-Partei in eine Massenpartei umzuwandeln, indem er religiöse Emotionen mit Slogans wie „Islam in Gefahr“ wachrief. 1940 verabschiedete sie die „Pakistan-Resolution“, die, von einer Zwei-Nationen-Theorie ausgehend, in vager Form die Bildung eines separaten Muslim-Staates forderte.

Die Suspendierung der Bundesverfassung (1940) für die Dauer des Krieges bedeutete

Jawaharlal Nehru (1889–1964), einer der führenden Köpfe der indischen Unabhängigkeitsbewegung, erster Premierminister der Indischen Union

einen Stillstand in der Verfassungsfrage. Unzureichende Angebote der Briten, u. a. das Versprechen des Dominion-Status, jedoch ohne Terminangabe, beantwortete Gandhi mit dem Programm der „individuellen Satyagraha“: einzelne Widerstandskämpfer durchzogen das Land und riefen zum Boykott britischer Kriegsanstrengungen auf. Nach Beendigung des Krieges wurden 1946 allgemeine Wahlen abgehalten, in denen die nun starke Position der Muslim League offenbar wurde. Die schwierigen Verhandlungen zwischen Muslim League und Congress um die Einzelheiten der indischen Unabhängigkeit wurden von dem letzten britischen Vizekönig Lord Mountbatten geführt. Es gelang ihm nicht, eine Einigung zwischen Muslim League und Congress über eine gemeinsame Regierungsbildung herzustellen. Die Muslim League benutzte den Aufruf zur „Direkten Aktion“ in Kalkutta, die in ein organisiertes Morden ausartete, um den Forderungen nach territorialen Zugeständnissen Nachdruck zu verleihen. Die Verweigerung der Mitarbeit von Jinnah und die Inflexibilität der Congress-Führung ließen schließlich eine Teilung des Subkontinentes als einzig praktikable Alternative erscheinen; über die vielfältigen und schwerwiegenden Konsequenzen war man sich zu diesem Zeitpunkt nicht im klaren. Die Erklärung der Unabhängigkeit und Teilung Indiens am 15. August 1947 war das Signal für den Beginn eines entsetzlichen Massenmordens und einer Fluchtbewegung, denen Millionen Hindus und Muslims zum Opfer fielen. Gandhi, der vergeblich versucht hatte, diese Entwicklung zu verhindern, wurde 1948 von einem fanatischen rechtsradikalen Hindu ermordet.

15. 8. 1947

3. Die Republik China 1911/12–1945

Die Revolution von 1911

Um die Jahrhundertwende war China zu einem halbkolonialen Staat geworden (vgl. Bd. K3). Die regierende Mandschu-Dynastie konnte die entstandenen sozialen Probleme nicht lösen. Zu spät eingeleitete und halbherzige Reformen konnten die weit gefächerten oppositionellen Strömungen nicht auffangen. Unter ihnen gewann der 1905 von Sun Yat-sen gegründete Chinesische Revolutionsbund zunehmend an Bedeutung. Sun Yat-sen, 1866 als Bauernsohn geboren, hatte auf amerikanischen Missionsschulen in Hawaii seine Ausbildung begonnen und in westlich beeinflußten Institutionen Hongkongs mit der medizinischen Doktorprüfung abgeschlossen. Er war Christ geworden, hatte das naturwissenschaftliche Denken des Westens kennengelernt und sich mit der Geschichte der amerikanischen und französischen Revolution beschäftigt. Besonders unter den chinesischen Studenten im Ausland fand er viele Anhänger. Seine wichtigsten Forderungen waren: Sturz der Mandschu-Dynastie, Beseitigung des ausländischen Einflusses in China, Agrarreform und stufenweise Einführung der parlamentarischen Demokratie. Diesen Zielen sollten Revolten in allen Teilen Chinas dienen, die seine Anhänger auslösten. Aus einer von ihnen entwickelte sich im Oktober 1911 die Revolution gegen die kaiserliche Regierung. In wenigen Wochen schlossen sich die meisten Provinzen – außer einigen nordchinesischen – der Revolution an. Im Dezember wählten Vertreter von 17 Provinzen Sun Yat-sen zum Präsidenten. Am 1. Januar 1912 proklamierte er die Republik China.

1.1. 1912

Der republikanischen Regierung in Nanking (Nanjing) stand die kaiserliche in Peking (Beijing) gegenüber, deren Ministerpräsident der General Yüan Shih-k'ai war. Sun Yat-sen verständigte sich mit ihm, um einen Bürgerkrieg zu vermeiden. Als der General die Abdankung des Kaisers erreicht hatte (12.2.), trat Sun Yat-sen verabredungsgemäß zurück. Auf seinen Rat wählte die provisorische Nationalversammlung Yüan Shih-k'ai zum neuen Präsidenten, der jedoch rasch mit dem Ausbau einer Diktatur begann. Die von Sun Yat-sen durch den Zusammenschluß mehrerer Parteien – darunter der Chinesische Revolutionsbund – im August 1912 gegründete Kuomintang (KMT, Nationalchinesische Volkspartei) gewann die ersten Parlamentswahlen. Aber Yüan ließ die Kuomintang als illegal erklären und das Parlament auflösen. Provinzen, die sich daraufhin für unabhängig erklärten, wurden mit Militärgewalt niedergeworfen. Sun Yat-sen und andere führende Revolutionäre flohen vorübergehend ins Ausland. Bis zu seinem Tod 1916 herrschte Yüan als Militärdiktator. In den nächsten zehn Jahren machten sich in den meisten Provinzen Generäle („Warlords") weitgehend von der Zentralregierung in Peking unabhängig. Im Süden Chinas bildete sich in Kanton (Guangzhou) eine oppositionelle Regierung aus Anhängern Sun Yat-sens.

Die Schwäche Chinas und die Verstrickung der europäischen Mächte in den Weltkrieg boten Japan die geeignete Voraussetzung, sich die Vorherrschaft über China zu sichern. Schon im Mai 1915 hatten die Japaner die Annahme entsprechender Forderungen ultimativ erzwungen. England und USA, deren eigene Interessen in China auf dem Spiel standen, hatten die japanischen Forderungen nur etwas mildern können. Aber im April 1917 erkannten die USA in einem Abkommen Japans „spezielle Interessen“ in China an: Beide Staaten standen im Krieg mit den Mittelmächten und bauten ihre gegenseitigen Spannungen auf Kosten Chinas ab, das sie im August 1917 zum Kriegseintritt gegen die Mittelmächte drängten.

Der Versailler Vertrag und die „Vierte-Mai-Bewegung“

Die Schwäche Chinas zeigte sich wieder auf der Pariser Friedenskonferenz: Neben der Delegation der von den übrigen Staaten anerkannten Pekinger Regierung erschien eine der revolutionären Regierung in Kanton. Die Behandlung der chinesischen Forderungen – unter anderem die Rückgabe der von den Japanern übernommenen ehemaligen deutschen Besitzungen und Rechte in China – wurde abgelehnt: Die deutschen Rechte wurden entsprechend geheimer Absprachen zwischen England, Frankreich und Japan während des Krieges im Versailler Vertrag den Japanern zugesprochen. China erlangte die unter Berufung auf Wilsons Vierzehn Punkte (s. Bd. K3) erstrebte Gleichberechtigung nicht.

Am 4. Mai 1919 veranstalteten in Peking der Kuomintang nahestehende Studenten eine große Demonstration gegen diese Bestimmungen des Versailler Vertrages. Parolen wie „China ist das China der Chinesen“ zogen viele in ihren Bann. Die Bewegung griff auf chinesische Hochschulen über. Arbeiter unterstützten sie durch Streiks, Geschäftsleute folgten dem Aufruf zum Boykott japanischer Waren. Die Regierung unterzeichnete den Versailler Vertrag nicht, sondern schloß 1920 einen Sonderfrieden mit Deutschland und Österreich. Enttäuscht wandten sich nationalbewußte Chinesen von Amerika ab: Wilsons Gedanke des Selbstbestimmungsrechts der Völker und eines Friedens ohne Annexionen war im Falle Chinas unbeachtet geblieben. Eine zunehmende Zahl von Intellektuellen begann sich an dem sowjetischen Vorbild zu orientieren. Die „Vierte-Mai-Bewegung“ hatte nicht nur politische nationale Ziele, sondern strebte eine umfassende kulturelle Erneuerung Chinas an. Sie wollte das geistige und soziale Leben Chinas von der konfuzianischen Tradition (vgl. Bd. K5) lösen und forderte die Übernahme westlicher Kultur und die Auseinandersetzung mit ihr. Viele chinesische Akademiker schlossen sich der Philosophie des Pragmatismus an, ehe sie sich dem Marxismus-Leninismus zuwandten. Die zerbrechende innerweltlich-diesseitige Ordnung des Konfuzianismus schuf eine Leere, in die innerweltlich-diesseitige westliche Gedanken einströmten.

Sun Yat-sen (1866-1925), erster (provisorischer) Präsident der Republik China

Chiang Kaishek (1887–1975), General, 1928 erstmals Staatschef der Republik China; 1949 Flucht nach Taiwan.

Kuomintang und KPCh

Sun Yat-sen und die Regierung der Kuomintang in Kanton teilten die tiefe Enttäuschung über die Behandlung Chinas auf der Pariser Friedenskonferenz durch die westeuropäischen Staaten und die USA. Die Distanz zum Westen wurde größer, als auf der Washingtoner Konferenz 1921/22 die Pekinger Regierung von den Westmächten und

Japan nicht die Beseitigung der ausländischen Sonderrechte erreichen konnte, sondern China weiter als wirtschaftliches Ausbeutungsobjekt behandelt sah.
Die Pekinger Regierung wandte sich an die Sowjetunion, die sich wiederholt zur Aufhebung der „ungleichen Verträge" aus der Zarenzeit bereiterklärte. 1924 wurde ein entsprechender Vertrag – allerdings ohne die Frage der Gebietsrückgabe an China zu berühren – abgeschlossen.
Die Sowjetunion gewann durch Beauftragte der Komintern (vgl. S. 40), die sie nach China schickte, Einfluß auf die weitere Entwicklung. 1921 wurde von westlich gebildeten Intellektuellen die „Kommunistische Partei Chinas" (KPCh) gegründet. Wie die „4. Mai-Bewegung" forderte auch sie eine kulturelle Revolution: Die Verdrängung der alten Schriftsprache (vgl. Bd. K5) durch die einfachere Umgangssprache sollte die Voraussetzung für die Verbreitung des revolutionären Gedankengutes schaffen. Trotz der im Weltkrieg rasch gewachsenen Industrialisierung, vor allem in den Hafenstädten, gab es nur ein zahlenmäßig kleines Industrieproletariat (1927 erst 1,5 Millionen). So blieb die KPCh zunächst vorwiegend eine kleine Gruppe revolutionärer Intellektueller.
Neben der Regierung in Peking nahm auch die in Nanking Verbindung mit Moskau auf. Sun Yat-sen verhandelte mit Komintern-Agenten, die entsprechend Lenins Taktik ein Bündnis mit den nationalen Gegnern des Imperialismus suchten, auch wenn diese einer „bürgerlichen" Position nahestanden. Die von Lenin in der Sowjetunion eingeleitete „Neue Ökonomische Politik" (vgl. S. 30) kam Suns Vorstellungen über eine Agrarreform in China entgegen und erleichterte seinen Entschluß zu einem taktischen Bündnis mit der Sowjetunion. In 1924 formulierten Grundsätzen forderte Sun für die Politik seiner Partei, der Kuomintang, einen eigenen chinesischen Weg zur Überwindung der Probleme Chinas. Hauptziele waren die nationale Souveränität, die Errichtung einer „Volksherrschaft" – gedacht als Einpartei-Herrschaft der Kuomintang – und eine Agrarreform, die die Bauern – bisher meist verarmte Pächter – zu Eigentümern des Bodens machen sollte, deren Arbeit nicht aus Gewinnstreben, sondern für die „Volksernährung" erfolgen müsse. Es wurde für die weitere Entwicklung Chinas folgenreich, daß Suns Nachfolger Chiang Kaishek die Agrarreformpläne Suns fallenließ.
Die KPCh war nur unter dem Druck Moskaus zum Zusammengehen mit der Kuomintang bereit. Kommunisten (1923 rund 300 Mitglieder der KPCh, 1925 etwa 10000) wurden Mitglieder der Kuomintang (1923 etwa 150000 Mitglieder) und besetzten wichtige Posten, unter ihnen waren Zhou Enlai und Mao Dsedong. Die hierarchische Umorganisation der Kuomintang nach sowjetischem Vorbild festigte Sun Yat-sens Stellung an ihrer Spitze.
Nach Sun Yat-sens Tod 1925 wurde General Chiang Kaishek (1887–1975) sein Nachfolger. In Suns Auftrag hatte er 1923 in Rußland den Aufbau der Roten Armee studiert und dann in China mit Unterstützung sowjetischer Berater eine Militärakademie in Whampoa gegründet, in der der Kommunist Zhou Enlai als politischer Kommissar tätig war.
In den Jahren der Zusammenarbeit der beiden Parteien kam es zu antiimperialistischen Demonstrationen, die sich auch gegen die christlichen Missionen richteten, obwohl Chiang ebenso wie sein Schwager Sun Christen geworden war. Während eines großen nationalistischen, gegen die Fremden und ihre Vorrechte gerichteten Aufruhrs in Shanghai schoß britische Polizei in die Menge.
Unter dem Befehl Chiang Kaisheks eroberte die Kuomintang-Armee 1926/7 die Provinzen Süd- und Mittelchinas. Von einigen Generalen nördlicher Provinzen wurde sie unterstützt. Unerwartet ließ Chiang, der einen kommunistischen Aufstand gegen sich befürchtete, 1926 alle Kommunisten aus leitenden Stellungen innerhalb der Kuomintang entfernen. Er sah in der KPCh ein Instrument Moskaus, das der sowjetischen Politik, nicht aber den nationalen Zielen Chinas diene. Trotzdem suchte er weiter die Unterstützung Moskaus im Kampf gegen „Warlords", lokale militärische Machthaber des Nordens, die ihre Privatpolitik verfolgten. Während Trotzkij den chinesischen Nationalismus als unvereinbar mit den Zielen der kommunistischen Weltrevolution ablehnte,

hielt Stalin an der Unterstützung der Kuomintang aus taktischen Gründen fest: Er wollte helfen, den japanischen und britischen Einfluß auf China zu zerstören. Obwohl daher die KPCh weiter mit der Kuomintang zusammenarbeiten mußte, gewann sie in Städten wie Shanghai und Nanking 1927 zunehmend eigenes Gewicht. Da wandte sich Chiang endgültig gegen die Kommunisten: Seine Truppen besetzten Shanghai und Nanking und verfolgten die Anhänger der KPCh. Jetzt wurden auch die sowjetischen Berater vertrieben. Der Bruch Chiangs mit der KPCh und der UdSSR war endgültig.

Im Juni 1928 marschierte die Kuomintang-Armee in Peking ein. Chiangs Macht reichte über nahezu ganz China. Da er sich auf Militär, Grundbesitzer und Geschäftsleute stützte, verlor für ihn Sun Yat-sens Programm der Agrarreform jede Bedeutung. Sciner nahmen sich der abgespaltene linke Flügel der Kuomintang und die Kommunisten an. Unter ihnen erkannte vor allen anderen Mao Dsedong die große Bedeutung der Bauern für die weitere chinesische Geschichte. 1926 hatte ihn die KPCh beauftragt, die Lage der Bauern in seiner Heimatprovinz Hunan zu untersuchen. Dort war er selbst als Sohn eines Bauern aufgewachsen. In seinem „Bericht über eine Untersuchung der Bauernbewegung in Hunan“ schrieb er 1927: „Ohne arme Bauern gibt es keine Revolution. Sie abzulehnen heißt die Revolution abzulehnen.“ Die von Mao mit rund zwei Millionen Mitgliedern organisierte Bauernbewegung in Hunan wurde zum Ausgangspunkt der kommunistischen Agrarrevolution.

Die Herrschaft der Kuomintang-Regierung 1927–1937

Nach dem Einmarsch der Kuomintang-Truppen in Peking war China weitgehend von der „Nationalregierung der Republik China“ in Nanking beherrscht, wenn auch vereinzelte „Warlords“ noch weiterkämpften und vor allem der Widerstand der Kommunisten nicht gebrochen werden konnte. Es gelang der Regierung, die meisten Sonderrechte für Ausländer aus der Zeit des Imperialismus aufzuheben, so vor allem die Exterritorialitätsrechte. Die wirtschaftlich-

Mao Dsedong und Zhou Enlai

technische Modernisierung Chinas wurde vorangetrieben. Aber die Handelsbilanz blieb passiv, da China – 85% der Bevölkerung waren 1936 noch Bauern – nahezu nur billige Rohstoffe ausführen konnte. Japan wurde zum größten Handelspartner Chinas. Japanische Investitionen in China machten 1936 rund 40% der ausländischen Investitionen aus und lagen damit erheblich über denen Großbritanniens.

Das größte innenpolitische Problem der Kuomintang-Regierung war die Auseinandersetzung mit den Kommunisten. Im Gegensatz zur offiziellen, von Moskau abhängigen Haltung der KPCh sah Mao Dsedong nicht im – zahlenmäßig schwachen – städtischen Proletariat, sondern in der Masse der Bauern die Grundlage einer kommunistischen Revolution in China. 1928 errichtete er in der Provinz Kiangsi (Jiangxi) unter den Bauern ein Sowjetregime; dorthin flüchtete 1932 die von der Kuomintang vertriebene Führung der KPCh. Chiang Kaishek war infolge seiner Abhängigkeit von Kaufleuten und Grundherren zu einer Agrarreform, die die Bauern vom Kommunismus hätte fernhalten können, nicht in der Lage. Er ging militärisch gegen die Kommunisten vor und beseitigte 1934 die Sowjetrepublik in Kiangsi. Mao führte die kommunistischen Truppen in einem verlustreichen 11 000 km-„Langen Marsch" (Herbst 1934 bis Herbst 1935) in die Provinz Shensi (Shânxi) in Nordwestchina. Dort errichtete er – inzwischen Führer der Partei – in dem unwegsamen Gebiet einen neuen kommunistischen Staat. Chiang konnte gegen ihn wenig unternehmen, da seine militärischen Kräfte durch die zunehmende Intervention Japans in China mehr und mehr beansprucht wurden.

1934/1935

Mit der Festigung der Kuomintang-Regierung sah Japan seine wirtschaftlichen Interessen bedroht. Besonders fürchtete es, die Vorherrschaft in der Mandschurei zu verlieren. Ein von den Japanern provozierter Zwischenfall in Mukden (Shenyang) 1931 lieferte den Vorwand zur militärischen Besetzung der Mandschurei durch sie. 1932 wurde unter japanischem Protektorat der von China unabhängige Staat Mandschukuo errichtet. Als der Völkerbund sich gegen die Japaner wandte, traten sie aus ihm aus (1933). Zunächst suchte Chiang Kaishek die offene Auseinandersetzung mit dem militärisch und industriell weit überlegenen Japan zu vermeiden, ehe nicht die innere Einheit Chinas durch Niederwerfung der Kommunisten erreicht war. Da dies nicht gelang, wurde er 1936 zu einem – von Stalin geförderten – Zweckbündnis mit den Kommunisten gezwungen, die in ihm denjenigen sahen, der China im nationalen Kampf gegen Japan führen könne. Zhou Enlai sah dieses Bündnis als Schritt zum Sieg des Kommunismus in China: „Der erste Tag des antijapanischen Krieges wird den Anfang des Endes für Chiang Kaishek bedeuten."

Der japanisch-chinesische Krieg 1937–1945

Ein unbedeutendes Feuergefecht zwischen japanischen und chinesischen Truppen auf der Marco-Polo-Brücke bei Peking am 7. Juli 1937 wurde zum Anlaß eines japanischen Angriffs und damit des offenen, nie offiziell erklärten Krieges zwischen China und Japan. Die an moderner Ausrüstung weit überlegenen japanischen Truppen eroberten noch 1937 Peking, Shanghai und Nanking. Die KMT-Regierung wich nach Chunking (Chiongqing) im oberen Yangtse-Tal aus. Gebirge und fehlende Straßen machten die Stadt für die Japaner kaum erreichbar. Die Sowjetunion lieferte der KMT-Regierung Kriegsmaterial, da sie ein Interesse daran hatte, japanische Kräfte in China zu binden. Die USA begannen, dem japanischen Streben nach Vorherrschaft in Ostasien entgegenzuwirken: Die „Quarantäne-Rede" Präsident Roosevelts vom 5. 10. 1937 (vgl. S. 126) deutete die zu erwartende Abkehr von der isolationistischen Politik der USA an. Seit 1939 lieferten die USA an Japan kein kriegswichtiges Material mehr; China erhielt Kredite.

Bis 1940 hatten die Japaner die wirtschaftlich wichtigsten chinesischen Provinzen unter ihre Herrschaft gebracht und kontrollierten die Küste: Nationalchina hatte damit seine wichtigsten Einnahmequellen verloren und war von allen Zufuhren über See abgeschnitten. Großbritannien gewährte Kredite und lieferte Material über eine von Burma aus gebaute Straße. Die Japaner setzten in den von ihnen beherrschten Gebieten Chinas eine Marionettenregierung ein. Dort organisierten vor allem die chinesischen Kommunisten den Widerstand, in dem sich die unterschiedlichsten Gruppen zusammenfanden.

Der 1939 von Deutschland begonnene europäische Krieg verflocht sich bald mit dem asiatischen. 1940 mußte England unter dem Druck der militärischen Lage in Europa (vgl. S. 193) der japanischen Forderung nach Einstellung der Lieferungen über die Burma-Straße an die KMT-Regierung entsprechen. Die Spannungen zwischen den Westmächten und Japan wegen China führten 1940 mit zum Dreimächtepakt zwischen Japan, Deutschland und Italien (vgl. S. 145), in dem unter anderem die Neuordnung Ostasiens im Sinne Japans deklariert wurde. Der im April 1941 zwischen Japan und der UdSSR geschlossene Neutralitätspakt ging auf Kosten Chinas: Japan erkannte die sowjetischen Interessen an der äußeren Mongolei, die UdSSR die japanischen Interessen an Mandschukuo an.

Die Einbeziehung der USA in den asiatischen und europäischen Krieg im Dezember 1941 änderte die Lage in China. Für Japan wurde der Krieg mit den USA zunächst wichtiger als die weitere Eroberung Chinas;

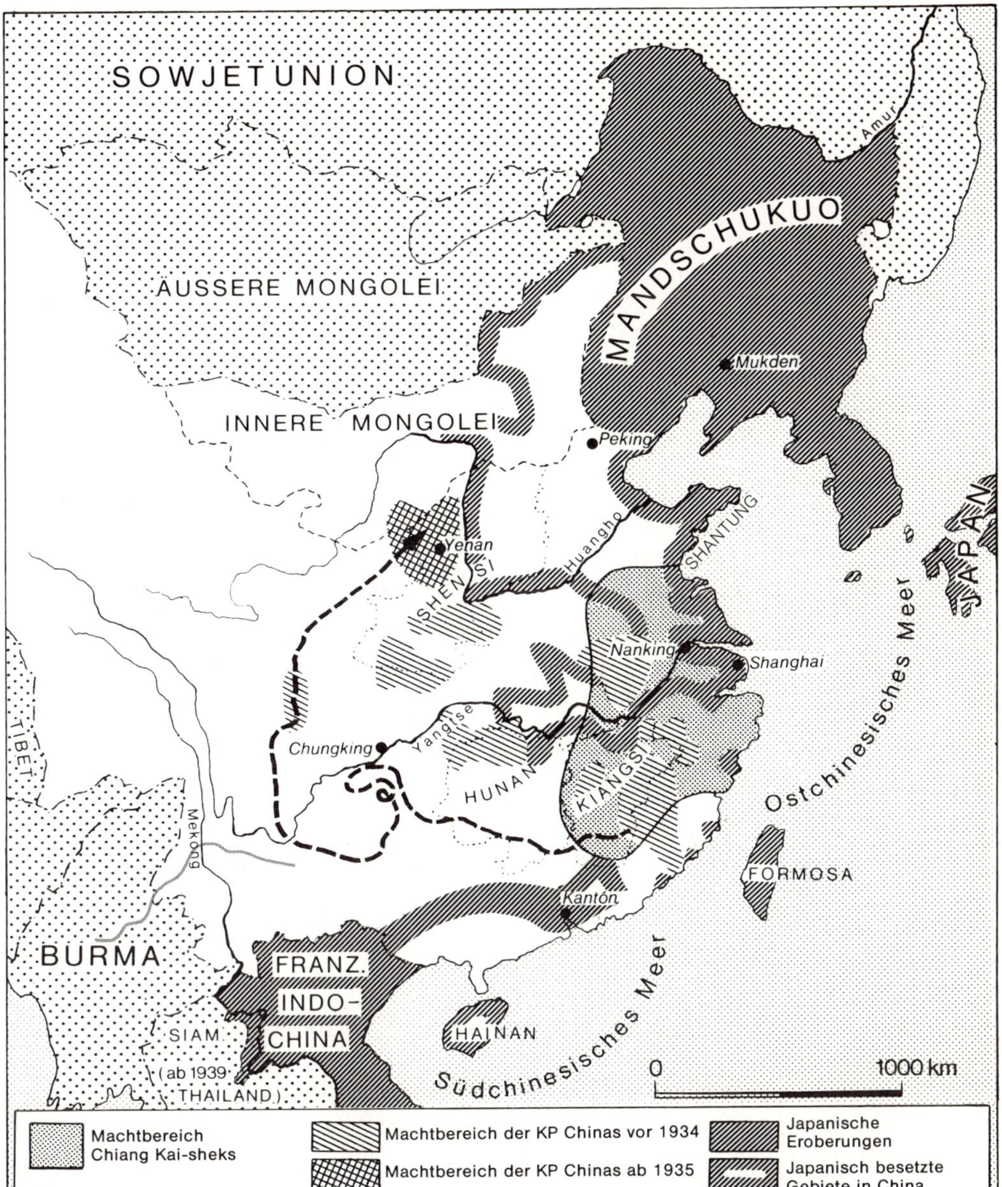

China 1912–1945

die USA konzentrierten entsprechend der alliierten Politik, „Germany first" niederzuringen (s. S. 197), ihre Kräfte zunächst in Europa. China erhielt auf dem Luftweg von Indien aus Materiallieferungen, da die Burma-Straße bis 1944 durch Japan unterbrochen war. Trotz der verminderten militärischen Bedrohung sank die Widerstandsfähigkeit Nationalchinas. Inflation und Korruption nahmen rasch zu, die ungelöste Agrarfrage spaltete die Gesellschaft immer stärker. Auch minderten die oft brutale Art der Einziehung der Bauernsöhne zur Armee und die häufig rüde Behandlung der Bauern durch die eigene Armee das Ansehen der Kuomintang-Regierung ständig, zumal die Kommunisten sich nichts dergleichen zuschulden kommen ließen. Die als Folge des „Lend-and-Lease"-Gesetzes von 1941 (vgl. S. 126) umfangreichen amerikanischen Lieferungen wurden häufig mehr zur Bereicherung der Regierenden als zum Kampf gegen Japan benutzt. Sowohl KMT wie KPCh begannen als wichtigste Aufgabe die Vorbereitung auf die Nachkriegszeit zu sehen und den Kampf gegen Japan vorwiegend den USA zu überlassen. Im Gegensatz zur moralisch korrupten KMT-Regierung ließen sich die Kommunisten aber vorwiegend von ihren Idealen leiten und gewannen bei der Bevölkerung Sympathien.

Chiang Kaishek verstand es, die Alliierten durch Drohung mit einem chinesisch-japanischen Separatfrieden zu erpressen, denn immerhin waren etwa zwei Millionen japanische Soldaten auf dem besetzten chinesischen Territorium eingesetzt. 1941 wurde Nationalchina von Roosevelt zur vierten gleichberechtigten Weltmacht neben USA, Großbritannien und der UdSSR erklärt, die die Ordnung der Nachkriegszeit mit schaffen und garantieren sollte. 1943 verzichteten die Alliierten auf alle noch verbliebenen Sonderrechte aus den „ungleichen Verträgen" der Vorkriegszeit.

Da die japanischen Angriffe vornehmlich auf Ost- und Südostchina gerichtet waren, konnte die kommunistische Herrschaft unter Mao Dsedong in der nordwestchinesischen Provinz Shensi nach der Einigung mit Chiang 1936 relativ ungestört ausgebaut werden. Die KPCh wurde bis 1945 zur zweitgrößten kommunistischen Partei nach der KPdSU. Die reguläre Rote Armee Maos wuchs auf über 900000 Mann, zu denen noch Guerilla-Verbände kamen. Maos Auslegung des Marxismus-Leninismus, die den chinesischen Verhältnissen angepaßt war, setzte sich durch. Der Großgrundbesitz wurde enteignet, das Land gemeinsam bewirtschaftet. Gleichstellung der Frauen, kommunistische Jugenderziehung und ideologische Schulung der Armee prägten eine andere Gesellschaft in Shensi.

Im Februar 1945 verständigten sich die Westmächte mit Stalin auf der Konferenz von Jalta (vgl. S. 213f.) über den Kriegseintritt der Sowjetunion gegen Japan. Stalin erhielt dafür ohne Wissen Nationalchinas die endgültige Abtretung der Äußeren Mongolei von China sowie Einflußnahme auf die Mandschurei zugesichert. Frühere Rechte Rußlands aus der Zeit vor 1905 wurden wiederhergestellt (vgl. Bd. K3). Als diese Beschlüsse in China bekannt wurden und Chiang Kaishek ihnen unter amerikanischem Druck zustimmen mußte, fühlten sich viele Chinesen von den Westmächten hintergangen. Als die Japaner im August 1945 aus der Mandschurei und der Inneren Mongolei abzogen, rückten sowjetische Truppen ein.

Die Kapitulation Japans beendete am 2. 9. 1945 auch den japanisch-chinesischen Krieg. Die von den USA unterstützte Nationalregierung stand vor der Aufgabe, das verarmte Land, das seit 1911 keine einheitliche Verwaltung mehr kannte, zu regieren, die Wirtschaft zu sanieren, die Geldentwertung zu überwinden und vor allem die Hungersnot zu beseitigen. Entscheidend wurde, wie sich das Verhältnis zwischen KMT und KPCh entwickelte.

4. Japan

Seit sich Japan 1853/4 dem Handel mit den USA öffnen mußte, hatte sich in der Zeit des Kaisers Meji (1868–1912) eine tiefgreifende Umgestaltung nach europäischen Vorbildern vollzogen. Das Feudalsystem war beseitigt, das Rechtswesen umgestaltet, das Heer nach preußischem Vorbild reorganisiert, eine Kriegsflotte erworben und der Übergang zu einem konstitutionellen Regierungssystem eingeleitet worden. Es gab Ansätze zur Bildung politischer Parteien. Die alte Gesellschaftsstruktur begann sich zu lockern. Die Industrialisierung nahm rasch zu. Als Folge des starken Bevölkerungsanstiegs (Verdoppelung zwischen 1867 und 1913 auf 52 Millionen) waren genügend Arbeitskräfte vorhanden, deren Lernfähigkeit und Bedürfnislosigkeit den schnellen Anstieg billiger Produktion ermöglichten. Volle internationale Gleichberechtigung und seine Stellung als neue Großmacht zeigten sich im Krieg gegen Rußland 1904/5, der mit dem ersten Sieg einer nichteuropäischen Macht über eine europäische Großmacht en-

Der japanische Kaiser Meji läßt sich in der Zeughausgießerei von Yokosuka europäische Techniken vorführen.

dete (s. Bd. K3). Durch mehrere Abkommen und Verträge war die japanische imperialistische Expansion in Ostasien erfolgreich vorangekommen. Die Vormachtstellung in China war von Großbritannien auf Japan übergegangen.

Bei Ausbruch des Ersten Weltkriegs war das japanische Herrschaftsgebiet über die Kurilen, Südsachalin, Korea, die Riu-Kiu-Inseln bis Formosa ausgedehnt und umfaßte mehrere Einflußzonen in China. Die gegenseitige Fesselung der europäischen Mächte während des Krieges nutzte Japan, um durch Teilnahme auf der Seite der Alliierten die deutschen Besitzungen in Ostasien zu gewinnen und den Einfluß auf China zu erweitern. Der Friedensvertrag von Versailles gab Japan die ehemals deutschen Gebiete in Ostasien als Mandate des Völkerbundes. Der Ausdehnung des Einflusses auf China aber widersetzten sich die USA. Auf der Konferenz von Washington 1921/2 (vgl. S. 120) mußte Japan eine Einschränkung seines Ausdehnungsstrebens hinnehmen. Gebunden durch das Flottenabkommen, das das Kräfteverhältnis der fünf Seemächte Großbritannien, USA, Japan, Frankreich und Italien festlegte, und durch das Pazifik-Abkommen, das den Besitzstand der USA, Großbritanniens, Frankreichs und Japans im Pazifik garantierte, stimmte es einer Vereinbarung über die Integrität Chinas und dem Grundsatz der „offenen Tür" zu, zog seine Truppen aus Shantung ab und gab Kiautschou an China zurück. Während der Wirtschaftsdepression (vgl. S. 51 ff.) nutzte es die wirtschaftlichen und sozialen Schwierigkeiten der Großmächte, um die Mandschurei 1931 zu unterwerfen, die als Kaiserreich Mandschukuo nominell unabhängig, faktisch jedoch japanisches Protektorat wurde. Als der Völkerbund die Aggression verurteilte, erklärte Japan 1933 seinen Austritt – eine Reaktion, die zum erstenmal die politische Weltordnung von 1919 offen in Frage stellte.

Als Ersatz für die Absatzmärkte in China, die Japan nach dem Weltkrieg verlorengegangen waren, reichte das Gebiet der Mandschurei bei weitem nicht aus. Die schwere Wirtschaftskrise in Japan hielt an, die Bevölkerung nahm rasch zu (1937: 69 Millionen), die Industrialisierung vollzog sich in immer schnellerem Tempo. Ohnehin beunruhigt durch die Einigung und zunehmende Konsolidierung Chinas unter der Kuomintangregierung und in der Absicht, sich mehr Lebensraum zu verschaffen und neue Rohstoffquellen zu erschließen, kündigte Japan 1934 das Washingtoner Flottenabkommen und schloß mit Deutschland 1936 den Antikominternpakt (vgl. S. 175). Durch die lasche Haltung der Großmächte gegenüber der Eroberung Abessiniens durch Italien (vgl. S. 144) ermutigt, nahm es den Zwischenfall an der Marco-Polo-Brücke bei Peking zum Anlaß, den Krieg mit China zu beginnen (vgl. S. 114).

1937

Dieser expansive imperialistische Vorstoß in den chinesischen Raum war der Anfang des großangelegten Versuchs, ganz Ostasien unter der militärischen, politischen und wirtschaftlichen Herrschaft Japans neu zu ordnen. Der Einfluß der europäischen Mächte und der USA sollte ausgeschaltet („Asien den Asiaten"), durch kontinentale und maritime Expansion ein japanisches Imperium geschaffen werden.

Innenpolitisch trat ein immer radikaler werdender Nationalismus hervor, Militärs gewannen zunehmend an Einfluß. 1938 räumte ein Mobilisierungsgesetz der Regierung im Kriegsfall weitgehende Vollmachten ein (Pressezensur, Wirtschafts- und Arbeitsmarktkontrolle). 1940 wurden die Parteien aufgelöst, eine nationale Einheitsbewegung trat an ihre Stelle.

Den weltweiten Spannungen, die sich aus der japanischen Politik ergaben, suchte die Regierung 1940 durch die Unterzeichnung des Dreimächteabkommens mit Deutschland und Italien sowie 1941 durch den Abschluß eines Neutralitäts- und Nichtangriffspakts mit der Sowjetunion zu begegnen. Der Angriff auf China hatte die Beziehungen zu den USA nachhaltig verschlechtert. Die Kündigung des Handelsvertrages von 1911 durch die USA (1939), die Einstellung kriegswichtiger Rohstofflieferungen aus den USA (Öl, Schrott), die diplomatische und wirtschaftliche Unterstützung Chinas durch die Vereinigten Staaten verschärften die politischen Spannungen und beeinträchtigten die wirtschaftliche Lage des rohstoffarmen Japan erheblich. Japan brauchte für die Verwirklichung seiner Ziele den Ausgleich mit den USA, war aber nicht bereit, die amerikanische Forderung nach einem Rückzug aus China, der diesen Zielen widersprach, zu erfüllen.

Der im Oktober neu ernannte nationalistische Ministerpräsident General Tojo eröffnete am 7. Dezember 1941 durch den See- und Luftangriff auf amerikanische Flotteneinheiten in Pearl Harbor den Krieg mit den USA (vgl. S. 197).

Einwohnerzahl Japans (in Mill.)

1893	41,3
1914	53,3
1920	56,0
1930	64,4
1940	73,1
(Zum Vergleich: 1989 123,3)	

Alliiertes Plakat zur Expansion Japans

Japanische Truppen besetzen Peking (Beijing), Juli 1937

VI. Tendenzen in der Politik der drei westlichen Großmächte

1920	Der amerikanische Senat ratifiziert den Versailler Vertrag nicht: isolationistische Außenpolitik der USA, kein Beitritt zum Völkerbund	1931	Statut von Westminster: Gleichberechtigung der Dominions
1920–1933	Alkoholprohibition in den USA	1933	Beginn der New-Deal-Politik des amerikanischen Präsidenten Franklin D. Roosevelt
1922	Washingtoner Flottenabkommen	1935	Beginn der englischen „Appeasement-Politik" gegenüber Deutschland
1928	Kellogg-Pakt zur Ächtung des Krieges	1936/37	„Volksfrontregierung" in Frankreich
1929, Okt.	Kurszusammenbruch an der New Yorker Börse: Ausbruch der Weltwirtschaftskrise	1937	„Quarantäne-Rede" des amerikanischen Präsidenten Roosevelt

1. USA

Isolationistische Außenpolitik

Als die republikanische Mehrheit des Senats im März 1920 die Ratifizierung des Versailler Vertrags ablehnte, vollzog sich eine Wendung in der amerikanischen Außenpolitik. Sie entsprach einer verbreiteten Stimmung im Land, das – des Krieges und der Auseinandersetzung mit europäischen politischen Problemen müde – im Rückzug auf sich selbst die besten Chancen für den weiteren Aufstieg sah. Man hielt die USA für stark genug, um frei von Bündnissen und ihren möglichen Implikationen bei außenpolitischen Entscheidungen leichter das eigene Interesse wahren zu können. Damit mußte der Völkerbund, dem die USA fernblieben, ein nahezu unwirksames Instrument internationaler Politik werden. Im August 1921 schlossen die USA einen separaten Friedensvertrag mit Deutschland ab. Der Rückzug der USA aus der Weltpolitik war von größter Bedeutung für die Politik der Zwischenkriegszeit.

Die USA hatten ihre Armee auf 100000 Mann abgerüstet und waren – im Besitz einer starken Flotte und gesichert durch die geographische Lage zwischen den großen Ozeanen – an einer umfassenden Abrüstung interessiert. Auf der Washingtoner Abrüstungskonferenz im Winter 1921/22 wurde die Tonnage der schweren Kampfschiffe der USA, Englands, Japans, Frankreichs und Italiens im Verhältnis 5 : 5 : 3 : 1,75 : 1,75 festgelegt. Die relative Stärke der amerikanischen Seemacht blieb damit erhalten. Die Briten hatten ihren Anspruch, führende Seemacht zu sein, aufgeben müssen. Japan war eine Gleichberechtigung versagt geblieben. Allerdings war es nicht gelungen und gelang auch bei einem neuen Versuch 1927 nicht, die Tonnagebeschränkung auch auf U-Boote anzuwenden.

1922

Auf der Washingtoner Konferenz kamen die Westmächte und Japan außerdem überein, ihren Besitzstand im Pazifik zu achten und Streitigkeiten durch ein Schiedsgericht beizulegen. Die Unabhängigkeit Chinas wurde von allen an der Konferenz teilnehmenden Staaten garantiert, für den Handel mit China sollte der Grundsatz der „Offenen Tür" gelten, d.h. daß der chinesische Markt für die expansive Außenwirtschaft der Großmächte offenstand.

Aus wirtschaftlichen Gründen griffen die USA seit Anfang des Jahrhunderts immer wieder in Wirren in den lateinamerikanischen Staaten ein, über die sie eine Art polizeilicher Aufsichtsfunktion beanspruchten. Erst zu Beginn der dreißiger Jahre wurde diese Interventionspolitik zugunsten amerikanischer Wirtschaftsinteressen eingeschränkt, und Präsident Roosevelt begann eine „Good Neighbour Policy“ mit den lateinamerikanischen Staaten, die aber die Ressentiments gegen den mächtigen Nachbarn aus dem Norden nicht abbauen konnte, zumal das amerikanische Kapital an einer weiteren Ausnutzung der Rohstoffvorräte und Naturprodukte (z. B. Kautschuk, Bananen) interessiert blieb.

Auf Anregung des französischen Außenministers Briand erreichte der amerikanische Außenminister Kellogg am 27. 8. 1928, daß

1928

fünfzehn Staaten in Paris einen Vertrag zur Ächtung des Krieges unterzeichneten. Obwohl die meisten Staaten der Erde dem Vertrag beitraten, blieb er wirkungslos, da seine Einhaltung nur vom guten Willen der Staaten abhing.

Die Innenpolitik der zwanziger Jahre

Überdruß an dem außenpolitischen Engagement der Kriegsjahre, Abneigung gegen die seit dem Krieg ausgedehnte staatliche Bürokratie und auch die Krankheit Wilsons brachten im November 1920 bei den Präsidentschaftswahlen den Republikanern den Sieg. Sie stellten bis 1933 die Präsidenten (Warren Harding 1921–23, Calvin Coolidge 1923–29, Herbert Hoover 1929–33). Zahlreiche Streiks gegen schwere Arbeitsbedingungen, Bombenanschläge und Gewaltakte verunsicherten 1919 und 1920 die Bevölkerung und lösten die staatliche Verfolgung Verdächtiger, meist Eingewanderter oder als Kommunisten Angesehener, aus. In dieser Atmosphäre traf Hardings Wahlslogan „Back to Normalcy“ den Wunsch vieler: Er gewann – ohne klares politisches Programm – 61% der Stimmen. Unter Normalcy verstanden die Republikaner die Einschränkung der Regierungstätigkeit zugunsten einer die Dinge selbst regulierenden Privatinitiative. Korruptionsaffären schädigten das Ansehen der Regierung, die immer mehr in die Abhängigkeit vom „Big Business“ geriet. Unter Coolidge wurden erhebliche Steuersenkungen zugunsten der Reichsten durchgesetzt.

Belastet wurde die amerikanische Gesellschaft durch das Alkoholverbot, das im Krieg aus wirtschaftlichen Gründen (Getreideeinsparung, Arbeitsausfall durch Alkoholismus) die zur Verfassungsänderung erforderliche Dreiviertelmehrheit der Bundesstaaten gefunden hatte (1920 in Kraft). Bis zur Aufhebung der Prohibition 1933 umgingen kleine und große Schmuggler das Gesetz. Gangsterbanden machten mit Einfuhr und Verteilung von Alkohol große Geschäfte und trugen als brutale Konkurrenten auf dem lukrativen Alkoholmarkt blutige Auseinandersetzungen aus. In manchen großen Städten wurde die Macht der Gangsterbosse größer als die der Polizei. Auf dem flachen Land im Mittelwesten und

„Die einzige Art, damit fertig zu werden.“ – Zeitgenössische Karikatur zum Einwanderungsproblem, 1921

Auswirkungen des Gesetzes zur Beschränkung der Einwanderung von 1921. (Nach: Current/Williams/Freidel, American History, New York 1966)

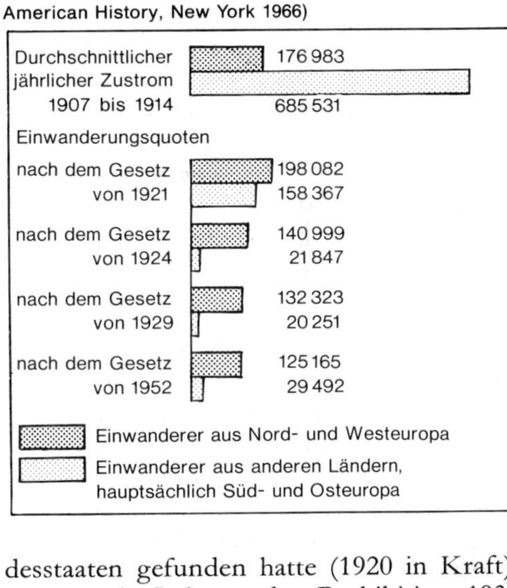

in den Südstaaten dagegen war um die Mitte der zwanziger Jahre der nicht minder kriminelle Ku-Klux-Klan mächtig, der sich als Hüter der Sitte aufspielte und mit Lynchjustiz gegen Prohibitionsgegner, Juden, Neger und Katholiken vorging. Zeitweise stieg seine Anhängerschaft auf Millionen.
In dieser Atmosphäre von Fremdenfeindlichkeit, wirtschaftlichem Konkurrenzneid und Furcht vor Verbrechen wurden 1921 durch Gesetz Höchstgrenzen fur Einwanderer aus den einzelnen Ländern festgelegt: jährlich 3% der 1910 aus dem jeweiligen Land stammenden Amerikaner. 1924 wurde das Gesetz weiter verschärft: Nur noch 2% und als Stichjahr wurde 1890 festgesetzt, als die große Einwanderungswelle aus Ost- und Südeuropa erst begonnen hatte. Damit wurde die Einwanderung von Süd- und Osteuropäern stark eingeschränkt; die Einwanderung von Asiaten wurde nahezu ganz unterbunden. Aus der Sowjetunion, Italien und in den dreißiger Jahren aus Deutschland emigrierende Gelehrte und Künstler waren für die geistige Kapazität Amerikas ein großer Gewinn.

Wirtschaft und Wirtschaftskrise

Bei Ausbruch des Ersten Weltkriegs kannte die amerikanische Wirtschaft so gut wie keine staatlichen Eingriffe, das Antitrustgesetz und eine Bundesbehörde zur Kontrolle zwischenbundesstaatlicher Verkehrsmittel waren die einzigen staatlichen Regulative neben der aus der Mitte des neunzehnten Jahrhunderts stammenden Schutzzoll-Politik. Als 1913 der Demokrat Woodrow Wilson Präsident geworden war, übernahm er die auf stärkere staatliche Kontrolle der Industrie gerichteten Ziele des „Progressive Movement“. Die Zölle wurden gesenkt, die bestehenden Kontrollgesetze schärfer angewandt und erstmals progressive Einkommensteuern eingeführt. Damit begann der Staat, die in der Zeit des ungehinderten „Laisser-faire“ entstandene steile Pyramide der Vermögensverteilung zugunsten der unteren Schichten abzuflachen und größere Mittel für Staatsaufgaben zu beanspruchen. Die Einführung des Achtstundentages – eine alte Forderung der nach schrittweisen Reformen strebenden gewerkschaftlichen Dachorganisation „American Federation of Labor“ (AFL) – war ein erster Schritt zu gesicherten Arbeitsbedingungen.
Der Krieg hatte zwangsläufig den Umfang der Staatseingriffe in die Wirtschaft stark ausgedehnt. Damit verbundene Freiheitsbeschränkungen und wirtschaftliche Anpassungsschwierigkeiten der unmittelbaren Nachkriegszeit, die sich in Streiks entluden, beendeten mit dem Ende der Amtszeit Wilsons 1920 auch den Einfluß des „Progressive Movement“.
Erste Anfänge einer Sozialgesetzgebung wie das Verbot der Kinderarbeit und die Festsetzung von Mindestlöhnen für Frauenarbeit, die während der Präsidentschaft Wilsons gemacht wurden, hob der Oberste Gerichtshof bald als verfassungswidrig auf. Das Antitrustgesetz wurde in den zwanziger Jahren weit ausgelegt, so daß z. B. in der Automobilindustrie Ford und General Motors zu riesigen Konzernen werden konnten. Die „Wirtschaftspolitik des nationalen Egoismus“, die die republikanischen Präsidenten nach Wilson betrieben, brachte die Rückkehr zur protektionistischen Zollpolitik. Dadurch isolierte sich die amerikanische Industrie weitgehend vom Welthandel, weil die europäischen und asiatischen Staaten kaum in der Lage waren, amerikanische Waren einzuführen, solange ihnen selbst der amerikanische Markt verschlossen blieb. Das traf vor allem die amerikanische Landwirtschaft. Deren durch starke Verschuldung der Farmer ermöglichte Produktionsausweitung während des Krieges brachte jetzt unabsetzbare Überschußernten und Preisverfall und damit Not für die verschuldeten Farmer. Zwischen 1919 und 1929 ging der Anteil der Landwirtschaft am Sozialprodukt um 50% zurück, der Gesamtwert des Ertrages sank um etwa 45%.

Hypothekenlasten auf Farmen

1910	3,3 Mrd. $
1920	6,7 Mrd. $
1925	9,4 Mrd. $

Im gleichen Zeitraum verdoppelte sich die Industrieproduktion. Rationalisierte Fertigungsmethoden und Herstellung von Massenprodukten waren ihre Kennzeichen. Das Bild der Städte änderte sich rasch: Wolkenkratzer – mehr Symbole der Wirtschaftsgesinnung als nur Zweckbauten – sind die Re-

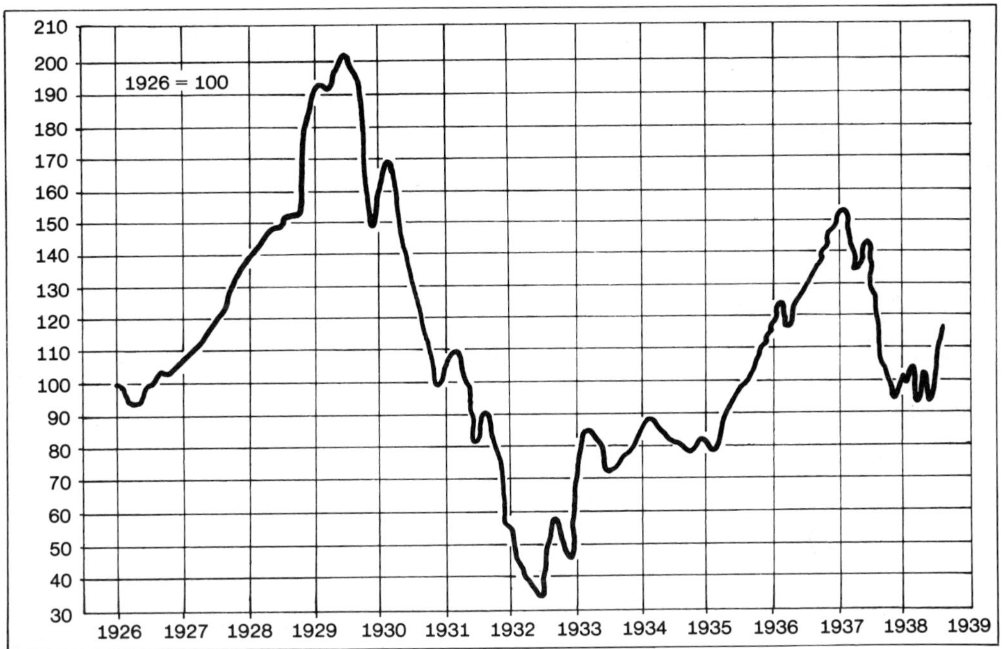

Kurse an der New Yorker Aktienbörse 1926–1938 (Standard Statistics Index; 1926 = 100). Nach: Ch. P. Kindleberger, Die Weltwirtschaftskrise 1929–1939, München 1973

präsentationsbauten der zwanziger Jahre. Die explosionsartige Zunahme der Automobilproduktion veränderte die Verkehrsstruktur; 1929 besaß schon jeder fünfte Amerikaner ein Auto, die Jahresproduktion betrug 5,3 Millionen Fahrzeuge, von denen die meisten auf Abzahlung in Raten gekauft wurden, wodurch das Kreditwesen stark aufgebläht wurde. Als Folge der Motorisierung begann ein rascher Straßenbau und die Zersiedelung der Umgebung der Städte. Vorstädte wurden zu den bevorzugten Wohngebieten der Mittelklasse, zuerst ihrer oberen Schichten. Wo im Kern der Städte neben den neuen Geschäftsgebäuden noch alte Wohnhäuser verblieben, wurden sie an Menschen der sozialen Unterschicht, häufig an Neger, vermietet. Die „Prosperity" schuf neue soziale Probleme. Aus der Unterschicht kamen die meisten der zehn Millionen Frauen, die 1930 berufstätig waren. Ihre Zahl hatte sich seit 1914 verfünffacht und betrug jetzt 22% aller Berufstätigen.

Als Folge der niedrigen Agrarpreise und der Verbilligung der industriellen Massenartikel stieg der Lebensstandard der meisten Amerikaner, aber für die einzelnen Bevölkerungsschichten sehr unterschiedlich. Zwischen 1923 und 1929 stiegen die Löhne um durchschnittlich 11%, Kapitalerträge aber um etwa 65%. Nur 29% aller Familien hatten 1929 ein Jahreseinkommen über 2500 Dollar, dem offiziellen Existenzminimum; über die Hälfte blieb unter 1500 Dollar. In benachteiligten Industriezweigen gab es noch Arbeitszeiten von 70 Wochenstunden bei einem Jahreslohn unter 1000 Dollar (Textilfabriken in den Südstaaten). Diese Einkommensstruktur mußte der auf dem Absatz von Massenprodukten beruhenden Konjunktur Grenzen setzen. Es drohte eine Überproduktionskrise.

1926 zeigten sich erste Anzeichen eines zu erwartenden Konjunkturverfalls. Im Frühjahr 1928 setzte aus bisher ungeklärten Ursachen eine Spekulationswelle in Aktien ein, die ihren Höhepunkt im Sommer 1929 erreichte. Sie hatte eine starke Ausweitung des Kreditmarktes zur Folge, da viele Papiere in der Hoffnung auf steigende Kurse auf Kredit erworben wurden. Das unrealistisch

Okt. 1929

hohe Kursniveau brach Ende Oktober 1929 in wenigen Tagen zusammen (vgl. S. 51). An der New Yorker

Speisung von Arbeitslosen in Detroit

Börse fiel der Indexdurchschnitt der Industrieaktien von 452 Punkten im September auf 224 am 13. 11. und sank im weiteren Verlauf der Krise bis auf 58 am 8. 7. 1932, dem Tiefststand. Zwischen 1929 und 1932 sank die Industrieproduktion um 46%, das Sozialprodukt um 56,5%. 9765 Banken brachen zusammen. Das Einkommen der Landwirtschaft sank um fast 60%. 1933 war etwa ein Viertel aller Erwerbspersonen arbeitslos (15 Millionen), eine Arbeitslosenversicherung gab es noch nicht. Die amerikanische Wirtschaftskrise erschütterte durch die Verknüpfung von deutschen Reparationszahlungen, Rückruf kurzfristiger Anleihen und Rückzahlung von Kriegsschulden auch die europäische Finanz- und Wirtschaftswelt (vgl. S. 79 f.). Präsident Hoover veranlaßte widerstrebend Eingriffe angesichts der umfassenden Wirtschaftskrise. Mit Bundesmitteln wurden krisengeschädigte Betriebe in die Lage versetzt, wieder Arbeitsplätze zu schaffen. Die Bundesstaaten erhielten Bundesmittel zur Unterstützung der Arbeitslosen. Der Staat beschaffte schließlich durch Bauprogramme selbst Arbeit. Erstmals hatte die Regierung direkt in den Wirtschaftsablauf eingegriffen, um eine Krise zu überwinden und um Not zu beseitigen.

Der „New Deal"

Dem Amtsantritt des neugewählten demokratischen Präsidenten Franklin Delano Roosevelt am 4. 3. 1933 folgte eine gesetz-

1933

geberische Initiative in einem Umfang, wie sie zuvor noch kein Präsident entwickelt hatte. Die politische Führungsrolle ging vom Kongreß nahezu ganz auf den Präsidenten über. Aus dem Wahlschlagwort vom „New Deal", der Neuverteilung der Chancen zu Beginn eines Kartenspieles, entwickelte sich ein großangelegter Sanierungsversuch der Wirtschaft und Gesellschaft der USA, pragmatisch entworfen vom „brain trust" des Präsidenten. Es begann die Arbeitsbeschaffung durch Staatsaufträge. Das führte allmählich zur Normalisierung des Wirtschaftsprozesses, wenn auch auf niedrigem Niveau, die Arbeitslosenzahl sank noch nicht unter 10 Millionen. Roosevelt fand für die gerade in den ersten Monaten in großer Fülle vorgelegten Gesetzesentwürfe breite Zustimmung im Kongreß, stieß aber später auf den Widerstand des Obersten Gerichtshofes, der eine Reihe von Gesetzen aufhob, weil sie in die Zuständigkeit der Bundesstaaten fielen. Nach Roosevelts Wiederwahl 1936

Franklin Delano Roosevelt
(1882-1945), Präsident der USA 1933–1945

schwächte sich dieser Widerstand ab. Ausscheidende Richter wurden durch Parteigänger des Präsidenten ersetzt.

In der ersten Phase des New Deal 1933/34 wurde mit dem Aufbau des Civilian Conservation Corps begonnen. In dieser Organisation für Kultivierungsarbeiten leisteten Freiwillige gegen geringen Lohn Notstandsarbeiten wie etwa Anpflanzungen zur Verhinderung weiterer Bodenerosionen. Im über hunderttausend Quadratkilometer großen Flußgebiet des Tennessee begann die Tennessee Valley Authority, die keiner andern staatlichen Behörde unterstellt war, große Staatsaufträge für Staudämme und Wasserkraftwerke zu vergeben, die der Industrie und Landwirtschaft des ganzen Gebietes zum Aufschwung verhalfen. Um die Ertragslage der Landwirtschaft im ganzen Land zu bessern, wurden staatliche Prämien

für die Einschränkung der Anbaufläche bezahlt. Das Ziel, auf diese Weise höhere Preise für die Erzeuger zu erhalten, wurde aber bald wieder durch verbesserte Anbaumethoden als Folge wissenschaftlicher und technischer Weiterentwicklung in Frage gestellt, weil die Hektarerträge stiegen. Immerhin erreichte das Einkommen der Farmer allmählich wieder den Vorkriegsstand.
Besonders rasch wirkte sich die Arbeit der Arbeitsverwaltung Civil Works Administration aus, die bald etwa 4 Millionen Menschen mit Staatsaufträgen wie dem Bau von Straßen und Flugplätzen, der Anlage von Sportplätzen und der Errichtung von Schulen beschäftigte. Auch die Aufhebung der Prohibition schuf durch die neu auflebende Getränkeindustrie neue Arbeitsplätze und brachte dem Staat durch die Alkoholsteuer neue Einnahmen.
Auch in der 1935 beginnenden zweiten Phase des New Deal stand die Beseitigung der Arbeitslosigkeit im Vordergrund. Sie gelang allerdings nur allmählich und die Arbeitslosigkeit verschwand erst, als die Kriegsproduktion anlief. Das Schwergewicht der Bemühungen Roosevelts verlagerte sich vom Wirtschaftlichen auf das Sozial- und Gesellschaftspolitische. Mindeststundenlöhne und Tarifverträge wurden eingeführt, was den gewerkschaftlichen Zusammenschluß der Arbeiter förderte. Durch Streiks wurden 1936/37 die großen Konzerne gezwungen, ihren jahrzehntealten Widerstand gegen die Gewerkschaften aufzugeben.
Die Social Security Act schuf staatliche Alters-, Invaliden-, Hinterbliebenen- und Arbeitslosenversicherungen. Sie waren zwar im Vergleich zu dem, was in den europäischen Industriestaaten bestand, dürftig, bedeuteten aber die endgültige Abkehr der USA vom „Laisser-faire“ in der Sozialpolitik. Sie waren ein erster Schritt zur Integration der Benachteiligten in die Gesellschaft. Dem entsprach, daß Roosevelt und die Demokratische Partei den bisher als selbstverständlich angesehenen Führungsanspruch ablehnten, den jene Amerikaner beanspruchten, die „White, Anglo-Saxon, Protestant“ („WASP“) waren. Jetzt erst konnte die Integration ethnischer und religiöser Minderheiten beginnen und die Zeit der Ku-Klux-Klan-Gesinnung enden. Indem Roosevelt Neger in führende Positionen berief, leitete er die noch immer nicht abgeschlossene Bewegung ein, die die „segregation“ endgültig überwinden soll.
Die Innenpolitik Roosevelts brachte die USA auf den Weg zum modernen Sozialstaat, in dem neben Industrie und Landwirtschaft die organisierten Arbeiter Gewicht gewannen. Der New Deal transformierte die amerikanische Gesellschaft: Der schrankenlose Wirtschaftsliberalismus wich einer Wirtschaftsform, in der der Staat eine wichtige Steuerungsfunktion hatte, die er zur Erfüllung sozialer Aufgaben nutzte. Roosevelts Gegner warfen ihm deshalb sozialistische Tendenzen vor und fürchteten eine bedenkliche Machtgesinnung des Präsidenten, die sich in seinen zweifelhaften Versuchen zeigte, Gegner im Obersten Gericht und in der eigenen Partei zu verdrängen. Unbezweifelt aber ist, daß Roosevelt die amerikanische Gesellschaft auf einen in die Zukunft weisenden Weg brachte, der weder mit dem hemmungslosen Kapitalismus des neunzehnten Jahrhunderts noch mit der Staatswirtschaft der Sowjetunion große Gemeinsamkeiten hat. Der Weg, der im New Deal in der Wirtschafts-, Sozial- und Gesellschaftspolitik betreten wurde, ist auch von jenen weitergegangen worden, die als konservative Demokraten oder Republikaner Roosevelts Politik scharf kritisierten.

Bruttosozialprodukt und Arbeitslosigkeit in den USA. (Nach: W. P. Adams [Hrsg.], Die Vereinigten Staaten von Amerika, Frankfurt/M. 1977)

	BSP (in Preisen von 1929), in Mrd. Dollar	Arbeitslose in Prozent der Zivilbeschäftigten
1929	104,4	3,2
1930	95,1	8,7
1931	89,5	15,9
1932	76,4	23,6
1933	74,2	24,9
1934	80,8	21,7
1935	91,4	20,1
1936	100,9	16,9
1937	109,1	14,3
1938	103,2	19
1939	111	17,2
1940	121	14,6

Außenpolitik der dreißiger Jahre

Anfangs der dreißiger Jahre war der Wunsch der öffentlichen Meinung, sich von der Weltpolitik fernzuhalten, noch gewachsen. Man glaubte, daß die Wirtschaftskrise durch die aus dem Weltkrieg herrührenden Schuldverknüpfungen mit dem europäischen Ausland ausgelöst oder doch verstärkt worden sei, und wollte nicht noch einmal in überseeische Verwicklungen hineingezogen werden.

Gegenüber Lateinamerika griff Roosevelt die schon von seinem Vorgänger begonnene „Politik der guten Nachbarschaft" auf. 1934 verzichteten die USA auf ihre seit der Jahrhundertwende beanspruchten Interventionsrechte in Lateinamerika. Es wurde jetzt auf unauffälligere Weise versucht, die Rohstoffquellen dieser Länder zu erhalten und Absatzmärkte zu erweitern. Die USA waren daher an stabilen Verhältnissen in Lateinamerika interessiert, was darauf hinauslief, daß sich die überholten Wirtschafts- und Gesellschaftsstrukturen in diesen Staaten festigten. Als Lieferanten billiger Rohstoffe blieben sie auf die Einfuhr von Fertigprodukten angewiesen und fanden den Anschluß an die Entwicklung der modernen Industriestaaten nicht. Das wachsende deutsche Interesse am Handel mit Lateinamerika wurde als recht störend empfunden und beeinflußte auch die politische Haltung der USA gegenüber dem Reich. Immerhin wurden die Spannungen zwischen den USA und den lateinamerikanischen Staaten so weit abgebaut, daß sich 1938 die amerikanischen Staaten auf der Panamerikanischen Konferenz von Lima untereinander solidarisch erklärten: Es wurde die Unverletzlichkeit der amerikanischen Staaten und ihre Solidarität gegen jede Bedrohung von außen beschlossen.

1935 verbot eine „Neutrality Act" den Verkauf von Waffen – allerdings nicht von kriegswichtigen Wirtschaftsgütern – an kriegführende Staaten. Den Interessen der Industrie und Roosevelts außenpolitischer Überzeugung entsprach die Neufassung dieses Gesetzes 1937 besser: Gegen Barzahlung und Transport auf eigenen Schiffen konnten Kriegführende kriegswichtige Rohstoffe und Industrieprodukte erhalten. Dieses „Cash and Carry"-System begünstigte Seemächte, vor allem Großbritannien, und wurde damit zu einer Hilfe für die Mächte, deren Unterstützung Roosevelt in der heraufziehenden Auseinandersetzung als lebenswichtig für die USA ansah.

Das Jahr 1937 wurde zur Wende in der amerikanischen Außenpolitik. Japan hatte China überfallen, Italien Abessinien erobert (s. S. 114, 144), die „Achse Berlin–Rom" war entstanden und der Antikomintern-Pakt (s. S. 175) zeigte das Zusammengehen der aggressiven Mächte Japan, Deutschland und Italien an. In einer als „Quarantäne-Rede" bekanntgewordenen Rede in Chikago wies Roosevelt am 5. 10. 1937 zum erstenmal öffentlich auf die Einheit der Weltpolitik und die sich daraus für die USA ergebenden Konsequenzen hin: „Die friedliebenden Nationen müssen sich gemeinsam bemühen, Front zu machen gegen diese Vertragsbrüche und diese Verachtung für menschliche Gefühle, die einen Zustand der internationalen Anarchie und Unsicherheit schaffen, dem man nicht einfach durch Isolierung oder Neutralität entrinnen kann." Gegen die „Epidemie der allgemeinen Gesetzlosigkeit" wurde die Notwendigkeit eines kollektiven Sicherheitssystems angedeutet. Noch aber war die amerikanische öffentliche Meinung zu einer Wendung nicht bereit, und innenpolitische Schwierigkeiten zwangen Roosevelt zur Zurückhaltung. Erst nach dem Münchner Abkommen (vgl. S. 178f.) stimmte der Kongreß dem Ausbau der Flotte und dem Aufbau der bis dahin unbedeutenden Air Force zu, verhinderte aber noch die Verlängerung der am 1. 5. 1939 auslaufenden „Cash-and-Carry"-Bestimmung, die erst nach dem deutschen Überfall auf Polen erneuert und auf Kriegsmaterial aller Art ausgedehnt wurde. Im Sommer 1940 bewilligte der Kongreß die für eine umfangreiche Aufrüstung erforderlichen Summen, weil sich überall die Überzeugung durchzusetzen begann, daß Amerikas Schicksal mit dem der westeuropäischen Demokratien eng verknüpft war. Nachdem Roosevelt seine zweite Wiederwahl knapp gewonnen hatte, konnte er im Frühjahr 1941 das „Lend-and-Lease"-Gesetz durchbringen: Angesichts der aufgebrauchten englischen Devisenreserven durfte der Präsident jetzt den Alliierten Material zur späteren Zahlung überlassen. Die USA identifizierten sich zunehmend mit den Interessen Englands, was in wiederholten Begegnungen des Präsidenten mit Churchill zum Ausdruck kam. Nach dem deutschen Angriff auf die Sowjetunion wurde das Lend-Lease-Programm auf die UdSSR ausgedehnt, obwohl ihr die öffentliche Meinung der USA – besonders seit dem Hitler-Stalin-Pakt – distanziert bis ablehnend gegenüberstand. Der Konvoischutz, den die US-Flotte britischen Frachtern gewährte, und die Besetzung von Island und Grönland waren schon ein nahezu direktes Eingreifen der USA in den Zweiten Weltkrieg.

In der amerikanischen Geschichtsschreibung ist Roosevelt ähnlich umstritten wie schon in der zeitgenössischen Publizistik: Historiker, die zumeist den Republikanern nahestehen, sehen etwa in seinem – gescheiterten – Versuch, durch Vermehrung der Zahl der Richter die Zusammensetzung des Obersten Gerichts zu seinen Gunsten zu verändern, einen Angriff auf das Prinzip der Unabhängigkeit der Justiz, also der Gewaltenteilung. Unbewiesen blieben Behauptungen einzelner Historiker, er habe von dem bevorstehenden japanischen Angriff auf Pearl Harbor gewußt, ihn hingenommen, um das unwillige amerikanische Volk in den Krieg zu ziehen. Berechtigt sind Vorwürfe, er habe die Neutralitätspolitik ausgehöhlt und dabei z. T. ohne Zustimmung des Senats, also verfassungswidrig, gehandelt.

2. Großbritannien

Wirtschaftliche Probleme

Auch in Großbritannien standen in der Zeit nach dem Ersten Weltkrieg wirtschaftliche Probleme stark im Vordergrund und bestimmten die Innenpolitik. Die Massenarbeitslosigkeit – die Zahl der Arbeitslosen schwankte zwischen einer und zwei Millionen und stieg in der Weltwirtschaftskrise auf nahezu drei Millionen – spiegelt die wirtschaftlichen Schwierigkeiten, die schon 1920 begannen. Die Ausfuhr der wichtigsten englischen Industriezweige – Kohle, Stahl, Schiffe, Maschinen, Textilien – ging rasch zurück oder stagnierte, teilweise weil Englands Vorkriegskunden eigene Industrien errichtet hatten oder weil in anderen Ländern, wie z. B. in Japan, neue Exportindustrien entstanden, teilweise wegen wenig rentabler Produktion. Die Produktionsrentabilität wurde mehr als in anderen Industriezweigen durch unzureichende Kapazitätsauslastung und durch hohe Lohnkosten niedrig gehalten. Die hohen Lohnkosten waren zum Teil auf das zersplitterte Gewerkschaftswesen zurückzuführen, da zahlreiche auf Einzelarbeiten spezialisierte Gewerkschaften ihre Mitglieder gegen Rationalisierungen im Herstellungsprozeß schützten und daher für bestimmte Arbeiten mehr Menschen beschäftigt wurden, als dem technischen Wissensstand und damit dem Arbeitsrhythmus der ausländischen Konkurrenz entsprach. Daß trotzdem der Lebensstandard der Beschäftigten stieg, war eine Folge niedriger Lebensmittel- und Importpreise, für die die deflationistische Wirtschaftspolitik der Regierung sorgte. 1931 leiteten eine Pfundabwertung und Schutzzölle eine langsame Besserung der Lage ein.

Schon 1919–22 war es zu wiederholten Streiks vor allem der Bergarbeiter gekommen, die in der Hochkonjunktur unmittelbar nach Kriegsende den Siebenstundentag erreicht hatten. Damit waren die Lohnkosten in den Gruben stärker gestiegen als auf dem Kontinent. Als die Rückkehr Englands zum Goldstandard der Währung zu einer weiteren Verteuerung der Kohleexporte führte, kam es zu einer Absatzkrise, in der die Grubenbesitzer die Löhne senken und zusätzlich oder alternativ die Arbeitszeit erhöhen wollten. Der Streik der Bergleute 1926 weitete sich daraufhin zum Generalstreik aus. Eine Verständigung zwischen der konservativen Regierung Baldwin und den Gewerkschaften legte den Streik im Herbst durch eine Kompromißformel bei. Im nächsten Jahr wurden Sympathie- und Generalstreiks für ungesetzlich erklärt, Baldwin sah in ihnen eine verfassungswidrige Nötigung der legitimen Regierung. Im Vergleich zu den übrigen europäischen Ländern spielten sich die politischen Auseinandersetzungen in England friedlich ab; es gab zwischen den Kriegen keine Todesopfer bei Zusammenstößen. Zu einer Staatskrise kam es nicht.

Gewerkschaften und Parteien

Es ist wesentlich den englischen Gewerkschaften und Parteien zuzuschreiben, daß revolutionäres Denken in diesen Jahren eine unbedeutende Randerscheinung blieb und daß nur wenige Extremisten mit sowjetischen und faschistischen Gedanken sympathisierten. Die starke Gewerkschaftsbewegung hatte schon vor 1914 volle Anerkennung gefunden. Reformen waren erfolgt und erschienen der Mehrzahl der britischen Arbeiter auch weiterhin möglich. Dazu trug der Aufstieg der Labour Party stark bei, die 1924 und 1929–31 – wenn auch auf die parlamentarische Tolerierung durch die Liberalen angewiesen – die Regierung bildete. Seit 1922 verloren die Liberalen schnell ihre Bedeutung als antikonservative Partei an die Labour Party. Diese folgte nicht einem doktrinären Marxismus, sondern war pragmatisch um Besserung der Lage der Arbeiter besorgt, wobei sie mit der Kompromißbereitschaft der Konservativen rechnen konnte. An beide verlor die dem Liberalismus des neunzehnten Jahrhunderts verhaftete Liberale Partei ihre Anhänger, wobei das Zweiparteiensystem – als Folge des Mehrheitswahlrechts – beschleunigend wirkte. Die Konservativen, die von 1924–29 die Regierung stellten, wurden getragen von der Oberschicht der Unternehmer und Grundbesitzer sowie vom Mittelstand, die Labour Party fand ihre Anhänger unter einem kleineren Teil des Mittelstandes und vor allem unter den Arbeitern und Gewerkschaften. Die British Union of Fascists blieb, ebenso wie die Kommunisten, ohne Bedeutung.

Im Sommer 1931 zerfiel die Labourregierung unter MacDonald, weil der Premierminister nur durch Kürzung der Arbeitslosenunterstützung glaubte, England aus den Tiefen der Weltwirtschaftskrise herausführen zu können. Die neue Regierung, die MacDonald und eine Minderheit der Labour-Politiker mit den Konservativen bildeten, erzielte im Herbst einen großen Wahlerfolg, wobei die Konservativen dominierten. Offensichtlich hatten viele Labouranhänger die Bewältigung der nationalen Notlage über ihre unmittelbaren Eigeninteressen gestellt. Seitdem regierte in England ein Kabinett der „Nationalen Koalition“, bis 1935 unter MacDonald (Labour), dann bis 1937 unter Baldwin und bis 1940 unter Chamberlain (beide Konservative).

Nicht zuletzt sorgte das englische Wahlsystem für stabile Regierungen. Da in jedem Wahlkreis nur der Kandidat mit den meisten Stimmen gewählt ist und alle übrigen Stimmen im Parlament nicht repräsentiert werden, ist die Schwächung des Parlaments durch Splitterparteien ausgeschlossen, allerdings entspricht die Sitzverteilung nicht dem Verhältnis der auf die einzelnen Parteien entfallenen Stimmen. Wahlrechtsreformen brachten 1918 das Frauenwahlrecht zunächst ab 30 Jahren, 1928 ausgedehnt auf alle Erwachsenen über 21 Jahre.

Das Commonwealth

Während des Krieges waren die Leistungen der Dominions in der gemeinsamen Kriegführung durch die Einrichtung eines „Imperial War Cabinet“ (1917), in dem die Vertreter der Dominions gleichberechtigt vertreten waren, honoriert worden. Die wachsende Selbständigkeit der Dominions zeigte sich in der Mitunterzeichnung der Pariser Friedensverträge und in ihrem Beitritt zum Völkerbund. Auf der Reichskonferenz von 1923 erhielten die Dominions das Recht, selbständig Staatsverträge abzuschließen. Seit 1925 galten britische Abkommen nicht mehr ohne weiteres auch für die Dominions, und seit 1926 galten die Dominions als „autonome Gemeinschaften innerhalb des Britischen Empire, gleich im Status, in keiner Weise einander in inneren und äußeren Angelegenheiten untergeordnet“, nur „durch eine gemeinsame Bindung an die Krone vereinigt und als Mitglieder des British Commonwealth of Nations frei assoziiert“. Das Commonwealth umfaßte nahezu ein Viertel der Erde und ein Viertel ihrer Bevölkerung, von denen allerdings etwa 85% noch in den Kronkolonien, in Mandatsgebieten und Protektoraten und in Indien lebten. Mit dem

1931 Statut von Westminster wurden 1931 die letzten Beschränkungen für die Dominions beseitigt. Die Grundlagen des Commonwealth waren nur noch die gemeinsame englische Sprache, die Tradition und die freiwillige Loyalität. Der Zweite Weltkrieg erwies die hinreichende Festigkeit dieser Bindungen, die vom Ausland vielfach als schwache Stützen einer brüchigen Fassade angesehen wurden, hinter der sich die

1932 Auflösung des Empire vollzog. 1932 einigten sich die sechs souveränen Staaten (Großbritannien, Kanada, Neufund-

land, Australien, Neuseeland und Südafrika) auf ein System von Vorzugszöllen.
Für die Gebiete des britischen Kolonialreichs hatte sich formal nichts geändert, aber vor allem Indien (s. S. 107 ff.) war auf dem Weg zur Selbständigkeit und gehörte seit 1920 dem Völkerbund an. Die spannungsreiche Zwischenkriegszeit war in Indien eine Übergangsperiode, die das Land der Selbstregierung näher brachte. Der Prozeß der Dekolonisierung schritt im britischen Kolonialreich so weit fort, daß er nach dem Zweiten Weltkrieg – anders als in anderen Kolonialreichen – rasch abgeschlossen werden konnte.
Ein besonderes Problem für Großbritannien bildete Irland. Die antibritische, republikanische nationalistische Revolutionsbewegung „Sinn Fein" ("Wir selbst") ging aus dem Osteraufstand von 1916 und dem Guerillakrieg mit der britischen Armee (1919–1921) gestärkt hervor. 1920 beschloß Großbritannien eine Teilung der Insel in Nord- und Südirland. Trotz der Empörung der Iren über diesen Beschluß setzte sich eine knappe gemäßigte Mehrheit der Bewegung durch und erkannte die Teilung an: Die sechs nordirischen, überwiegend protestantischen Provinzen (Ulster) blieben bei Großbritannien, das übrige Irland wurde als „Irischer Freistaat" (1922) Dominion mit eigener Regierung und eigenem Parlament. Der radikale Flügel der Bewegung unter Führung de Valeras wollte die Unabhängigkeit der ganzen Insel erreichen, unterlag aber 1923 in bürgerkriegsähnlichen Unruhen. 1932 wurde de Valera Ministerpräsident. Zwar gelang seiner Politik nicht die Vereinigung mit Nordirland, doch löste er die Bindungen zu England. 1932 kam es zu einem erbitterten Zollkrieg. 1937 wurde mit einer neuen Verfassung der unabhängige Staat „Eire" geschaffen. Im Zweiten Weltkrieg blieb das Land neutral; 1948 schied es auch offiziell aus dem Commonwealth aus.

Die britische Außenpolitik

In den ersten Jahren nach dem Weltkrieg setzte der zur Liberalen Partei zählende Lloyd George das Gewicht Englands zur Konsolidierung und Normalisierung in Europa ein. England suchte mit Hilfe des Völkerbundes seine maritimen Interessen, Frankreich seine Sicherheitspolitik gegenüber Deutschland durchzusetzen. Diese Gegensätze balancierten sich aus durch außereuropäische Konzessionen Frankreichs und innereuropäische Konzessionen Englands. 1920 und 1926 wurde die durch die Mandatsgebiete der beiden Staaten im Vorderen Orient entstandene Rivalität beigelegt (s. S. 92ff.), nach dem Ruhrkampf näherte sich England der französischen Politik gegenüber Deutschland (s. S. 72 f.). Das Washingtoner Flottenabkommen von 1922 (vgl. S. 120) sicherte England um den Preis der Vorherrschaft auf See die Sympathie der USA. Eine gemeinsame Politik befolgten die beiden angelsächsischen Mächte auch gegenüber Japan und bei der Verteilung der

Arthur Neville Chamberlain (1869–1940), konservativer Politiker, britischer Premierminister 1937–10. 5. 1940

Vorrechte auf das Öl im Nahen Osten. 1923 erreichte England durch Zugeständnisse an die nationalistische Politik der Türkei (Billigung der Vertreibung der Griechen aus Kleinasien) die Entmilitarisierung der Meerengen. Auch die UdSSR mußte dem zustimmen und damit die freie Einfahrt britischer Kriegsschiffe in das Schwarze Meer hinnehmen. Die Türkei wurde zu einem Verbündeten der Westmächte.
Ein Grundzug der englischen Politik der zwanziger Jahre war, engen Beziehungen zu den Staaten des Commonwealth den Vorrang vor kontinentaleuropäischen Fragen zu geben, die in den frühen zwanziger Jahren durch englisch-französische Gegensätze und die Reparationsfrage belastet waren und in den dreißiger Jahren zunehmend von der faschistischen und nationalsozialistischen Außenpolitik bestimmt wurden.

The British Colonial Empire
ADEN
ANTIGUA
BAHAMAS
BARBADOS
BASUTOLAND
BECHUANALAND
BERMUDA
BRITISH GUIANA
BRITISH HONDURAS
BRITISH SOLOMON IS.
BRITISH VIRGIN IS.
CEYLON
CYPRUS
DOMINICA
FALKLAND IS.
FIJI
GAMBIA
GIBRALTAR
GILBERT & ELLICE IS.
GOLD COAST
GRENADA
HONG KONG
JAMAICA
KENYA
MALAYA
MALTA
MAURITIUS
MONTSERRAT
NEW HEBRIDES
NIGERIA
NORTH BORNEO
NORTHERN RHODESIA
NYASALAND
PALESTINE
ST. HELENA
ST. KITTS
ST. LUCIA
ST. VINCENT
SARAWAK
SEYCHELLES
SIERRA LEONE
SOMALILAND
SWAZILAND
TANGANYIKA
TONGA
TRANSJORDAN
TRINIDAD
UGANDA
ZANZIBAR
Royal West African Frontier Force
OUR ALLIES
THE
COLONIES
R.W.A.F.F.

Die nationalsozialistische Politik der Vertragsbrüche löste zwar seit 1934 eine von den Konservativen betriebene, von der Labour Party bekämpfte zögernde englische Luftrüstung aus, und auf der Konferenz von Stresa (April 1935) kam es zu einer gemeinsamen Willenskundgebung mit Frankreich und Italien gegen die Vertragsbrüche, zwei Monate später aber schloß Großbritannien ein Flottenabkommen mit dem Reich, durch das es anerkannte, daß die Rüstungsbegrenzungen des Versailler Vertrages hinfällig waren (s. S. 175). In England hatten diejenigen Konservativen starken Einfluß gewonnen, die im Bolschewismus den Hauptgegner sahen, gegen den der Faschismus als Abwehrkraft benutzt werden konnte. So wurde nicht nur die Wiederaufrüstung Deutschlands hingenommen, sondern im Verein mit Frankreich die Eroberung Abessiniens durch Italien (1935) schließlich offiziell akzeptiert. Damit war der Völkerbundsgedanke endgültig preisgegeben worden.

1935

Mit dem Flottenabkommen begann England gegenüber Deutschland seine „Appeasement"-Politik zu betreiben, die durch abwägende Beseitigung von Spannungsursachen in Verhandlungen einen Krieg zu verhindern suchte, der in jedem Fall die Stellung des Weltreiches schwächen würde. Was als Eindämmung der Politik Hitlers gemeint war, wurde allerdings von diesem als nachgebendes, beschwichtigendes Entgegenkommen gewertet und ermunterte ihn auf seinem scheinbar erfolgreichen Weg der Gewalt weiterzugehen (vgl. S. 176 f.). Ihre Exponenten wurden seit 1937 der Premierminister Chamberlain und der Botschafter in Berlin, Henderson. Die Appeasement-Politik basierte auf zwei Voraussetzungen, die sich beide als falsch erwiesen: Sie rechnete mit einem unüberbrückbaren Gegensatz zwischen Deutschland und der Sowjetunion, der Deutschland im Osten binden und damit Zurückhaltung aufzwingen würde; sie verkannte die Weltanschauungspolitik des Nationalsozialismus und hielt für verstehbare Forderungen eines deutschen, gegen Versailles gerichteten Patriotismus, was zynische Machtpolitik war. Erst der Bruch des Münchner Abkommens (vgl. S. 178) durch Hitler und der deutsch-sowjetische Nichtangriffsvertrag von 1939 zeigten den englischen Politikern endgültig, von welch falschen Prämissen die Appeasement-Politik ausgegangen war.

◁ **Englisches Plakat** mit einer Liste der britischen Kronkolonien, Protektorats- und Mandatsgebiete aus dem Jahr 1942 (Imperial War Museum, London)

3. Frankreich

Außenpolitik

Frankreich war durch den Ersten Weltkrieg zur Vormacht auf dem Kontinent aufgestiegen und suchte durch eine intensive Sicherheitspolitik diese Stellung zu halten. Der Rückzug der USA von Europa und die Differenzen mit England wegen der Rhein- und Reparationspolitik widersprachen dem französischen Sicherheitsbedürfnis und verursachten den raschen Ausbau eines Bündnissystems unter französischer Führung. Die Militärkonvention mit Belgien 1920 diente der Grenzsicherung gegen Deutschland, die Verträge mit Polen (1921), der Tschechoslowakei (1924) und Rumänien (1926), zu denen seit 1920 die Bindung der beiden letzteren in der „Kleinen Entente" an Jugoslawien hinzuzurechnen ist, schlossen die Staaten zusammen, die am meisten an der Erhaltung des bestehenden Versailler Systems interessiert, aber von revisionsbereiten Nachbarn (Deutschland, Sowjetunion, Ungarn) umgeben waren. Für Frankreich ersetzte dieses Bündnissystem einen Pakt mit Rußland jedoch nur, solange die Sowjetunion schwach war. Das Erstarken der Sowjetunion und das Aufkommen des Nationalsozialismus in Deutschland führten nach einem Nichtangriffsvertrag (1932) zum französisch-sowjetischen Beistandspakt von 1935.

Gegenüber Deutschland drang vor allem Frankreich immer wieder auf Erfüllung seiner vertraglichen Verpflichtungen, nicht zuletzt weil es für den Wiederaufbau der kriegszerstörten Gebiete in Frankreich auf Reparationsmittel angewiesen war („L'Allemagne paiera tout"). In den Jahren 1925 bis 1932, als Briand die französische Außenpolitik leitete, kamen Frankreich und Deutschland, vertreten durch Stresemann, einer Verständigung näher (vgl. S. 73 f.).

Die von der Machtübernahme des Nationalsozialismus in Deutschland ausgehende Bedrohung suchte Frankreich zunächst durch den Ausbau des Systems der Bündnisverträge zu begegnen. Der Versuch, Italien von Deutschland fernzuhalten (Konferenz von Stresa, vgl. S. 175), der sogar zu einer nachgiebigen Politik gegenüber Italien während dessen Überfall auf Äthiopien führte, mißlang. Frankreich lehnte sich daraufhin an England an, konnte dieses aber nicht zu einer härteren Politik gegenüber dem Reich, dessen Aufrüstung allmählich einen für Frankreich bedrohlichen Umfang annahm, veranlassen. So mußte es auch 1936 die Besetzung der entmilitarisierten Zone des Rheinlands und damit den Bruch des Locarno-Paktes hinnehmen. Deutsche Soldaten standen wieder an Frankreichs Grenze. Der französische Ministerpräsident Daladier nahm an der Seite Englands an der Münchner Konferenz von 1938 teil (vgl. S. 178). Der Bruch des Münchner Abkommens durch Hitler veranlaßte Frankreich ebenso wie England zur endgültigen Abkehr von der Beschwichtigungspolitik.

Wirtschaft

1919 und 1920 brachen auch in Frankreich zahlreiche Streiks aus, teils beeinflußt von den Vorgängen in Rußland, vor allem aber, um Löhne und Arbeitsbedingungen zu verbessern. 1919 legten Gesetze die Grundlage für Vereinbarungen zwischen Gewerkschaften und Unternehmern; der Achtstundentag wurde eingeführt. Die Mißerfolge der Streiks, die politische Ziele verfolgt hatten, führten 1921 zur Abspaltung der Kommunisten vom französischen Gewerkschaftsverband CGT, in dem Reformer den Kurs bestimmten.

Die Krise des Franc. Karikatur aus der Zeitschrift „Aux Ecoutes" vom 2. 5. 1926. Das englische Pfund war von 25 Francs (1914) bzw. 50 Francs (Januar 1922) auf 155 Francs im Mai 1926 gestiegen (240 Francs am 20. 7. 1926).

Die Inflationspolitik der Regierung ließ in den zwanziger Jahren den Wert des Franc auf 20% des Vorkriegskurses fallen. Das bedeutete die ruinöse Schädigung aller Leute mit Kapitaleinkommen. Demgegenüber stieg das Einkommen der Fabrikanten und Arbeiter und fing die inflationären Preissteigerungen auf, die z. B. bei Einzelhandelspreisen zwischen 1914 und 1928 über 500% betrugen. Im gleichen Zeitraum stieg die Industrieproduktion um 48%, so daß es keine nennenswerte Arbeitslosigkeit gab, zumal der Außenwert des Franc auf so niedrigem Niveau stabilisiert wurde, daß die französischen Waren im Gegensatz etwa zu englischen auf dem Weltmarkt konkurrenzfähig blieben. Die Abwertung des englischen Pfundes während der Weltwirtschaftskrise 1931 beseitigte diesen Konkurrenzvorteil für Frankreich, die Dollarabwertung 1933 verschärfte die Lage.

Die Wirtschaftskrise brachte einen Rückgang der Ausfuhr von Industrieprodukten um knapp die Hälfte zwischen 1929 und 1933. Das Sinken der Weltmarktpreise für landwirtschaftliche Produkte traf die französische Landwirtschaft hart und reduzierte damit den inländischen Abnehmerkreis für Industrieerzeugnisse. Da Frankreich weit stärker als Großbritannien und Deutschland noch agrarisch bestimmt war, wirkte sich die Weltwirtschaftskrise erst später aus, hatte aber auch längeren Einfluß. Die kurzfristigen Rechts- oder Linksregierungen ließen es zu keiner irgendwie gearteten längerfristigen Wirtschaftspolitik kommen. Auf dem Höhepunkt der Wirtschaftskrise wechselten in Frankreich in eineinhalb Jahren zwischen 1932 und 1934 sechs Regierungen, deren Vorstellungen über Finanz- und Wirtschaftspolitik entsprechend den sie stützenden Parteien stark divergierten. Die Industrieproduktion lag noch 1936 um 22% unter dem Stand vor der Krise. Zwar sanken die Preise stärker als die Löhne und auch die Arbeitslosigkeit blieb geringer als in anderen Industrieländern, aber die weitgehend psychologisch motivierte Unzufriedenheit über die Deflationspolitik, mit der die Regierung seit 1935 die Krise einzudämmen suchte, äußerte sich 1936 in vielen Streiks (vgl. auch S. 81).

1936/ 1937 Die Regierung Blum („Volksfrontregierung" 1936/37) gab die Deflationspolitik auf. Die Löhne mußten bis zu 15% erhöht werden, die Vierzigstundenwoche wurde eingeführt und durfte nicht durch Überstunden umgangen werden. So sollten gleichzeitig die Löhne erhöht und die Arbeitslosigkeit reduziert werden. Statt dieser erwünschten Folgen gab es nun plötzlich zu wenig Facharbeiter in zahlreichen Produktionszweigen, was die Drosselung der Produktion und die Einschränkung von Neuinvestitionen nach sich zog. Die Preise stiegen stark an und entwerteten den Lohnanstieg, die Produktion stagnierte und lag noch bei Kriegsausbruch 1939 um 14% unter dem Stand von 1929, trotz der anlaufenden Aufrüstung und der deshalb faktisch nicht mehr eingehaltenen Vierzigstundenwoche. Die Kaufkraft des Franc sank zwischen 1935 und 1939 erneut um ein Drittel. Wieder traf die Inflation dieselben Bezieher fester Geldeinkommen wie in den zwanziger Jahren. Die Umschichtung der Gesellschaft – Verarmung des bürgerlichen Mittelstandes, Aufstieg von Facharbeitern in den Mittelstand – setzte sich fort.

Produktionsindex der französischen Industrie 1929–1939 (Nach: R. A. C. Parker, Das zwanzigste Jahrhundert I, Frankfurt/M. 1967)

1929 = 100	1935 = 73
1930 = 99	1936 = 78
1931 = 86	1937 = 82
1932 = 73	1938 = 76
1933 = 81	1939 = 86
1934 = 75	(1.1.–31.7.)

Trotz des Sieges von 1918 und der wirtschaftlich wertvollen Territorialgewinne hatte sich der Abstieg Frankreichs als Wirtschaftsgroßmacht fortgesetzt, nicht zuletzt auch infolge des Rückgangs der Geburtenziffern.

Innenpolitik

Zwischen den beiden Weltkriegen wechselte in Frankreich 33mal der Ministerpräsident, und 42mal wurde das Kabinett neu gebildet. Diese Instabilität der Regierungen, wobei Kontinuität jedoch durch die Wiederkehr derselben Personen – etwa Briand – nicht ausgeschlossen war, hatte ihre Ursache im Wahlsystem. Da bei der Vielzahl der Parteien in der Regel kein Kandidat in einem Wahlkreis beim ersten Wahlgang die erforderliche Mehrheit erhielt, wurden im zweiten Wahlgang, in dem der Kandidat mit den meisten Stimmen als gewählt galt, Wahlbündnisse geschlossen, die sich dann aber bei der Regierungsbildung nur bedingt oder nur für beschränkte Zeit fortsetzten. Häufig – vor allem von 1932–36 – regierten Minderheitskabinette, die sich nur halten konnten, solange sie von der einen oder anderen Partei toleriert wurden, die sich selbst nicht an der Regierung beteiligte. Die größeren Parteien vertraten teilweise erheblich differierende Zielvorstellungen. So waren die Sozialisten pazifistisch eingestellt, hatten der Weimarer Republik entgegenzukommen gesucht und erstrebten, wie die Radikal-Sozialisten, ein auf dem Völkerbund beruhendes Sicherheitssystem. Zwar bewilligte die Volksfrontregierung 1936 einen größeren Rüstungskredit, aber erst nach dem Münchner Abkommen 1938 (s. S. 178 f.) begann Frankreich stärker aufzurüsten. Die Rechte dagegen – sie war nach 1918 zuerst sehr stark gewesen – war der Weimarer Republik gegenüber sehr hart aufgetreten (Ruhrbesetzung s. S. 71 f.), hielt sich aber nach der Machtübernahme der Nationalsozialisten zurück oder steigerte sich gar zu Phrasen wie „plutôt Hitler que Blum". Die Kommunisten wurden zu einer völlig moskauhörigen Partei, was viele ihrer Mitglieder zum Austritt bewog. Im mehrfachen Regierungswechsel von Linksparteien und Rechtsparteien spielten die – entgegen ihrem Namen – in der Mitte stehenden Radikal-Sozialisten insofern eine entscheidende Rolle, als sie wiederholt die Regierung der einen oder anderen Seite ermöglichten.

Weder konnten Mitte-Rechts-Parteien zwischen 1928 und 1932, noch die Linksparteien von 1932 bis 1936 stabile Regierungen bilden. Nach den Wahlen von 1932 war eine Mehrheitsregierung ohne Beteiligung der Radikal-Sozialisten nicht möglich, 1936 trotz deren hohen Verlusten ebensowenig.

Die links von ihnen stehenden Kommunisten, Sozialisten und kleinere Gruppen waren allein dazu ebenso zu schwach, wie die rechts von den Radikal-Sozialisten stehenden Parteien. Die Radikal-Sozialisten fanden ihre Wähler unter Bauern und dem unteren Mittelstand, also jenem Kleinbürgertum, das Scheu vor Sozialismus und Großkapital hatte und in Deutschland einen Großteil der Wähler der NSDAP stellte. Die Unzufriedenen innerhalb dieser Schicht unterstützten in Frankreich jedoch nicht die äußerste Rechte, sondern ermöglichten im Gegenteil 1936/37 die „Volksfrontregierung" von Radikalen und Sozialisten unter Léon Blum (Sozialist), die von den Kommunisten (PCF) unterstützt wurden. Die PCF hatte bis 1934 die Sozialisten in Frankreich bekämpft, dann aber auf Geheiß Moskaus nach den Erfolgen Hitlers eine Wendung vollzogen, um ein Bündnis der linken Gegner des Faschismus in Frankreich zu ermöglichen. Die Kommunisten gaben sogar nach Abschluß des französisch-sowjetischen Beistandspaktes (1935) bis zum Kriegsausbruch ihren Widerstand gegen die Rüstungsausgaben auf, der sie zuvor in scharfen Gegensatz zu den Radikalen gebracht hatte. Als sie aber nach Kriegsausbruch im September 1939 den deutsch-sowjetischen Nichtangriffspakt (s. S. 179) unterstützten und damit auch den sowjetischen Einmarsch in Polen, für das Frankreich in den Krieg gezogen war, wandten sich alle französischen Parteien von ihnen ab. Die PCF wurde verboten.

Plakat der Rechten gegen die Volksfrontregierung

Die dreißiger Jahre waren für Frankreich infolge der Polarisierung der politischen Kräfte Krisenjahre der Republik. 1932 hatten die Linksparteien 334 Sitze gewonnen (Radikale 157, Sozialisten 129, Kommunisten 12), die Rechtsparteien 259. Bis Anfang 1934 scheiterten fünf Regierungen an dem Versuch, einen ausgeglichenen Haushalt im Parlament durchzusetzen. Auf der Straße regten sich antiparlamentarische faschistische Gruppen, vor allem der halbmilitärische Verband „Croix de Feu" und die „Camelots du Roi", die Kampftrupps der „Action française" (vgl. S. 146). Ein Finanzskandal gab den Anlaß zu schweren Zusammenstößen in Paris am 6. 2. 1934 zwischen der antiparlamentarischen Rechten und der Polizei. Unter dem Druck der Straße – auch die Kommunisten hatten sich an den Unruhen beteiligt – trat die Regierung am nächsten Tag zurück, obwohl das Parlament ihr das Vertrauen ausgesprochen hatte. Viele sahen die Republik von den politischen Extremen her bedroht, viele erblickten auch in der Volksfrontregierung von 1936 weniger eine Abwehr gegen den Faschismus als eine neue Bedrohung, diesmal von links, zustandegekommen durch die Kehrtwendung der Kommunisten. Auch der Wahlerfolg der „Volksfront"-Parteien 1936 schuf keine stabilen Regierungen, weil der wirtschaftliche Erfolg ausblieb und weil vor allem der Spanische Bürgerkrieg die Spannungen in Frankreich so vergrößerte, daß ein Bürgerkrieg drohte, wenn die Regierung in Spanien eingegriffen hätte. Die Volksfront zerbröckelte. Seit 1938 wurde das Kabinett des Radikalen Daladier von den Kommunisten wieder bekämpft. Es gelang der Regierung aber trotz eines gegen sie gerichteten Generalstreiks, gegen den die Regierung Militär einsetzte, die innere Krise zu dämpfen.

VII. Faschismus und Nationalsozialismus

1919	Erste faschistische „Kampfverbände“
1920	Parteiprogramm der NSDAP
1921	Gründung des „Partito Nazionale Fascista“
1922, 28. Okt.	Mussolinis „Marsch auf Rom“
1923	Hitler-Putsch in München
1925/26	Ausbau der Diktatur in Italien
1927	„Carta del Lavoro“
1929	Lateran-Verträge zwischen Italien und dem Vatikan
1932, Juli	NSDAP stärkste Partei in Deutschland (38% der Parlamentssitze)
1933, 30. Jan.	Hitler Reichskanzler
Febr./März	Reichstagsbrand; Notverordnung; Ermächtigungsgesetz
März–Juni	„Gleichschaltung“. Auflösung der Parteien und Gewerkschaften
Oktober	Austritt aus dem Völkerbund
1934	Deutsch-polnischer Nichtangriffspakt
1934, 30. Juni	Ermordung Röhms, v. Schleichers und zahlreicher Gegner des Nationalsozialismus
2. Aug.	Tod Hindenburgs. Hitler wird Staatsoberhaupt
1935	Allgemeine Wehrpflicht in Deutschland Nürnberger Rassegesetze
1935/36	Abessinienkrieg Italiens
1936, März	Deutsche Rheinlandbesetzung
Okt./Nov.	Deutsch-italienischer Vertrag, Beginn der „Achse Berlin–Rom“
1936–1939	Spanischer Bürgerkrieg; Sieger General Franco
1938, März	Österreich wird dem Deutschen Reich „angeschlossen“
29. Sept.	Münchner Abkommen
9. Nov.	„Reichskristallnacht“
1939, März	Deutscher Einmarsch in Prag
April	Italien besetzt Albanien
Mai	„Stahlpakt“ Deutschland-Italien
1. Sept.	Deutscher Angriff auf Polen
3. Sept.	Großbritannien und Frankreich erklären Deutschland den Krieg
1940, Juni	Kriegseintritt Italiens
1941–1945	Systematische Massenvernichtung in deutschen Konzentrationslagern
1943, Juli	Mussolini gestürzt und verhaftet
1944, 20. Juli	Attentat der deutschen Widerstandsbewegung auf Hitler mißglückt
1945, 7. Mai	Bedingungslose Kapitulation der deutschen Wehrmacht

1. Voraussetzungen

Die Krise der liberalen Demokratie

Die westlichen Demokratien hatten im Ersten Weltkrieg die autoritären Monarchien besiegt. Aber in den beiden Jahrzehnten nach dem Ersten Weltkrieg geriet das System der liberalen Demokratie mit seinen individuellen Freiheitsrechten, dem Pluralismus der Parteien und der Herrschaft des Parlaments in Europa in eine tiefe Krise. Die großen inneren sozialen und wirtschaftlichen Probleme, die in vielen Staaten als Folge des Krieges auftraten, begünstigten die Entstehung bürgerlicher oder nationalistischer Diktaturen oder führten zu autoritären Beschränkungen parlamentarischer Demokratien. Bei der Ausbildung dieser Tendenzen spielte die Furcht vor dem Übergreifen der revolutionären kommunistischen Diktatur in der Sowjetunion auf andere Staaten eine erhebliche Rolle. Die Entstehung der faschistischen Diktaturen ist unter anderem als Ergebnis dieser Furcht zu verstehen. Die grundsätzliche Ablehnung der liberalen Demokratie ist faschistischer und kommunistischer Diktatur gemeinsam. Antiliberale, autoritäre Regime in Ostmitteleuropa, in Spanien und in Portugal hielten ihre Macht ebenfalls mit terroristischen Methoden aufrecht, wenn auch deren Umfang weit hinter dem in totalitären Staaten Üblichen zurückblieb. Zu Beginn des Zweiten Weltkriegs gab es in Europa nur noch in Großbritannien, Frankreich, der Schweiz, den Beneluxstaaten und in den skandinavischen Ländern funktionsfähige parlamentarische Demokratien. In allen autoritären Staatsformen löste sich die Exekutive zumindest weitgehend von der parlamentarischen Kontrolle, auch wenn mancherorts der liberal-demokratische Verfassungsrahmen formal erhalten blieb. Die politischen Führer stützten sich dabei häufig auf das Militär, so in Polen zwischen 1926 und 1939 Marschall Pilsudski und seine Nachfolger, in Portugal seit 1926, in Spanien seit dem Ende des Bürgerkriegs 1939. In Jugoslawien 1929 und Rumänien 1938 beseitigten die Könige in Staatsstreichen die parlamentarische Monarchie und nahmen sich diktatorische Macht. Zur Rechtfertigung der Diktatur wurde meist die Abwehr konkreter Nöte genannt, manchmal trat eine nationale oder ständische Ideologie hinzu. Persönliche und politische Freiheitsrechte wurden nicht immer völlig aufgehoben, ihre Einschränkung machte aber überall eine ernstzunehmende Opposition unmöglich.

So wird in vielen Staaten eine Krise der liberalen Demokratie deutlich, die zwischen 1920 und 1939 den größten Teil Europas erfaßte und ihre schärfste Ausprägung im faschistischen Italien und vor allem im nationalsozialistischen Deutschland erfuhr. Hier und im bolschewistischen Rußland erfolgte – wenngleich aus unterschiedlichen ideologischen Ansätzen – die gründlichste Abkehr von Geist und Form der liberalen Demokratie.

Nationalismus

Die Ideologie des Faschismus und ihre verhängnisvolle Herrschaft in Teilen Europas während des ersten Hälfte des zwanzigsten Jahrhunderts können nur verstanden werden aus dem Ineinander teilweise weit in die Vergangenheit zurückreichender Voraussetzungen und konkreter politischer, sozialer, wirtschaftlicher und psychologischer Gegebenheiten der Jahre zwischen 1900 und 1933 und später.

Seit der Französischen Revolution gab es politische Massenbewegungen, aus „levée en masse“ und Volksbewaffnung entstand der Gedanke der modernen Nation, der die Teilnahme aller am Staat fordert. Diesem demokratischen Nationalismus stand ein reaktionärer Konservativismus gegenüber, dem städtisch-egalitären ein agrarisch-ständisches Denken. In enger Verbindung mit dem Nationalgefühl entwickelten sich die modernen Begriffe der Demokratie und des Staatsbürgers. Nicht selten aber – vor allem in Deutschland – zog das Nationalgefühl Kraft aus betont konservativen Geschichtsmythen. Von Herder ausgehend und stark intensiviert durch die Romantik, entstand so neben dem westlich-rationalen Begriff der Nation das irrationale Bild der Nation als der staatlichen Verkörperung eines Volkes. Die so verstandene Nation wurde oft als absoluter, gleichsam religiöser Wert angesehen. Dessen normative Kraft war gefährlich, da der irrationale Inhalt des Begriffs beliebig variabel war. Gerade das machte ihn bei denen beliebt, die sich mit den rationalen Argumenten von Liberalismus, Demokratie oder Sozialismus nicht auseinandersetzen wollten oder konnten. Unter den wirtschaftlichen Bedingungen der zweiten Hälfte des 19. Jahrhunderts weitete sich der Nationalismus zum nationalistischen Imperialismus. Das sendungsbewußte nationale Volks- und Gemeinschaftsdenken stieß dann auf die Gegnerschaft des – machtpolitisch noch bedeutungslosen – sozialistischen Internationalismus.

Sozialdarwinismus

Der wirtschaftliche und nationale Konkurrenzkampf um den „Platz an der Sonne“ wurde ideologisch durch den Sozialdarwinismus ummäntelt. Darwins empirisch abgesicherte naturwissenschaftliche Gedankengänge „Über die Entstehung der Arten durch natürliche Zuchtwahl“ wurden auf Mensch und Gesellschaft übertragen. Als vulgäre Pseudowissenschaft war der Sozialdarwinismus gegen Ende des Jahrhunderts weit verbreitet. Durch die Gleichsetzung von Mensch und Tier, Kultur und Natur wurde der biologische Selektionsmechanismus zur Erklärung historischer Abläufe benutzt. Die Schlagworte vom „Kampf ums Dasein" und dem „Recht des Stärkeren" konnten als Rechtfertigung für Krieg und Gewalt benutzt werden. Dem Sozialdarwinismus zufolge prägten „natürliche Auslese" und Vererbung den Menschen, nicht aber z. B. soziale Hilfe, Toleranz und das Bemühen um Verständnis und Erziehung. Das widersprach dem demokratischen Verständnis von Mensch und Gesellschaft ebenso wie den Wertvorstellungen der europäischen Kulturtradition.

Als Folge der Reduzierung des Menschen auf seine biologische Existenz, insbesondere auf seine Erbanlagen, wurde ein Volk nicht als etwas historisch Gewordenes und sich ebenso historisch Veränderndes gesehen, sondern als biologische Größe, als Rasse. Macht oder Verfall eines Staates konnten jetzt als Ergebnis der „Reinhaltung" der staatstragenden Rasse und ihres „Blutes" oder ihrer Vermischung mit „Minderwertigen" interpretiert werden. In manchen Ländern Europas wurde dieser Rassismus ein Bestandteil des Nationalismus.

Antisemitismus

Die Überlegenheit der „Arier" über die „Semiten" wurde zuerst vorgetragen von J. A. Gobineau („Über die Ungleichheit der menschlichen Rassen" 1853–56) und H. St. Chamberlain („Rasse und Persönlichkeit") und in zahllosen Broschüren und Pamphleten verbreitet. Der Rassismus griff den alten religiösen Judenhaß auf und verband politische und soziale Ressentiments mit scheinbiologischen Argumenten zum modernen Antisemitismus. Wie jeder Fremdenhaß diente er zur Ableitung eigener unbewältigter Schwierigkeiten, so während der großen Pogrome in Rußland 1881/82, (s. Bd. K3) der Dreyfus-Affäre 1894–1906 in Frankreich (s. Bd. K3), nach dem Ersten Weltkrieg in Deutschland, Österreich und Polen. Häufig ging der Antisemitismus eine Verbindung mit Nationalismus und Konservativismus ein, er konnte antikapitalistisch und zugleich antisozialistisch sein, und immer war er gegen Internationalismus und Kosmopolitismus. Er eignete sich als Abwehrideologie gegen alles. Nachdem die Juden als Folge der Aufklärung emanzipiert waren und sich weitgehend assimiliert hatten, warf man ihnen vor, daß sie sich nicht mehr von der Gesellschaft sonderten, und stellte später neiderfüllt fest, daß sie sich häufig – gefördert von ihrer eigenen Vergangenheit und nicht eingeengt von ständischen und wirtschaftlich hemmenden Traditionen – den Wirtschaftsbereichen mit starkem Wachstum zugewendet hatten. So wurde der aus dem Mittelalter stammende wirtschaftliche Neid neu belebt. (Im Mittelalter und zu Beginn der Neuzeit war den Juden als Nichtchristen das Zinsnehmen erlaubt; der steigende Geldbedarf der Wirtschaft und das geringe Kapitalangebot ließ einige durch hohen Zinssatz reich werden.)

In Liberalismus und Sozialismus, den wichtigsten Kräften des Emanzipationsprozesses im 19. Jahrhundert, spielten Juden als unmittelbar in ihm Stehende eine hervorragende Rolle. Das gab der Legende von einer jüdischen Verschwörung Stoff, die bald als kapitalistisch, internationalistisch oder kommunistisch bezeichnet wurde. Das Unbehagen an manchen Gegebenheiten der modernen Welt fand auf diese Weise eine Begründung, die die eigene verklärende Selbsteinschätzung nicht beeinträchtigte, sondern bestätigte. So ist zu erklären, daß antisemitische Parolen am Ende des Jahrhunderts weit verbreitet waren; offen antisemitische Parteien hatten zwar geringen Erfolg, Interessenverbände antisemitischer Prägung aber um so größeren („Bund der Landwirte", „Deutschnationaler Handlungsgehilfenverband"). Das Bild vom „Juden" war weitgehend biologisch determiniert; soziologische Unstimmigkeiten ließen sich dadurch leicht verwischen, denn das biologische Klischee von der jüdischen Abstammung verdeckte tiefgreifende historisch und individuell bedingte Unterschiede: Der reiche westeuropäische (z. B. Rothschild) und der völlig verarmte osteuropäische Jude, Männer wie Karl Marx einerseits und etwa der konservative Staatstheoretiker Friedrich Julius Stahl andererseits hatten nur durch diese Brille betrachtet Gemeinsamkeiten.

Anfällige Gesellschaftsschichten

Damit nationalistische, sozialdarwinistische und antisemitische Strömungen, die seit langem in der europäischen Gesellschaft vorhanden waren, nach dem Ersten Weltkrieg im Faschismus zusammenfließen und politisch mächtig werden konnten, mußten Gesellschaftsschichten vorhanden sein, die die neue Ideologie trugen. Die zahlenmäßig größte dieser Schichten war das Kleinbürgertum, dem die Mehrheit der städtischen Bevölkerung zuzurechnen war. Handwerker, kleine Geschäftsleute, Angestellte und Beamte fühlten ihre Stellung in der modernen Industriegesellschaft von zwei Seiten bedroht: Die Konzentration in Industrie und Handel verringerte das wirtschaftliche und politische Gewicht des Kleinbürgertums ebenso wie der Aufstieg der Arbeiter. Die relativ sichere Stellung, in der sich das Kleinbürgertum in den Jahrzehnten vor dem Ersten Weltkrieg gefühlt hatte, schien bedroht, mancherorts in Mitteleuropa zusätzlich durch den Aufstieg ehedem minderberechtigter Nationalitäten. Die echten und eingebildeten Ängste des Kleinbürgertums führten zu Reaktionen auf politische und wirtschaftliche Gegebenheiten, die den Einbruch des Faschismus ermöglichten und ihm Anhang unter den Massen verschafften. Einmal im Sog des Faschismus, wurde das jahrzehntelang entpolitisierte Kleinbürgertum zur wichtigsten Gesellschaftsschicht, auf die sich der Faschismus stützte. Demgegenüber blieb es von geringerer Bedeutung, daß auch in den anderen Gesellschaftsschichten mehr oder minder starke Teile für den Faschismus anfällig waren.

2. Die Ideologie des Faschismus

Der Faschismus als Gegenideologie

Ob die verschiedenen faschistischen Bewegungen der Zwischenkriegszeit durch das ihnen Gemeinsame hinreichend exakt charakterisiert werden können oder ob sie zutreffender zu erfassen sind, wenn die jeweiligen historisch oder personell bedingten nationalen Besonderheiten hervorgehoben werden, ist noch eine offene wissenschaftliche Frage. Unbestritten sind die Gemeinsamkeiten der verschiedenen nationalen Faschismen, unterschiedlich aber wird ihre Bedeutung zum Verständnis des Faschismus als einer Einheit gewichtet. Mit dieser Einschränkung kann von einer allen faschistischen Bewegungen gemeinsamen ideologischen Grundlinie gesprochen werden.

Die Ideologie des Faschismus ist ein Konglomerat von Gedanken, die sich in Vergangenheit und Gegenwart finden ließen, und von Wunschvorstellungen, die sich auf die Zukunft richteten. Zu einer in sich geschlossenen, eigenständigen Theorie ist der Faschismus nicht gelangt.

Mussolinis Schrift über die „Lehre des Faschismus" („Dottrina del fascismo"), die seit 1929 jedes Parteimitglied zusammen mit einem Gewehr ausgehändigt erhielt, enthält fast nur Abschnitte, deren Überschriften schon als Negation formuliert sind: „Antiindividualismus; Gegen den Sozialismus; Gegen den Pazifismus; Gegen materielle Geschichtsauffassung und Klassenkampf; Gegen die demokratischen Ideologien; Gegen die liberalen Doktrinen". Faschismus ist inhaltlich zunächst zu bestimmen durch das, was er nicht sein will. Da die Palette des Abgelehnten breit war, konnten sich viele Anhänger finden, die mit einem Teil dessen, was die Faschisten ablehnten, übereinstimmten. Der deutsche Faschist Gregor Strasser definierte den Nationalsozialismus einmal als „das Gegenteil von dem, was heute ist". So konnte der Faschismus sich zugleich gegen die Arbeiterbewegung wenden und antikapitalistisch gebärden, den Nationalismus schüren und vom Sozialismus sprechen. Grundlage war stets die Ablehnung des bisher konkret Gegebenen: Der Faschismus bildete Kampfbünde gegen die parlamentarische Demokratie, gegen den Individualismus, den Liberalismus und den Sozialismus, von dessen politischen Organisationsformen sich Mittelstand und Kleinbürgertum als eigenständige soziale Schichten unmittelbar bedroht fühlten.

„Leben als Kampf"

Die verschiedenen Anti-Haltungen schmolz der Faschismus durch den Willen zum Kampf zu einer aktionsfähigen Einheit zusammen. Dabei griff er auf den Sozialdarwinismus zurück und verabsolutierte ihn, indem Kampf und Krieg zum ausschließlichen Prinzip des sozialen und politischen Lebens erhoben wurden. Krieg und Vernichtung des Gegners wurden nicht nur zum Inhalt des Lebens erklärt, sondern in ihnen wurde auch dessen höchster Sinn gesehen. Der Faschismus hob damit die Kontrollfunktion der Vernunft über die menschliche Aggressivität auf. Zahllose Terroraktionen faschistischer Verbände waren die Folge. Unmittelbar nach dem Ersten Weltkrieg wurde Italien von den „Strafexpeditionen" der faschistischen „squadre d'azione" erschüttert: Geduldet oder sogar unterstützt von staatlichen Stellen und verschiedenen Verbänden wurden vornehmlich Sozialisten terrorisiert. In allen faschistischen Gruppen fanden sich Kriegsteilnehmer zusammen, um mit ihren Aktionen den Sinn von Krieg und Gewalt zu demonstrieren. Schließlich wurde der Kampf in den Dienst großer Fernziele gestellt: In Italien sollte er die Errichtung eines Imperiums vorbereiten, in Deutschland diente er der Erringung von „Lebensraum" und der Vernichtung des Generalfeindes, des „Juden". Die Verpflichtung zum Kampf war hier gleichzeitig Verpflichtung zur Inhumanität. Krieg ist das innerste Wesen des Faschismus.

Der Titel von Hitlers Buch, „Mein Kampf", kann beispielhaft verstanden werden. Und es entspricht dem Prinzip des Faschismus, daß Hitler in diesem Buch nur da konkret wird, wo er den zu schlagenden Gegner (Juden, Slawen) schildert und vom Krieg gegen ihn spricht. Es gibt keine faschistische Darstellung der Zukunft, in der ein Friedenszustand angenommen wird. Immer wieder ist dagegen von der Erziehung des Volkes zu ständiger Kriegsbereitschaft die Rede.

„Macht und Disziplin"

Mussolini beginnt den Abschnitt „Macht und Disziplin" in der „Dottrina del fascismo" mit dem Satz: „Der faschistische Staat ist Wille zur Macht und zur Herrschaft". Noch unverbrämter stellte 1929 Goebbels die Macht als Selbstzweck für die Nationalsozialisten heraus: „Wir gieren nach Macht, und wir nehmen sie, wo wir sie bekommen können." Diesem Machterwerb diente der Terror im Innern, seine außenpolitische Konsequenz war der Raub- und Eroberungskrieg. Wichtigstes Mittel zur Durchsetzung war der disziplinierte Führerstaat, in dem jeder Pluralismus unterdrückt, das Bewältigen von Konflikten in Kompromissen unterbunden wurde. Der Führer ließ sich seine selbstgesetzte Autorität durch manipulierte Akklamationen bestätigen und trat mit dem Anspruch auf, die volonté générale seines Volkes zu verkörpern. Die Unterwerfung unter das Führerprinzip schuf einen blinden Befehlsmechanismus, ohne den die brutale Beseitigung aller Gegner nicht gelingen konnte. Die Bindung an den „Führer" hatte bedingungslos zu sein. „Ich habe kein Gewissen! Mein Gewissen heißt Adolf Hitler," sagte Hermann Göring; „Glauben, Gehorchen, Kämpfen!" lautete das Motto der italienischen Faschisten. Der Führerkult – deutlich etwa in der Bezeichnung Mussolinis als „Salvatore d'Italia" (Retter Italiens) – schuf eine gefühlsbetonte Abhängigkeit der „Gefolgschaft" vom Führer, so daß die Geführten meist erst zu spät oder nie bemerkten, daß sie Verführte waren.

Der Führer war frei in seinen Entscheidungen, solange er über die Disziplin seiner Anhänger verfügen konnte. Die Erfüllung der Pflicht gegenüber dem Führer – also der blinde Gehorsam, was auch immer der Inhalt des Befehls sein mochte – galt deshalb als höchste Tugend. Indem der Führer Teile seiner Macht an Unterführer delegierte, entstanden zusätzliche Bindungen; viele gehorchten leichter, wenn sie gleichzeitig selbst irgend jemandem zu befehlen hatten (im Krieg gab es in Deutschland in der Partei und ihren Nebenorganisationen rund 2 Millionen Führer, meist mit geringen Kompetenzen, aber von subjektiver Gewichtigkeit). Psychologisch bedeutsam war, daß dem eigenen Volk eingehämmert wurde, daß es sich als „Herrenrasse" zu fühlen habe, obgleich es dem „Führer" völlig unterworfen war.

Überall, wo es faschistische Bewegungen gegeben hat, bestanden sie nur, solange das Führerprinzip unangefochten galt. In Deutschland war es stärker ausgeprägt als in Italien, da der Duce den König zwar zurückdrängen, aber nie ganz ausschalten konnte. Hitler dagegen hob die Trennung von Partei und Staat völlig auf und wurde schließlich unter der offiziellen Bezeichnung „Der Führer" zum Repräsentanten von Volk, Partei und Staat in allen Bereichen des öffentlichen Lebens.

Das Grundmuster der faschistischen Ideologie erfuhr in der Praxis erhebliche Akzentverschiebungen, die durch Situation und Geschichte des jeweiligen Landes oder auch die Persönlichkeit seines „Führers" bestimmt wurden.

3. Der Faschismus in Italien

Anfänge

Nach dem Ende des Ersten Weltkriegs waren die italienischen Nationalisten über die mageren territorialen Gewinne enttäuscht, die der Frieden dem Land gebracht hatte, obwohl es 600000 Gefallene zu beklagen hatte und man sich – allerdings zu Unrecht – rühmte, 1918 durch die Schlacht bei Vittorio Veneto entscheidend zum Sieg beigetragen zu haben. Gierig auf tunesische Gebiete, auf die jugoslawische Adriaküste, auf Albanien, aber auch auf Korsika, Savoyen und Nizza, wollte man sich nicht mit Südtirol und der nordöstlichen Adriaküste zufriedengeben. Vergebens hofften viele, die liberalen und gemäßigt sozialistischen Nachkriegskabinette würden wenigstens Fiume noch dazu gewinnen. Politische und soziale Unruhen erschütterten 1919 das Land, der Geldwert sank, die wirtschaftliche Situation war schlecht. Streiks, Besetzung von Fabriken durch Arbeiter, Besetzung des Großgrundbesitzes durch landarme Bauern ließen breite Teile des Bürgertums und Kleinbürgertums die sozialistische oder gar bolschewistische Revolution fürchten. Die Regierungen konnten der inneren Unruhen nicht Herr werden, die Schwierigkeiten nicht beseitigen. Eine Modernisierung des Staates durch soziale Reformen war in Ansätzen steckengeblieben.

Dies war die Lage, als am 23. März 1919 Benito Mussolini in Mailand die „Fasci di combattimento" (Kampf-Fasces) gründete, deren Ziel er in seiner Gründungsansprache so umriß: „Wenn das Regime beseitigt werden soll, dann müssen wir seinen Platz einnehmen. Darum schaffen wir 'fasci' ..." Schon Ende 1921 hatten die Fasci 218000 Mitglieder, ein halbes Jahr später 322000.

Die „fasci" bildeten „squadre d'azione" (Stoßtrupps), denen sich vornehmlich Studenten, Oberschüler und ehemalige Offiziere anschlossen. Mit Geld, Lastwagen und Benzin von Großgrund- und Fabrikbesitzern unterstützt – diese fürchteten den Verlust ihres Besitzes durch die Sozialisten – terrorisierten sie ganze Landstriche und Städte: Sozialistische Parteigebäude und Redaktionsbüros wurden demoliert, Bürgermeister zum Rücktritt gezwungen, nackte Gewalt auf offener Straße gegen alle Gegner angewandt. Nach Schätzungen verloren von 1920 bis 1922 3000 Antifaschisten und 300 Faschisten ihr Leben. Die „Schwarzhemden" (Uniform der Faschisten) beherrschten die Straße. Die Staatsorgane blieben untätig. Die Armee sympathisierte vielfach mit den Faschisten; der Kriegsminister ließ seit 1920 sogar 80% des Gehaltes an demobilisierte Offiziere zahlen, die sich den „fasci" angeschlossen hatten.

Auch als Mussolini im Mai 1921 an der Spitze einer relativ kleinen (35 Sitze von 535) faschistischen Fraktion – der „Partito Nazionale Fascista" war 1921 gegründet worden – ins Parlament einzog, sahen Liberale, Sozialisten und Popolari (katholische Partei) die radikale Gefährdung nicht, die dem liberalen System drohte, dem sie alle angehörten. So kam es zu keiner gemeinsamen antifaschistischen Front aller Bürgerlichen und der Sozialdemokraten. Die gegenseitige Lähmung von Liberalen, Sozialisten und Popolari vergrößerte den Spielraum des Faschismus und ermöglichte seinen Sieg. Viele Bürgerliche hofften, den Faschismus zu mäßigen, wenn sie ihn an einer von Liberalen geführten Regierung beteiligten, zumal Mussolini den Monarchisten, dem Vatikan und der Armee durch entsprechende Erklärungen entgegenkam.

Benito Mussolini wurde 1883 als Sohn eines Dorfschmieds in der Romagna geboren, besuchte das Lehrerseminar und wurde 1901 Hilfslehrer. Während eines einjährigen Aufenthaltes in der Schweiz arbeitete er unter anderem als Journalist, um seine Weiterbildung finanzieren zu können. Dabei hörte er in Lausanne Vorlesungen des Soziologen Vilfredo Pareto und lernte dessen Lehre von Herrschaft und Elite kennen. Wegen sozialistischer Agitation wurde er 1904 aus der Schweiz und 1909 aus Österreich (Trient) ausgewiesen. Als Herausgeber und Redakteur sozialistischer Zeitschriften gehörte er dem radikal-revolutionären Flügel der Sozialistischen Partei an. Weil er die Neutralitätsbestrebungen der Partei ablehnte, trat er bald nach Kriegsausbruch 1914 aus der Partei aus, verließ die Zeitung „Avanti", deren Direktor er war, und setzte sich in seinem neuen Blatt „Popolo d'Italia" mit nationalistischer Propaganda für den Kriegseintritt Italiens auf seiten der Alliierten ein. Selbst im Krieg verwundet, heroisierte und idealisierte er den Kampf und zog damit viele Gleichdenkende in seine 1919 entstandenen faschistischen Verbände. Mussolini lieferte ihnen eine Ideologie, die ein loses Gemisch von vereinzelten Gedanken Paretos über die Elite, Friedrich Nietzsches über den „Herrenmenschen", Georges Sorels über die revolutionäre, antiparlamentarische Bewegung des Syndikalismus und Henri Bergsons „élan vital" enthielt. Aus dem Sozialismus, den Mussolini vor dem Krieg vertreten hatte, war das Gegenteil geworden. Den Sozialisten aller Schattierungen galten jetzt die härtesten Schläge der Faschisten. Seit 1921 bekannte Mussolini sich zur Monarchie; damit beseitigte er diesen Gegensatz zu den konservativen Eliten.

Der Marsch auf Rom

Okt. 1922

Im Oktober 1922 marschierten rund 20000 schlecht bewaffnete und unzureichend mit Proviant versehene Schwarzhemden nach Rom. Mussolini fuhr im Schlafwagen von Mailand nach Rom. Zur Verteidigung der Staatsordnung geschah nichts, da der König sich weigerte, den Belagerungszustand zu verhängen. Ebenso wie Kirche und Liberale fürchtete der Monarch den Kommunismus mehr als den Faschismus; Offiziere und Industrielle unterstützten die Faschisten mehr oder minder offen.

Mussolini wurde am 28.10.1922 Regierungschef einer Koalitionsregierung, in der er zugleich auch Innen- und Außenminister war. Daß neben vier faschistischen Kabinettsmitgliedern noch zehn nichtfaschistische Minister saßen, konnte die Situation verschleiern. Wenn auch parlamentarische Institutionen, Parteien und nichtfaschistische Zeitungen noch einige Jahre weiterexistierten, so zeigten doch die nächsten Schritte Mussolinis deutlich, was in Italien geschehen war.

1923 wurde die „Milizia Volontaria per la Sicurezza Nazionale" (Freiwillige Sicherheitsmiliz) gegründet: Die squadre d'azione waren zu einer auf Mussolini vereidigten, staatlich finanzierten Parteiarmee geworden! Im November 1923 erreichte Mussolini die Zustimmung der Liberalen zu einem neuen Wahlgesetz, das die Diktatur befestigen half: Die stärkste Partei, die mehr als 25% der abgegebenen Stimmen erhielt, bekam zwei Drittel der Parlamentssitze. Mit Hilfe dieses Gesetzes errangen die Faschisten mit den verbündeten Nationalisten 1924 einen großen Wahlsieg. Als der Sozialist Matteotti im Parlament eine Rede gegen die bei den Wahlen angewendete Gewalt hielt, wurde er bald darauf von Mussolinis Geheimpolizei ermordet. Liberale, Sozialisten und Popolari verließen daraufhin am 15.6.1924 das Parlament. Die neue Regierung bestand nur noch aus Faschisten.

Die Bedeutung des Marsches auf Rom und damit der Vorgänge in Italien hat Hitlers Propagandaminister Joseph Goebbels 1934 geschildert: „Der Marsch auf Rom ist ein Signal gewesen, Sturmzeichen für die liberale Demokratie. Er ist der erste Versuch, die liberaldemokratische Geisteswelt zu zertrümmern, ... die 1789 mit dem Sturm auf die Bastille begann."

Benito Mussolini (1883 bis 1945), „Duce" der Faschisten, 1922 bis 1943 italienischer Regierungschef, 1943 bis 1945 Chef der unter deutschem Schutz stehenden Gegenregierung.

Der Einparteistaat

Zwischen Dezember 1925 und Dezember 1928 wurde der faschistische Einparteistaat systematisch ausgebaut. Zwar blieb der König Staatsoberhaupt („Capo dello stato"), aber alle faktische Macht fiel dem Regierungschef („Capo del governo") zu. Im Dezember 1925 und Januar 1926 beseitigten Gesetze die Verantwortlichkeit der Regierung dem Parlament gegenüber und legten alle staatliche Macht in die Hand des „Capo del governo"; die Kabinettsmitglieder sanken zur Bedeutungslosigkeit herab: Mussolini übernahm bis 1929 selbst sieben Ministerien. Das Parlament durfte nur noch über etwas beraten, wenn der „Capo del governo" diese Beratung zuvor genehmigt hatte.

„Wer hat Italien gerettet?" Faschistisches Propagandaflugblatt.

Das Verbot aller Parteien außer dem Partito Nazionale Fascista vollendete 1926 formal die längst erfolgte Unterdrückung jeder Opposition.

Als am 31. Januar 1926 die Regierung, also de facto der „Duce del Fascismo" als „Capo del governo", das Recht zum „Erlaß von Rechtsnormen", also Dekrete mit Gesetzeskraft zu erlassen, erhielt, waren Exekutive und Legislative in Mussolinis Hand vereinigt, die Gewaltenteilung beseitigt. Schließlich wurde 1928 der Faschistische Großrat, der „Gran Consiglio del Fascismo", in die Verfassung des Staates einbezogen: Die faschistische Parteispitze bestimmte alle Kandidaten, die für „Wahlen" aufgestellt wurden, es gab nur noch eine Einheitsliste. So war es folgerichtig, wenn dann 1929 das Parteiabzeichen zum Symbol des Staates und die Hymne der Partei zur Nationalhymne wurden.

Der Faschismus durchdrang rasch das gesamte innere Leben des Staates: Universitätsprofessoren mußten den Faschisten den Treueid leisten, jeder Beamte mußte Mitglied der faschistischen Partei sein. Neben der Armee gab es kasernierte Kampfeinheiten der faschistischen Miliz. Politische Gegner aller Richtungen hatten das Land verlassen müssen oder waren in Konzentrationslagern inhaftiert.

Die einzige noch nicht vom Faschismus verdrängte oder abhängige Macht in Italien war die katholische Kirche. Mussolini gewann sich in dem katholischen Land viele Sympathien, als er 1929 mit dem Vatikan die Lateran-Verträge abschloß, in denen die „Città del Vaticano" als souveräner Staat anerkannt wurde und damit das seit Auflösung des Kirchenstaats 1870 unklare und schlechte Verhältnis zwischen Staat und Kirche in Italien geklärt wurde. Viele Katholiken und Konservative begannen in der faschistischen Herrschaft eine Entwicklungsdiktatur zu sehen, die den gemeinsamen kommunistischen Gegner in Italien besiegt hatte und das Land in straffer Ordnung aufwärts führte. Zu dieser wohlwollenden Einschätzung des Faschismus trugen dessen wirtschaftliche Erfolge erheblich bei. Die Pontinischen Sümpfe wurden urbar gemacht, wodurch in Italien neues Siedlungsland für den Bevölkerungsüberschuß entstand, auf den Mussolini stolz war. Staatliche Förderung verhalf der Automobilindustrie zum Aufschwung, Autobahnen wurden begonnen. Das Informationsmonopol des Staates sorgte für die propagandistische Zur-Schau-Stellung dieser Leistungen.

Der korporative Staat

Da Mussolini in seiner Anfangszeit ein führender Sozialist gewesen war, blieben soziale Gedanken im italienischen Faschismus länger als in anderen Varianten des Faschismus sichtbar. Aber 1926/27 wurden sie durch die „Leggi di riforma sociale" und die „Carta del Lavoro" in ihr Gegenteil verkehrt. Diese Gesetze schufen die Korporationen: Arbeitnehmer und Unternehmer hatten sich in gemeinsamen Verbänden zusammenzuschließen. Praktisch bedeutete das das Ende der Gewerkschaften, denn die Arbeitnehmer wurden jetzt von faschistischen Funktionären „vertreten", die mit den seitherigen Repräsentanten der Unternehmer zusammenarbeiteten. Ein Streikrecht gab es nicht mehr. Der Konflikt zwischen Kapital und Arbeit galt als überwunden. Die Korporationen dienten den Interessen der Arbeitgeber und des Staates bzw. der Partei. Sie waren das Instrument, mit dessen Hilfe der Staat die Arbeiter in der Hand hatte. In Deutschland leistete später die „Deutsche Arbeitsfront" Ähnliches. Treffend charakterisierte Mussolini den korporativen Staat: „Wir kontrollieren die politischen Kräfte, wir kontrollieren die moralischen Kräfte, wir kontrollieren die wirtschaftlichen Kräfte, wir sind also mitten im korporativen faschistischen Staat."

Die Industrie war zufrieden, denn die Korporationen hatten Stellung und Rechte der Unternehmer gestärkt. Die parteistaatliche Aufsicht über die Wirtschaft nahm man hin, solange sich die Interessen deckten. Das aber war auf absehbare Zeit der Fall. Ambivalent jedoch war der Satz aus der „Carta del Lavoro": „Ein Eingriff des Staates in die Wirtschaft erfolgt nur, wo die Privatinitiative fehlt, ungenügend ist oder die politischen Interessen des Staates auf dem Spiele stehen."

Auf dem Weg zum Impero Romano

Die außenpolitischen Zielvorstellungen des faschistischen Italien waren vom Rückgriff auf die imperiale Tradition des alten Rom bestimmt. Schon die Benennung der Bewegung deutet das an (fasces, lat. = Rutenbündel mit Beil als Zeichen der Gewalt der höchsten römischen Magistrate über Leben und Tod). Der italienische Nationalfaschismus wollte zunächst als radikale Entwicklungsdiktatur das rückständige Land industrialisieren und durch Bodenmelioration die agrarische Grundlage für eine Vermehrung der Bevölkerung schaffen. Dann sollte das „Impero Romano" unter der Führung des „Duce del Fascismo" wiedererstehen, wozu zunächst einmal die Adria in „Mare nostro" umbenannt wurde. Um einen kriegerischen

Die Lateran-Verträge vom 11. 2. 1929. Austausch der Ratifizierungsurkunden zwischen dem Vertreter der Kurie und Mussolini im Lateran.

Anknüpfungspunkt zu haben, wurde die militärisch belanglose Schlacht von Vittorio Veneto (1918) in einen kriegsentscheidenden Sieg umfunktioniert – ein weit harmloserer, aber der Tendenz der deutschen Dolchstoßlegende entsprechender Vorgang. Auch in Italien war die Enttäuschung über das Ergebnis des Ersten Weltkrieges weit verbreitet; man sprach vom „verstümmelten Sieg“ (s. S. 8).

Eine Korrektur der Kriegsergebnisse hatte 1919 der nationalistische Dichter Gabriele d'Annunzio versucht, als er mit einer Schar Gleichgesinnter auf eigene Faust Fiume (Rijeka) besetzte. 1924 erreichte Mussolini die Abtretung der Stadt von Jugoslawien. Aber von diesem kleinen Erfolg abgesehen, ermöglichte es in den zwanziger Jahren die europäische Mächtekonstellation Mussolini nicht, die kriegerische Eroberungspolitik zu betreiben, die dem faschistischen Programm entsprach. Einen Zusammenstoß mit englischen und französischen Interessen im Mittelmeergebiet vermied Mussolini zunächst, weshalb die Westmächte lange Zeit ein Arrangement mit Italien für möglich hielten.

Nach der Machtergreifung des Nationalsozialismus in Deutschland gewann Italien für die Westmächte an Gewicht. Mussolini konnte an die Verwirklichung seiner imperialen Pläne denken. Als Hitler 1935 die allgemeine Wehrpflicht einführte und damit die Ordnung von Versailles zerbrach, gaben England, Frankreich und Italien auf der Konferenz von Stresa (11.–14. April 1935) eine gemeinsame Erklärung ab, in der sie sich zu den Verträgen von Versailles und Locarno bekannten und Hitler vor weiteren Vertragsbrüchen warnten. Italien stand in der „Stresa-Front“ an der Seite der Westmächte, obwohl es ein Jahr zuvor in den „Römischen Protokollen“ mit Ungarn und Österreich eine Ausdehnung seines Einflusses auf den Donauraum erreicht und damit die französischen Balkaninteressen gestört hatte. Als Hitler 1935 das Flottenabkommen mit England schloß, gewann Italien als möglicher Bundesgenosse für Frankreich an Wert. Schon im Januar 1935 hatte Mussolini von der Pariser Regierung Laval die geheime Zusage erhalten, bei Ansprüchen auf Abessinien sei von Frankreich kein Widerstand zu erwarten. Provozierte Zwischenfälle an den Grenzen zwischen Abessinien und italienischem Kolonialbesitz bereiteten die Expansion vor.

Ohne Kriegserklärung überfiel Mussolini
1935 im Oktober 1935 Abessinien, einen Mitgliedstaat des Völkerbundes. Das überfallene Land war nahezu waffenlos, der Angreifer setzte modernste Waffen und Giftgas ein und führte den Krieg mit schonungsloser Brutalität. Parteieinheiten operierten neben der regulären Armee. Ohne Friedensverhandlungen wurde Abessinien annektiert (9. Mai 1936).

In England und Frankreich verkannten viele, daß die Grundfrage nach der kollektiven Sicherheit auf dem Spiel stand. Die rhetorische Frage „Für den Negus sterben?“ verdeckte das Problem: Potentielle „Abessinien“ gab es für Italien im Mittelmeergebiet mehrere, für Deutschland in Osteuropa einige. Unter englischem und französischem Einfluß beschränkte sich der Völkerbund auf halbe wirtschaftliche Sanktionen: Der für den italienischen Nachschub entscheidende Suezkanal wurde für Italien nicht gesperrt, die Ölzufuhr nicht unterbunden. Und die ausfallenden Kohlelieferungen wurden von Hitler ersetzt, der endlich eine Gelegenheit zur Annäherung an Italien erhalten hatte, nachdem wegen Österreich und Südtirol zwischen den beiden faschistischen Staaten bisher ein sehr kühles Verhältnis bestanden hatte (s. S. 175 f.).

Eine Möglichkeit für eine gemeinsame deutsch-italienische Politik bot der Spanische Bürgerkrieg. Schwere soziale Spannungen im Spanien zwischen adligen und klerikalen Großgrundbesitzern und der breiten Masse der verarmten Bauern, scharfe politische Gegensätze zwischen Monarchisten und Nationalisten einerseits und Radikaldemokraten und revolutionären Sozialisten andererseits führten im Juli 1936 zum Ausbruch des Bürgerkriegs: Gegen die von Kommunisten, Sozialisten, Republikanern und Syndikalisten getragene „Volksfrontregierung“ erhob sich das Heer unter Führung mehrerer Generäle, von denen General Franco am 1. Oktober 1936 zum Staatschef erhoben wurde. Monarchisten, Katholiken und die von José Antonio Primo de Rivera 1933 gegründete faschistische „Falange“ un-

1936 bis 1939 terstützten Francisco Franco, der 1937 als „Caudillo“ Führer der Falange wurde.

1936–39 kam es zu gemeinsamen Aktionen des faschistischen Italien und des nationalsozialistischen Deutschland: Italienische Verbände (über 50000 Mann) und die deutsche „Legion Condor“ unterstützten die spanische Falange gegen die „rojos“ (Roten), die von Frankreich und der UdSSR Hilfe erhielten. Im Spanischen Bürgerkrieg standen sich zum erstenmal verbündete faschistische Verbände unterschiedlicher Nationalität und Antifaschisten der verschiedensten internationalen Linksparteien (etwa 60000 Freiwillige, davon 5000 deutsche Emigranten, in den „Internationalen Brigaden“) gegenüber. Von jetzt an wurde die europäische Politik auch von dem Gegen-

Francisco Franco y Bahamonde (1892 bis 1975), nationalspanischer Regierungschef 1936, Caudillo 1937, Generalissimus. Nach dem Sieg im Bürgerkrieg von 1939–1975 spanischer Staatschef.

satz zwischen Faschismus und Antifaschismus bestimmt. Beide Begriffe legen allerdings den Eindruck größerer Homogenität der beiden Lager nahe, als es der Wirklichkeit entspricht. Der Bürgerkrieg endete 1939 mit dem Sieg Francos.

1936 Rasch vollzog sich die Annäherung Italiens an Deutschland: Der inhaltlich vagen, aber propagandistisch sehr wirksamen „Achse Berlin–Rom“ vom 25. Oktober 1936 folgte am 22. Mai 1939 der „Stahlpakt“. Dieser Freundschafts- und Bündnispakt enthielt eine bedingungslose Bündnisverpflichtung für beide Staaten. Kurz zuvor – am 7. April – hatte Italien, angespornt von der Annektion Böhmens und Mährens durch Deutschland, Albanien besetzt. Doch das änderte – ebenso wie der Dreimächtepakt zwischen Deutschland, Italien und Japan vom 27. September 1940 zur Neuordnung Europas und Ostasiens im Sinne der Vertragschließenden – nichts daran, daß Italien mehr und mehr in deutsche Abhängigkeit geriet. Seit 10. Juni 1940, als der deutsche Sieg sicher zu sein schien, nahm Mussolinis Italien auf deutscher Seite am Krieg teil, obwohl der Monarch, der Vatikan und die Industrie sich dagegen sträubten. Im Krieg erlitten die Italiener immer wieder Mißerfolge, die durch deutsches Eingreifen häufig abgeschwächt wurden. Im Mai 1943 gingen die letzten Gebiete in Nordafrika verloren, am 10. Juli landeten die Alliierten auf Sizilien.

Am 25.7.1943 wurde Mussolini verhaftet, nachdem ihn der „Große Faschistische Rat“ abgesetzt hatte. Die neue nicht-faschistische Regierung Italiens schloß einen Waffenstill-

Die Achse Rom–Berlin. Festabzeichen aus Anlaß eines Treffens Hitlers mit Mussolini in Italien 1938.

stand mit den Alliierten, floh vor den Deutschen, die den größten Teil Italiens besetzen konnten, und erklärte am 13.10.1943 an Deutschland den Krieg. Mussolini wurde nach seiner Befreiung durch einen deutschen Handstreich Chef einer Marionettenregierung für das noch nicht von Alliierten besetzte Italien. Am Tage der Unterzeichnung der Kapitulation der deutschen Streitkräfte (28.4.1945) in Italien wurde Mussolini von Partisanen gefaßt und erschossen. Der italienische Faschismus zerbrach mit der Machtstellung seines Duce.

Ausstrahlungen des Faschismus

Zuerst in Italien und später in Deutschland war der Faschismus zu einer Bewegung mit breiter Anhängerschaft geworden und zur Macht gelangt; mehr oder minder ausgeprägt faschistische Bewegungen aber gab es in nahezu allen europäischen Ländern, teils erst aus der Bewunderung für Mussolini oder Hitler entstanden – so die verschiedenen faschistischen Gruppen in Finnland, Dänemark und der Schweiz –, teils aber auch schon Anfang der zwanziger Jahre mehr oder weniger unabhängig von ihnen. Ohne große Anhängerschaft, aber zählebig (von 1898–1945), war die „Action Française“, in der die Ideologie des Faschismus ihre früheste Ausprägung fand. Sie nutzte nationalistisches Revanchedenken aus, das in Frankreich nach dem Verlust Elsaß-Lothringens 1871 verbreitet war, griff den unterschwellig vorhandenen Antisemitismus auf, der in der Dreyfus-Affäre um die Jahrhundertwende in Frankreich offen ausbrach (dem Hauptmann Dreyfus – einem Juden – wurde Spionage zugunsten Deutschlands vorgeworfen). An der antisemitischen Agitation der Action Française änderte sich auch dann nichts, als die Unschuld Dreyfus' erwiesen wurde. Der Schriftsteller Charles Maurras trat am lautstärksten für die Action Française ein. Parlamentarismus und Individualismus wurden bekämpft, Maurras war

Werbeplakat der Waffen-SS für den Eintritt in das „Freikorps Danmark“. Aber nur 1200 Dänen kamen im Mai 1942 an der Ostfront zum Einsatz.

Monarchist, der in der Zeit vor 1789 das Heil sah. Terror gegen mißliebige Professoren, Straßenkämpfe und Gewalttaten durch die Kampforganisationen der Action Française, die „Camelots du Roi“, nahmen Methoden des Faschismus vorweg. Aber Maurras blieb ohne großen Anhang. Sein Nationalismus, der vor allem antideutsch orientiert war, geriet in Schwierigkeiten nach der Machtübernahme Hitlers: Die Action Française war antideutsch, aber profaschistisch.

In Ungarn bestand bereits 1919 eine „Partei der rassischen Vereinigung“, deren „oberster Führer“ sich schon damals „Nationalsozialist“ nannte; er war revanchistisch und antisemitisch. Weit ausgeprägter faschistisch waren dann später die ungarischen „Pfeilkreuzler“. Ebenfalls in das Jahr 1919 gehen die Anfänge der „Eisernen Garde“ in Rumänien zurück, die von Codreanu zunächst als Schülervereinigung gegen den Bolschewismus gegründet worden war. Die in Österreich zur gleichen Zeit entstandenen Heimwehren gerieten seit 1927 stark in den Sog des Faschismus. Auch in England gab es eine faschistische Bewegung. 1933 hatte Sir Oswald Mosley die „British Union of Fascists“ gegründet. Trotz zeitweise größerer Mitgliederzahl gelang es aber auch in England nicht, den Faschismus zu einer große Teile des Volkes ergreifenden Bewegung zu machen. Faschistische Bewegungen in Portugal und Spanien (Falange) blieben stets stark abhängig von ihren Verbündeten in Heer, Großgrundbesitz und Kirche, überwanden also nie die Konstellation, wie sie etwa vergleichbar in der Anfangszeit nach der Machtübernahme der Faschisten in Italien und Deutschland kurze Zeit bestanden hatte.

Im Krieg fanden sich in den besetzten Ländern – außer in Polen – kleine faschistische bzw. antibolschewistische Gruppen zur Kollaboration bereit, so in Norwegen (unter Vidkun Quisling) und den Niederlanden. Freiwilligenverbände aus verschiedenen Ländern beteiligten sich am Kampf gegen die Sowjetunion. So sollte die Gemeinsamkeit der Faschismen im Antikommunismus dokumentiert werden. Die Vielfalt verschiedenartiger Akzentuierungen innerhalb der europäischen faschistischen Gruppen ist das

Sir Oswald Mosley, Führer der British Union of Fascists, grüßt vorbeimarschierende Frauen mit dem Hitlergruß.

Ergebnis verschiedenartiger Bedingungen – bei gleicher Grundkonstellation –, unter denen sich die nationalen Faschismen entwikkelten.

4. Der Nationalsozialismus in Deutschland

Voraussetzungen

Nationalismus, Sozialdarwinismus und Antisemitismus waren seit dem 19. Jahrhundert gemeineuropäische Erscheinungen, der Sieg des Faschismus aber war nur in Deutschland nahezu vollkommen. Man hat dafür Züge der deutschen Geschichte mindestens seit Luther verantwortlich zu machen versucht; zweifelsfrei lassen sich aber erst im 19. Jahrhundert Tendenzen in Deutschland zeigen, die eine besondere Anfälligkeit für den Faschismus begründeten:
In der Romantik bildete sich das Bewußtsein deutscher Eigenart heraus; provoziert durch die Herrschaft Napoleons entstand ein völkisches Gemeinschaftsgefühl, das sich in den Reden des Philosophen Fichte ebenso äußerte wie in der Volkstümelei Jahns. In der nationalen Bewegung der Burschenschaft lebte diese gegen die Ideen der Französischen Revolution gerichtete Haltung ebenso wie in der Restauration (vgl. Bd. K3).
Nach dem Scheitern der Revolution von 1848 spaltetete sich in Deutschland der politische Liberalismus, indem eine Richtung alles dem nationalstaatlichen Einheitsgedanken unterordnete und die Reichsgründung von 1871 annahm, obwohl sie außer der Einheit nichts von dem brachte, was 1848 erstrebt wurde. Eine andere Gruppierung (Freisinnige, Fortschrittspartei) hielt an den liberalen Idealen fest. Durch die Struktur des „Zweiten Reiches“ wurde das parlamentarische System zugunsten autoritärer Herrschaftsformen diskreditiert, da die Parteien ohne politisch entscheidende Verantwortung blieben. Alle Probleme wurden „von oben“ gelöst, so daß auch sachlich gute Lösungen (etwa die Sozialversicherungsgesetze) politisch nichts an der Unmündigkeit der Bürger änderten. Das deutlichste Beispiel für die politische Rückständigkeit in Deutschland – gemessen an Westeuropa – war das preußische Dreiklassenwahlrecht.
Die Kontinuität in Verwaltung und Armee zwischen Kaiserreich und Weimarer Republik belastete diesen Staat ebenso wie das gegen Versailles gerichtete revisionistische Wunschdenken vieler Deutscher, in dem zahlreiche der Strömungen des 19. Jahrhunderts einen Kristallisationspunkt fanden, die potentiell Faschistisches in sich bargen oder eindeutig präfaschistisch waren wie etwa der übersteigerte Imperialismus der „Alldeutschen“ und der Antisemitismus (vgl. S. 58ff.).
Anders als in den westlichen Demokratien gab es in Deutschland und Österreich keine gefestigte Tradition der liberalen Staats- und Gesellschaftstheorie, die dem nationalistischen Imperialismus und Militarismus hätte entgegengestellt werden können. Zu sehr waren im Denken vieler Deutscher, insbesondere im Bürgertum, Gegensätze verhärtet, an die der Faschismus anknüpfen konnte: Abwertend unterschied man die Zivilisation von der Kultur, die Gesellschaft von

der Gemeinschaft, den Intellekt von der Seele, den „Untermenschen“ vom „Herrenmenschen“, den Staat als Mittel vom Staat als Zweck.

Die nationalsozialistische Ideologie

Der Nationalsozialismus ist als ausgeprägte Anti-Versailles-Bewegung groß geworden. Er ist aber vor allem durch seine Rassenlehre bestimmt. Sie findet sich schon in Hitlers „Mein Kampf“ (1925–27) so formuliert, daß die nationalsozialistische Praxis der Judenvernichtung und Besatzungspolitik im Krieg nicht überraschen konnte („Mein Kampf“ wurde in fast 10 Millionen Exemplaren verbreitet, aber weniger ernst genommen, als er gemeint war).

Adolf Hitler wurde 1889 als Sohn eines österreichischen Zollbeamten in Braunau am Inn geboren. 1905 mußte er den Besuch der Realschule abbrechen. Auf sich selbst gestellt – der Vater war schon 1903 gestorben – ging er 1907 nach Wien, wurde aus Mangel an Fähigkeiten nicht an der Kunstakademie angenommen und verbrachte die Jahre bis 1913 ohne ernsthafte Tätigkeit, in Obdachlosenasylen und Männerheimen wohnend. Die Berührung mit dem Nationalitätenproblem in Österreich machte ihn zum Nationalisten, wahllose pseudowissenschaftliche Lektüre legte das Fundament zu seinen Rassenvorstellungen. Die Basis für das Konglomerat seiner „Weltanschauung“ entstand. Bei Ausbruch des Weltkriegs lebte Hitler in München, meldete sich freiwillig, wurde ausgezeichnet, zum Gefreiten befördert. Als vorübergehend durch Gas Erblindeter erlebte er das Kriegsende im Lazarett und „beschloß, Politiker zu werden“. In München wurde er fünfundfünfzigstes Mitglied der von einem Eisenbahner gegründeten „Deutschen Arbeiterpartei“. Sie wurde in NSDAP umbenannt. Der erfolgreiche Redner Hitler, der die „Judenrepublik“ und die „Novemberverbrecher“ beschimpfte, stieg zu ihrem Führer auf. Als der Versuch, den „Marsch auf Rom“ durch einen „Marsch auf Berlin“ zu imitieren, an der Münchner Feldherrnhalle am 9. November 1923 gescheitert war, mußte Hitler für ein knappes Jahr in Festungshaft (vgl. S. 68 f.). Dort schrieb er „Mein Kampf“.

Die wissenschaftlich indiskutable nationalsozialistische Rassenlehre knüpft an den Antisemitismus an. Sie unterscheidet die „arische“ oder „germanische“ oder „deutsche“ oder „nordische“ „Herrenrasse“ von „minderwertigen Rassen“, zu denen vor allem Juden, dann aber auch Slawen gezählt werden. Die „Säuberung“ der Welt von jüdischen „Parasiten“ ergibt sich daraus als die eine Aufgabe, die Versklavung der Völker Osteuropas, der Raub ihres Landes als „Lebensraum“ für die Deutschen als zweite. Vernichtungslager, Exekutionen und Krieg waren dann die Mittel dazu. Humanität, nach Hitler eine „Mischung aus Dummheit und Feigheit“, hat in der nationalsozialistischen Welt keinen Platz.

Der Staat wird als rassische Herrschaftsordnung der Höherwertigen über die Minderwertigen verstanden. Die Menschen unterscheiden sich ausschließlich nach rassischen Merkmalen; individuelle, historische, soziale, politische Differenzierungen werden negiert. Der nationalsozialistische SS-Staat (s. S. 170 f.) zielt auf die Vernichtung aller Wertvorstellungen, an denen sich europäisches Denken und Handeln bisher immer wieder orientiert hatten. Die Rassenideologie unterscheidet den Nationalsozialismus so grundlegend von allen anderen faschistischen Bewegungen, daß von einem Teil der Forscher an der Tragfähigkeit eines generellen Faschismusbegriffs gezweifelt wird.

Die nationalsozialistische Machtergreifung

30. 1. 1933 Die Regierung Hitler, die am 30. 1. 1933 ihr Amt antrat, war eine Koalitionsregierung aus NSDAP und DNVP (s. S. 86). Ihr gehörten drei Nationalsozialisten – darunter der über die Polizei gebietende Innenminister – und acht konservative Minister an. Dieses „Kabinett der nationalen Erhebung“ war wie alle Kabinette seit 1930 eine Präsidialregierung (vgl. S. 83 f.). Bei den meisten Konservativen herrschte die Beurteilung der Regierung Hitler vor, die Vizekanzler von Papen so formulierte: „Wir haben ihn uns engagiert.“ Aber die gesellschaftlichen und politischen Kräfte der Mitte und der Rechten, die den Nationalsozialisten zur Macht verholfen hatten, wurden von ihnen ebenso schnell wie alle anderen politischen Gruppierungen überspielt und ausgeschaltet. Bereit, mit den Nationalsozialisten die parlamentarische Demokratie zugunsten einer autoritären Staatsform abzuschaffen, ermöglichten sie die Errichtung der Diktatur und halfen in den ersten Wochen, die juristische Fassade der „le-

Postkarte zum „Tag von Potsdam"

galen Revolution" zu vervollkommnen, die den permanenten Ausnahmezustand kaum verschleierte, der bis zum 8. Mai 1945 in Deutschland bestand.

Der greise Reichspräsident von Hindenburg durchschaute die Zusammenhänge nicht mehr und erließ Verordnungen, wie Hitler sie von ihm forderte. Am 1.2. wurde der Reichstag aufgelöst, da Hitler sich von Neuwahlen die absolute Mehrheit erhoffte. Zur Einschüchterung der politischen Gegner traten während des Wahlkampfes die bewaffneten Truppen der Partei in offizieller Funktion auf: 40000 SA- und SS-Leute fungierten bis Ende des Jahres als Hilfspolizei! Wahlreden Hitlers mußten von allen Rundfunkanstalten ausgestrahlt werden. Der diffuse nationale Rausch, der sich am 30.1. in großen Fackelzügen gezeigt hatte, wurde systematisch genährt; Reichsinnenminister Frick erklärte am 12.2.: „Wenn man sagt, wir hätten kein Programm, so ist doch der Name Hitler Programm genug." Hitler war der Kristallisationspunkt der Wünsche vieler Menschen aus allen Bevölkerungsschichten, deren durchaus verschieden motiviertes Unbehagen am Bestehenden von der NSDAP zu einer politischen Aktion mobilisiert worden war. Dazu kam die zunehmende Bereitschaft von Agrariern und Industriellen, Hitler zu unterstützen. Auch der neue konservative Wehrminister von Blomberg und ein Teil des Offizierskorps waren für den Nationalsozialismus anfällig, zumal Hitler vor der Generalität bereits am 3.2. allgemeine Wehrpflicht und Aufrüstung in Aussicht stellte und von der „Eroberung neuen Lebensraumes im Osten und dessen rücksichtsloser Germanisierung" sprach. Die Wehrmacht bezeichnete er als die „wichtigste und sozialistischste Einrichtung des Staates".

Als am 27.2. das Reichstagsgebäude ausbrannte, war ein willkommener Anlaß gefunden, das Vorgehen gegen Kommunisten und auch Sozialdemokraten zu verschärfen. Der Brand wurde als Werk der Kommunisten und Vorzeichen der drohenden bolschewistischen Revolution hingestellt. Die Untersuchung vor dem Reichsgericht brachte später keine Beweise dafür. Vermutlich war die Brandlegung nur die Tat eines Pyromanen, des Holländers van der Lubbe; unbestritten geklärt ist der Vorgang bis heute nicht. Weit wichtiger als die Brandursache ist, wie die Nationalsozialisten den Vorfall zum raschen Ausbau der Diktatur nutzten.

28. 2. 1933 Am 28. 2. setzte der Reichspräsident die ihm vom Kabinett Hitler vorgelegte „Verordnung zum Schutz von Volk und Staat" in Kraft (gemäß Art. 48 der Verfassung). Sie beseitigte den Rechtsstaat: Von nun an war das Individuum völlig rechtlos. Grundrechte und Verfassungsnormen waren pauschal außer Kraft gesetzt: „persönliche Freiheit", Vereins- und Versammlungsrecht; „Recht der freien Meinungsäußerung, einschließlich der Pressefreiheit"; Briefgeheimnis; „Beschränkungen des Eigentums auch außerhalb der sonst hierfür bestimmten gesetzlichen Grenzen". Die Verordnung galt bis 1945; sie hob die formell weiterbestehende Weimarer Verfassung praktisch auf. Sie blieb juristische Grundlage zur Einweisung von „Schutzhäftlingen" in Konzentrationslager, die erst von der SA, seit 1934/35 von der SS geleitet wurden. Neben Staat und Justiz war eine parteiamtliche Rechtlosigkeit installiert worden. Allein in Preußen gab es im April 1933 bereits etwa 25000 „Schutzhäftlinge". Es waren zumeist Kommunisten und Sozialdemokraten. Durch Terror und Zeitungsverbote war deren Wahlpropaganda schwer behindert. Trotzdem erreichte die NSDAP bei den Wahlen am 5. 3. 33 nicht die erhoffte absolute Mehrheit, sondern nur 288 von 647 Sitzen.

Dem neuen Reichstag war von Hitler nur die Aufgabe zugedacht, der Regierung ein umfassendes Ermächtigungsgesetz zu bewilligen. Um die erforderliche Zweidrittelmehrheit für diese Verfassungsänderung zu erhalten, umwarb Hitler die Konservativen und das Zentrum. Ein Staatsakt in Potsdam am 21. 3. sollte national-konservatives Traditionsgefühl vorgaukeln und die Realität des Terrors in Deutschland verdecken. Zwei Tage später nahm der Reichstag mit Zweidrittelmehrheit das „Ermächtigungsgesetz"

23. 3. 1933 an (die kommunistischen Abgeordneten und 26 sozialdemokratische waren verhaftet worden, einige aus Angst um ihr Leben „untergetaucht"). Nur die SPD hatte dagegen gestimmt; die bürgerlichen Parteien hatten zugestimmt, weil sie – in völliger Verkennung des Nationalsozialismus – nur so eine unbeschränkte Willkürherrschaft glaubten verhindern zu können. Die Regierung Hitler erhielt das Recht, Gesetze auf dem Verordnungsweg zu erlassen, die von der Verfassung abweichen konnten, „soweit sie nicht die Einrichtung des Reichstags und des Reichsrats" betrafen. Die die Reichsgesetzgebung betreffenden Artikel der Weimarer Verfassung waren damit ebenso beseitigt wie vorher schon die Grundrechte durch die Notverordnung vom 28. 2. Daß die im Gesetz gesicherte Stellung des Reichstags nur formale Bedeutung haben konnte, zeigte die Absperrung der Berliner Krolloper, in der der Reichstag tagte, durch SA- und SS-Verbände. Hitler erklärte den Abgeordneten dann auch, daß die Nationalsozialisten durchaus den „Mut" hätten, sich „auch anders mit ihnen auseinanderzusetzen". Die im Ermächtigungsgesetz festgelegten Garantien für Reichstag, Reichsrat und Reichspräsident, in den Augen vieler Nichtnationalsozialisten eine Gewähr für die baldige Rückkehr zur Legalität der Verfassung, wurden von Hitler gebrochen. Das auf vier Jahre befristete Gesetz wurde 1937, 1939 und 1943 verlängert, zuletzt durch „Erlaß des Führers", ein Höhepunkt pseudolegaler Taktik.

Bis zum Sommer 1933 hatten Gewalt und Resignation, Verbot oder Selbstauflösung alle Parteien außer der NSDAP beseitigt. Am 14. 7. 1933 drohte das „Gesetz gegen die Neubildung von Parteien" Zuchthausstrafen an. Der Staat war zu einem Spielball der Partei geworden. Am 20. 7. wies der Reichsinnenminister seine Beamten an, den Parteigruß „Heil Hitler" als „allgemeinen deutschen Gruß anzuwenden".

30. 6. 1934 Am 30. 6. 1934 rechnete Hitler mit der innerparteilichen „Opposition" ab. Als Vorwand diente die grundlose Behauptung, die Führung der SA plane eine Revolte. Hitler ließ die SA – inzwischen überflüssig geworden, aber zahlenmäßig weit stärker als die Armee – fallen, um die Reichswehr zu gewinnen, die er für die beginnende Aufrüstung brauchte. Die Ermordung vieler hoher SA-Führer – möglicher Konkurrenten der Generalität – und anderer den Nationalsozialisten mißliebiger Personen (darunter General von Schleicher) wurde von der Wehrmacht toleriert und berei-

Hitler als Redner. In einer Rede am 13.8.1920 nannte er als Ziel, „das Instinktmäßige ... in unserem Volke zu wecken und aufzupeitschen und aufzuwiegeln." (Eberhard Jäckel [Hrsg.], Hitler. Sämtliche Aufzeichnungen 1905–1924. Stuttgart 1980, S. 201)

tete psychologisch deren Vereidigung auf Hitler vor, als dieser sich nach dem Tod des Reichspräsidenten von Hindenburg (gest. 2. 8. 1934) zum Staatsoberhaupt machte. Die jedem Rechtsempfinden Hohn sprechende Mordwelle wurde von Carl Schmitt, dem prominenten Staatsrechtler der Weimarer Zeit, in einem Aufsatz so kommentiert: „Der Führer schützt das Recht vor dem schlimmsten Mißbrauch, indem er im Augenblick der Gefahr kraft seines Führertums als oberster Gerichtsherr unmittelbar Recht schafft."

Verblendung und opportunistische Anpassung höhlten die deutsche Gesellschaft aus und machten sie schließlich bereit, dem „Führer" in die Verbrechen zu folgen, die er in Schriften und Reden angekündigt und nun zu verwirklichen begonnen hatte.

Die „Gleichschaltung"

Rasch vollzogen die Nationalsozialisten die „Gleichschaltung" des gesamten öffentlichen Lebens mit den Intentionen der Partei und ihrer diffusen „Weltanschauung". Die Notverordnung vom 28. 2. 33 und das Ermächtigungsgesetz, durch die die Weimarer Verfassung faktisch beseitigt wurde, waren die formalen Mittel dazu. Durch Ermächtigungsgesetz und Parteiverbot wurde das Parlament gleichgeschaltet, d. h. ausgeschaltet. Am 7. 4. folgte das „Gesetz zur Gleichschaltung der Länder mit dem Reich": Die Länderregierungen wurden von eingesetzten Reichsstatthaltern ernannt, wenig später die Länderparlamente und der Reichsrat abgeschafft (1934).

Die Funktion des Reichspräsidenten übernahm seit 1934 der „Führer und Reichskanzler". Vier Jahre später wurden der Reichskriegsminister und der Oberbefehlshaber des Heeres unter fadenscheinigem Vorwand abgesetzt; das neu errichtete „Oberkommando der Wehrmacht" wurde später zu Hitlers persönlichem Arbeitsstab. Der Aufbau starker militärischer Parteiverbände neben der Armee einerseits, der Waffen-SS, und andererseits die Widerstandskreise um Generaloberst Beck (im Herbst 1938 als Chef des Generalstabs des Heeres zurückgetreten) und Oberst Schenk von Stauffenberg (1944 Stabschef des Ersatzheeres) zeigen allerdings, daß die völlige Gleichschaltung der Wehrmacht nicht gelungen war. Um so sicherer aber lag die Polizeigewalt in der Hand der Nationalsozialisten: Seit 1936 befehligte der „Reichsführer SS und Chef der deutschen Polizei", Heinrich Himmler, nicht nur die Geheime Staatspolizei (Gestapo), sondern auch Schutz- und Kriminalpolizei. Damit war sichergestellt, daß die Gestapo bei ihrem terroristischen Vorgehen nicht von „legalen" Polizeikräften behindert werden konnte. Soweit sich die staatliche Bürokratie nicht selbst gleichgeschaltet hatte – was nicht nur aus Opportunismus, sondern gelegentlich auch in der falschen Hoffnung geschehen war, auf diese Weise Schlimmeres zu verhindern –, wurden durch das „Gesetz zur Wiederherstellung des Berufsbeamtentums" (der Titel stellt die Tatsachen auf den Kopf) vom 7. 4. 33 mißliebige und jüdische Beamte entlassen: Die Bürokratie wurde zum gefügigen Instrument, das Hitlers Weisungen ausführte und gleichzeitig von konkurrierenden Parteistellen eingeengt wurde. Der Beamtenapparat wurde zügig mit ergebenen Nationalsozialisten und Proselyten durchsetzt. 1937 waren in Preußen 81% der Beamten Mitglieder der NSDAP, im übrigen Reich 63%. Bei der Machtübernahme waren unter den preußischen Beamten auch schon 48%, unter den Beamten im Reich aber erst 11% Parteigenossen gewesen.

Am 2. 5. 1933 wurden die Gewerkschaften – ohne gesetzliche Grundlage – zerschlagen. An ihre Stelle trat die „Deutsche Arbeitsfront", die aber nur in geringem Maße Interessenvertretung der Arbeitnehmer war. Tarifverträge wurden z. B. jetzt staatlich festgesetzt. Die DAF hatte, wie alle „Gliederungen der NSDAP" und die ihr „Angeschlossenen Verbände", vor allem politische „Schulungsarbeit" zu leisten und Gemeinschaftsideologie zu verbreiten. Sämtliche Vereine, die sich der Gleichschaltung nicht unterwarfen, wurden aufgelöst.

Nur einige religiöse Gruppen bestanden weiter: In Vereins- und Schulfragen hatte Hitler im Reichskonkordat 1933 der katholischen Kirche Zugeständnisse gemacht, wofür der Vatikan den politischen Katholizismus im Reich preisgegeben hatte. Die Protestanten hoffte Hitler durch Förderung der nationalsozialistischen „Deutschen Christen" gleichzuschalten. Sie fanden zunächst bei Kirchenwahlen (23. 7. 1933) große Resonanz, doch entstand gegen sie, die einen „arteigenen Christusglauben" propagierten, schon 1933 ein Widerstand, der zunächst unter Martin Niemöller zur Gründung eines „Pfarrernotbundes" führte, dem Ende des Jahres schon 2600 Pfarrer angehörten. Er war ein Vorläufer der „Bekennenden Kirche", die sich dem antichristlichen Totalitätsanspruch des Nationalsozialismus widersetzte. Es dauerte Jahre, bis eine größere Zahl von Geistlichen beider Konfessionen begriff, daß der Sieg des Nationalsozialismus den Untergang der Kirchen bedeuten mußte, auch wenn er aus taktischen Gründen, wie im Reichskonkordat, vorübergehend mit ihnen paktierte.

Daß die Gleichschaltung aller Bereiche des öffentlichen Lebens so rasch gelingen konnte, ist nicht nur auf die terroristische Praxis des Regimes zurückzuführen, sondern auch auf jene breite autoritär-völkische Unterströmung im politischen Bewußtsein, die in pseudoreligiösem Nationalismus, Führerkult und Expansionsideologie oder gar im rassischen Sendungswahn die Verwirklichung eigener Träume fand. Ebenso war die breite Schicht der sich wirtschaftlich bedroht Fühlenden zum Mitmachen bereit. Der Primat der Ideologie über die praktische Politik zog viele an. Durch die pseudolegale Taktik der Nationalsozialisten ließen sich viele täuschen oder beruhigen.

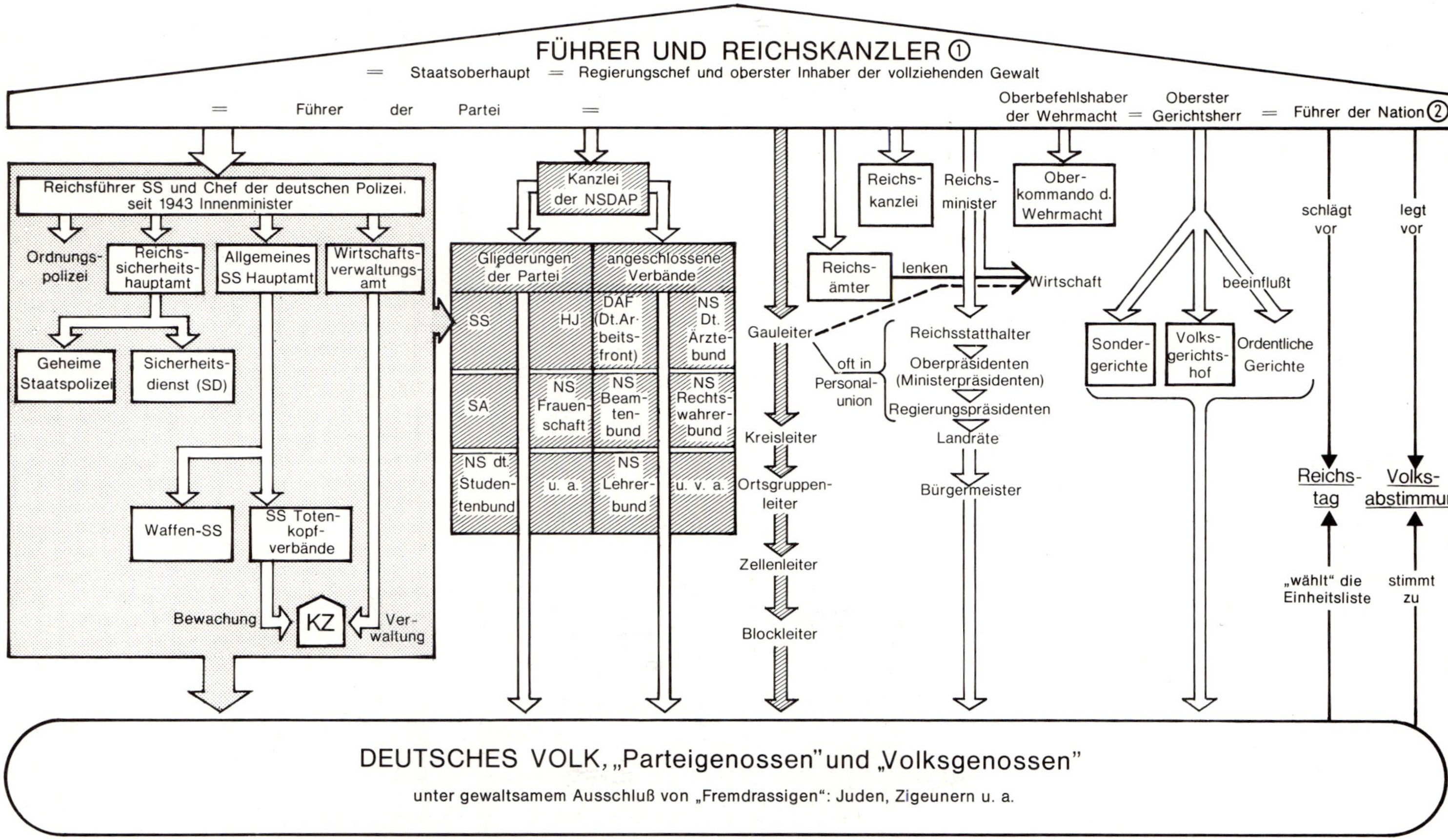

VERFASSUNGSSTRUKTUR DER NS-DIKTATUR

Die zentralistische Exekutive verdrängt Gewaltenteilung und Föderalismus; die Machtinstrumente von Staat, Wehrmacht, Partei und SS stehen unterhalb des Führers kompetenzverwirrend nebeneinander, sind jedoch durch Personalunionen vielfach untereinander verschränkt. Die „Einheit von Partei und Staat" ist durch zahllose Überlagerungen von Ämtern und Kompetenzen erreicht, die grafisch ebensowenig darstellbar sind wie die häufigen Änderungen der Zuständigkeiten.

① Titel laut Gesetz vom 1.8.1934, ② Formel im Reichstagsbeschluß vom 26.4.1942

Hinzu kam die Wirkung der Propaganda. Auch die Medien wurden „gleichgeschaltet“. Joseph Goebbels baute sein 1933 neu geschaffenes „Ministerium für Volksaufklärung und Propaganda“ – schon in seiner Benennung durch den Wortgebrauch verräterisch – zu einem Instrument aus, dessen Einwirkung sich kaum jemand auf die Dauer entziehen konnte. Täglich erhielten die Zeitungen Anweisungen, was zu schreiben erlaubt war und was verschwiegen werden sollte, sogar die Überschriften wurden manchmal vorgeschrieben; alle Zeitungen hatten somit einen ähnlichen Inhalt. Die Nachrichtensendungen des Rundfunks entsprachen den Presseanweisungen, die Partei- und Staatsfeiern und die Reden Hitlers wurden übertragen, dazu wurde „Gemeinschaftsempfang“ für Schulen und Betriebe angeordnet. Zu Beginn jeder Kinovorstellung zeigte die „Wochenschau“ Nationalsozialisten bei Amtshandlungen oder Reden, pries die Zustände in Deutschland und stellte die Verhältnisse im Ausland und die dortigen Politiker in einem möglichst ungünstigen Licht dar. Spielfilme gaben den Zuschauern ein einseitiges Bild von der Größe der deutschen Vergangenheit und dem Heldentum deutscher Menschen; die Gegner der Partei, die Russen als „Untermenschen“ und vor allem die Juden wurden auf infame Weise verächtlich gemacht.

Plakat zur Propagierung des „Volksempfängers“, eines billigen Rundfunkgerätes.

Eine bedeutsame Rolle spielten die nationalsozialistischen „Feiertage“. Sie zogen Hunderttausende – freiwillig und unfreiwillig – in ihren Bann: „Tag der Machtergreifung“, „Heldengedenktag“, „Führergeburtstag“, „Reichsparteitag“, „Erntedankfest“, „9. November“ waren einige der wichtigsten. Jedesmal gab es Aufmärsche der Massenorganisationen – die Beteiligung daran wurde genau kontrolliert –, Beflaggung der Häuser – auch kontrolliert –, festliche Ausschmückung der Straßen. Sie boten das Bild einer ins Riesenhafte gesteigerten Theaterschau.

Besonderen Wert legte der Nationalsozialismus darauf, die Jugend zu indoktrinieren. Die „Hitlerjugend“ „erfaßte“ bald alle Deutschen zwischen dem zehnten und achtzehnten Lebensjahr und sorgte für ideologische Schulung und vormilitärische Ausbildung. Heroismus, nicht intellektuelle Erziehung, war das Ziel der Ausbildung. Neben das öffentliche Schulwesen, dessen Lehrpläne allein von der NS-Ideologie bestimmt waren, traten verschiedene Formen parteieigener Schulen, auf denen die Herrschaftselite der Zukunft gezüchtet werden sollte. Es kam bei ihrer Erziehung darauf an, die Einflüsse von Elternhaus, Kirche und auch Schule – solange man sich noch nicht auf alle Lehrer verlassen konnte – zu verringern.

Die Justiz im Dritten Reich

In dem Titel des Aufsatzes von Carl Schmitt „Der Führer schützt das Recht“, mit dem die von Hitler befohlenen Morde an hohen SA-Führern und Gegnern des Regimes im Sommer 1934 durch Sophismen gerechtfertigt werden sollten, ist der Rechtsgrundsatz des NS-Staates angedeutet: Der Wille des Führers, der sich 1934 selbst als „des deutschen Volkes oberster Gerichtsherr“ bezeichnete, war Gesetz. Floskeln wie „Recht ist, was dem Volke nützt“, „Völkisches Recht“ oder „gesundes Volksempfinden“ umschrieben nur die Willkür des Führers. Seine Macht und die der Partei schränkten jederzeit geltendes Recht ein und dokumentierten damit das Ende des Rechtsstaates, in dem das Recht der Macht eine Grenze zieht. In Ergänzung der Notverordnung und des Ermächtigungsgesetzes hieß es im „Jahrbuch des Rechts“ von 1934: „Grundrechte, die von staatlichen Eingriffen grundsätzlich unberührbare Freiheitsgebiete der einzelnen schaffen, sind mit dem Totalitätsbegriff des nationalsozialistischen Staates nicht vereinbar.“ Es gab in Deutschland keine Rechtssicherheit mehr. Die Unabhängigkeit der Richter wurde beseitigt: Als einige Gerichtsurteile ihm nicht hart genug ausfielen, ließ Hitler sich 1942 durch Reichstagsbeschluß formell das Recht geben, einen Richter „ohne Einleitung vorgeschriebener Verfahren aus seinem Amt, aus seinem Rang und aus seiner Stellung zu entfernen“. Maß der Rechtsfindung waren nicht mehr ein positives Recht, sondern, wie es das Reichssicherheitshauptamt 1942 formulierte, die „Feststehenden Grundwerte der nationalsozialistischen Weltanschauung: Volk, Rasse, Boden, Arbeit, Ehre, Treue usw.“ Was jetzt als Recht galt, wurzelte in diffusen Gemeinplätzen.

Bezeichnend war, daß zwischen 1933 und 1939 der Reichstag nur noch 16mal tagte und dabei 9 Gesetze beschloß, die Reichsregierung im gleichen Zeitraum aber etwa 4500 Gesetze erließ. Da in der Reichsregierung aber nicht mehr abgestimmt wurde, war allein der Wille Hitlers entscheidend. Hinzu kamen noch zahlreiche Verordnungen und einfache „Führererlasse“, die ohne weiteres wie Gesetze im Reichsgesetzblatt veröffentlicht wurden. Neben den ordentlichen Gerichten, denen bald alle das Regime ernsthaft interessierenden Fälle entzogen wurden, handelte die Gestapo, ohne daß eine richterliche Nachprüfung ihres Vorgehens möglich gewesen wäre. Sondergerichte und dann der „Volksgerichtshof“ sprachen Urteile außerhalb der legalen Rechtsnormen. Dieses Nebeneinander von Recht und Willkür, von überkommener Staatsnorm und parteiamtlicher Willkür sieht Ernst Fraenkel als Kennzeichen des „Dual State“, in dem die terroristische Maßnahme neben die im Recht gegründete Norm tritt. Typisch ist der Fall des Pastors Niemöller: Er wurde 1937 von einem ordentlichen Gericht freigesprochen – und daraufhin von der SS in ein Konzentrationslager gebracht! Wer in „Schutzhaft“ genommen wurde, erfuhr in der Regel weder Gründe noch war die Haft befristet. Meist folgte ihr die Einlieferung in ein Konzentrationslager der SS, aus denen manche Häftlinge bis 1945 nicht mehr entlassen wurden – wenn sie überhaupt überlebten. Offizielle Statistiken wiesen zwar einen Rückgang der Kriminalität auf, aber der Staat selbst war in einer grundsätzlich die Existenz jedes einzelnen bedrohenden Weise kriminell geworden.

Wissenschaft und Künste

Das Propagandaministerium unter Joseph Goebbels hatte seit 1933 dafür zu sorgen, daß die nationalsozialistische Ideologie auch Wissenschaft und Kunst beherrschte. Hitler hatte in „Mein Kampf“ geschrieben, die nationalsozialistische Weltanschauung sei „unduldsam ... und erfordert gebieterisch ihre eigene ausschließliche und restlose Anerkennung sowie die vollkommene Umstellung des gesamten öffentlichen Lebens nach ihren Anschauungen.“ Damit hat der Nationalsozialismus in den zwölf Jahren seiner Herrschaft das deutsche Geistesleben ruiniert. Was in Wissenschaft und Kunst Weltgeltung und Gewicht hatte, war bis auf wenige Ausnahmen aus Deutschland verbannt und in Deutschland verboten. Zahlreiche Künstler flohen vor den Nationalsozialisten und ihren Truppen, oft zuerst nach Österreich, dann in das nichtdeutschsprachige europäische Ausland und schließlich nach den USA. Besonders Schauspieler und Schriftsteller litten unter der Isolierung in einem fremden Sprachraum, wo für sie häufig keine Möglichkeit bestand, zu spielen oder zu publizieren. Nur wenige fanden wie Thomas Mann im Ausland ein Publikum. Trotzdem sind die Urheber zahlreicher der bedeutendsten Werke dieser Jahre Emigranten – sei es, daß sie wie Thomas und Heinrich Mann, Bert Brecht, Hermann Broch, Max Beckmann in der äußeren Emigration oder wie Ernst Barlach, Emil Nolde in der inneren Emigration lebten, dabei häufig verarmten und nahezu vergessen wurden. Kaum ein Werk von Rang entstand im offiziellen Deutschland, nichts von Bedeutung wurde vom Nationalsozialismus initiiert.

Ein Göttinger Althistoriker erklärte 1934: „Wir sagen ab der internationalen Wissen-

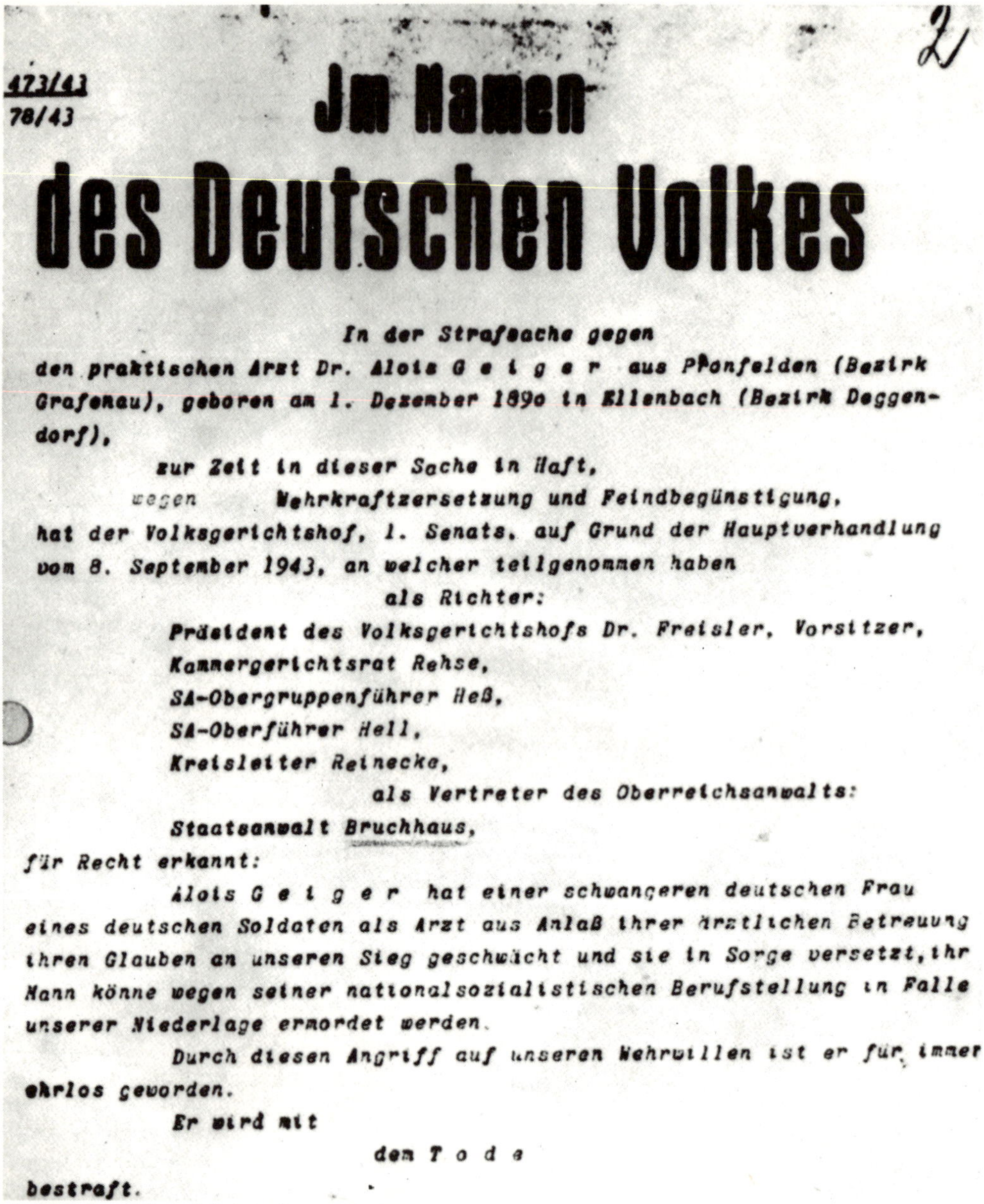
473/43
78/43

Jm Namen
des Deutschen Volkes

In der Strafsache gegen
den praktischen Arzt Dr. Alois G e i g e r aus Pfonfelden (Bezirk Grafenau), geboren am 1. Dezember 1890 in Ellenbach (Bezirk Deggendorf),
zur Zeit in dieser Sache in Haft,
wegen Wehrkraftzersetzung und Feindbegünstigung,
hat der Volksgerichtshof, 1. Senats, auf Grund der Hauptverhandlung vom 8. September 1943, an welcher teilgenommen haben
als Richter:
Präsident des Volksgerichtshofs Dr. Freisler, Vorsitzer,
Kammergerichtsrat Rehse,
SA-Obergruppenführer Heß,
SA-Oberführer Hell,
Kreisleiter Reinecke,
als Vertreter des Oberreichsanwalts:
Staatsanwalt Bruchhaus,
für Recht erkannt:
Alois G e i g e r hat einer schwangeren deutschen Frau eines deutschen Soldaten als Arzt aus Anlaß ihrer ärztlichen Betreuung ihren Glauben an unseren Sieg geschwächt und sie in Sorge versetzt, ihr Mann könne wegen seiner nationalsozialistischen Berufstellung im Falle unserer Niederlage ermordet werden.
Durch diesen Angriff auf unseren Wehrwillen ist er für immer ehrlos geworden.
Er wird mit
dem T o d e
bestraft.

Ein Urteil des „Volksgerichtshofes" vom 8.9.1943

schaft, wir sagen ab der internationalen Gelehrtenrepublik, wir sagen ab der Forschung um der Forschung willen. Sieg Heil!" Konsequent verstiegen sich einige sogar zur Erfindung einer „deutschen Mathematik" oder „arischen" Physik. Da in der Weimarer Republik das bürgerliche Bildungsprivileg faktisch bestehen geblieben war, waren viele Studenten infolge der durch ihre soziale Herkunft bedingten nationalistischen, konservativen oder auch antisemitischen Einstellung für den Nationalsozialismus anfällig. Öffentliche Bücherverbrennungen von Werken der jetzt verfemten Wissenschaftler und Künstler fanden in mehreren Universitätsstädten statt. Bereits 1933/34 wur-

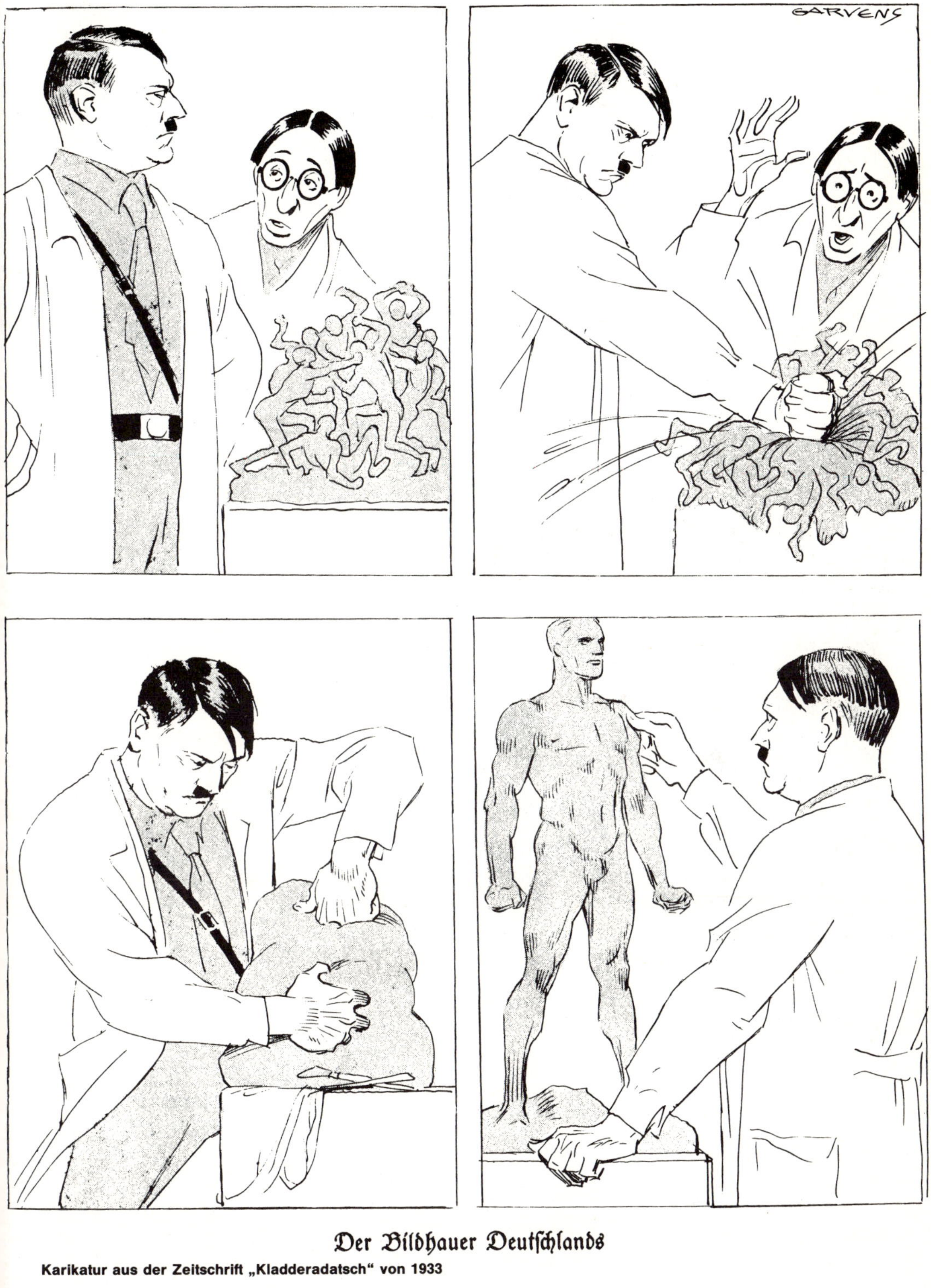

Der Bildhauer Deutschlands

Karikatur aus der Zeitschrift „Kladderadatsch" von 1933

den über 1600 Wissenschaftler entlassen (etwa 15% der Universitätslehrer); fünf Nobelpreisträger emigrierten schon 1933, unter ihnen Albert Einstein.
Nur unter schwierigsten Umständen konnten sich manche Wissenschaftler wie Max Planck ein Refugium für ideologiefreie wissenschaftliche Forschung bewahren. Am ehesten gelang das in den Naturwissenschaften, zumal deren Ergebnisse von kriegstechnischer Bedeutung waren. Vorherrschend jedoch wurden die Wissenschaften zu ideologischen Handlangerdiensten mißbraucht – und nicht wenige Wissenschaftler ließen sich bereitwillig mißbrauchen. Besonders Biologie, Geschichte und Germanistik lieferten pseudowissenschaftliche Hilfskonstruktionen für den offiziellen „Blut-und-Boden"-Kult und die Rassenlehre. Ein charakteri-

„Daß man vertrieb das Wissen, ist erklärlich: Die Wahrheit ist den Nazis zu gefährlich." Zeichnung von H. Vogeler in J. R. Becher, Das Dritte Reich, Moskau 1934

stisches Symptom nationalsozialistischer Wissenschaftstendenz war die Anlage einer Schädelsammlung an der Universität Straßburg, für die während des Krieges jüdische KZ-Insassen ausgesucht und ermordet wurden.
Der Zugang zu den Hochschulen wurde beschränkt, am stärksten bei den Frauen, die der Ideologie gemäß als Familienmütter „ins Haus" gehörten. Bildung war wenig gefragt. Intellektuelle wurden von Goebbels verhöhnt.

An Wissenschaftlichen Hochschulen studierten (Sommersemester)

1932	127580, davon Frauen 19998 = 15,7%
1939*	56477, davon Frauen 6249 = 11,13%

* = „Altreich"
(Zum Vergleich: 1987/88 Bundesgebiet, ohne Fachhochschulen: 1082200 Studierende, davon 38% Frauen)

Unerwünschte Literatur verschwand aus Buchhandlungen und Bibliotheken, „entartete Kunst" wurde aus den Museen entfernt. Jüdische Künstler vergangener Zeiten wurden totgeschwiegen, selbst wenn sie von besonderem Gewicht in der deutschen kulturellen Tradition waren wie Felix Mendelssohn-Bartholdy oder Heinrich Heine, dessen „Lorelei" beinahe zum Volkslied geworden war und daher weiter geduldet werden mußte, doch mit der infamen Angabe „Verfasser unbekannt". Verfemte Künstler erhielten Arbeitsverbot wie etwa Karl Schmidt-Rottluff, emigrierte konnten ihre Werke nicht in Deutschland veröffentlichen oder ausstellen. Dafür trugen die Nationalsozialisten 1937 für eine Ausstellung „Entartete Kunst" in München zusammen, was an expressionistischer und zeitgenössischer Malerei und Graphik in deutschem öffentlichem Besitz war. Nachdem die Kunstwerke dem Unverständnis ideologisierter Kleinbürger preisgegeben worden waren, wurde ihre Versteigerung im Ausland zu einer guten Einnahme für den Staat. Jeder „Kulturschaffende" mußte der „Reichskulturkammer" angehören: Wer ihr angehörte, war „gleichgeschaltet", wen sie nicht aufnahm, war damit „ausgeschaltet". Die Reichskulturkammer zählte kaum einen Schriftsteller, Künstler oder Musiker von internationalem Rang auf die Dauer zu ihren Mitgliedern.

Wirtschaftspolitik

Ebensowenig wie in anderen Bereichen hat der Nationalsozialismus für Wirtschaft und Gesellschaft eine kohärente Theorie entwikkelt. Schlagworte wie „Gemeinnutz geht vor Eigennutz" oder das von der „Volksgemeinschaft", die das Ende aller Klassenkämpfe bedeute und in der weder Liberalismus noch Marxismus einen Platz hätten, täuschten kaum darüber hinweg. Der Agrarideologie von „Blut und Boden" und ihrem Klischee des bäuerlichen Menschen in sei-

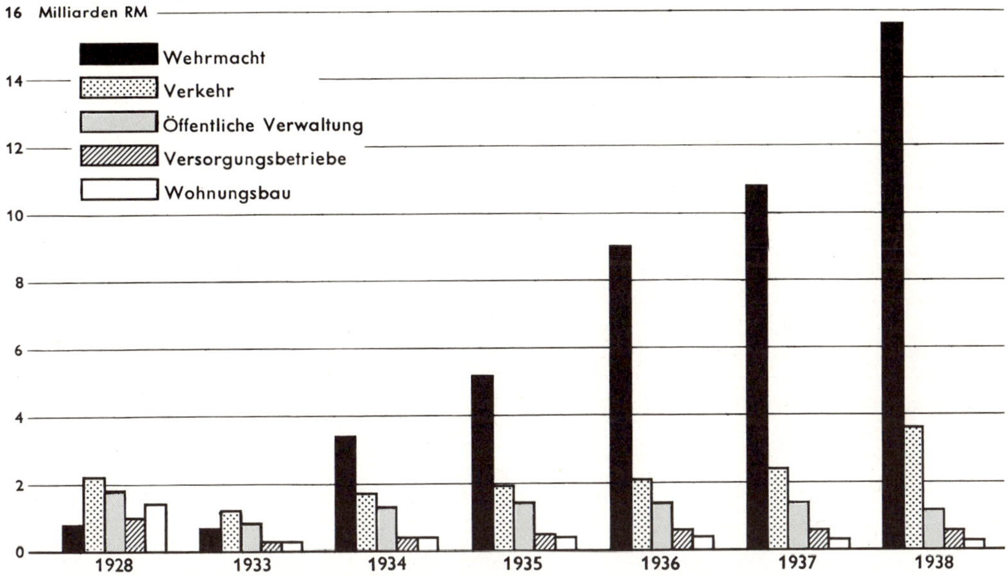

Öffentliche Investitionen im Deutschen Reich 1928–1938 (Reich, Länder und Gemeinden)

nem naturhaften Lebensraum entsprach die Wirklichkeit der nationalsozialistischen Wirtschaftspolitik keineswegs: Sie geriet sehr schnell in das Dilemma einer reaktionären Wirtschaftstheorie, die aber kriegerische Expansion ermöglichen sollte und deshalb die Industrie zur Aufrüstung vorrangig benötigte. Während das Bauerntum propagandistisch verherrlicht wurde, wuchsen die Großstädte, und die Industrialisierung ging rasch weiter voran. Bauern mit einem Besitz von 7,5–125 ha erhielten den Ehrentitel „Bauer“, während alle anderen – Kleinbauern ebenso wie Großgrundbesitzer – sich nur Landwirt nennen durften. Dieser propagandistischen Ehrung des mittelständischen Bauern entsprach aber nicht die Wirklichkeit. Zur Weimarer Zeit waren 38771 neue Höfe mit einer Gesamtfläche von 429934 ha entstanden, unter der nationalsozialistischen Herrschaft nur 20748 mit einer Gesamtfläche von 325611 ha. Der Erbhof – ein bis 125 ha großer Hof, der nur ungeteilt vererbt werden durfte – wurde bei schlechter landwirtschaftlicher Ertragslage zur Last: Da der Erbhof unverkäuflich war, wurde der Bauer zum unfreien Bestandteil seines Hofes. Trotz des zeitweisen Berufswechselverbots für landwirtschaftliche Arbeitskräfte verringerte sich von 1933–1939 die Landbevölkerung (in Gemeinden mit weniger als 2000 Einwohnern) von 32,9 auf 30,1% der Gesamtbevölkerung und der Prozentsatz der in Land- und Forstwirtschaft Beschäftigten sank von 28,9 auf 25%. Zugleich stieg die Einwohnerzahl der Städte mit expandierender chemischer Industrie stark: z. B. Magdeburg, Halberstadt, Halle. Auch alte Großstädte wie Berlin, Hamburg, München, Köln wuchsen weiter.

Bis 1938 gelang dem Nationalsozialismus die Beseitigung der Arbeitslosigkeit. Soweit es sich dabei nicht um eine Folgeerscheinung der abklingenden Weltwirtschaftskrise handelte, war das eine Auswirkung der forcierten Aufrüstung (die Rüstungsausgaben stiegen von 1933–38 um rund 1500%), wirtschaftspolitischer Maßnahmen und der seit 1935 bestehenden, zunächst einjährigen, ab 1936 zweijährigen allgemeinen Wehrpflicht und der ebenfalls 1935 erfolgten Einführung des „Reichsarbeitsdienstes“ (RAD). Dieser Pflichtdienst für alle jungen Männer – und für die meisten Mädchen der Stadtbevölkerung, ihm folgte bald ein weiteres „Pflichtjahr“ junger Mädchen als Hauswirtschaftshilfen – vollzog sich für die Männer in militärisch organisierten Formationen, die mit großem propagandistischem Aufwand für den Bau von Straßen und zur Bodenmelio-

Reichsparteitag in Nürnberg

ration als billigste Arbeitskräfte eingesetzt wurden. Welcher Art die angeblichen Gemeinschaftsaufgaben waren, die der RAD erfüllte, zeigen der Bau des Westwalls und die strategische Bedeutung der begonnenen Reichsautobahnen, die von der Mitte des Reichs zur Ost- und Westgrenze geführt wurden, sowie der militärische Drill: Statt mit dem Gewehr wurde mit dem Spaten exerziert. Die „Arbeitsmaiden" wurden in der Landwirtschaft eingesetzt (s. S. 168).

Daneben gab es in den ersten Jahren der nationalsozialistischen Herrschaft Maßnahmen zur „Arbeitsbeschaffung". Entsprechend der Ideologie, daß Handarbeit ehre, und um wenig Arbeit durch viele Menschen gegen geringen Lohn verrichten zu lassen, bestimmte ein Gesetz: „Alle Arbeiten sind durch menschliche Arbeitskraft auszuführen, soweit nicht maschinelle Hilfsmittel unerläßlich sind." Ebenfalls entsprechend der Ideologie wurden Ehefrauen als „Doppelverdiener" genötigt, ihre Berufstätigkeit aufzugeben und sich auf die Haushaltsführung zu beschränken.

Während durch gesetzliche Festlegung die Preise für eine Reihe von landwirtschaftlichen Produkten um etwa 25% stiegen (landwirtschaftl. Einnahmen 1932/33 = 6,4 Mrd. RM, 1938/39 = 10,7 Mrd. RM bei einem 10%igen Produktionsanstieg), stiegen die Löhne kaum über das niedrige Niveau der Jahre 1930–32. Da gleichzeitig die Industriegewinne infolge der Aufrüstung stark wuchsen, entstand ein krasser Gegensatz zwischen den Versprechungen der Partei an Arbeiter und Mittelstand und ihrer Förderung gerade der Großunternehmen, ohne die die Aufrüstung nicht durchzuführen war. Die privatkapitalistische Wirtschaftsordnung blieb bestehen, gleichzeitig aber nahmen dirigistische Eingriffe des Staates zu. Der Außenhandel wurde völlig vom Staat gelenkt. Innerbetrieblich wurde zwar die Stellung des Unternehmers gestärkt, indem auch hier das „Führerprinzip" zu gelten hatte, aber gleichzeitig hatten die „Betriebsführer" viel von der Entscheidungsfreiheit in der Führung ihres Betriebs verloren. Weder der Markt noch der Wille der Arbeitnehmer noch der Wille des Unternehmers bestimmten oder beeinflußten nachhaltig Arbeitsbedingungen, Löhne, Preise, Investitionen. Infolge der zunehmenden Materialverknappung war der Unternehmer auf die staatliche Materialbewilligung angewiesen. Diese aber erfolgte nach den politisch-militärischen Zielen des Nationalsozialismus. Dabei war es eine Frage pragmatischer Zweckmäßigkeit, die bestehenden Eigentumsverhältnisse an Produktionsmitteln nicht anzutasten, nicht Funktionäre, sondern Fachleute die Betriebe leiten zu lassen. Alle wichtigen Zweige der Wirtschaft waren in den Sog der nationalsozialistischen Politik geraten. In einer geheimen Denkschrift aus dem Jahre 1936 ordnete Hitler an: „I. Die deutsche Armee muß in vier Jahren einsatzfähig sein. II. Die deutsche Industrie muß in vier Jahren kriegsfähig sein." Dem diente der „Vierjahresplan", der 1937 anlief: Deutschland sollte autark werden. Die Eisenerzeugung wurde z. B. gegenüber 1932 bis 1938 versechsfacht – allerdings nur, weil minderwertige Erze ohne Rentabilitätsüberlegungen von den neugegründeten „Reichswerken Hermann Göring" verhüttet wurden. In dieser Aktiengesellschaft besaß der Staat fast 70% des Aktienkapitals, den Rest der Aktien hatte die Stahlindustrie übernehmen müssen; Stimmrecht war nur den Aktien in Staatsbesitz gewährt. Damit war sichergestellt, daß die Reichswerke Instrument staatlicher Wirtschaftsplanung blieben. In einer Rede Görings, der für die Durchführung des Vierjahresplanes verantwortlich war, hieß es über Wirtschaftsfragen 1936: „Man kann sich hier nicht richten nach buchmäßiger Gewinnrechnung, sondern nur nach den Bedürfnissen der Politik. Es darf nicht kalkuliert werden, was es kostet." Und Hitler erklärte in einer Denkschrift zum Vierjahresplan 1936: „Das Wirtschaftsministerium hat nur die nationalwirtschaftlichen Aufgaben zu stellen, und die Privatwirtschaft hat sie zu erfüllen. Wenn aber die Privatwirtschaft glaubt, dazu nicht fähig zu sein, dann wird der nationalsozialistische Staat aus sich heraus diese Aufgaben zu lösen wissen." Hier bahnte sich ein Konflikt mit dem Kapitalismus an, den die Großindustriellen nicht geahnt hatten, von denen eine Gruppe 1933 Hitler 3 Millionen Mark zum Wahlkampf geschenkt hatte und die meist recht gut mit den Nationalsozialisten zusammenarbeiteten.

Die Finanzierung der Aufrüstung verursachte zwischen 1933 und 1938 eine Verdreifachung der Reichsverschuldung. 1938, im letzten Vorkriegsjahr, wurden 74% aller öffentlichen Investitionen für die Wehrmacht ausgegeben, das waren 19% des gesamten Volkseinkommens (zum Vergleich: BR Deutschland 1988 3,3%). Als Reichsbankpräsident Schacht zurücktrat (1939), weil er die Finanzpolitik des Reiches für inflationär und „verbrecherisch" hielt, wurde die Reichsbank „gleichgeschaltet", d. h. sie erhielt jetzt ihre Weisungen vom „Führer". Ein Lohn- und Preisstopp verdeckte das Ausmaß der finanziellen Katastrophe, das dann der Ausbruch des Krieges weiter verschleierte.

Die Industrie verdankte ihren Aufschwung der Initiative des Dritten Reiches, das sie als Mittel brauchte. Die Leistungssteigerung der Wirtschaft hatte ausschließlich den Zielen des Nationalsozialismus, nicht der Bevölkerung zu dienen. Ein zynisch deutliches Schlagwort der Nationalsozialisten verheimlichte das nicht: „Kanonen statt Butter". Was die Größe des „Tausendjährigen Reiches" vorbereiten sollte, war in Wahrheit ein Kreis ohne Ausweg: Die Aufrüstung verschlechterte die Rohstofflage zunehmend, die infolge des Autarkiestrebens nur durch kriegerische Expansion zu verbessern war. Am 23. 5. 1939 erklärte Hitler vor den höchsten Offizieren: „Die wirtschaftlichen Probleme müssen auch gelöst werden ... Ohne Einbruch in fremde Staaten oder Angreifen fremden Eigentums ist dies nicht möglich." Der Krieg aber mußte zu immer größeren Rüstungsanstrengungen und damit, trotz des Zugriffs auf unterworfene Gebiete, zu erneutem und verstärktem Rohstoffmangel führen.

Die Gesellschaft im Dritten Reich

Die Gliederung der Mitglieder der NSDAP nach Berufsgruppen zeigte bei der Machtübernahme folgendes Bild:

	% der Parteimitglieder	% der Erwerbstätigen
Arbeiter	33,7	50,1
Selbst. Landwirte	13,5	6,8
Sonst. Selbständige	18,9	9,7
Lehrer	1,9	0,8
Sonstige Beamte u. Angestellte	28,2	16,3
Mithelfende Familienangehörige	4,0	16,4

(Quelle: Stat. Jb. u. Broszat, Der Staat Hitlers, München 1969, S. 517)

Damit war die NSDAP soziologisch vielseitiger gegliedert als jede andere Partei außer dem Zentrum. Während dort konfessionelle Gründe für die Mitgliedschaft ausschlaggebend waren, zog die nationalsozialistische Gemeinschaftsideologie verschiedene Gesellschaftsschichten an. Was man von den Nationalsozialisten erhoffte, zeigt die Zunahme der Mitgliederzahlen in den Jahren 1928–31 proportional zu der steigenden Arbeitslosenzahl. Wenn auch der Anteil der Arbeiter unter den Parteimitgliedern von 1930 bis 1933 um 5,2% stieg, so blieben die Arbeiter, gemessen an ihrem Anteil an der Gesamtbevölkerung (50,1%), in der NSDAP immer noch unterrepräsentiert, im Gegensatz zu den Landwirten und anderen Selbständigen (Handwerker, Gewerbetreibende, Kaufleute und freie Berufe), bei denen die Zahl der Parteimitglieder etwa doppelt so hoch war, wie ihrem Anteil an der erwerbstätigen Bevölkerung entsprochen hätte. Auch Angestellte und Beamte waren überrepräsentiert. Der Anteil weiblicher Parteimitglieder war bis 1930 ganz gering geblieben, dann stieg er sehr stark an, wenn er auch Anfang 1933 nicht dem Anteil der Frauen an der Gesamtbevölkerung entsprach.

Die kleinen Selbständigen – Inhaber von Handwerksbetrieben oder Einzelhandelsläden etwa – erhofften sich vom Nationalsozialismus eine Unterstützung sowohl gegen das Großkapital, etwa die Kaufhäuser, wie gegen den Sozialismus. Sie wollten freie Unternehmer sein, denen der Staat den größten Teil des Geschäftsrisikos abnahm. Daß diese Rechnung nicht aufging, da der Staat die Großbetriebe zur Aufrüstung brauchte und nicht den Selbständigen aus dem unteren Mittelstand, der sich zwar mit der ideologischen Verhätschelung in Reden, Feiern und Propaganda eine Weile über seine Lage täuschen lassen mochte, zeigen einige Zahlen: Zwischen 1931 und 1936 stieg die Zahl der Handwerksbetriebe um 18,4%, von 1936 bis 1939 sank sie um 11%; im einzelnen verschwanden 14,8% der Maurerfirmen, 13,8% der Schreinereien, 11,4% der Anstreicherunternehmen und 12,8% der Tapezier- und Polsterbetriebe. Auch die Zahl der nichtselbständigen Handwerker sank: 1926 kamen auf 100000 Einwohner 70,2 Schneider, 1939 nur noch 59,8, von 16,6 Schreinern blieben 13, von 35,4 Schustern noch 26,7. Darin wird ein Teil der beruflichen Umschichtung deutlich, die sich rasch vollzog. Handwerker wurden zu Industriearbeitern, häufig zu un- oder angelernten Industriearbeitern; den gleichen Berufswechsel erlebten viele Landarbeiter; gleichzeitig stiegen mehr und mehr un- oder angelernte Industriearbeiter zu Facharbeitern auf und vergrößerten die soziale Mittelschicht, auf die der Nationalsozialismus sich vornehmlich stützte.

Diese Umschichtung, beschleunigt durch die Rüstung, führte zum Gegenteil dessen, was die Nationalsozialisten propagandistisch als gesellschaftspolitisches Ziel verkündeten: Zwar wurde die Bindung des Erbhofbauern an die Scholle gefeiert, aber in Wirklichkeit beschleunigte sich die Mobilität der Industriegesellschaft. Die Landbevölkerung nahm ab, die Industriestädte wuchsen, die Kapitalkonzentration nahm zu, der Verdienst der kleinen Geschäftsleute wurde geringer, der Anteil der Industrie am Bruttosozialprodukt stieg, der der Landwirtschaft schrumpfte. Die Entwicklung verlief ähnlich wie in den westlichen Industriestaaten und bewies den Anachronismus der ideologischen Grundhaltung.

Durchschnittliche Bruttostundenverdienste in Deutschland (1962 = 100)

1929 = 29,6	1933 = 21,6	1937 = 23,3
1930 = 28,7	1934 = 22,1	1938 = 24,1
1931 = 26,5	1935 = 22,5	1939 = 24,8
1932 = 22,3	1936 = 22,8	

(Stat. Bundesamt, Bevölkerung und Wirtschaft 1872–1972)

Die ungleiche Verteilung von Einkommen und Vermögen wurde größer, als sie es vorher gewesen war, aber die Nationalsozialisten sprachen immer wieder von der Einschmelzung aller „Volksgenossen“ in der großen „Volksgemeinschaft“. Diese hob die faktischen Unterschiede zwar nicht auf, aber sie wurden als unwesentlich gegenüber den primären Gleichheiten von Volkszugehörigkeit und Rasse weginterpretiert. Mit dem Schleier der „Volksgemeinschaft“ wurden die Unterschiede der Interessen der verschiedenen Bevölkerungsschichten zugedeckt. Der einfache Mann wurde, wo immer es ging, als Repräsentant des Volkes herausgestellt. Die Partei und ihre Gliederungen verteilten Orden, Uniformen und Posten an Millionen. 1935 gab es schon 200000 Parteifunktionäre und über 1,5 Millionen Funktionäre der angeschlossenen Organisationen. Viele konnten sich als „Hoheitsträger“ fühlen und hatten damit einen sozialen Rang gewonnen, den keine deutsche Regierung zuvor jemals in ähnlicher Weise verteilt hatte. Und wer trotzdem unter dem Druck des Staates litt und den Verlust seiner Freiheit spürte, der fand doch häufig noch einen Rest von Befriedigung in der alle treffenden Unfreiheit, die Herrn und Knecht von gestern gemeinsam drückte. So wurde von manchen die totale Unterdrückung als die versprochene Gleichheit mißverstanden. Daß sich der Feldmarschall von einst dem ehemaligen Gefreiten beugte, konnte als Beginn einer neuen sozialen Wirklichkeit mißdeutet werden.

Das Gerede von „Volksgemeinschaft“ und „Volksgenossen“, die „Organisierung“ auch noch der Urlaubszeit durch die NS-Organisation „Kraft durch Freude“ sollten verschleiern, wie umfassend der Verlust der Freiheit des einzelnen geworden war, auch ehe im Krieg die freie Wahl des Arbeitsplatzes ganz ausgeschlossen wurde. Aber viele waren zunächst mit der erreichten Vollbeschäftigung zufrieden und fragten nicht nach dem Preis dafür. Und mancher mißverstand die allgemeine Reglementierung als eine soziale Egalisierung und freute sich darüber.

Die Phrase vom „schaffenden Deutschen der Stirn und Faust“ trug mit zum Abbau der ablehnenden Haltung vieler Arbeiter bei, zumal die Beseitigung der Arbeitslosigkeit Erleichterung bewirkte. Auch stieg der Lebensstandard der Arbeiter, zunächst durch Überstunden und Mitarbeit der Frauen, ab 1937 in einigen rüstungswichtigen Branchen auch durch Lohnerhöhungen. Auch wurden immer mehr Arbeitskräfte in besser bezahlenden Zweigen der Industrie, z. B. in der Metallindustrie, gebraucht. Außerdem brachte die Sozialpolitik den Arbeitern bezahlte Urlaubstage und Schutz vor Kündigung.

Die Partei und der von ihr beherrschte Staat drangen in alle Bereiche der Gesellschaft ein, änderten deren Struktur aber weit weniger, als der Propaganda zufolge hätte erwartet werden können. Welche „neue europäische Sozialordnung“ Hitler vorschwebte, erläuterte er Hermann Rauschning: „Es wird die Menge der hierarchisch geordneten Parteimitglieder geben. Sie werden den neuen Mittelstand abgeben. Und es wird die große Masse der Anonymen geben, das Kollektiv der Dienenden, der ewig Unmündigen, gleichgültig, ob sie ehemals Vertreter des alten Bürgertums waren oder Großagrarier, Arbeiter oder Handwerker ... Darunter aber wird es noch die Schicht der unterworfenen Fremdstämmigen geben, nennen wir sie ruhig die moderne Sklavenschicht. Und über allem wird es den neuen Hochadel geben, die besonders verdienten und besonders verantwortlichen Führerpersönlichkeiten.“

Plakat der Deutschen Arbeitsfront von 1933

Frauenpolitik: Ideologische Einordnung und ihre Auswirkungen

Hitler über die Erziehung der Mädchen: „Dort ist das Hauptgewicht vor allem auf die körperliche Ausbildung zu legen, erst dann auf die Förderung der seelischen und zuletzt der geistigen Werte. Das Ziel der weiblichen Erziehung hat unverrückbar die kommende Mutter zu sein.“ (Mein Kampf, [61]1933, S. 459) Die Äußerungen Hitlers nennen Ziele, die in den sechs Vorkriegsjahren seiner Herrschaft noch nicht restlos verwirklicht werden konnten, die aber die künftige Existenz der Frauen in Deutschland bestimmen sollten. Sie waren schon seit den 20er Jahren propagiert worden, hätten also allen Wählerinnen vor 1933 bewußt sein können. Wenn auch Hitler und sein Propagandist Goebbels stets betont hatten, daß erst der Nationalsozialismus die wahren Interessen der Frauen verwirklichen und ihr – als Mutter – zu einem hohen Rang in der Gesellschaft verhelfen würde, so war doch nicht zu verbergen, daß sie die Frau entsprechend der patriarchalischen Tradition als untergeordnetes Wesen ansahen, für das neben seinen eigentlichen Aufgaben als Ehefrau und Gebärerin vieler Kinder vorwiegend pflegerische Berufe, allenfalls noch der einer gering ausgebildeten Grundschullehrerin infrage kamen. „Nicht weil wir die Frauen nicht achten, sondern weil wir sie zu hoch achten, haben wir sie aus dem parlamentarisch-demokratischen Ränkespiel, das die deutsche Politik der vergangenen 14 Jahre bestimmt hat, ferngehalten ... Es darf dabei nicht ungesagt bleiben, daß Dinge, die dem Mann gehören, dem Mann auch verbleiben müssen. Und dazu gehört die Politik ... Auf die Gefahr hin, als reaktionär zu gelten, spreche ich klar aus: Den ersten, besten und ihr gemäßesten Platz hat die Frau in der Familie, und die wunderbarste Aufgabe, die sie erfüllen kann, ist die, ihrem Land und Volk Kinder zu schenken.“ (Goebbels im März 1933, zitiert bei Schmidt/Dietz, S. 58) Bald nach der Machtergreifung wurden im Sommer 1933 überall die Frauen aus leitenden Beamtenstellungen entfernt, wie Schulleiterin, Schulrätin, Amtsärztin, obwohl sie in diese Positionen mit hoher Qualifikation – üblicherweise einer höheren als die mit ihnen sich bewerbenden Männer – eingewiesen worden waren. Seit 1935 durften Frauen auch kein Richteramt mehr ausüben; sie wurden an Hochschulen nicht mehr zu Professorinnen ernannt, was auch vorher kaum geschehen war. Die Diskriminierung der Frau wurde auch darin deutlich, daß ihr das passive Wahlrecht entzogen wurde: Kein Mitglied der Reichstagsfraktion der NSDAP – und es gab keine andere Fraktion – war eine Frau. Kein Funktionär in der NSDAP und ihren Massenorganisationen war eine Frau – mit Ausnahme in der „NS-

„Im Gleichschritt“, auch die Mädchen mußten marschieren.

Frauenschaft", die aber im Machtgefüge nur eine ganz untergeordnete Rolle spielte und deren „Reichsfrauenschaftsführerin" für alle organisatorischen Belange ein Mann vorgesetzt worden war. Angesichts dieser Ziele und Maßnahmen sah die bürgerliche Frauenbewegung keine Möglichkeit mehr, sich zu betätigen. Als die „NS-Frauenschaft" vom BDF (s. S. 87f.) dessen völlige Gleichschaltung und „bedingungslose Unterwerfung unter den Führer" forderte, löste er sich im Mai 1933 auf. Einige führende Kräfte, darunter mehrere Jüdinnen, emigrierten, andere zogen sich resignierend in die „Innere Emigration" zurück oder suchten sich doch innerlich mit dem System zu arrangieren, glaubten sie doch, sie müßten die Ziele ihrer gesellschaftlichen Arbeit der großen „nationalen Erhebung" zum Opfer bringen. Dabei hatte Hitler auf dem Reichsparteitag 1934 deutlich gesagt, was er von der Frauenbewegung hielt: „Das Wort von der Frauen-Emanzipation ist nur ein vom jüdischen Intellekt erfundenes Wort, und der Inhalt ist von demselben Geist geprägt ... Wenn früher die liberalen, intellektualistischen Frauenbewegungen in ihren Programmen viele, viele Punkte enthielten, die ihren Ausgang vom Geiste nahmen, dann enthält das Programm unserer nationalsozialistischen Frauenbewegung eigentlich nur einen einzigen Punkt, und dieser Punkt heißt das Kind ... Jedes Kind, das sie zur Welt bringt, ist eine Schlacht, die sie besteht für Sein oder Nichtsein ihres Volkes." (NS-Frauenwarte, 3. Jg. Oktober 1934, S. 210f.)

Illegaler Widerstand lag außerhalb der Vorstellungen der Mitglieder der bürgerlichen Frauenbewegung, obwohl viele von ihnen vordem in Parteien und Parlamenten hervorgetreten waren. Das Schweigen der einheitlich gesteuerten Medien sorgte dafür, daß ihr Wirken vergessen wurde. Wenn es Widerstand durch Frauen gab, dann kam er fast ausschließlich aus den Gruppen der Arbeiterbewegung (s. u. S. 183ff.). Für diese Frauen wurden besondere Konzentrationslager eingerichtet: Moringen, Lichtenburg, ab 1939 dann das große KZ Ravensbrück (südl. von Neustrelitz). Gründe für die Einweisung waren: Zugehörigkeit zu KPD und SPD bzw. deren Hilfs- und Untergrundorganisationen, zur Bündischen Jugend, zu den Zeugen Jehovas (Bibelforscher, die den Wehrdienst grundsätzlich verweigern), Unterbringung von flüchtenden Widerstandskämpfern, Verdacht auf illegale Tätigkeit, schriftliche und mündliche Propaganda, regimefeindliche Äußerungen in der Öffentlichkeit. Später wurden in die Frauen-KZ auch Kriminelle eingewiesen und viele zwangsverpflichtete ausländische Arbeiterinnen, die Widerstand geleistet hatten. Nach Ravensbrück kamen 1939–1945 etwa 133000 Frauen und Mädchen. Nur 40000 von ihnen entgingen der Vernichtung. Über 10000 Frauen starben in den letzten Kriegswochen auch im KZ Bergen-Belsen. Die Bewachung dieser Lager oblag der SS; die Aufsicht im Lager führten Frauen, keineswegs nur überzeugte Parteianhängerinnen, manche waren über das Arbeitsamt angeworben worden.

Von den Leiden der gefangenen Frauen wußten die wenigsten ihrer deutschen Geschlechtsgenossinnen, von sozialistischen Familien und Freundeskreisen abgesehen. Auf die meisten Frauen hatte das Ende der blutigen Straßenkämpfe beruhigend gewirkt – ohne Nachdenken darüber, mit welchen Methoden SA und Gestapo sie beendet hatten. Positiv empfanden sie den Rückgang der Arbeitslosenzahlen, denn den arbeitslosen alleinstehenden Frauen hatte nur eine für das Leben nicht mehr ausreichende Unterstützung zugestanden, und die Ehefrauen der Arbeitslosen hatten nicht nur materiell, sondern auch psychisch große Not gelitten. Diesen Frauen bedeutete es auch wenig, daß nun Arbeitsplätze geschaffen wurden auf Kosten anderer Frauen: Schon in den letzten Jahren der Weimarer Republik hatte es eine Kampagne gegen die „Doppelverdiener" gegeben (s. S. 88), das waren Ehepaare, bei denen beide in Arbeit standen. Aus der Kampagne wurden 1933 gesetzliche Maßnahmen. Verheiratete Beamtinnen und Staatsangestellte mußten ihren Beruf aufgeben; in der freien Wirtschaft gab es dazu zwar keinen Zwang, wohl aber starken Druck, auch von Berufskollegen. Mit einer anderen Maßnahme erstrebte das Regime gleich zwei Ziele, ein politisches und ein ideologisches: Arbeitsplätze wurden frei und Ehepaare zur Zeugung von Kindern angeregt. Seit Juni 1933 gab es „Ehestandsdarlehen“. Wenn die Braut einen Arbeitsplatz freimachte, erhielt das Paar bei der Eheschließung RM 1000.–. Das war bei den damaligen Einkommensverhältnissen (1933: RM 131.– Bruttolohnsumme durchschnittlich monatlich je beschäftigten Arbeitnehmer) sehr viel Geld. Noch verlockender war die Regelung, daß bei der Geburt jedes Kindes ein Viertel der Schuld erlassen wurde, bei 4 Kindern, der erwünschten Kinderzahl, also alles. Freilich mußten die Partner vorher ihre politische und eugenische (erbgesundheitliche) Eignung nachweisen. Im Scheidungsgesetz von 1938 wurden Unfruchtbarkeit und die Verweigerung der Fortpflanzung als Scheidungsgründe ausdrücklich anerkannt. Gesetzlich vorgeschriebene Erb- und „Rassenpflege“ führten zur Zwangssterilisierung Erbkranker und „Asozialer“. Wer unter diese Gruppen fiel, bestimmten NS-Ärzte und die Gestapo. Dazu kam das Verbot des Geschlechtsverkehrs oder gar der Eheschließung mit Fremdrassigen, worunter vor allem, aber nicht nur jüdische Partner fielen, und die Aufforderung, bei schon bestehenden Ehen sich von diesen scheiden zu lassen. Beides führte zu schweren Familientragödien.

Die Einführung von Kindergeld für große Familien und die Verleihung des „Mutterkreuzes“ (Bronze für 4, Silber ab 6, Gold für mehr als 8 Kinder) sollte den „Willen zum Kind“ erhöhen. Hitler und seine Ideologen sprachen zwar von den Deutschen als „Volk ohne Raum“, sie wollten aber trotzdem die Zahl der Deutschen erheblich steigern, um Menschen für die Besiedlung des im Osten zu erobernden „Lebensraumes“ zu gewinnen und Soldaten für den dafür nötigen Krieg. Das Kindbett war das „Schlachtfeld der Frauen“. Vorbild sollte für die Mädchen und Frauen die Bäuerin sein: Das Bauerntum habe sich – im Gegensatz zu Städtern – stets „rasserein“ gehalten, die Bäuerin sei trotz ihrer großen Belastung eine vorbildliche Hausfrau, sie vertrete das „gesunde Volksempfinden“ und ihre Kinderzahl liege erheblich über dem Durchschnitt.

Eheschließungen und Lebendgeborene auf 1000 Einwohner

	Eheschließ.	Geburten
1931	8,0	16,0
1932	7,9	15,1
1933	9,7	14,7
1934	11,2	18,0
1935	9,7	18,9
1936	9,1	19,0
1937	9,1	18,8
1938*	9,4	19,6
1939*	11,2	20,4
1940*	8,8	20,0

* = Gebietsstand 31. 12. 1937
(Quelle: Stat. Jb. des Deutschen Reiches, mehrere Jahrgänge). Es ist dabei zu beachten, daß sich in den letzten Vorkriegsjahren bei den Eltern schon der rapide Geburtenrückgang während des Ersten Weltkriegs bemerkbar macht (1913: 27,5, 1917: 13,9). Die Geburtenzahl je Frau im gebärfähigen Alter nahm also in Wirklichkeit noch stärker zu. Vergleich Bundesgebiet 1988: 6,4/11,0

Frauenpolitik: Erziehung zur Hausfrau und Mutter

Der Ideologie entsprechend wurden die Mädchen erzogen. In den Zielen ihrer Schulbildung wurde streng von den Zielen bei der Unterrichtung der Jungen unterschieden. Nach einigen Experimenten kam es 1937 zur endgültigen Festlegung der Lehrinhalte und der Gewichtung der Schulfächer. Die weit überwiegende Zahl der Mädchen sollte nur Volksschulbildung erhalten. In dieser Schulart hatte der Deutschunterricht u. a. die Aufgabe, den „Heldischen Menschen“, darunter auch die opferbereite deutsche Frau und Mutter den Kindern nahezubringen, dazu noch „volkhafte Dichtung“. Der Biologieunterricht bestand überwiegend in der Rassen- und Vererbungslehre als Leitfaden für eine „richtige“ Partnerwahl. Der Hauswirtschaftsunterricht sollte den Einfluß von „fremdem Luxus“ verhindern, zur Besinnung auf gesunde, einfache „deutsche“ Kost führen. Daß in Geschichte und Erdkunde die Kernsätze der NS-Ideologie indoktriniert, Rechnen und Naturwissenschaften völlig vernachlässigt wurden, eine Fremdsprache zu lernen keine Pflicht war, der Sport eine große Rolle spielte, rundete die Erziehungsarbeit an der Mädchenvolksschule ab.

265 Seiten umfaßten die Richtlinien für die Höheren Schulen. Auch in ihnen stand, daß die „leibbetonte“ Mädchenbildung wichtiger sei als Allgemeinbildung. Höhere Mathematik brauchten Mädchen nicht zu lernen, die Anforderungen in den Naturwis-

senschaften waren gering – wenn man von den ideologisch bestimmten Themenbereichen in der Biologie absieht. Wer die gymnasiale Oberstufe besuchen wollte, mußte vorher hauswirtschaftliche Fähigkeiten und Kenntnisse nachweisen. Das Mädchen konnte dann zwischen zwei Zweigen wählen: den sprachlichen, in dem es eine zweite Fremdsprache lernen konnte, deren Schwerpunkt aber auch auf den „Gesinnungsfächern" Deutsch und Geschichte lag, oder den stark propagierten „hauswirtschaftlichen" Zweig, der unter einseitiger Betonung der „rassischen", hausfraulichen und körperlichen Erziehung zum bald so genannten „Puddingabitur" führte, das aber auch, trotz mangelnder Vorbereitung für wissenschaftliches Arbeiten, zum Hochschulstudium berechtigte.

Doch wurde allen Mädchen das Universitätsstudium erheblich erschwert. Ein Numerus clausus wurde eingeführt und erst 1936 wieder gemildert: Nur 10% der Studierenden durften Frauen sein, und diese mußten sich vorher im Reichsarbeitsdienst (s. u.) „bewährt" haben. Sie sollten Fächer studieren, die „ihrer Seele am nahesten sind", und ein Gauleiter sagte: „Die deutschen Mädchen sollten sich nicht auf den Universitäten herumdrücken, sondern lieber dem Führer ein Kind schenken." So sollten Volksschullehrerinnen auch nicht mehr auf Hochschulen ausgebildet werden. Hitler äußerte dazu: „Für den Elementarunterricht auf der Schule seien weibliche Lehrkräfte und Kapitulanten (ausgediente Unteroffiziere) seines Erachtens ideal. Man dürfe sie aber nicht durch eine übertriebene Ausbildung, also gleichsam übertriebene Gehirnmassage, blödsinnig machen, sondern müsse ihnen nur den Wissensstoff mitgeben, der für den Elementarunterricht unbedingt erforderlich ist." (Hitlers Tischgespräche, neu hrsg. v. P. E. Schramm u. a., Stuttgart 1963, S. 399)

Ergänzt wurde die Erziehungsarbeit durch den BDM (Bund Deutscher Mädchen); die älteren Mädchen (17–21 Jährige) wurden ab 1938 im BDM-Werk „Glaube und Schönheit" zusammengefaßt. Die Mitgliedschaft war zunächst freiwillig, ab 1936 wurde etwas stärkerer Druck ausgeübt – wer mittlere oder höhere Schulabschlüsse anstrebte,

Propagandaplakat zur NS-Familienpolitik

konnte sich kaum mehr entziehen, seit 1939 gab es eine Pflicht zum „Ehrendienst am deutschen Volk". Eine totale Erfassung gelang aber nie, schließlich verhinderten das auch die Kriegsumstände. Am geringsten war die Teilnahme der Arbeitertöchter. Ihre Eltern waren überwiegend keine überzeugten Anhänger des Regimes, sie entwickelten oft auch keinen Ehrgeiz, ihren Töchtern berufliche Aufstiegschancen zu ermöglichen, was eventuell durch Aktivitäten in der Jugendorganisation erleichtert worden wäre; die Mädchen mußten oft auch schon Geld verdienen, Kinder betreuen, Zeitungen austragen, und wer mit 15 Jahren schon in der Fabrik arbeitete, hatte zum Tagesausklang oder zum Wochenende weder Lust noch Kraft, BDM-Dienst zu leisten. Doch muß festgestellt werden, daß ein großer Teil der Mädchen gern am „Dienst" teilnahm. Kaum die politische Schulung, die sie über sich ergehen ließen, wohl aber „Fahrten", „Lager" und der Sport waren attraktiv. Der BDM-Sport sollte jeder Verweichlichung vorbeugen: Das gesunde Mädchen sollte später gesunde Kinder zur Welt bringen. Seit 1935 war auch eine Reichsarbeitsdienst-Pflicht eingeführt, doch wurde das Gesetz für Mädchen bis 1939 nicht angewendet, 1938 gab es erst 25000 „Arbeitsmaiden". Wer allerdings studieren wollte, mußte den halbjährigen Dienst ableisten. Die Maiden hatten in erster Linie den Bäuerinnen zu helfen, daneben fand die übliche ideologische Schulung statt. Seit 1938 bestand für Mädchen ein „Pflichtjahr" – Parallele zum Wehrdienst der Jungen. Es wurde zumeist nach Beendigung der Schulzeit oder Lehre abgeleistet, die Mädchen wurden als Helferinnen in kinderreichen Familien und auch auf dem Land eingesetzt.

Frauenpolitik: Beruf und Gesellschaft

1933 war das Regime bestrebt gewesen, möglichst viele Frauen von der Berufstätigkeit freizustellen, um die Zahl der arbeitslosen Männer zu verringern. 1935 machte sich, zumeist auf dem Land, der erste Arbeitskräftemangel bemerkbar, 1936 auch in mehreren Bereichen der Industrie. So kam es von diesem Jahr an zu einer völligen Wende in der Einstellung gegenüber Frauen, die in Fabriken und Büros tätig waren. Die Aufrüstung, also die Vorbereitung auf den Krieg, war wichtiger geworden als ideologische Grundsätze. Die Propaganda umwarb die erwerbstätige Frau. Ab 1937 brauchten Frauen für das „Ehestandsdarlehen" nicht mehr ihren Arbeitsplatz aufzugeben. Zur Durchführung des Vierjahresplans (s. S. 161) wurde 1938 erklärt: „Wir können uns ... nicht den Luxus leisten, daß Personen, die als Arbeitskräfte tätig sein könnten, sich ohne stichhaltigen Grund der Erwerbsarbeit entziehen." („Der Vierjahresplan", 1938, Folge 3) Ein Jahr später erschien in „Deutsche Volkswirtschaft" ein Aufsatz mit dem Titel „Planvolle Lenkung des Fraueneinsatzes eine völkische Verpflichtung", in dem es hieß: „Die Frauen werden in immer höherem Maße zur Mitarbeit herangezogen werden müssen." Eine Arbeitsverpflichtung hatte Hitler aber untersagt. So nahm die Zahl der erwerbstätigen Frauen nicht stark zu. Durch die Beseitigung der Arbeitslosigkeit hatten die meisten Familien ein angesichts der damaligen Bedürfnislosigkeit ausreichendes Einkommen, das oft noch durch die zunehmenden Überstunden der Männer aufgebessert wurde. Außerdem hatten die meisten jungen Ehefrauen inzwischen „dem Führer Kinder geschenkt". Bei einem Vergleich der Zahlen von 1933 und 1939 muß man bedenken, daß 1933 viele Frauen arbeitslos gewesen waren, die als Alleinstehende oder als alleinerziehende Mütter auf Arbeit angewiesen waren und sich schon bald wieder in den Arbeitsprozeß eingegliedert hatten. Dabei hatten von 1933 bis 1939 die erwerbstätigen Frauen unter 20 Jahren um 1100000 zugenommen, Frauen zwischen 20 und 30 Jahren um 970000 abgenommen.

Die Trennung der sozialen Schichten blieb weitgehend erhalten – mit Ausnahme der Annäherung der Facharbeiter an den Status der Angestellten, aber davon waren Frauen kaum betroffen. Allerdings nahm die Neigung zu einer kleinbürgerlichen Lebensführung bei den Ehefrauen der Facharbeiter zu. Einen gewissen Einfluß hatte die Propagandathese von der „Volksgemeinschaft". Manche Damen der Oberschicht trugen ihren Reichtum nicht mehr ganz so krass zur Schau, Frauen der Unterschichten wurden etwas selbstsicherer. Äußerliche Attribute, auf die die moderne Großstädterin in der Weimarer Zeit Wert gelegt hatte (s. S. 91), waren als Zeugnisse einer jüdisch-westlichen Verfallskultur verpönt, von ihnen wurde weniger Gebrauch gemacht: Lippenstift und Bubikopf, Kleidung mit Männer-Zuschnitt; dazu hieß es – auf Plakaten in Lokalen – „Die deutsche Frau raucht nicht." Das Leben der Frauen höherer Funktionäre, die mit einigen Mühen in die Oberschicht einzudringen suchten, blieb dem Volk verborgen; wenn man von ihnen etwas sah, waren es gestellte Aufnahmen, die ihre Volksverbundenheit unter Beweis stellen sollten.

Weibliche Erwerbspersonen nach Wirtschaftsbereichen, Ehestand und Berufsart

	insgesamt	davon in Landwirtschaft	Industrie	Handel	Dienstl.	Verheir.	Arbeiterin
1933	11479000	40,5%	24%	16,7%	18,7%	36,4%	40,9%
1939	12798000	38,3%	26%	16,4%	19,3%	32,6%	41,4%

(Quelle: Statistische Jahrbücher 1935, 1941)

Insgesamt zeigten die Frauen ein geringes Interesse an der Politik. So blieb auch der Einfluß der NS-Ideologie auf sie relativ gering, mindestens ebenso stark, wenn nicht größer, war der Einfluß der Kirchen geblieben. Die kirchenfeindliche Propaganda schlug bei den Frauen weit weniger an als bei Männern. Hatten anfangs noch Schlagworte wie das von der „Größe des deutschen Volkes" einigen Eindruck hinterlassen, so führte die seit 1938 erkennbare drohende Kriegsgefahr zu einer von Furcht geprägten Haltung. Der Erste Weltkrieg und die Leiden der hungernden Zivilbevölkerung und der Schmerz der Mütter, Frauen und Kinder waren 19 Jahre danach noch nicht vergessen. Kriegerwitwen fürchteten den Fronteinsatz ihres Sohnes, den sie unter Entbehrungen großgezogen hatte. Aber auch die Konsequenzen von Parolen wie „Kanonen statt Butter" trafen die Hausfrauen hart.

Eine Tatsache allerdings kann nicht verschwiegen werden: Das Desinteresse der Frauen an der Politik bezog die Person des „Führers" nicht ein. Ihm wurden die Mangelerscheinungen, die Fehl- und Übergriffe der Funktionäre nicht angelastet („wenn das der Führer wüßte"), er wurde von sehr vielen Frauen verehrt, besonders in der Vorkriegszeit. Die Propaganda trug dazu viel bei: Fotos mit vor Rührung weinenden und lachenden Frauen, die Hitler umdrängen, ihm ihre Kinder zureichen, fanden sich immer wieder in Presse und Kino-Wochenschau.

Entrechtung und Verfolgung der Juden

Vom ersten Tag ihrer Herrschaft an leiteten die Nationalsozialisten die gezielte Verfolgung der Juden ein, die schon seit 1920 im Parteiprogramm angekündigt war: Ihm zufolge konnten Juden nicht „Volksgenossen" sein, da sie nicht „deutschen Blutes" waren; ihnen wurde angedroht, „unter Fremdengesetzgebung" gestellt zu werden. Es gab in Deutschland etwa 500000 Juden, das waren 0,8% der Bevölkerung. Sie wurden bis zum Kriegsausbruch systematisch entrechtet und zu Parias herabgedrückt, deren völlige Beseitigung, zumindest Austreibung, nur aus taktischen Gründen vorerst noch unterblieb. Zwischen 1933 und 1935 wurden mehrere

SA-Posten vor dem Geschäft eines jüdischen Kaufmanns in Berlin, 1933.

Gesetze und Verordnungen erlassen, die die Juden zu Bürgern minderen Rechts machten. Am 1.4.1933 hatte die SA den Boykott jüdischer Geschäfte bewirkt; am 7.4. wurden alle jüdischen Beamten entlassen, die nicht Kriegsteilnehmer gewesen waren (auch diese wurden 1935 entlassen). Für immer mehr akademische und freie Berufe wurden „Abstammungsnachweise" verlangt. 1935 wurden auf einem Reichsparteitag in Nürnberg die sogenannten „Nürnberger Gesetze" bekanntgegeben, die einerseits ein Fazit der vergangenen zwei Jahre waren, andererseits die Voraussetzung für die intensivierte Judenverfolgung bildeten, die nun begann. Eheschließungen und außereheliche Beziehungen „zwischen Juden und Staatsangehörigen deutschen oder artverwandten Blutes" wurden verboten, bestehende Ehen konnten für nichtig erklärt werden. Zuwiderhandelnden drohte das Zuchthaus, später bei „Rassenschande" auch die Todesstrafe. In Ergänzung zum Reichsbürgergesetz vom 15.9.1935, das „Staatsangehörige deutschen oder artverwandten Blutes" als „alleinige Träger der vollen politischen Rechte" anerkannte, wurde festgelegt, wer als Jude zu gelten hatte: „wer von mindestens drei der Rasse nach volljüdischen Großeltern abstammt". Als Krite-

rium für die Rassezugehörigkeit wurde die Religionszugehörigkeit genannt: Volljüdisch ist ein Vorfahre, „wenn er der jüdischen Religionsgemeinschaft angehört hat." Willkür und Unsinnigkeit der Rasseideologie sind evident.
Im Zusammenhang mit den Nürnberger Gesetzen, die willfährige Juristen bereitwillig kommentierten, wurden die Juden in Deutschland praktisch rechtlos. Die Nürnberger Gesetze illustrierten, was der Satz des Parteiideologen Alfred Rosenberg konkret bedeutete: „Recht ist, was arische Menschen für Recht befinden." Die Ermordung des deutschen Botschaftsangehörigen vom Rath in Paris durch einen Juden, dessen Eltern vom nationalsozialistischen Terror getroffen worden waren, gab den Vorwand zu der organisierten Brandstiftungs- und Zerstörungsaktion am 9./10.11.1938. SA-Trupps vernichteten fast alle Synagogen und demolierten rund 7000 jüdische Geschäfte im Reich. Über 30000 Juden wurden in „Schutzhaft" genommen, d.h. in Konzentrationslager geschickt. Der brachialen Barbarei der „Kristallnacht" folgte die administrative: Die jüdischen Geschäftsinhaber mußten die Schäden selbst beheben lassen, ihre Versicherungsansprüche verfielen zugunsten des Reichs; darüber hinaus mußte die Gesamtheit der deutschen Juden eine „Sühneleistung" von 1 Milliarde Reichsmark (dann auf 1,25 Mrd. erhöht) zahlen.

9.11. 1938

Dem Pogrom, an dem sich die Bevölkerung kaum beteiligte, den sie aber, soweit sie ihn mit ansah, ohne Protest oder Hilfe für die Verfolgten hinnahm, folgten in den nächsten Monaten und Jahren weitere Entrechtungen: Seit November 1938 durften jüdische Kinder keine deutsche Schule mehr besuchen; seit 1.1.1939 durfte kein Jude sein Geschäft weiterführen oder als leitender Angestellter tätig sein, vorher erworbene Rechte wie Pensionsansprüche gingen verloren; im Februar 1939 mußten alle Juden ihren Besitz an „Gold, Platin oder Silber sowie Edelsteine und Perlen" dem Staat abliefern; ab 1.9.1941 mußte jeder über sechs Jahre alte Jude in der Öffentlichkeit den „Judenstern" tragen: „Der Judenstern besteht aus einem handtellergroßen, schwarz ausgezogenen Sechsstern aus gelbem Stoff mit der schwarzen Aufschrift ‚Jude'. Er ist sichtbar auf der linken Brustseite des Kleidungsstücks fest angenäht zu tragen." Keiner durfte ohne polizeiliche Genehmigung seine Wohngemeinde verlassen. Schließlich durften Juden keinen Führerschein mehr besitzen, der Zutritt zu öffentlichen Veranstaltungen (Theater, Bäder u.a.) und die Benutzung öffentlicher Verkehrsmittel wurden verboten, endlich gar das „Halten von Haustieren".
Juden fanden bald nach 1933 nur noch schwer Arbeit. Wohlhabende Juden wurden zur Auswanderung getrieben, mußten aber ihr Vermögen zu Schleuderpreisen an „Arier" verkaufen. Die Verarmten wurden von anderen Staaten nicht bereitwillig aufgenommen. Bis 1938 war etwa ein Drittel der deutschen Juden ausgewandert.
1939 ging die nationalsozialistische Rassenpolitik ganz in die Hand der SS über. Die von ihr zunächst geförderte Austreibungspolitik endete in den ersten Kriegsjahren; die mehrfach angekündigte „Endlösung", die nur der Massenmord sein konnte, rückte damit in greifbare Nähe.

Der SS-Staat

Der Aufstieg der SS in den Jahren bis 1939, die Zentrierung aller Polizeigewalt in der Hand der SS-Führung: Das waren die Voraussetzungen, von denen aus die SS im Kriege dann die „völlige Rechtlosigkeit des einzelnen Volksgenossen" (so 1942 der Generalgouverneur für Polen, Frank) und die bürokratische Systematisierung der Menschenvernichtung verwirklichte. Dazu kam ihre schließliche Durchsetzung als bewaffnete Macht neben der Wehrmacht – gegen deren Willen.
1925 war die „Schutzstaffel" als Teil der SA zum persönlichen Schutz Hitlers und der Parteiversammlungen gegründet worden. Mit der Zurückdrängung der SA 1934 begann der Aufstieg der SS, die nun zur selbständigen Organisation wurde. 1931 war in der SS ein „Sicherheitsdienst" (SD) gebildet worden, der unter seinem Chef Heydrich die Funktion einer Geheimpolizei übernahm. Neben dem SD gab es die „SS-Verfügungstruppe", die später als „Waffen-SS" zu einer bewaffneten Macht neben der Wehrmacht heranwuchs, und schließlich aus einer gut

A. P. Weber: „Hitler, ein deutsches Verhängnis". (Aus der Zeitschrift „Widerstand", Januar 1933)

ausgerüsteten motorisierten Truppe von 900000 Mann bestand. Die „Totenkopfverbände" dienten als Wachmannschaften der Konzentrationslager, eine Division aus diesen Mannschaften gehörte auch zur Waffen-SS. Seit 1934 unterstanden alle KZ-Lager der SS. Als Himmler 1936 zum „Reichsführer SS und Chef der Deutschen Polizei" avancierte, befehligte er damit u. a. die Gestapo, die Kriminalpolizei und die Ordnungspolizei. Damit war die Machtbasis des SS-Staates geschaffen, dessen Kernzelle 1939 das „Reichssicherheitshauptamt" (RSHA) unter Heydrich wurde. Hier liefen die Fäden von Sicherheitspolizei und SD zusammen, hier wurde die Verwendung ihrer „Einsatzgruppen" während des Krieges zur „Bekämpfung aller reichs- und deutschfeindlichen Elemente rückwärts der kämpfenden Truppe" vorbereitet.

Neben der SS-Organisation bestand der herkömmliche Staatsaufbau weiter. Aber die üblichen Rechts- und Verwaltungsorgane wurden durch zahlreiche Sondervollmachten der SS immer dann umgangen, wenn es der Führung opportun erschien. Das Nebeneinander unterschiedlicher Entscheidungsträger mit sich überschneidenden Kompetenzen war ein wesentliches Machtfundament Hitlers, „denn die Schlüsselstellung des Diktators (war) gerade in dem unübersichtlichen Neben- und Gegeneinander der Machtgruppen und persönlichen Bindungen begründet" (K. D. Bracher). Das gilt sowohl für Innen- wie Außenpolitik. Polykratische Elemente des Regimes ändern ebenso wenig etwas an der monokratischen Stellung Hitlers wie – bei unverändert beibehaltener ideologischer Grundlinie – Sprunghaftigkeit und Entscheidungsscheu des Diktators im einzelnen (s. dazu auch S. 190 f.).

Da die Führung über einen durch nichts eingeschränkten Spielraum des Ermessens verfügte, baute die SS schrittweise ein perfektes Terror- und schließlich Vernichtungssystem auf, in dem es keine rechtlichen und moralischen Maßstäbe mehr gab. Schon 1937 erklärte Himmler in einer allgemein zugänglichen Festschrift, daß es für die Staatsführung keine „Schranken" gebe, deshalb können „Wehrmacht (und) Polizei nur nach den Befehlen der Führung und nicht nach Gesetzen tätig werden". Konsequent wurde dann in einem Erlaß des RSHA vom 15. 4. 1940 betont, daß sich die Befugnis zu Anordnungen „nicht aus einzelnen Gesetzen und Verordnungen, sondern aus dem Gesamtauftrag herleitet, der der deutschen Polizei im allgemeinen und der Geheimen Staatspolizei im besonderen im Zuge des Neuaufbaues des nationalsozialistischen Staates erteilt worden ist." Da die SS sich als Hort der nationalsozialistischen Ideologie verstand, war das ein Freibrief für beliebige Maßnahmen bei der Verfolgung wirklicher und angeblicher Gegner, zur Sicherung der NS-Macht und im Kriege in der Besatzungspolitik, vor allem gegenüber den „Menschentieren" in Osteuropa, wie Himmler am 4. 10. 1943 die Russen bezeichnete.

Gegnerschaft und Widerstand

Die parlamentarische Opposition war nach Verhaftung der KPD- und einiger SPD-Abgeordneten zunächst verstört, durch das pseudolegale Vorgehen der Nationalsozialisten gelähmt und nach dem Parteienverbot ausgeschaltet. Die in allen politischen Gruppen weit verbreitete Auffassung, Hitler werde sich nicht lange halten können, ließ dann die illegal weiterbestehenden Parteiorganisationen der Linken zurückhaltend taktieren. Neben der politischen Linken, die zuerst Widerstand leistete, waren die wichtigsten Gegnergruppen, die sich allmählich bildeten, vom Nationalsozialismus enttäuschte Konservative, Angehörige beider Kirchen und schließlich hohe Offiziere. Daß die Zielsetzungen nur in der Beseitigung des Nationalsozialismus, nicht aber in weiterreichenden politischen Vorstellungen sich deckten, erschwerte ein Zusammengehen; der Ausbau des totalitären Staates machte die Existenz einer größeren Untergrundorganisation unmöglich. Im Verborgenen konnten sich nur verschiedene kleinere Widerstandsgruppen bilden, aber keine zusammenhängende Widerstandsbewegung. Der Widerstand der Kirchen beschränkte sich zudem – von Einzelfällen abgesehen – auf die Verteidigung unmittelbar bedrohter eigener Positionen. Er entwickelte sich nicht zu einer von den kirchlichen Organisationen als den einzigen noch öffentlich tätigen nicht-nationalsozialistischen Gruppen getragenen grundsätzlichen Widerstandshaltung, wie sie in der politischen Linken vor allem anzutreffen war. Die Macht, die Verhältnisse zu ändern, konnte unter den Bedingungen des totalitären Staates allenfalls das Militär besitzen. Deshalb wurde der Anteil der hohen Offiziere für die spätere Widerstandsbewegung, vor allem im Krieg, von entscheidender Bedeutung(s. S. 183ff.).

Ludwig Beck (1880–1944), Generaloberst und Chef des Generalstabs 1935–1938

Nur allmählich wurde aus passiver oder partieller Gegnerschaft aktiver Widerstand. Das Konkordat von 1933 und die antikommunistische Tendenz des Nationalsozialismus lähmte antinationalsozialistische Katholiken, zumindest bis 1937, als der Papst sich in einer Enzyklika gegen die NS-Ideologie wandte. Aber auch dann blieb es der Tat einzelner überlassen, dem Nationalsozialismus entgegenzutreten. Dabei zeigte der Erfolg der öffentlichen Verurteilung der nationalsozialistischen Euthanasie-Verbrechen (von 1939–41 wurden etwa 70000 Geisteskranke heimlich ermordet) durch den Bischof von Münster, Graf von Galen, daß es hier zumindest zeitweise ungenutzte Möglichkeiten gab. Aber keine der beiden Kirchen verurteilte die Judenpolitik. Auch der Zusammenschluß protestantischer Pfarrer gegen die „SA Jesu Christi", wie die auf die Dauer nicht erfolgreichen nationalsozialistischen evangelischen „Deutschen Christen" auch genannt wurden, beschränkte sich vorwiegend auf die Bekämpfung des totalitären Anspruchs der Nationalsozialisten im kirchlichen Bereich. Nur wenige fanden früh zum aktiven Widerstand wie der Pfarrer Dietrich Bonhoeffer. Christliche und humanitäre Motive bewogen viele, die sich später zum Handeln entschlossen.

Unter den Militärs wurde Generaloberst Ludwig Beck zur zentralen Gestalt der Widerstandsbewegung. Nachdem Hitler am 30. Mai 1938 dem Generalstab befohlen hatte, die Besetzung der Tschechoslowakei vor-

zubereiten, wandte sich Beck im Sommer 1938 als Generalstabschef in mehreren Denkschriften an den Oberbefehlshaber des Heeres, Generaloberst von Brauchitsch. Da Hitler in die militärische Führung bei jeder sich bietenden Gelegenheit willfährige Offiziere berief, fand Beck keine hinreichende Unterstützung für seinen Versuch, Hitlers Kriegspläne zu vereiteln. Beck trat zurück, entsprechend seiner Forderung an die „höchsten Führer in der Wehrmacht“: „Ihr soldatischer Gehorsam hat dort eine Grenze, wo ihr Wissen, ihr Gewissen und ihre Verantwortung die Ausführung eines Befehls verbieten.“
Mit Denkschriften versuchte zunächst auch Carl Goerdeler (1936 als Oberbürgermeister von Leipzig zurückgetreten), der sich um den Zusammenschluß einer bürgerlichen und konservativen Widerstandsgruppe bemühte, Hitler und andere nationalsozialistische Politiker von ihrem Kriegskurs abzubringen, indem er auf dessen unausweichliche Konsequenzen hinwies. Als diese Versuche ergebnislos blieben, wurde der Sturz Hitlers durch hohe Offiziere vorbereitet. Die Zugeständnisse der Westmächte im Münchner Abkommen vom September 1938 verhalfen jedoch Hitler zu einem solchen Triumph, daß man befürchtete, das Volk werde den Sturz des offensichtlich so erfolgreichen Diktators nicht unterstützen.

Traditionelle Revisionspolitik

Hitlers außenpolitische Konzeption war mit unmißverständlicher Deutlichkeit in „Mein Kampf“ niedergelegt. Ihre Grundlage war die ideologische Fixierung auf den „Boden“, der im Osten Europas erobert werden sollte, und die Absage an die „Kolonial- und Handelspolitik der Vorkriegszeit“. Dann sollte „die rassisch begründete Weltherrschaft“ (A. Hillgruber) errichtet werden. Wenn Hitler sich zunächst aus taktischen Gründen zurückhielt, so trug das erheblich zu dem Trugschluß vieler bei, die darin den Beweis zu sehen glaubten, daß die Regierungsverantwortung auch die Nationalsozialisten zur Mäßigung zwänge. Unmittelbar nach der Machtergreifung zeigte die Außenpolitik konkret noch nichts von dem Auftrumpfen, mit dem die NSDAP in der Wahlpropaganda der späten Weimarer Jahre Wähler ge-

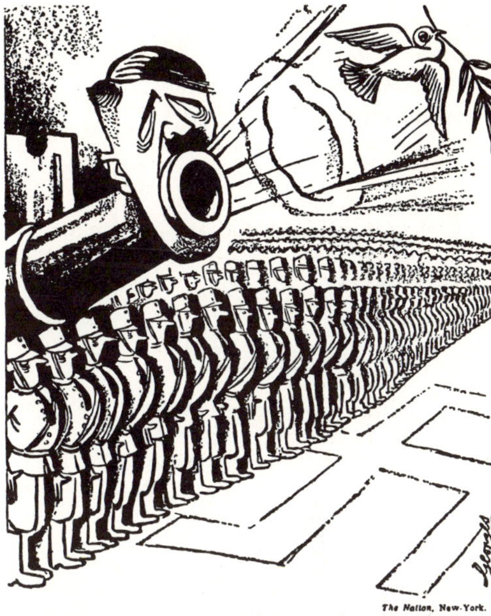

Amerikanische Karikatur zur „Friedensrede“ Hitlers am 17.5.1933. (Aus der Zeitung „The Nation“, 1933)

worben hatte, die aus Niederlage und Wirtschaftskrise zu neuer Größe und Macht geführt werden wollten.
Innerhalb der NSDAP gab es zunächst ein relativ breites Spektrum außenpolitischer Gedanken: Bis 1930 tendierten die „Sozialisten“ in der Partei um die Brüder Strasser mehr zu einer Anlehnung an Rußland und gegen die westlichen „Plutokratien“; der stark national gesonnene Großteil der Partei dagegen wollte die Restauration der Machtstellung des Kaiserreichs – nicht der Monarchie selbst –, möglichst gar die Hegemonie in Europa; vielen schien ein überseeischer Imperialismus dazu die Voraussetzung zu sein. Die Haltung zu England schillerte dabei in diesem „rechten“ Flügel der NSDAP von neidvoller Ablehnung bis zu dem Wunsch nach Übereinkunft und Teilung der Machtsphären. Diese stark divergierenden außenpolitischen Zielsetzungen innerhalb der Partei, von denen manche Wunschvorstellungen aus der Kaiserzeit aufgriffen, boten vielen Wählern etwas und ließen Hitler den Entscheidungsspielraum, den er brauchte, um sich durchzusetzen. Sein Ziel war ein Ausgleich mit England, der die Expansion nach Osteuropa ermöglichen sollte. Der Verzicht auf Übersee sollte den großen Ge-

Wahlplakat der NSDAP zur Reichstagswahl am 12.11.1933 und zur Volksabstimmung über den Austritt aus dem Völkerbund

winn auf dem europäischen Kontinent herbeiführen. Germanischer Rassenwahn und imperialistisches Machtstreben paßten in dieses Schema.

Die Außenpolitik Hitlers brachte zunächst nicht die von vielen befürchtete revolutionäre Wende, sondern verfolgte mit den Mitteln der traditionellen Diplomatie aus der Weimarer Zeit überkommene revisionistische Ziele, äußerlich sichtbar im personell vorerst wenig geänderten Auswärtigen Amt. Daß Hitler im Sommer 1934 die SA fallen ließ zugunsten der Wehrmacht, sicherte ihm die Unterstützung des Großteils der Generalität; die scheinbar im herkömmlichen Sinne auf Revision von Versailles und nationale Stärke gerichtete Außenpolitik hießen viele Generale ohnedies gut, mußte sie doch auf eine Stärkung der Armee hinauslaufen. Erst allmählich wurde sichtbar, daß diese Politik nur zur Vorbereitung unverhüllter Expansionsabsichten diente. Bis dahin bestand Einvernehmen zwischen Hitler einerseits und dem Auswärtigen Amt unter dem konservativen Minister von Neurath und der Reichswehr unter Reichswehrminister von Blomberg andererseits.

Der erste große Erfolg dieser Politik war das Konkordat mit dem Heiligen Stuhl vom Juli 1933 (s. S. 152). Dieser Vertrag, ausgehandelt von dem konservativen Vizekanzler von Papen und dem apostolischen Nuntius Eugenio Pacelli, dem späteren Papst Pius XII., verschaffte der nationalsozialistischen Regierung das internationale Ansehen, das sie dringend suchte. Moralisch so gestärkt, schadete dem Reich der Austritt aus Abrü-

1933 stungskonferenz und Völkerbund im Oktober 1933 wenig, zumal an die Stelle multilateraler Abmachungen im Rahmen des Völkerbundes bilaterale Verträge mit einzelnen Staaten – Hitler hoffte vor allem mit England – treten sollten. Da der Völkerbund in Deutschland weithin als Instrument der Siegermächte galt, brachte ein Plebiszit mit hinreichend diffuser Fragestellung Hitler ohne allzu große Stimmenfälschung 95% Ja-Stimmen (Die Frage auf dem Stimmzettel lautete: „Billigst Du, deutscher Mann, und Du, deutsche Frau, diese Politik Deiner Reichsregierung, und bist Du bereit, sie als Ausdruck Deiner eigenen Auffassung und Deines eigenen Willens zu erklären und Dich feierlich zu ihr zu bekennen?“). Der Versuch, statt internationaler Abmachungen zweiseitige Verträge zu schließen, führte zuerst mit Polen zum Erfolg (24.1.1934): Dieser Nichtangriffsvertrag schien Friedfertigkeit zu demonstrieren, denn vorher hatten die Nationalsozialisten stets lautstark und mit haßerfüllten Parolen die Rückgabe der an Polen abgetretenen Gebiete gefordert. (Der Vertrag, der auf 10 Jahre abgeschlossen war, wurde 1939 von Hitler „gekündigt“, als er seine „Lebensraumpolitik“ nicht mehr aus taktischen Rücksichten verschleierte). Der die Isolierung Frankreichs bezweckende Vertrag führte zur Neuorientierung der französischen und sowjetischen Politik: Im Mai 1935 schloß die Sowjetunion mit Frankreich und der Tschechoslowakei Beistandspakte. Schon der sowjetische Beitritt zum Völkerbund 1934 hatte eine Annäherung an die Westmächte bedeutet (s. S. 41).

Inzwischen hatte der Nationalsozialismus seine Macht im Innern durch die vollzogene „Gleichschaltung“ gefestigt. Auch diente die Rückkehr des Saarlandes in den deutschen Staatsverband (1935 Abstimmung gemäß Versailler Vertrag, 91% für Rückkehr zu Deutschland) dem Prestige Hitlers: In einer vom Völkerbund kontrollierten freien Abstimmung hatte die Bevölkerung sich für die Rückkehr entschieden, obwohl sie über den Terrorcharakter der Diktatur sich durchaus hatte informieren können! Das kam der nationalsozialistischen Propaganda gelegen, die unter dem Schlagwort „Heim ins Reich“ die Revision der Grenzen forderte.

Das Verhältnis des Reichs zum faschistischen Italien war gespannt: Der Duce fürchtete das Ausgreifen des Nationalsozialismus auf Österreich. Die Isolierung Deutschlands wurde besonders deutlich, als sich nach Einführung der allgemeinen Wehrpflicht (März 1935), der sichtbar werdenden Aufrüstung und der damit vollzogenen Verletzung des Versailler Vertrages, England, Frankreich und Italien im April 1935 in Stresa zusammenfanden, um die Garantien zu bekräftigen, die sie im Vertrag von Locarno übernommen hatten. Aber darüber hinaus blieb die Konferenz der drei Regierungschefs in Stresa ohne Folgen (vgl. S. 131, 144).

Bereits 9 Wochen später brach Großbritannien aus dieser Abwehrfront aus: Das Flottenabkommen vom 18. Juni 1935 mit Großbritannien war ein bedeutender Erfolg für die deutsche Außenpolitik. Indem das Stärkeverhältnis der englischen zur deutschen Kriegsflotte auf 100 : 35 festgelegt wurde – bei gleicher Stärke in der U-Boot-Rüstung –, wurde die deutsche Aufrüstung praktisch von England sanktioniert, was den Protest Frankreichs auslöste. Hitler konnte hoffen, einer Einigung mit England in seinem Sinne nähergekommen zu sein: Teilung der Interessengebiete in eine maritime, überseeische englische und eine kontinentale, nach Osten ausufernde deutsche Sphäre. Wenn in nächster Zeit immer wieder von deutschen kolonialen Wünschen die Rede war, so nicht als politisches Nahziel, sondern als Druckmittel auf England, das die Notwendigkeit einer umfassenden Übereinkunft mit dem expansiv werdenden Deutschland begreifen sollte.

1936 Am 7.3.1936 ließ Hitler überraschend deutsche Truppen in das entmilitarisierte Rheinland einmarschieren und kündigte den Vertrag von Locarno. England und Frankreich protestierten, da aber England nichts weiter unternahm, blieb auch Frankreich keine Möglichkeit zum Handeln. Hitler konnte glauben, daß England ihm auf dem Kontinent nicht ernstlich entgegentreten werde. Im Winter 1935/36 führte der italienische Überfall auf Abessinien (s. S. 144) zur Annäherung der beiden expansiven faschistischen Diktaturen, in deren Übereinkunft vom November 1936 unter der Bezeichnung „Achse Berlin–Rom“ der Anspruch auf Hegemonie in Europa formuliert war. Die Unterstützung der Antirepublikaner unter General Franco im Spanischen Bürgerkrieg von 1936 bis 1939 durch die „Achsenmächte“ war das erste Zusammengehen der beiden späteren faschistischen Kriegspartner, während ihre Gegner von der Sowjetunion und zeitweise von der Volksfrontregierung in Frankreich unterstützt wurden. Die nationalsozialistische Propaganda verbreitete nicht nur in Deutschland mit Erfolg die These vom Nationalsozialismus als dem wichtigsten antibolschewistischen „Bollwerk“ Europas. Der „Antikomintern-Pakt“ zwischen Deutschland, Japan (November 1936) und Italien (November 1937) war ein Mittel dieser Propaganda. Er sah gemeinsames Vorgehen gegen die Tätigkeit der Kommunistischen Internationale vor.

Imperialistische Expansionspolitik

Die Erfolge der traditionellen Revisionspolitik ließen Hitler die aggressive Expansionspolitik konkret ins Auge fassen: Ende August 1936 forderte er in einer geheimen Denkschrift zum Vierjahresplan, daß Wirtschaft und Armee in vier Jahren zum Krieg bereit sein müßten. Sprach man dem deutschen Verlangen nach Revision des Versailler Vertrages unter dem Gesichtspunkt des Selbstbestimmungsrechts der Deutschen eine gewisse Berechtigung nicht ab, so hatte doch schon die Verständigung mit dem faschistischen Italien gezeigt, daß das Selbstbestimmungsrecht für Hitler nur eine Phrase war, mit der er die expansive Macht- und Lebensraumpolitik eine Zeitlang bemäntelte: Das Problem der deutschsprechenden Bevölkerung von Südtirol – bis 1918 fester

Hitlers Aufstieg über gebeugte demokratische Politiker ohne Rückgrat. Karikatur von David Low zur Rheinlandbesetzung, 1936

Bestandteil des deutschen Österreich – wurde vorläufig ausgeklammert.
Seit Mai 1937 regierte in England das Kabinett Chamberlain (s. S. 131). Der Premierminister versuchte mit seiner „policy of appeasement" zu einem umfassenden Übereinkommen mit Deutschland zu kommen, weil er glaubte, nur so die geschwächte englische Position als Weltmacht bewahren und das Empire zusammenhalten zu können; dagegen schien beides im Falle einer kriegerischen Auseinandersetzung höchst bedroht. Die Vertreter der Appeasementpolitik verkannten, da sie die Ziele der Hitlerschen Politik nicht oder nicht rechtzeitig sahen, daß Hitler durch eine Übereinkunft mit England freie Hand, nicht aber Zügel angelegt erhalten wollte. Die Appeasementpolitik ließ Hitler zunehmend hoffen, daß England die deutsche kontinentale Expansion jedenfalls neutral hinnehmen würde. Schien England bereit, dem Reich die wirtschaftliche und politische Hegemonie in Mittel- und Osteuropa zuzugestehen, so war eine solche friedliche Expansion Hitler zu wenig. Daß das noch konservativ durchsetzte Auswärtige Amt 1937 durch Ministerialdirektor von Weizsäcker in diesem Sinne mit London Gespräche führte, konnte Hitler zur Verschleierung nur recht sein. Die Appeasementpolitik bestätigte Hitler in den Augen des Volkes und disqualifizierte alle, die ihn warnten. Nahm man den temporären Erfolg zum Maß, so schien der „Führer" tatsächlich „immer recht zu haben".
Im Februar 1938 ging die Initiative der deutschen Außen- und Militärpolitik ganz auf Hitler über: Der konservative Außenminister von Neurath (Außenminister schon unter Papen und Schleicher) wurde durch den hitlerhörigen von Ribbentrop ersetzt, Reichskriegsminister von Blomberg und der Oberbefehlshaber des Heeres von Fritsch wurden wegen einer persönlichen Skandalaffäre bzw. durch eine Intrige gestürzt. Das neu gebildete „Oberkommando der Wehrmacht" wurde ebenso wie das Außenministerium ganz zum Instrument in der Hand Hitlers. Auch in der Außenpolitik hatte sich das Führerprinzip durchgesetzt. Dabei ist es – wie für alle Bereiche des nationalsozialistischen Staats – charakteristisch, daß es ein Nebeneinander von Staats- und Parteiinstitutionen gab, die ohne klare Kompetenzab-

grenzung miteinander konkurrierten und gerade dadurch Platz für die über allem stehende „Führerentscheidung“ schufen. Neben dem Auswärtigen Amt wurde Außenpolitik betrieben vom Propagandaministerium (Kultur- und Pressepolitik), von der Auslandsorganisation der NSDAP (Angelegenheiten Deutscher im Ausland); bis 1938 außerdem vom „Amt Rosenberg“, einer Parteiinstitution mit etwa 300 Mitarbeitern, und von Hitlers Sonderbotschafter Ribbentrop; darüber hinaus waren englische und österreichische Angelegenheiten aus dem Aufgabenbereich des Auswärtigen Amtes herausgenommen. Vor allem aber machte der „Führer“ die Außenpolitik. Göring meinte im Nürnberger Prozeß, das Auswärtige Amt sei „in außenpolitischen Fragen nicht ein einziges Mal gehört“ worden! Trotz all dem fanden sich genügend zur Mitarbeit bereite Fachleute.

Es dauerte lange, ehe das Ausland Hitlers Methode durchschaute und seine Politik 1939 zum Mißerfolg werden ließ. Bis dahin aber war er noch erfolgreich: Er stellte Forderungen, ließ militärische Geheimplanungen vornehmen, gab gleichzeitig rhetorische Friedensbeteuerungen ab, um dann überraschend zuzuschlagen und das Unternehmen mit der Versicherung zu beenden, das sei der letzte vom Recht auf Selbstbestimmung und Leben des deutschen Volkes bestimmte Schritt dieser Art gewesen. Ein gelenktes Plebiszit unterstrich dann noch gelegentlich die Harmonie von „Führer und Volk“ – und das war bis zum Kriegsausbruch keineswegs nur eine demagogische Lüge. Viele waren mit den Erfolgen ohne Krieg zufrieden und fragten weder nach den Methoden noch den Konsequenzen. Man hielt das für Realpolitik.

Nach diesem Rezept – jeder einzelne Schritt war von einer intensiven Pressekampagne begleitet – griff Hitler 1938 nach Österreich und der Tschechoslowakei. Der weltpolitische Hintergrund war für ihn dabei günstig: Die „Achse Berlin–Rom“ und der Antikominternpakt stärkten die deutsche Stellung ebenso wie die Appeasementpolitik Englands und die Schwächung der Roten Armee durch die Schauprozesse Stalins gegen hohe Generale (s. S. 39).

Im Februar 1938 mußte der österreichische

„Vorwärts“. Karikatur über die nationalsozialistische Expansion von D.R. Fitzpatrick (St. Louis-Dispatch, 25.9.1938).

Bundeskanzler Schuschnigg auf Grund deutscher Drohungen Hitler die Amnestie der seit einem nationalsozialistischen Putschversuch von 1934 inhaftierten österreichischen Nationalsozialisten zugestehen und den Nationalsozialisten Seyss-Inquart als Innenminister in die Regierung aufnehmen. Diesem strangulierenden deutschen Druck versuchte sich Schuschnigg dann aber durch eine kurzfristig für den 13. März angesetzte Volksabstimmung für ein „freies Österreich“ zu entwinden. Da ließ Hitler am

12. 3. 1938

12. März 1938 – auf ein von Göring bestelltes Ersuchen Seyss-Inquarts – deutsche Truppen in Österreich einmarschieren. Einen Tag später wurde unter Volksjubel und Kirchengeläut die „Wiedervereinigung der Ostmark“ mit dem Reich vollzogen. Etwa 2500 Kommissare jagten in Österreich Juden und andere mögliche Gegner. Die dritte und letzte Volksabstimmung des NS-Regimes brachte dann die üblich gewordenen 99% Ja-Stimmen. Hitlers Expansionspolitik konnte sich beim „Anschluß“ Österreichs auf die Wünsche der weit überwiegenden Mehrheit der Bevölkerung Deutschlands und Österreichs stützen. Dem Duce versprach Hitler, er werde die italienische wohlwollende Haltung während der kritischen Tage nicht vergessen. Vor allem

aber war zum erstenmal ein Mitgliedstaat des Völkerbunds von der Landkarte Europas verschwunden, ohne daß dem Aggressor außer diplomatischen Protestnoten Schwierigkeiten in den Weg gelegt worden wären.

Der Erfolg ermutigte Hitler, jetzt die sudetendeutsche Frage hochzuspielen. Schon im März 1938 empfing er den Führer der Sudetendeutschen Partei, die die Interessen der vom tschechoslowakischen Staat benachteiligten Sudetendeutschen vertrat. Die Partei war stark in den Sog der nationalsozialistischen Politik geraten und hatte innerhalb der deutschen Minderheit in der Tschechoslowakei an Boden gewonnen. Hitler empfahl, der tschechoslowakischen Regierung Forderungen zu stellen, die diese nicht erfüllen könne, um so Unruhe hervorzurufen und ständig zu steigern. In der Annahme eines unmittelbar bevorstehenden deutschen Angriffs wurde die tschechoslowakische Armee mobilisiert (20. Mai). Zehn Tage später hieß es in Hitlers Weisung an die Wehrmacht, es sei sein „unabänderlicher Entschluß, die Tschechoslowakei in absehbarer Zeit durch eine militärische Aktion zu zerschlagen." Die Tschechoslowakei war durch Verträge mit Frankreich und der Sowjetunion gesichert, dazu waren in diesem Land die Deutschen nur eine Minderheit. Doch Hitler glaubte nicht an ein Eingreifen der Großmächte; für eine Hilfe der Sowjetunion hätte diese auch erst die Erlaubnis Polens oder Rumäniens für den Durchmarsch russischer Truppen erhalten müssen.

England ließ erkennen, daß es einer friedlichen Regelung der sudetendeutschen Frage nicht entgegenstehen werde. Aber am 12.9.1938 bot Hitler in einer Rede den Sudetendeutschen militärische Hilfe an. Chamberlain wollte den Frieden retten, besuchte Hitler am 16.9. auf dem Obersalzberg bei Berchtesgaden und erklärte sich bereit, der Angliederung der überwiegend von Sudetendeutschen bewohnten Gebiete zuzustimmen. Wo die Bevölkerungsverhältnisse unklar waren, sollte eine Volksabstimmung stattfinden. England gewann Frankreich für diesen Plan, das schwache Prag mußte sich dieser Entscheidung fügen, denn nur im Verein mit dem verbündeten Frankreich hätte es Hitler trotzen können. Am 22.9. wollte Chamberlain die Angelegenheit mit Hitler in Bad Godesberg abschließend besprechen, aber da steigerte Hitler seine Forderungen: Die sudetendeutschen und dazu die von Ungarn und Polen beanspruchten Gebiete müßten sofort von der Tschechoslowakei abgetreten werden.

Als die Prager Regierung am 25.9. ablehnte, drohte Hitler mit dem Einmarsch. Da Italien nicht kriegsbereit gerüstet war, gelang es Mussolini, Hitler zur Annahme des englischen Vorschlags einer Konferenz zu bewegen. Am 29.9.1938 trafen sich die beiden Regierungschefs von England und Frankreich mit den faschistischen Diktatoren in München. Das Münchner Abkommen –

29.9. 1938

ohne Beteiligung der tschechoslowakischen Regierung geschlossen – enthielt die Zustimmung der Westmächte zur sofortigen Abtretung der sudetendeutschen Gebiete an das Reich. Der englische Premierminister glaubte, durch seine Zugeständnisse die Voraussetzungen geschaffen zu haben, um mit Deutschland zu einem Übereinkommen zu gelangen, das dem englischen Weltreich Sicherheit für die nächste Zukunft garantiere. Viele Menschen glaubten wie Chamberlain, der Friede sei gerettet. Das deutsche Volk, das zur Enttäuschung seiner Machthaber deutlich Furcht vor einem abermaligen Weltkrieg bekundet hatte, jubelte dem „Friedensmacher" Chamberlain mehr zu als seinem „Führer".

Am 1.10. besetzten die deutschen Truppen das Sudetenland. Hitler aber war in München an seiner Absicht, die „Tschechei" zu „zerschlagen", gehindert worden. Dieses Ziel gab er nicht auf; durch die Appeasement-Politik fühlte er sich dabei nicht behindert, er sah in ihr eine prinzipienlose Schwäche. Am 26.9.1938 hatte er in einer Rede erklärt: „Wir wollen gar keine Tschechen!" am 21.10. befahl er der Wehrmacht, geheim „die Erledigung der Resttschechei" vorzubereiten. Deutschland unterstützte die slowakischen Autonomiebestrebungen und schürte mit den üblichen propagandistischen Mitteln die Unruhe. In der Nacht zum 15.3.1939 wurde der tschechoslowakische Staatspräsident Hacha in Berlin durch die Androhung der Bombardierung Prags zur Unterzeichnung eines Abkommens gezwungen, das „das Schicksal des tschechischen

Volkes und Landes vertrauensvoll in die Hände des Führers des Deutschen Reiches" legte. Die Slowakei machte sich selbständig und unterstellte sich deutschem Schutz. **15. 3. 1939** Am 15. 3. besetzte die Wehrmacht die Tschechoslowakei, wie es hieß „zur Sicherung von Ruhe, Ordnung und Frieden in diesem Teile Mitteleuropas". Dieser Schritt war für die außenpolitische Entwicklung weit einschneidender, als der Mehrheit des deutschen Volkes damals bewußt war; denn die Annexion der von Nicht-Deutschen bewohnten Tschechei als „Protektorat Böhmen und Mähren" – bisher waren als Protektorate nur überseeische Kolonialgebiete bezeichnet worden – konnte niemand mehr als Revisionspolitik im Sinne des Selbstbestimmungsrechtes interpretieren. Die nackte Gewalt der imperialistischen Expansionspolitik zeigte sich unverhüllt. England konnte kaum mehr hoffen, das Großmachtstreben Hitlers auf eine friedliche ökonomische Expansion zu begrenzen Am 31. 3. 1939 gaben England und Frankreich Polen, dem vermutlich nächsten Opfer, weitgehende Garantien und beschleunigten ihre langsam angelaufenen Rüstungen, um den Rüstungsrückstand gegenüber Deutschland aufzuholen, das über die modernste Bewaffnung verfügte.

Im April befahl Hitler, den Angriff auf Polen für den 1. 9. vorzubereiten. Die offen vorgetragenen Forderungen richteten sich nur auf die freie Stadt Danzig und einen Verbindungsweg zwischen Ostpreußen und dem übrigen Reichsgebiet durch den sogenannten Polnischen Korridor. Hitler konnte erneut Volkstumsprobleme und die diskriminierende polnische Minderheitenpolitik als Vorwand nehmen. Das Reich „kündigte" den auf 10 Jahre abgeschlossenen Nichtangriffspakt mit Polen und das Flottenabkommen mit Großbritannien (s. S. 175). Mit einer mächtigen Propagandawelle bemühte sich Goebbels, dem deutschen Volk seine Friedenshoffnungen auszutreiben.

Entscheidend wurde im Sommer 1939 das Verhalten der Sowjetunion. Vorbereitet wurde es durch die englisch-französische Ignorierung der Sowjetunion und ihres Beistandspaktes mit Prag auf der Münchner Konferenz (der Pakt hätte nur verwirklicht werden können, wenn die antikommunistische polnische Regierung, die ebenso wie Ungarn an tschechoslowakischen Landstrichen selbst interessiert war, der Roten Armee den Durchmarsch gestattet hätte). Die Furcht Stalins, die westlichen Staaten könnten sich mit Deutschland auf Kosten der Sowjetunion verständigen, führte am 3. Mai 1939 zur Ablösung des Volkskommissars für die auswärtigen Angelegenheiten Maxim Litvinow durch Molotow, der nun den Nutzen der Sowjetunion in einer Übereinkunft mit Deutschland suchte. Die Westmächte bemühten sich währenddessen um ein Abkommen mit der Sowjetunion, sie hofften auch, durch ein solches Abkommen Hitler überhaupt von seinen Plänen abzubringen. Die Verhandlungen mit den Russen liefen sich aber fest. Die Westmächte konnten das Problem nicht lösen, wie sie Polen vor einem deutschen Angriff bewahrten, ohne es dabei gleichzeitig der Sowjetunion auszuliefern. Die polnische Regierung, die die Kräfte ihres Landes maßlos überschätzte, wollte keine russischen Soldaten ins Land lassen, da sie fürchtete, diese würden es auf Dauer besetzen. Der Sowjetmarschall Woroschilow konnte darauf den Westmächten entgegenhalten: „Wie soll ich mit dem Reiche Krieg führen, wenn man mir nicht erlaubt, auch an die Grenze des Reiches zu marschieren?" Die Sowjetunion war diplomatisch in der denkbar besten Lage: Sie wurde auch von den Deutschen umworben.

23 8. 1939 Am 23. 8. 1939 unterzeichneten Molotow und von Ribbentrop in Moskau zum Erstaunen der Weltöffentlichkeit einen deutsch-sowjetischen Nichtangriffspakt. In einem Geheimen Zusatzprotokoll über die „Abgrenzung der beiderseitigen Interessensphären in Osteuropa" wurde Osteuropa zwischen Hitler und Stalin aufgeteilt. Stalin erhielt von Hitler die baltischen Staaten, den östlichen Teil Polens und Bessarabien zugesprochen, Gebiete, deren Schutz die Westmächte gerade durch einen Vertrag mit der Sowjetunion zu erreichen versucht hatten. Das machtpolitische Arrangement zwischen Nationalsozialismus und Bolschewismus widersprach völlig beiden Ideologien, weshalb sich die Propaganda der beiden Staaten heftig winden mußte. Der Vertrag bedeutete den Zusammenbruch des Cordon Sanitaire (s. S. 16), des Sicher-

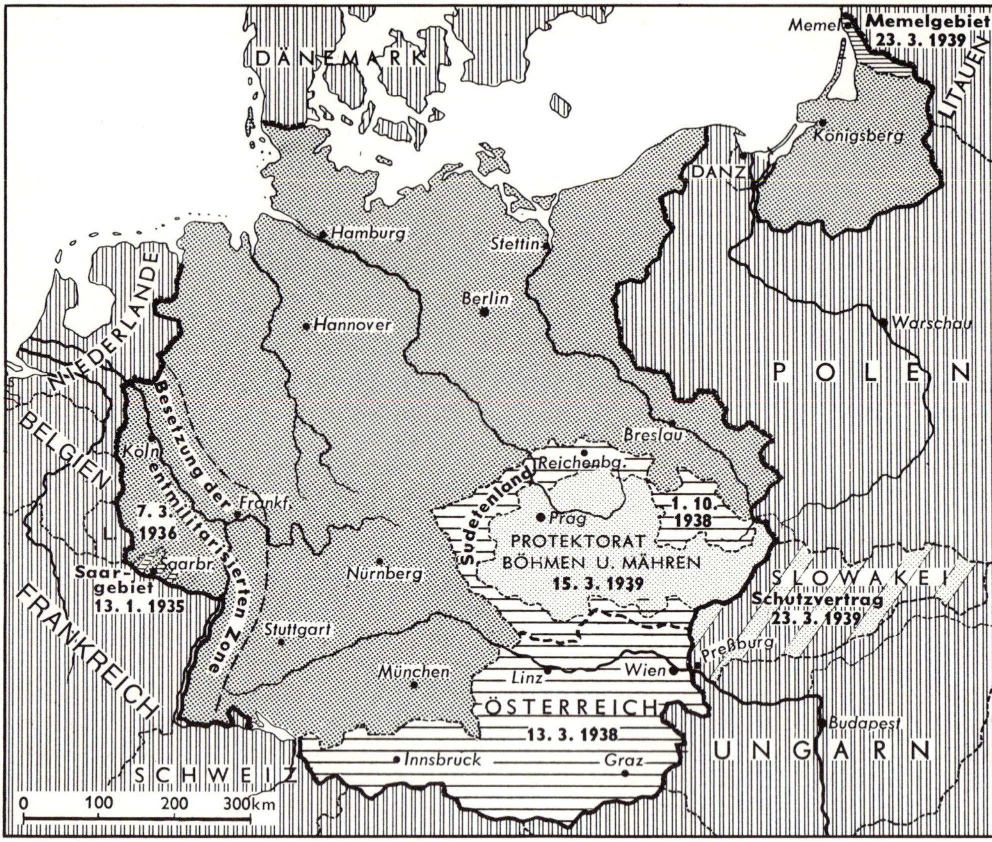

Die Erweiterung des deutschen Machtbereichs zwischen 1935 und Sommer 1939

„Deutsch-russischer Freundschaftstanz". (Aus der Schweizer Illustrierten „Nebelspalter" vom 28.9.1939) ▷

Komplimente der Diktatoren zum deutsch-sowjetischen Nichtangriffsvertrag vom 23.8.1938. Karikatur von David Low. (Hitler: „The scum of the earth, I believe?" – Stalin: „The bloody assassin of the workers, I presume?")

heitsgürtels der Westmächte, und zugleich die vierte Teilung Polens, diese Landgewinn für Hitler und Stalin. Kurzfristig entsprach er beider Interessen: Stalin, der stets mißtrauisch gegenüber der Politik der Westmächte geblieben war, hatte die Gefahr eines deutschen Angriffs auf die Sowjetunion zunächst gebannt; er rechnete mit einem längeren Krieg, der die „imperialistisch-kapitalistischen" Mächte – sowohl das Reich als auch Frankreich und England – schwächen würde. Zudem gewann er seinem Land ein wertvolles Vorfeld. Hitler hatte den Rücken frei, durch Wirtschaftsabmachungen mit Rußland schienen Rohstoffversorgung und Ernährung gesichert, auch wenn, was Hitler immer noch nicht recht glauben wollte, England diesmal in den Krieg zöge. Er glaubte einen Überfall auf Polen ohne Intervention der Westmächte riskieren zu können. Am 22.8. äußerte er der Generalität gegenüber nur noch ein Bedenken: „Ich habe nur Angst, daß mir noch im letzten Moment irgendein Schweinehund einen Vermittlungsplan vorlegt." Ein auf Veranlassung Frankreichs von Mussolini – seit Mai 1939 band der „Stahlpakt" Italien militärisch an Deutschland – vorgelegter Konferenzvorschlag blieb bedeutungslos: Am 1.9. entfesselte das Reich durch den Angriff auf Polen den Zweiten Weltkrieg (s. S. 192).

Die Besatzungspolitik des Nationalsozialismus

Da der Krieg der Bezugspunkt aller ideologischen Ansätze des Faschismus war, mußte er auch das Wesen des Faschismus am deutlichsten sichtbar werden lassen. So ist das Verhalten der Nationalsozialisten im Zweiten Weltkrieg zu verstehen. Für Hitler handelte es sich um den mit letzter Brutalität zu führenden „Endkampf" gegen das „Weltjudentum", das sich nach seiner Meinung im Bolschewismus und in den westlichen „Plutokratien" manifestierte. Die Ausführung lag wesentlich in den Händen von Partei und SS. Der Kompetenzenwirrwarr der rivalisierenden Institutionen führte zur Ausschaltung der Fachleute, wo immer sie sich Hitlers Intentionen nicht willenlos fügten.
Zur Zeit der größten Machtausdehnung des Nationalsozialismus in Europa während des Zweiten Weltkriegs bediente sich die nationalsozialistische Führung verschiedener Methoden, um ihre Herrschaft zu sichern, wobei die Rassenideologie die Differenzierungen wesentlich bestimmte. Im „germanischen" Skandinavien und in Westeuropa wurden Militär- oder willfährige Kollaborationsregierungen eingesetzt; die südosteuropäischen schwachen Staaten behielten eine Scheinselbständigkeit und wurden

Erschießung russischer Partisanen durch deutsche SS-Soldaten, 1941

durch Bündnisse der deutschen Hegemonie unterworfen; in Polen und Rußland wurde eine brutale Politik der Knechtung und Vernichtung gegen die slawischen „Untermenschen“ verwirklicht. Gemäß Hitlers Vorstellungen sollte der deutsche „Lebensraum“ nach Osten erweitert werden. Mit der Durchführung dieser Aufgabe wurde die SS beauftragt: Neben den Wachmannschaften für die Konzentrationslager und der „Waffen-SS“ wurden „Einsatzgruppen“ aufgestellt. Diese hatten in dem eroberten Raum auch Platz für die Ansiedlung von Deutschen zu schaffen. Dazu dienten neben Massenerschießungen von sowjetischen Funktionären und Kriegsgefangenen die „Selektion“ der Bevölkerung in Westpolen nach „rassischen“ Merkmalen; Arbeitsfähige wurden zwangsverschleppt, das Land wurde hemmungslos ausgebeutet. Der Terror im Osten wurde von der SS durchgeführt, von der Wehrmacht meist passiv hingenommen. Allein in der Sowjetunion ermordeten die „Einsatzgruppen“ mehr als 1 Million Menschen. Als die Bevölkerung unter dem Druck der deutschen Besatzungspolitik zum Widerstand in Untergrundorganisationen und Partisanenverbänden überging, steigerten Geiselerschießungen und „Vergeltungsaktionen“ die Brutalität. Wer nicht dem sofortigen Tode verfallen war, wurde in eines der zahlreichen Konzentrationslager gesperrt, die sich, neben Deutschen, nun mit Angehörigen fast aller europäischen Nationen füllten.Es gab kaum ein von Deutschen besetztes Land, in dem nicht bald eine starke Untergrundorganisation bestand. Eine Schlüsselfigur innerhalb des nationalsozialistischen Vernichtungssystems war Heinrich Himmler, dessen Macht nur durch die Hitlers übertroffen wurde.

Das Vernichtungssystem

Auch in Deutschland verschärfte sich der Totalitarismus während des Krieges. Immer mehr Personen kamen in die KZ-Lager (potentielle politische Gegner, dem Regime unliebsame Personen aller Art wie z. B. Zigeuner, Zeugen Jehovas u. a.). Die Gestapo verhaftete allein im Reichsgebiet 1941 monatlich etwa 15000 Personen. Und schon am 24. 10. 1939 hatte der Chef der Sicherheitspolizei verfügt: „Entlassungen von Häftlingen aus der Schutzhaft finden während des Krieges im allgemeinen nicht statt.“ Statt dessen wurde seit 1941/42 die „Sonderbehandlung“, d. h. Ermordung von Häftlingen üblich. Neben den bisherigen KZs als Haft- und Arbeitslager entstanden Vernichtungslager; einigen, so Auschwitz (für über 100000 Häftlinge errichtet), waren Fabriken angegliedert (SS-Betriebe oder Zweigwerke

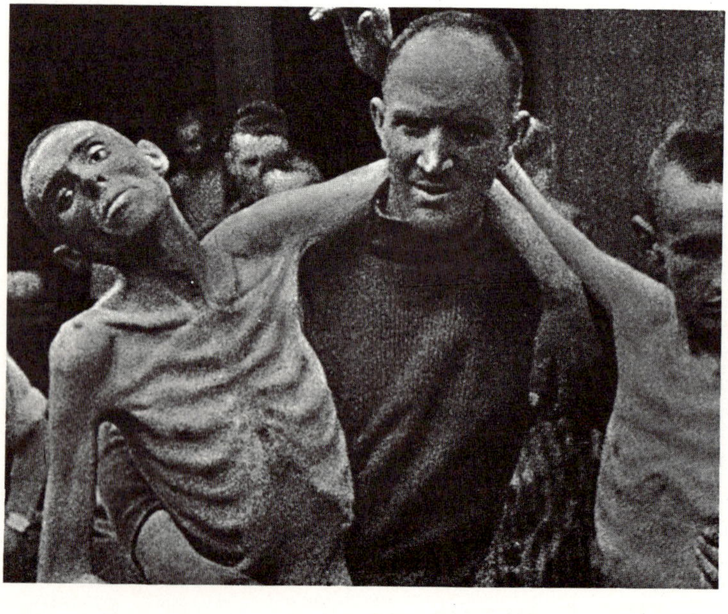

Von US-Truppen befreite KZ-Häftlinge

großer Industriefirmen), in denen ein Teil der arbeitsfähigen Häftlinge vor der Liquidierung eine Zeitlang arbeiten mußte. Am Ende des Krieges war das nationalsozialistische Herrschaftsgebiet von einem dichten Netz von KZ-Lagern überspannt. Im Januar 1945 waren 714211 Häftlinge registriert. Die Zahl ergibt allerdings insofern ein falsches Bild, als in den großen Vernichtungslagern wie Auschwitz, Belzec, Treblinka, Majdanek die meisten Häftlinge unmittelbar nach der Ankunft getötet wurden, meist in fabrikmäßig betriebenen Vergasungsanlagen.

In diesen Vernichtungslagern vollzog sich die „Endlösung" der „Judenfrage", wie sie am 20.1.1942 auf einer Geheimkonferenz in Berlin beschlossen worden war (festgehalten im sog. Wannseeprotokoll). Bereits bei Beginn des Krieges gegen Rußland hatten die „Einsatzgruppen" der SS den Befehl erhalten, alle männlichen Juden, bolschewistische Funktionäre, Zigeuner und „Asiatisch-Minderwertige" zu erschießen. Alle nicht sofort ermordeten, im deutschen Herrschaftsbereich lebenden Juden mußten einen großen gelben Stern auf der Kleidung tragen. Sie wurden in Gettos deportiert, wo sie ohne ausreichende Lebensmöglichkeiten auf engstem Raum eingepfercht dahinsiechten, bis auch sie in Vernichtungslager transportiert wurden. Ein verzweifelter Aufstandsversuch im Warschauer Getto wurde von der SS niedergewalzt.

Die Vernichtung der Masse der europäischen Juden – nachträgliche Schätzungen schwanken zwischen 5–7 Millionen – erfolgte gemäß der nationalsozialistischen Rassenlehre, war also ausschließlich „weltanschaulich" begründet. Was der ideologische Wahnsinn als „lebensunwertes Leben" erklärt hatte, wurde „ausgemerzt". Aus taktischen Rücksichten auf jene Moral, die in Theorie und Praxis der nationalsozialistischen Rassenlehre pervertiert wurde, verschleierten die Machthaber zunächst ihr Vorgehen: Die Verbrechen geschahen möglichst geheim in „Nacht und Nebel", und wurden mit Euphemismen wie „Schutzhaft", „Sonderbehandlung" u.ä. ummäntelt. Aber die zur neuen Moral erhobene Amoralität des SS-Staates zeigte sich deutlich genug in dem, was vor aller Augen geschah.

Die deutsche Widerstandsbewegung

Je mehr sich der totalitäre Staat festigte, desto härter wurden die Bedingungen, unter denen sich eine illegale Opposition in Deutschland entfalten konnte. Das Spektrum dieser Opposition war breit: Es reichte von verschiedenen Formen passiven Widerstands und zwangsläufig problematischen Versuchen, durch partielle Kollaboration mäßigend und eindämmend wirken zu können, bis zu den kleinen Kreisen, die sich zu aktivem Widerstand bereit fanden (s. S. 172f.).

Zahlenmäßig am stärksten war die Widerstandsbewegung in der Arbeiterschaft vertreten, sie hatte auch die schwersten Verluste. Obwohl schon in den ersten Wochen nach der „Machtergreifung" Tausende von

Claus Graf Schenk von Stauffenberg (1907–1944), Oberst

Funktionären der KPD und SPD verhaftet und in die ersten Konzentrationslager eingeliefert – eine Anzahl von ihnen auch ermordet – worden waren, blieb der Zusammenhalt der Genossen noch längere Zeit intakt. Die KPD-Organisation ging in den Untergrund, ihre Inlandsleitung hielt sich bis zu einer großen Verhaftungswelle 1935, von da an wurden die Aktivitäten nur noch vom Ausland gesteuert. Aber sie hielten die Gestapo in Atem: Flugblätter wurden in Massenauflage geheim gedruckt, Zeitungen, die über die Grenze kamen, verteilt, Aufklärungsarbeit in den Großbetrieben versucht. Allmählich wurde die Zahl der Aktivisten geringer, die Konzentrationslager füllten sich mit ihnen. Erst nach dem Angriff auf die Sowjetunion kam es zu einem erneuten Aufschwung, man konnte mit kommunistischen Zellen, die sich unter den Millionen zwangsverpflichteter Fremdarbeiter gebildet hatten, zusammenarbeiten.

Die Führer der SPD – zumeist im Exil – verzichteten dagegen, in richtiger Einschätzung der Lage, auf den Aufbau einer illegalen Massenorganisation: Je größer eine Gruppe war, um so eher fiel sie der Gestapo zum Opfer. Sie sorgten statt dessen für die Bewahrung der persönlichen Bindungen und um die wechselseitige Ermutigung zwischen ihren Anhängern in Nachbarschaftszirkeln, Wandergruppen, Sportvereinen, Kegelklubs usw. In diesen wirkten, ohne Aufsehen zu erregen, jeweils auch Ehefrauen und Töchter mit. Oft lag in deren Händen die Fürsorge für Familien verhafteter Genossen, oft hielten sie, zumeist weniger gefährdet als die Männer, die Verbindungen zu anderen Gruppen aufrecht. Freilich brach die Gestapo auch in diese informellen Vereinigungen ein, viele ehemalige Mitglieder der SPD kamen wegen der Bildung staatsfeindlicher Vereine in die Konzentrationslager oder wurden in Verfahren vor Sondergerichten zu Zuchthausstrafen verurteilt. Und doch blieb stets ein loser Zusammenhalt gewahrt, und so konnte sich die Partei beim Neubeginn 1945 als Kern auf ihre Mitglieder aus der Zeit vor 1933 stützen; 1946 zählte sie schon über 700000, in der überwiegenden Mehrzahl die alten, die ihr die Treue gehalten hatten.

Unter dem Eindruck von Widerstand, Verfolgung, KZ- oder Zuchthaushaft kam es auch zu einer allmählichen Annäherung zwischen Kommunisten und Sozialdemokraten, doch blieb ein Rest der früheren Spannungen, insbesondere weil einerseits die Kommunisten das stalinistische System verteidigten, andererseits führende SPD-Funktionäre sich konservativen Kreisen näherten. Ihre Erfahrungen im Kampf gegen das Regime hatten sie gelehrt, daß in dem totalitären Staat Widerstand nur erfolgreich sein konnte, wenn man sich der bewaffneten Macht sicher war. Diese hatte zunächst mit dem NS-Regime kooperiert, doch bildete sich bei einigen wenigen Offizieren im Laufe der Jahre – aus verschiedenen Gründen – eine gegensätzliche Haltung heraus. Schon vor dem Krieg hatte der Generalstabschef, Generaloberst Ludwig Beck, in Denkschriften versucht, die politische Führung zur Umkehr zu bestimmen (s. S. 173). Da diese Versuche mißlangen, waren hohe Offiziere zum Sturz Hitlers bereit gewesen, als das Münchner Abkommen dem Diktator einen Erfolg brachte, der die Staatsstreichpläne aussichtslos erscheinen ließ.

Während des Krieges waren die Widerstandsgruppen in einer besonders schwierigen Situation: Zur Zeit der deutschen Erfolge wäre die Unterstützung der Verschwörer durch das Volk, das die Propaganda in einen gesteigerten Nationalismus trieb, unwahrscheinlich gewesen; als die deutsche Niederlage sich abzeichnete, maßen die Alliierten der deutschen Widerstandsbewegung keine besondere Bedeutung mehr bei. Hinzu kam für zahlreiche Widerstandskämpfer das moralische Problem: Der Eid band die Offiziere an Hitler, mancher schreckte vor dem „Hochverrat" zurück, auch wenn es ein Unrechtsstaat war, gegen den man vorgehen wollte. Das Ethos, das einige zum Widerstand trieb, erschwerte zugleich das Handeln. Aber langsam gewannen einige die Überzeugung, daß nur die Ermordung Hitlers den Weg zu einem neuen Staat ebnen würde. Zunächst hatten sich verschiedene Widerstandsgruppen gebildet, die unabhängig voneinander bestanden. Allmählich kam es – ständig von der Gestapo bedroht – zu Kontakten. Die gemeinsame Basis aller Widerstandsgruppen war der Kampf gegen den Nationalsozialismus; ihre weiteren politischen Vorstellungen gingen oft stark auseinander.

Neben kommunistischen Gruppen wie der „Roten Kapelle" (Harro Schulze-Boysen), die in Deutschland und in Belgien und Frankreich von sowjetischen Abwehroffizieren geleitet wurde, gab es christlich oder christlich-sozialistisch ausgerichtete wie den „Kreisauer Kreis" (Helmuth von Moltke, Julius Leber, Pater Alfred Delp) oder national-konservative wie die um den ehemaligen Leipziger Oberbürgermeister Carl Goerdeler. Während Goerdeler deutschem Großmachtdenken verhaftet blieb, wurde im Kreisauer Kreis der Plan eines europäischen Föderalismus diskutiert. Die Vorstellungen über die innenpolitische Struktur des Reiches nach Hitler reichten von patriarchalisch-restaurativen bis zu sozialutopischen

Gedanken. Aber allen Widerstandskämpfern gemeinsam war die Unruhe des Gewissens über die Herrschaft des Nationalsozialismus. Das kam besonders stark zum Ausdruck in den Flugblattaktionen des Münchner Studentenkreises um die Geschwister Hans und Sophie Scholl und den Philosophieprofessor Kurt Huber (1942/1943).

Kaum mehr die Hoffnung auf ein Abwenden der von den Alliierten geforderten bedingungslosen Übergabe mit ihren voraussehbaren Folgen für das deutsche Volk, sondern moralische Überzeugungen waren das Motiv für jene Gruppe jüngerer Offiziere, die schließlich in Verbindung mit Beck, Goerdeler und anderen Hitler beseitigen und die NS-Herrschaft stürzen wollten. Nach mehreren mißglückten Versuchen – Hitler lebte in den letzten Kriegsjahren fast nur noch in den von der Außenwelt völlig abgeschlossenen Bunkern des Führerhauptquartiers – gelang es am 20. Juli 1944 dem Oberst Claus Graf Schenk von Stauffenberg während einer Lagebesprechung im Führerhauptquartier eine Zeitbombe zu zünden. Aber Hitler wurde nur leicht verletzt. In Berlin, Paris und anderswo war alles zur Beseitigung der NS-Macht vorbereitet gewesen; in Paris ließ General von Stülpnagel alle SS- und SD-Führer, rund 1200, festnehmen, und nur durch das Zaudern des Oberbefehlshabers im Westen kam es nicht zum Waffenstillstand an der Front in Frankreich, ehe die SS nach einigen Stunden der Verwirrung die Macht wieder fest in der Hand hatte. Stauffenberg und andere wurden noch am selben Tag in Berlin erschossen, Beck beging Selbstmord, die ganze Verschwörung wurde aufgedeckt. Die von der Gestapo Verhafteten wurden vor den „Volksgerichtshof“ gestellt, der die Todesurteile fällte. Etwa 5000 Personen wurden hingerichtet, viele traf Sippenhaft. Nur sehr wenige Angehörige der Widerstandsgruppen haben das Ende der Herrschaft der Nationalsozialisten überlebt.

20. 7. 1944

Neben den eigentlichen Widerstandskämpfern gab es eine ungleich größere Anzahl Deutscher, die – soweit es möglich war, ohne als direkte Gegner des Nationalsozialismus in Gefahr zu geraten – Resistenz zeigten: den nationalsozialistischen Institutionen und Massenorganisationen fernblieben, trotz nachbarschaftlichen Drucks keine Hakenkreuzflaggen an Festtagen hißten, den Hitlergruß mündlich und schriftlich verweigerten. Diese Haltung war kein Widerstand, keiner wollte Märtyrer werden; man suchte für sich und die Seinen eine „Nische“, aber man hätte nicht so gehandelt, wenn die Hoffnung nicht stark gewesen wäre, daß trotz aller Erfolge, trotz jubelnder Volksmassen, dieses Unrechtsregime eines Tages zusammenbrechen würde.

Der deutsche Widerstand als Thema der Geschichtsschreibung

„Die bisherige Geschichtsschreibung über den deutschen Widerstand hat mehrere Entwicklungsphasen durchlaufen, die alle von den vorherrschenden politisch-kulturellen Tendenzen der jeweiligen Zeit sowie von ganz bestimmten wissenschaftlichen Ansätzen und Fragestellungen geprägt waren.“ (Hans Mommsen in Müller/Mommsen, S. 13)

Die erste Phase war bestimmt durch Betroffene oder Gegner des NS-Regimes, die unter Hinweis auf die Widerstandskämpfer den Vorwurf der Alliierten, daß alle Deutschen für den Krieg und die Untaten des Regimes verantwortlich seien, zurückwiesen: Es habe auch ein „Anderes Deutschland“ gegeben. Gleichzeitig aber mußten sie auch den Vorwurf vieler Zeitgenossen zurückweisen, die Widerstandskämpfer seien Verräter gewesen, mitschuldig am Ausgang des Krieges. Die Gefahr einer neuen Dolchstoßlegende lag nahe. Im Zentrum des Interesses der Historiker stand in dieser Phase die Bewegung, die zum Attentat vom 20. Juli 1944 führte, der spektakulärsten Tat in den 12 Jahren. Daneben wurde die Gegnerschaft zwischen Partei und Kirchen dokumentiert, auch diese Gegnerschaft oft als Widerstandsbewegung bezeichnet, und nicht zuletzt wurden die Flugblattaktion und die Hinrichtung der Geschwister Scholl und ihres Kreises als Beispiel dafür genannt, daß unter der Jugend Gegner des Regimes vorhanden und zur Tat bereit gewesen waren. Und es gab auch Hinweise, vor allem von seiten überlebender Sozialdemokraten und Kommunisten, auf den Widerstand, den Teile der Arbeiterbewegung geleistet hatten – ohne daß dessen Umfang in Historiographie und Publizistik auch nur annähernd gewürdigt wurde.

In der zweiten Phase – nach Beginn des Kalten Krieges – verstärkte sich die unterschiedliche Einschätzung. Die Kommunisten, von denen wohl zeitweise weit über 100000 mehr oder weniger lang an regimefeindlichen Aktivitäten teilgenommen hatten, wurden nun nicht mehr als Widerstandskämpfer anerkannt, weil sie nicht für eine freiheitliche Demokratie, sondern für ein gleichgeartetes Unrechtsregime gekämpft hätten. Hier zeigte sich eine Folge der damals allgemein akzeptierten Totalitarismus-Theorie (s. S. 189). Um so stärker wurde – auch entsprechend der politischen Lage in Westdeutschland – der konservative, bürgerliche wie militärische, Widerstand herausgestellt, insbesondere seine moralischen Motive. Damit wurde versucht, nur von ihm eine Traditionslinie zu der freiheitlich-demokratischen Grundordnung der Bundesrepublik Deutschland aufzubauen, ohne seine seinerzeitigen politischen Intentionen kritisch zu analysieren.

Dagegen wandten sich in einer dritten Phase, beginnend in den 60er Jahren, jüngere Historiker, politisch weniger häufig als die älteren im konservativen Lager beheimatet. Bei näheren Untersuchungen der Hinterlassenschaften der nationalkonservativen Widerstandskämpfer – deren Mut und Opferbereitschaft niemals angezweifelt wurden – stellten sie fest, daß nur ein kleiner Teil von diesen (etwa der „Kreisauer Kreis") liberale, zukunftsweisende Ideen vertrat, die Vorstellungswelt der meisten aber derjenigen der rechten Gegner der Weimarer Verfassung entsprach. Verstärkt wandten sich nun die Forscher den kommunistischen und sozialdemokratischen Widerstandsgruppen zu, über die in der DDR bereits viel Material veröffentlicht worden war, in dem freilich die Kommunisten einseitig heroisiert worden waren.

Die Diskussion zwischen der „älteren" und der „jüngeren" Geschichtsschreibung blieb bis heute offen. Beide „Denkschulen" haben wichtige Argumente zur Analyse des Widerstands beigebracht, die jeweils auch von der Gegenseite gewürdigt werden. Damit wurde es möglich, neue, vertiefende Fragen aufzuwerfen:

- Wie hat – neben den engagierten Kämpfern – die Arbeiterschaft reagiert, warum fand in ihr der Widerstand keine Massenbasis?
- Was verursachte den Meinungsbildungsprozeß bei den Militärs und der hohen Ministerialbürokratie „von zunächst regimekonformer Kooperation oder Anpassung über systemimmanente Opposition, bei der es zuweilen zur Ausbildung alternativer Positionen kam, bis hin zu grundsätzlichem, auf Umsturz abzielenden Widerstand"? (Mommsen, a.a.O., S. 18)
- Welche Rolle spielte bei der Militär-Elite und dem ihr verbundenen Adel die Befürchtung, aus bisherigen Machtpositionen verdrängt zu werden, und das durch Parteifunktionäre, die man zu einem erheblichen Teil als gesellschaftlich minderwertig ansah?
- Muß der Widerstandsbegriff nicht durch präzisere Begriffe ersetzt werden, da es im Volk doch sehr verschiedene Formen einer mehr oder minder ausgeprägten Gegnerschaft zum NS-Regime gab: „Gesellschaftliche Verweigerung institutioneller oder individueller Art, weltanschauliche Dissidenz" (R. Löwenthal, a.a.O.), passive Resistenz, Nichtanpassung, die der relativen Machtlosigkeit des einzelnen im Unrechtsstaat adäquat waren?

An Antworten auf diese Fragen wird gearbeitet. Es ist zu erwarten, daß – wie immer in der Geschichtsschreibung – aus den Antworten sich weitere Fragen ergeben.

Das Ende der nationalsozialistischen Herrschaft

Mehrere Konferenzen der Kriegsgegner Deutschlands und seiner Verbündeten dienten nicht nur der Koordinierung der gemeinsamen militärischen Anstrengungen; auf ihnen wurden Entscheidungen gefällt, die die Grundlagen des nachfaschistischen Europa bildeten (vgl. S. 212f.). Als Kriegsziel galt seit der Konferenz von Casablanca im Januar 1943 die von Roosevelt und Churchill erhobene Forderung an Deutschland nach „unconditional surrender". Da auf diese Weise nicht mehr zwischen deutschem Volk und Nationalsozialismus unterschieden wurde, konnte die nationalsozialistische Propaganda das Volk mit noch größerem

Erfolg zum „Durchhalten" bewegen. Die Situation der Kräfte des deutschen Widerstandes gegen Hitler wurde durch diese alliierte Forderung erheblich erschwert.
Während der Kämpfe um Berlin beging Hitler am 30. April 1945 im Bunker der Reichskanzlei Selbstmord. Schon längst war seine reale Befehlsgewalt eingeschränkt gewesen, nachdem der Luftkrieg die zentrale Herrschaftsgewalt eingeengt hatte, viele Funktionen auf die Gauleiter übergegangen waren und Himmler als Reichsinnenminister, Reichsführer der SS, Chef der Polizei und „Befehlshaber des Ersatzheeres" umfassende Machtbefugnisse besaß. In den letzten Wochen vor Kriegsende reichten die Auflösungserscheinungen bis in die Gruppe der Spitzenfunktionäre der Partei, von denen schließlich auch Speer (Reichsminister für Bewaffnung und Munition), Göring und Himmler den Befehlen Hitlers nicht mehr blind folgten.

7. 5. 1945 Am 7. Mai 1945 kapitulierte die deutsche Wehrmacht bedingungslos. Der weitaus größte Teil Deutschlands war bereits von den Siegern besetzt. Versuche des von Hitler als Nachfolger bestimmten Großadmirals Dönitz, die Kapitulation nur gegenüber den Westmächten einzugehen, blieben erfolglos. Als die Regierung Dönitz am 23. Mai 1945 abgesetzt und verhaftet wurde, gingen Regierungsgewalt und Verwaltung an die Alliierten über. Die Verluste während des Zweiten Weltkriegs waren von bisher unbekanntem Ausmaß: Deutschland beklagte etwa 6,5 Millionen Tote, die Sowjetunion etwa 20 Millionen. Für Hitler blieb das alles bedeutungslos: Sein Testament vom 29. 4. 1945 enthält nichts, was nicht schon zwanzig Jahre früher zu den Grundkonzeptionen des Nationalsozialismus zählte.
1945/46 wurde in Nürnberg vor einem alliierten Militärgericht gegen 22 überlebende hohe Nationalsozialisten verhandelt, 12 wurden zum Tod verurteilt, drei erhielten eine lebenslängliche Zuchthausstrafe, drei wurden freigesprochen. NS-Führerkorps, Gestapo, SS und SD wurden zu verbrecherischen Organisationen erklärt. In Entnazifizierungsverfahren (bis 1948/49) sollten in den vier Besatzungszonen die aktiven Nationalsozialisten zur Verantwortung gezogen werden. Häufig hatten es aber gerade ehemals Mächtige verstanden, sich dem Zugriff zu entziehen. Bis in die Gegenwart hinein wird in der Bundesrepublik versucht, durch Wiedergutmachungszahlungen an die Opfer des Nationalsozialismus und ihre Hinterbliebenen sowie durch Prozesse gegen nationalsozialistische Verbrecher (z. B. Auschwitz-Prozeß 1963–65; Majdanek-Prozeß bis 1981) die – in den ersten Nachkriegsjahren meist verdrängte – Schuld der Vergangenheit zu sühnen.

5. Theorien über den Faschismus

Problematik des Begriffs

Versuche, den Faschismus theoretisch zu begreifen, sind alt. Aber bis heute ist die Frage nach dem Aussagewert des Begriffes nicht eindeutig zu beantworten. Die Problematik beginnt bei der Übertragung der Selbstbenennung der italienischen Bewegung Mussolinis auf nationale Rechtsdiktaturen unterschiedlicher Art. Besonders Karl Dietrich Bracher weist nachdrücklich auf die Fragwürdigkeit, wenn nicht gar Unbrauchbarkeit des Allgemeinbegriffs Faschismus hin. Zwar sei das Gemeinsame der verschiedenen als faschistisch bezeichneten Bewegungen nicht zu übersehen, aber ihr Vergleich zeige eben doch so starke Unterschiede, daß diese für wichtiger gehalten werden könnten als ihre Ähnlichkeiten. Zumindest sei „statt von *dem* Faschismus treffender von *den* Faschismen zu sprechen". Der generelle Faschismusbegriff ist geeignet, das allen nationalistischen antidemokratischen Rechtsbewegungen Gemeinsame zu erfassen: Sie sind nationalistisch, antikommunistisch, antisozialistisch, antiparlamentarisch, gegen die liberal-demokratische Gesellschaftsordnung; sie wollen den Einparteistaat, möglichst mit einer Massenpartei, betonen militärische Macht und Organisation und setzen das Führerprinzip durch. Aber der generelle Faschismusbegriff verliert an Aussagekraft, wenn die Unterschiede der nationalen Faschismen erklärt werden sollen: Der vergleichsweise konventionelle machtpolitische Imperialismus des italienischen Faschismus sowie Elemente der Entwicklungsdiktatur in Italien einerseits und die für den Nationalsozialismus konstitutive Rassenideologie oder die Person Hitlers andererseits sind so kaum ihrer Bedeutung angemessen zu verstehen.

Das faschistische Selbstverständnis

Sucht man nach Formulierungen eines faschistischen Selbstverständnisses, so stößt man ausschließlich auf Aussagen von vager Allgemeinheit wie etwa der von Hitler im Vorwort zu einer Schrift über das faschistische Italien aus dem Jahr 1935: Der Faschismus ist „groß, hart, kämpferisch, klassenverschmelzend, Persönlichkeit und Leistung wertend, alles für die nationale Gesamtheit fordernd."

Da sich der Faschismus als Gegenbewegung gegen Marxismus, Sozialismus, Liberalismus, Individualismus, Pazifismus, Demokratie, Kapitalismus formierte, begnügte er sich mit einem negativen Eklektizismus; in Deutschland kamen dazu der Antisemitismus, der als nationalsozialistische Rassenlehre alle anderen Bestandteile der Ideologie überwucherte, und eine ausgeprägt antichristliche Haltung, in Italien vor allem das Streben nach Wiederherstellung römisch-imperialer Vergangenheit, in allen Faschismen die Heroisierung von Gewalt und Krieg und der Führerkult. Im Führerprinzip diente die pseudodemokratische Fiktion der Identität von „Volk und Führer" zur Lenkung der Massen.

Aber das alles zusammen macht noch keine faschistische Faschismustheorie aus, sondern zeigt nur Bestandteile des Faschismus, zu denen er sich selbst bekannte. Daß der Faschismus zu keiner Theoriebildung über sich selbst gelangte, entspricht seiner antikritischen, irrationalen, mythenfreundlichen Grundeinstellung.

Die marxistische Faschismustheorie

In den zwanziger Jahren begann die Ausbildung einer marxistischen Faschismustheorie, deren Grundlinie auch in zahlreichen Weiterformungen bis heute nicht verändert wurde. Das marxistische Verständnis sieht den Faschismus als notwendige Konsequenz des Kapitalismus in seiner monopolkapitalistischen Spätphase. Zwischen Faschismus und Kapitalismus besteht eine kausale Verknüpfung, wenn sie nicht gar als letztlich identisch verstanden werden. Besonders kraß erklärte dies 1933 die Komintern: „Der Faschismus ist die offene faschistische Diktatur der am meisten reaktionären, chauvinistischen und imperialistischen Elemente des Finanzkapitals." In dieser „Agententheorie" werden Personen wie Hitler zu auswechselbaren Marionetten des „Finanzkapitals". Der Begriffsinhalt ufert so aus, daß für Stalin Faschismus und Sozialdemokratie als „Zwillingsbrüder" gelten und schließlich jeder Antikommunismus als Faschismus bezeichnet werden kann. Hier ist die Grenze zum politischen Schlagwort ohne Aussagewert überschritten. Das ernstzunehmende sozioökonomische marxistische Faschismusverständnis vermag nicht zu erklären, warum der Faschismus gerade in den am weitesten entwickelten kapitalistischen Gesellschaften Englands und der USA gänzlich bedeutungslos blieb. Ebenso bleibt die Frage nach der Rolle der Rassenideologie im Nationalsozialismus offen, wenn man ihn monokausal sozioökonomisch zu verstehen sucht.

Der Faschismus als transpolitisches Phänomen

Ernst Nolte entwickelte 1963 einen Allgemeinbegriff des Faschismus, der geistesgeschichtlich bestimmt ist. Die phänomenologische Betrachtung des Faschismus zeigt, daß er sowohl antimarxistisch wie antibürgerlich ist. Damit aber wendet er sich gegen das in der bisherigen europäischen Geschichte bestimmend gewordene philosophische Denken, das in der Transzendenz wurzelt. „Der Faschismus ist also Widerstand gegen die praktische Transzendenz und Kampf gegen die theoretische Transzendenz in einem". Er bekämpft jenseitige Heilserwartung ebenso wie innerweltliche Selbstverwirklichung des Menschen. „Der Faschismus bedeutet die ... schwerste Krise der liberalen Gesellschaft, da er ... ihr Wesen auf die vollständigste und wirksamste Weise verneint, die überhaupt denkbar ist". Letztlich ist der Faschismus also ein „transpolitisches" Phänomen.

Noltes Faschismusbegriff enthält ein umfassendes nicht-marxistisches Faschismusverständnis. Man hat gegen diesen Allgemeinbegriff eingewendet, daß er das Gemeinsame der verschiedenen Faschismen zwar phänomenologisch erschließe, dessen einheitliches Wesen aber dabei doch mehr voraussetze als theoretisch begründe.

Das strukturelle Faschismusverständnis

Seit Beginn des zwanzigsten Jahrhunderts befinden sich die europäischen Gesellschaften in einer raschen Umwandlung von bürgerlichen zu Industriegesellschaften. Die in der unmittelbaren Nachkriegszeit zu beobachtende tiefe Erschütterung der Normen der bürgerlichen Gesellschaft und die Furcht vor einer kommunistischen Revolution führten durch das Zusammenwirken der alten Eliten mit furcht- und vorurteilsgeladenen Kleinbürgern zur Ausbildung der faschistischen Herrschaft. Der Faschismus wird als politische Herrschaftsform verstanden, die sich als Folge einer bestimmten historischen Struktur bilden konnte: „Die Faschismen (sind) eine besondere Form der Herrschaft in Gesellschaften, die sich in einer kritischen Phase des gesellschaftlichen Transformationsprozesses zur Industriegesellschaft befinden und zugleich objektiv oder in den Augen der herrschenden Schichten von der Möglichkeit eines kommunistischen Umsturzes bedroht sind" (W. J. Mommsen).
Da nach dieser Theorie der Faschismus primär als Funktion einer bestimmten Struktur verstanden wird, setzt sein Auftreten in verschiedenen Ländern gleiche Strukturen voraus. Dies aber ist fraglich, wenn man etwa die noch überwiegend agrarischen Gesellschaften Spaniens und Portugals mit dem Industrialisierungsstand in Deutschland vergleicht. Offen bleibt auch, ob z. B. die Person Hitlers und die Rassenideologie im Nationalsozialismus durch diese Theorie ihrer Bedeutung entsprechend zu erfassen sind.

Die Totalitarismustheorie

Allen Faschismustheorien gemeinsam ist, daß der Faschismus als antiliberal verstanden wird. Dies ist der Ansatzpunkt, den zuerst C. J. Friedrich 1957 für die Totalitarismustheorie wählte (Totalitär war zunächst die Herrschaftspraktik des Nationalsozialismus, bald nach dem Zweiten Weltkrieg aber auch die Herrschaft Stalins in der Sowjetunion genannt worden). Unter Totalitarismus wird eine grundsätzlich neue Herrschaftsform verstanden. Deren Charakteristika sind: eine Ideologie mit Anspruch auf allgemeine Gültigkeit; eine Partei, meist von einem einzelnen geführt, streng hierarchisch gegliedert und der staatlichen Verwaltung übergeordnet; ein System terroristischer Unterdrückung mit Hilfe von Partei und Geheimpolizei; ein Waffenmonopol; ein Monopol über alle Massenkommunikationsmittel; eine zentral überwachte und gelenkte Wirtschaft.
Die Totalitarismustheorie unterscheidet sich von allen anderen Faschismustheorien, indem sie ausgehend von der Frage nach der politischen Freiheit Kriterien entwickelt, die für Herrschaftstyp und Machtapparat von Faschismus und Bolschewismus gelten. Sie legt alles Gewicht auf den Ausschließlichkeitsanspruch der einen, sich selbst absolut setzenden Ideologie und der daraus resultierenden Unterdrückung aller anderen; historische Bedingungen, Inhalt und Zielsetzung der Ideologie erscheinen demgegenüber als von untergeordneter Bedeutung.
Die neuere nichtmarxistische Forschung greift verstärkt auf die Totalitarismustheorie zurück, denn mit ihrer Hilfe werde „der neuartige und eigenständige Charakter der großen Diktaturregime unter den Bedingungen des 20. Jahrhunderts wirklich ernst genommen" (K. D. Bracher).

6. Zur Erforschung der Geschichte des Dritten Reiches. Tendenzen und Kontroversen

Die Totalitarismus-Kontroverse

Von einer wissenschaftlich fundierten Beschäftigung mit der Geschichte des Dritten Reiches kann seit den 50er Jahren gesprochen werden. Zu den ersten wichtigen Quellen gehörten die der Öffentlichkeit zugänglich gemachten Akten des Nürnberger Prozesses, die bei den Wissenschaftlern Verdrängung und Selbstmitleid abrupt beendeten. So ergiebig die Forschungsergebnisse im ersten Jahrzehnt auch waren, die Historiker blieben mit ihnen weitgehend unter sich, das deutsche Volk nahm wenig Notiz davon. Erst als um 1959 „Hakenkreuzschmierereien" aufschreckten und bewiesen, daß die Kenntnis der Untaten des NS-Regimes sehr gering war und neonazistische

Gruppen – nicht zuletzt unter der Jugend – wieder Zulauf fanden, rafften sich Publizistik, Regierungen und Schulverwaltungen zu einer andauernden Aufklärungsaktion auf (die auch dazu führte, daß die Schulbücher endlich dem Stand der Wissenschaft angepaßt wurden). Damit bekam auch die Forschung an den Universitäten großen Auftrieb; Lehrstühle für Zeitgeschichte und weitere Forschungseinrichtungen wurden geschaffen, jüngere Historiker, unbelastet von der Vergangenheit, machten sich an die Arbeit. Seitdem hält die Flut der Veröffentlichungen an, Gedenktage und -jahre lassen sie jeweils noch stärker anschwellen.

Wie schon bei der Geschichte der Weimarer Republik (s. S. 55 ff.) ergaben sich bei der Forschung Schwerpunkte, zumeist an ihnen entzündeten sich Kontroversen. So war und ist der Faschismus-Begriff kontrovers (s. S. 187 ff.), je nach den unterschiedlichen Ansätzen der Forscher. Besonders heftig wogte lange Zeit der Streit um die Totalitarismus-Theorie, und er hat bis heute noch keinen Abschluß gefunden. Die Entwicklung der Theorie zeigt die unauflösbare Verbindung zwischen historischer Forschung und politischem Umfeld: Als Hitler und Stalin Polen überfallen hatten, kam es im November 1939 in den USA zu einer Diskussionsrunde „on the Totalitarian State" (der Begriff war schon vorher gelegentlich verwendet worden). Übereinstimmungen in den Herrschaftsformen Hitlers, Stalins und Mussolinis wurden festgestellt. Nach Kriegsende, im sich entwickelnden Kalten Krieg, wurde die Theorie, zunächst wieder in den USA, dann in der Bundesrepublik Deutschland verstärkt aufgegriffen (zu der Aussage der Theorie s. oben). In einem Land an der Grenze zwischen den beiden gegnerischen Systemen und in der Nachbarschaft zu dem kommunistisch beherrschten deutschen Teilstaat schien die Theorie für die Auseinandersetzung mit dem Bolschewismus besonders geeignet zu sein, paßte sie doch für das von der Regierung, den Parteien, der öffentlichen Meinung geprägte und von der breiten Masse des Volkes aufgenommene Feindbild, Hitler, Stalin und Ulbricht als Spitzen tyrannischer Systeme zu sehen, deren Strukturen - von der Ideologie abgesehen - einander glichen. Und in der Tat ließen sich sehr zahlreiche Parallelen aufzeigen.

Es war zu erwarten gewesen, daß die Theorie von den DDR-Historikern als Propagandathese „bürgerlicher" Wissenschaftler, die nur dem Zweck der Diffamierung des Kommunismus diente, bekämpft wurde. Doch bald gab es auch im Westen Historiker und Politologen, denen der Begriff viel zu wenig differenziert war. Sie wiesen darauf hin, daß es eine Identität zwischen nationalsozialistischer und kommunistischer Herrschaft hinsichtlich ihrer politischen, sozialen und ideologischen Ziele nicht gab. Auch die historischen Voraussetzungen seien unterschiedlich gewesen: Der Bolschewismus habe ein unterdrücktes Volk von der autokratischen Zarenherrschaft befreit, der Nationalsozialismus eine liberale Staatsordnung beseitigt. Die Sowjetunion erstrebe – wenn auch die Praxis anders aussieht – ihrer Ideologie nach eine klassenlose Gesellschaft, der Nationalsozialismus wollte ganze Völker und Rassen versklaven. Die Grausamkeiten der Stalin-Diktatur unterschieden sich von der der Hitler-Diktatur nicht nur durch die Methoden, sondern auch in der Zielsetzung, dienten sie doch letzten Endes der Modernisierung der unterentwickelten Sowjetunion, während ein rational nachvollziehbares Ziel bei der Vernichtung der Juden nicht vorlag. Die Kritik verstärkte sich, als mit Chruschtschow die Entstalinisierung einsetzte und damit Wandlungen, die nicht zu der Theorie paßten, die nur einen statischen Zustand umschreiben konnte. Überdies führten die politischen und gesellschaftlichen Entwicklungen im Westen dazu, daß die demokratische Staatsordnung, das idealtypische Gegenbild zum Totalitarismus, selbst nicht mehr so unkritisch betrachtet wurde. Trotz allem wird die Theorie auch heute von namhaften Gelehrten verwendet als brauchbare Methode zur Beschreibung der Herrschaftsstruktur der nationalsozialistischen Diktatur.

Monokratie oder Polykratie

Um diese Herrschaftsstruktur entwickelte sich eine Kontroverse. Hatte das „Führerprinzip" dazu geführt, daß der NS-Staat monokratisch und zentralistisch aufgebaut war? Nach diesem Prinzip hatte jeder Vorgesetzte

Befehlsgewalt über seine Untergebenen, er selbst war wieder ganz seinem Vorgesetzten untergeordnet. Diese Befehlspyramide gipfelte in Hitler. Von ihm konnte jeder zur Verantwortung gezogen werden, er, der „Führer", war hingegen keinem verantwortlich, keiner Kontrolle unterworfen. Bei eingehenderen Untersuchungen der Verfassungs- und Strukturgeschichte des Dritten Reiches ergab sich aber, daß in der Machtausübung Systemlosigkeit und Improvisation bis in die Zeit des „Totalen Krieges" hinein in vielen Bereichen festzustellen waren, insgesamt gesehen vielleicht sogar überwogen. Mit Hinweisen auf Hitlers häufige Entschlußlosigkeit und Entscheidungs-Bequemlichkeit wurde nun seine Bedeutung wesentlich geringer eingestuft als vorher. Ein polykratischer Aufbau konnte schon aus der Struktur des „Doppelstaates" nachgewiesen werden: Staat (Regierung) und Partei standen in Konkurrenz zueinander: Den Ministerien und Behörden entsprachen in sehr vielen Fällen jeweils Parteidienststellen und -ämter. Das reichte von der Außenpolitik bis hinunter zu dem Wohlfahrtsamt (Sozialamt) einer Gemeinde, dem eine Dienststelle der „NS-Volkswohlfahrt" die Aufgaben streitig machte. Eine Zusammenarbeit war nur selten festzustellen, zumeist war die Durchsetzungsmöglichkeit der Parteifunktionäre größer. Eine Ausnahme in diesem dualistischen System – freilich für den Charakter des Regimes bezeichnend – gab es allerdings bei der Überwachung des Volkes: Polizei, Geheimpolizei und Sicherheitsdienste der SS standen alle unter einer Führung, der Himmlers. Doch auch zwischen staatlichen Institutionen untereinander gab es ein Gerangel um Kompetenzen und Einfluß, ähnlich war es auch zwischen manchen Parteiorganisationen. Besonders kraß zeigten sich Systemlosigkeit und Improvisationszwänge bei der Rüstungslenkung vor und im Krieg in dem Kampf um die viel zu knappen Ressourcen.

Doch können auch die Vertreter der „hitlerzentrischen" Forschungsrichtung hier ansetzen: Wirtschaftsführer und Befehlshaber der Teilstreitkräfte suchten für ihre Forderungen stets die Entscheidung des „Führers". Freilich konnte diese schon nach kurzer Zeit wieder umgestoßen werden, wenn ein vorher Unterlegener neue Argumente vorbrachte oder das Interesse Hitlers sich verlagert hatte. Die Autoren dieses Bandes schließen sich der Auffassung an, daß die polykratischen Züge des NS-Regimes viel stärker waren, als die frühere, oft von der Biographie Hitlers ausgehende Forschung annahm. Sie weisen aber darauf hin, daß die neuere Forschung oft die Zustimmung breiter Volksmassen vernachlässigt, die kaum „dem" Nationalsozialismus, schon gar nicht den Parteifunktionären, wohl aber dem „Führer" galt, der so doch – wenn schon nichts anderes – die Integrationsfigur des Regimes war. Sie meinen darüber hinaus, daß die zum Krieg führende Außenpolitik und die Vernichtung der Juden Europas, beides entscheidende und bis heute nachwirkende Aktionen des Dritten Reiches, maßgeblich von Hitler bestimmt waren. Sie folgen damit der Auffassung Brachers: „Dieser Mann und seine Intentionen und Aktionen werden stets im Zentrum jeder NS-Geschichte stehen." (Zeitgeschichtliche Kontroversen, S. 85)

B. Der Zweite Weltkrieg

I. Kriegsverlauf

1939, 1. Sept.	Deutscher Angriff auf Polen
3. Sept.	Großbritannien und Frankreich erklären Deutschland den Krieg
1940, 9. April	Deutsche Besetzung Dänemarks und Norwegens
10. Mai	Deutscher Einmarsch in die Niederlande, Belgien, Luxemburg und Frankreich
1941, 22. Juni	Deutscher Angriff auf die Sowjetunion
14. Aug.	Atlantik-Charta
7. Dez.	Japanischer Angriff auf die amerikanische Flotte in Pearl Harbor
11. Dez.	Deutschland und Italien erklären den USA den Krieg
1943, Januar	Vernichtung der 6. deutschen Armee bei Stalingrad
Januar	Konferenz von Casablanca: „Bedingungslose Kapitulation"
28.11./1.12.	Konferenz von Teheran
1944, 6. Juni	Landung der Anglo-Amerikaner in der Normandie
20. Juli	Attentat der deutschen Widerstandsbewegung auf Hitler mißglückt
1945, Februar	Konferenz der Alliierten in Jalta
12. April	Tod Roosevelts; neuer US-Präsident Harry S. Truman
7. Mai	Bedingungslose Kapitulation der deutschen Wehrmacht
6. Aug.	Abwurf der ersten amerikanischen Atombombe auf Hiroshima
2. Sept.	Kapitulation Japans

1. Der europäische Krieg 1939–1941

Der Kriegsausbruch

1. 9. 1939

Am 31. August 1939 befahl Hitler der Wehrmacht, in den frühen Morgenstunden des 1. September Polen anzugreifen. Damit brach der große europäische Krieg aus, denn entgegen Hitlers Hoffnung wichen die Westmächte diesmal nicht zurück: Am 3. 9. erklärten England und Frankreich Deutschland den Krieg, die wichtigsten Commonwealth-Länder folgten bald. Hitlers Gewaltpolitik, begünstigt durch die Appeasement-Politik Englands und Frankreichs und das Verhalten der Sowjetunion im Sommer 1939, hatte den Krieg ausgelöst, durch den Hitler Europa nach seinem Sinne umgestalten wollte. Sympathisanten und Verbündete fand Hitler in den Staaten, die sich aus dieser Veränderung selbst territorialen Gewinn versprachen: So die Sowjetunion und Ungarn und die eigentlichen Verbündeten Italien und die Slowakei. Zu Hitlers Enttäuschung erklärte Mussolini allerdings, Italien sei vorerst nicht kriegsbereit.

Hitler hat im August 1939 den europäischen Krieg nicht gewollt, insofern er die „polnische Frage" ähnlich widerstandslos in seinem Sinne zu lösen hoffte, wie er den „Anschluß" Österreichs und die Vernichtung der Tschechoslowakei ohne ernsthaften Widerstand erreicht hatte; aber er hat den großen Krieg bewußt riskiert, obwohl Deutschland ihm rüstungstechnisch auf die Dauer nicht gewachsen war. Es war deshalb für den Kriegsverlauf von großer Bedeutung, daß die Westmächte im September 1939 selbst keine nennenswerten Operationen unternahmen und damit die Konzentration der deutschen Kräfte in Polen ermöglichten.

Niederwerfung und Teilung Polens

Die polnische Armee war der deutschen vor allem an motorisierten Kräften und Panzereinheiten sowie an Flugzeugen hoffnungslos unterlegen. In einem „Blitzkrieg" wurde Polen besiegt, die Masse der polnischen Armee war bereits am 18. September zerschlagen. Die spezifisch nationalsozialistische Besatzungspolitik zeigte gleich in Polen ihre verbrecherischen Züge.

Es entsprach Hitlers Wunsch, wenn die Sowjetunion am 17. September in Ostpolen einfiel. Aber Hitler wartete vergebens auf ein daraus resultierendes Einlenken der Westmächte. Die Rote Armee besetzte im wesentlichen die im Geheimen Zusatzprotokoll zum Deutsch-sowjetischen Vertrag vom 23. 8. 1939 dafür vorgesehenen Gebiete und erhielt im Grenz- und Freundschaftsvertrag vom 28. 9., der die endgültige Teilung Polens zwischen Deutschland und der UdSSR entlang der Buglinie fixierte, zusätzlich Litauen zugesprochen. Die drei baltischen Staaten wurden im Juni 1940 von der Sowjetunion besetzt und wenige Wochen später annektiert.

Vom Deutschland zugefallenen Teil Polens wurden über die 1919 abgetretenen Gebiete hinaus große Bereiche dem Reich direkt einverleibt, der Rest wenig später als „Generalgouvernement" einem nationalsozialistischen Generalgouverneur unterstellt, dessen Aufgabe die Versklavung der Unterworfenen war.

Als Finnland sich weigerte, Stützpunkte an die Sowjetunion abzutreten, wurden die Finnen am 30. 11. von den Russen angegriffen. Die Westmächte unterstützten Finnland diplomatisch, Deutschland die Sowjetunion. Finnland konnte sich im finnisch-sowjetischen Winterkrieg behaupten, mußte dann aber im März im Friedensvertrag in Gebietsabtretungen einwilligen, vor allem in Karelien im Vorfeld Leningrads.

Deutsche Siege in Nord-, West- und Südeuropa

In einer Denkschrift vom 9. 10. 39 forderte Hitler die „endgültige militärische Erledigung des Westens", damit die Westmächte nicht „noch einmal der staatlichen Konsolidierung und Weiterentwicklung des deutschen Volkes in Europa entgegentreten ... können". Der für November vorgesehene Angriffstermin wurde wegen Wetter- und Planungsschwierigkeiten mehrfach verschoben. Um eine Landung der Alliierten in Dänemark und Norwegen zu verhindern und die schwedischen Erzzufuhren zu sichern, befahl Hitler vor dem Angriff im Westen

9. 4. 1940

am 9. April 1940 die Besetzung der beiden skandinavischen Staaten. Das deutsche Landungsunternehmen kam den Alliierten nur wenige Stunden zuvor. Als am 10. 6. die Besetzung Norwegens abgeschlossen war, besaß Deutschland eine günstige Operationsbasis für den Seekrieg im Nordatlantik.

Unter Verletzung der niederländischen, lu-

10. 5. 1940

xemburgischen und belgischen Neutralität griffen deutsche Truppen am 10. 5. 1940 im Westen an. Die Niederlande kapitulierten am 15., Belgien am 28. 5. Bei deutschen Luftangriffen auf Rotterdam wurden ähnlich wie bei früheren Luftangriffen auf Warschau ausgedehnte Wohnviertel zerstört. In einem „Sichelschnitt" stießen deutsche motorisierte Verbände durch die Ardennen an die Kanalküste und dann nach Nordosten und Süden vor. Ein erheblicher Teil des englischen Expeditionskorps und kleinere Abteilungen der französischen Armee (etwa 224000 und 112000 Mann) konnten sich bei Dünkirchen über den Kanal retten. Am 14. 6. wurde Paris besetzt, am 19. 6. die Atlantikküste von deutschen Truppen erreicht. Um noch am Sieg partizipieren zu können, war Italien am 10. 6. gegen Frankreich in den Krieg gezogen. Am 22. 6. mußte Frankreich die Waffenstillstandsbedingungen unterzeichnen. Zur Demütigung der Franzosen war der Eisenbahnwagen, in dem 1918 die Vertreter Deutschlands in die Waffenstillstandsbedingungen einwilligen mußten, aus dem Museum geholt und an die historische Stelle im Wald bei Compiègne gebracht worden. Der größte Teil Frankreichs (nördliche Hälfte und die Atlantikküste) wurde besetzt, der Reststaat unter Marschall Pétain (Vichy-Regierung) spielte eine Satellitenrolle, während in London General de Gaulle ein „Nationalkomitee der freien Franzosen" gründete, das von England anerkannt wurde.

Am 10. 5. 40 wurde in England eine Koalitionsregierung aus Konservativen und Labour gebildet. Premierminister und Verteidigungsminister wurde Winston Churchill, ein Mann großer Energie und Fähigkeit. Nüchtern erklärte er: „Ich habe nichts zu bieten als Blut, Mühsal, Tränen und Schweiß." Überzeugt von der Überlegenheit westlicher Demokratie und der Stärke der wirtschaftlichen Ressourcen und bald unterstützt von der materiellen Hilfe der USA, verstärkte er die Abwehranstrengungen.

Sir Winston Churchill (1874–1965), konservativer Politiker, zwischen 1908 und 1929 Inhaber verschiedener Ministerämter, 1940–1945 und 1951–1955 Premierminister

Rückkehr siegreicher Truppen nach dem Frankreichfeldzug, Berlin 1940

◁ **Das britische Koalitionskabinett** vom 10. 5. 1940 unter Churchill (vorne links), hinter ihm Chamberlain, neben ihm die Labour-Politiker Attlee und Bevin (englische Karikatur).

Kriegsmateriallieferungen der USA und Großbritanniens an die Sowjetunion (in 1000 Tonnen)

1941 = 360	1944 = 6217
1942 = 2453	1945 = 3673
1943 = 4794	

Vergebens hatte Hitler darauf gehofft, daß Großbritannien nach der Niederlage seines Verbündeten zum Friedensschluß bereit wäre. Zögernd befahl er, eine Landung in England vorzubereiten. Bei der Schwäche der deutschen Marine hing ein Erfolg des Unternehmens weitgehend von der Erringung der Luftherrschaft über dem Kanal und Südengland ab. Die Luftwaffe steigerte deshalb im August 1940 ihre Angriffe auf die britische Insel; es begann die „Luftschlacht über England" („Battle of Britain"). Die Luftherrschaft wurde nicht errungen: In zwei Monaten verloren die deutschen Geschwader die Hälfte der einsatzbereiten Flugzeuge. Zwar verursachten die deutschen Bombenangriffe Schäden in englischen Städten, doch konnten sie weder den Durchhaltewillen der Bevölkerung beeinflussen noch die Wirtschaft des Landes lähmen. Hitler verschob das Landungsunternehmen mehrfach und gab es schließlich auf. Das Reich hatte – ohne daß es dem deutschen Volk bewußt wurde – eine entscheidende Niederlage einstecken müssen.
Obwohl Italien inzwischen auf deutscher Seite am Krieg teilnahm, gab es keine gemeinsame militärische Planung. Im September fielen die Italiener von ihrer Kolonie Libyen aus in Ägypten ein, wurden aber von britischen Truppen zurückgeworfen. Das im Februar 1941 zur Hilfe geschickte deutsche Afrikakorps war zunächst erfolgreich und konnte 1942 bis 100 km vor Alexandria gelangen. Dann aber erzwangen die Übermacht der Briten und deutscher Nachschubmangel den Rückzug.
Auch auf dem Balkan blieben die Italiener erfolglos. Am 28. Oktober 1940 befahl Mussolini, ohne vorherige Verständigung Hitlers, der einen Balkankrieg fürchtete, den Überfall auf Griechenland. Aber die Italiener blieben stecken, England half den Griechen. Kreta wurde britischer Luftstützpunkt und am 7. 3. 1941 landeten englische Truppen auf dem griechischen Festland. Damit waren die rumänischen Ölfelder bedroht, die für die deutsche Kriegführung von entscheidender Wichtigkeit waren. Die Balkanstaaten, außer Griechenland, waren im Winter 1940/41 dem im September 1940 abgeschlossenen Dreimächtepakt zwischen Deutschland, Italien und Japan beigetreten, dessen Ziel die „Neuordnung" Europas und Asiens nach dem Wunsch der Aggressoren war. Der geplante deutsche Angriff auf Griechenland wurde nach einem antideutschen Staatsstreich in Jugoslawien auch auf diesen Staat ausgedehnt. Der Feldzug begann am 6. 4. 1941 und führte in kurzer Zeit zur Besetzung Griechenlands und Jugoslawiens. Ein verlustreiches Luftlandeunternehmen vertrieb die Engländer aus Kreta (1. 6. 1941). Die Bedrohung der Südflanke der deutschen Stellung in Europa war abgewehrt, allerdings um den Preis einer erheblichen Überdehnung der deutschen Besatzungsgebiete.

6. 4. 1941

Der Krieg gegen die Sowjetunion

Hitler hatte seine Absicht, „Lebensraum" im Osten zu gewinnen, niemals aufgegeben, damit war nicht Polen gemeint, sondern „das Riesenreich im Osten" (Mein Kampf). Sein Pakt mit Stalin hatte seiner Taktik entsprochen. Zeit zu gewinnen, um zunächst die westlichen Gegner niederzuwerfen und damit den Rücken frei zu haben. Als aber der Widerstand Großbritanniens nicht gebrochen werden konnte, mußte Hitler nun auch die sowjetische Machtstellung beachten, der er bis dahin so entscheidend Vorschub geleistet hatte. Schon im Sommer 1940 ließ er die Wehrmachtsführung Pläne zu einem Feldzug gegen die Sowjetunion ausarbeiten. In einem Gespräch mit dem Volkskommissar für die auswärtigen Angelegenheiten, Molotow, mußte Hitler am 12./13. 11. 1940 erkennen, daß die deutschen und sowjetischen Interessen im Balkanraum, in der Türkei und in Finnland kollidierten. Auch zeigte die Sowjetunion nicht den von Hitler erhofften Expansionsdrang nach Süden gegen die englischen Interessengebiete im Vorderen Asien. Am 18. 12. 1940 gab er der Wehrmacht die Weisung, sich vorzubereiten, „Sowjetrußland in einem schnellen Feldzug niederzuwerfen". Nachdem es nicht gelungen war, England zu besiegen, hoffte er nach einem Sieg über die Sowjetunion als Herr des europäischen Festlandes den Frieden diktieren zu können. Am 22. 6. 1941 überfiel die deutsche Armee ohne Kriegserklärung überraschend die Sowjetunion. Rumänien, die Slo-

22. 6. 1941

wakei, Ungarn, Finnland und Italien beteiligten sich auf deutscher Seite am Krieg, die UdSSR verbündete sich mit England und erhielt von den USA wirtschaftliche Unterstützung. Hitlers Propaganda versuchte den Überfall als Präventivkrieg zu rechtfertigen. Es gab jedoch keine Anzeichen für Kriegsabsichten der Sowjetunion, für die das Bündnis mit Deutschland kurzfristig Nutzen versprach.

Zunächst hatten die deutschen Verbände große Erfolge, drangen in wenigen Wochen viele hundert Kilometer tief nach Rußland ein und vernichteten in Kesselschlachten Teile der Roten Armee. Aber die Anfangserfolge steigerten sich nicht zu dem Sieg in einem neuen „Blitzkrieg", der in der militärischen Planung für den Herbst einkalkuliert war. Schon am 11. 8. 1941 notierte der Generalstabschef des Heeres, Halder, der „Koloß Rußland" sei unterschätzt worden: „Diese Feststellung bezieht sich ebenso auf die organisatorischen wie auf die wirtschaftlichen Kräfte, auf das Verkehrswesen, vor allem aber auf rein militärische Leistungsfähigkeit." Bereits im Spätherbst war das deutsche Ostheer am Ende seiner Kraft. Dazu traf der frühe und harte Winter Truppe und Nachschub gänzlich unvorbereitet. Die letzte deutsche Offensive gegen Moskau war bereits liegengeblieben, als am 5. 12. die erste große erfolgreiche russische Gegenoffensive begann. Die „Wende vor Moskau" signalisierte erstmals, daß der Krieg für Hitler nicht mehr zu gewinnen war. Am 19. 12. übernahm er selbst den Oberbefehl über das Heer.

Der Krieg wurde von beiden Seiten mit äußerster Härte geführt. Schon am 30. 3. 41 hatte Hitler der Generalität erklärt, die „Vernichtung der bolschewistischen Kommissare und der bolschewistischen Intelligenz" müsse erfolgen. „Es muß verhindert werden, daß eine neue Intelligenz sich bildet."Am 6. 6. 1941 befahl er, Kommissare „grundsätzlich sofort mit der Waffe zu erledigen". Dieses deutsche Vorgehen verschärfte den russischen Widerstand und schuf überall hinter der Front Partisanen. Stalin konnte vom „Großen Vaterländischen Krieg" sprechen und die Kräfte des russischen Volkes mobilisieren.

2. Die Ausweitung zum Weltkrieg 1941/42

Der Krieg im Vorderen Orient

Als im April 1941 im Irak ein Staatsstreich zur Bildung einer deutschfreundlichen Regierung führte, die die britischen Flugplätze im Land beseitigen wollte und von Deutschland auf dem Luftweg Waffen erhielt, besetzten englische Truppen im Juni das Land. Das französische Mandatsgebiet Syrien hielt zur Vichy-Regierung. Deutsche Transportmaschinen waren in Syrien auf dem Flug nach dem Irak zwischengelandet. Daraufhin drangen englische und freifranzösische Truppen von Palästina aus in Syrien ein, das von Vichy-treuen französischen Truppen erfolglos verteidigt wurde. General de Gaulle versprach Syrien und dem Libanon die Unabhängigkeit, die im Dezember 1941 gewährt wurde. Da die Türkei neutral blieb, war die englische Stellung im östlichen Mittelmeergebiet trotz des zeitweiligen Vordringens des deutschen Afrikakorps nach Ägypten jetzt gefestigt. Aus Abessinien, Somaliland und Eritrea hatten die Engländer im Mai 1941 die Italiener vertrieben.
Im Zusammenhang mit dem deutschen Angriff auf die Sowjetunion mußte mit einer deutschen Aktivität im Iran, ähnlich den Vorgängen im Irak, gerechnet werden. Deswegen rückten im August 1941 englische und sowjetische Truppen im Iran ein. Das Land wurde zu einer antideutschen Politik veranlaßt und erhielt dafür von England und der UdSSR die Unabhängigkeit garantiert. Auf einer neu erbauten Straße von Abadan zum Kaspischen Meer wurden bis Kriegsende rund 5 Millionen Tonnen Material in die Sowjetunion transportiert.

Der Eintritt der USA in den Krieg

Die Politik des amerikanischen Präsidenten Roosevelt, wie sie etwa im Oktober 1937 in seiner sogenannten Quarantäne-Rede (s. S. 126) formuliert wurde, begünstigte die westeuropäischen Demokratien. Da Roosevelt aber auf die Neutralitätswünsche des amerikanischen Volkes Rücksicht nehmen mußte, kam es 1940 nur zu zögernder materieller Unterstützung Englands. Nach seiner Wiederwahl Ende des Jahres konnte

Roosevelt deutlicher Position beziehen. Im Frühjahr 1941 ermächtigte ihn die Lend-Lease-Act, die Staaten mit Material zu unterstützen, deren Behauptung gegen die Angreifer im Interesse der USA lag. Der Verteidigungshaushalt wurde stark erhöht; die Besetzung Islands und die Anlage von Stützpunkten in Grönland sollten die Schiffahrt auf dem Nordatlantik sichern. Nach dem deutschen Überfall auf Rußland erhielt neben England auch die Sowjetunion auf der Nordatlantikroute umfangreiche Waffenlieferungen. Im November 1941 hatte sie einen Kredit für Waffenkäufe in Höhe von 1 Milliarde Dollar erhalten.

7.12. 1941 Am 7.12.1941 überfielen japanische Trägerflugzeuge die amerikanische Pazifikflotte im Hafen von Pearl Harbor auf Hawaii und fügten ihr schwere Verluste zu. Die USA und Großbritannien erklärten Japan daraufhin den Krieg. Die Kriegserklärung Deutschlands und Italiens an die USA zog die größte Wirtschaftsmacht der Welt auch in den europäischen Krieg. Bereits im Januar 1942 begann die gemeinsame anglo-amerikanische strategische Planung, die zu einem im einzelnen abgestimmten gemeinsamen militärischen Vorgehen führte. Die Planung hielt an der von Roosevelt und Churchill im August 1941 aufgestellten Zielsetzung fest, „Germany first" niederzuringen. Die Achsenmächte und Japan dagegen kamen zu keiner entsprechenden Koordinierung.

Die japanische Expansion

Japan – seit 1937 mit China im Krieg (vgl. S. 114ff.) – hatte große Gebiete in Nordostchina besetzt und war 1940 auch in den nördlichen Teil von Französisch-Indochina eingerückt. Es strebte die Vorherrschaft in Ostasien und in der Südsee an, gleichermaßen auf der Suche nach „Lebensraum", nach Rohstofflagern für seine expandierende Wirtschaft und gewillt, an Stelle der weißen Kolonialmächte die politische, wirtschaftliche und kulturelle Führerrolle in Ostasien zu übernehmen. Der japanische Imperialismus widersprach den Interessen Englands und der USA, die seit Anfang 1940 kein kriegswichtiges Material mehr an Japan lieferten. Verhandlungen im Sommer 1941 ergaben, daß die USA die Handelsrestriktionen nur aufzuheben bereit waren, wenn Japan China räume. In Japan setzten sich die kriegstreibenden Kräfte durch. Durch einen Nichtangriffspakt mit der Sowjetunion (April 1941) hatte sich Japan den Rücken für seine Expansion freigehalten.

Da den Japanern überall zunächst nur schwache Kräfte entgegentraten, konnten sie innerhalb weniger Monate große Erfolge erringen: Hongkong, Singapur, Malaya, Burma, die indonesischen Inseln, die Philippinen, die Nordküste Neu-Guineas, die US-Flottenstützpunkte Wake und Guam, zahlreiche Inselgruppen im westlichen Pazifik und zwei Inseln der Aleutenkette wurden erobert.

Die Kolonialherrschaft der europäischen Staaten in Südostasien war nahezu völlig zusammengebrochen. Aber schnell erwiesen sich die „Befreier" von der anglo-amerikanischen und niederländischen Ausbeutung selbst als Ausbeuter. Die von den Japanern propagierte „Neue Ordnung" stieß auf den Widerstand der zu Selbstbewußtsein erwachenden asiatischen Völker.

3. Der Sieg über die Angreifer

Die militärische Wende 1942/43

Das Jahr 1942 brachte noch einmal deutsche Erfolge. In der Sowjetunion reichten die deutschen Kräfte aber nur noch für einen Angriff im Süden der Front. Dabei wurde ein großer Geländegewinn erzielt und Stalingrad an der Wolga erreicht. In Nordafrika drangen Panzerverbände bis El Alamein vor, 100 km westlich Alexandria. Der U-Boot-Krieg im Atlantik war erfolgreicher als je zuvor: Über 8,2 Mill. BRT Schiffsraum wurden versenkt, aber auch die britisch-amerikanischen Schiffsneubauten betrugen schon fast 7,2 Mill. BRT. Im Sommer 1943 ermöglichten neuentwickelte Radargeräte die Ortung der U-Boote durch alliierte Schiffe und Flugzeuge. Die U-Bootwaffe erlitt schwere Verluste (s. S. 200) und war von nun an keine ernste Bedrohung mehr für anglo-amerikanische Konvois, die Waffen und Soldaten an alle Kriegsschauplätze transportierten.

Auch in Nordafrika kam die Wende. Im Oktober begann die englische Offensive in Ägypten, im November 1942 landeten alli-

Europa im Zweiten Weltkrieg

Heeresstärke der USA 1941–1945. ▷
(Aus: H.-A. Jacobsen, Der Zweite Weltkrieg, Frankfurt/M. 1965, S. 168 ff.)

	Offiziere	Mannschaften	gesamt
1941	99536	1341462	1460998
1942	206422	2867762	3074184
1943	579576	6413526	6993102
1944	776980	7215888	7992868
1945	991663	7374710	8266373

Kriegsmaterialproduktion der USA 1940–1945
(in Mio. Dollar). (Aus: H.-A. Jacobsen, a. a. O.)

	2. Hälfte 1940	1941	1942	1943	1944	1. Hälfte 1945
1. Flugzeuge	342	1737	6095	12519	16046	6855
2. Schiffe	391	1852	6957	12489	13431	4884
3. Kampf- u. mot. Fahrzeuge	260	1340	4943	6524	5372	2695
4. Geschütze usw.	89	396	2007	3647	3120	1394
5. Munition	806	2320	6263	10430	11033	6184

ierte Truppen in Algerien und Marokko. Die deutsch-italienischen Truppen in Nordafrika mußten im Mai 1943 kapitulieren.
Zur weithin sichtbaren Kriegswende wurde die Schlacht um Stalingrad. Eine Armee von etwa 300000 Deutschen und Rumänen wurde bei Einbruch des Winters eingekesselt. Hitler verbot den Ausbruchsversuch nach Westen. Ende Januar mußten die Truppen kapitulieren.

Jan. 1943

Seit Sommer 1943 wurde das Reichsgebiet ständig von der britischen und amerikanischen Luftwaffe angegriffen. Bomberverbände mit bis zu tausend Flugzeugen zerstörten bei immer schwächer werdender Luftabwehr Industrieanlagen und Städte.

Der Sieg der „Anti-Hitler-Koalition" in Europa

Das durch Hitlers Angriffe geschaffene Zweckbündnis zwischen den Westmächten und der Sowjetunion verfügte bald über Dreiviertel aller Reserven der Welt an Menschenkraft und Material. Deutschland und seine wenigen Verbündeten konnten die allein in Europa 15000 km lange Front auf die Dauer nicht halten. Nach der Umstellung auf die Kriegsproduktion produzierten 1942 die USA allein schon so viel wie die Achsenmächte zusammen, 1944 das Doppelte. Die Formel des „Germany first" und die auf der Konferenz von Casablanca im Januar 1943 von Churchill und Roosevelt aufgestellte Forderung nach „unconditional surrender" bestimmten das Vorgehen der Alliierten.
Die Verteidigung der von der deutschen Propaganda als unüberwindlich bezeichneten „Festung Europa" mißlang an allen Fronten. 1943 eroberte die Rote Armee die Ukraine zurück, 1944 erreichte sie nach einem Durchbruch im Mittelteil der Front – wieder hatte Hitler die Verteidigung einer strategisch sehr ungünstigen Stellung befohlen – im Oktober die Grenze Ostpreußens und die Weichsel. Im August fielen die rumänischen Erdölfelder in die Hand der Russen. Waffenstillstand mit der Sowjetunion schlossen im August Rumänien, im September Finnland und Bulgarien. Die jugoslawische Partisanenarmee unter Tito besetzte im Oktober 1944 Belgrad. Ende 1944 hatte Deutschland den ganzen Balkan verloren.
Am 10.7.1943 waren die Westalliierten in Sizilien gelandet, zwei Monate später in Süditalien. Am 25.7. wurde Mussolini vom Großen Faschistischen Rat entmachtet und verhaftet (s. S. 145). Die neue italienische nichtfaschistische Regierung Badoglio schloß am 3.9. einen Waffenstillstand und erklärte am 13.10. Deutschland den Krieg. Im August 1944 erreichten die Alliierten

Bombenkrieg. Auf Karren ziehen Frauen Gebrechliche und Reste ihrer Habe aus der zerbombten Stadt.

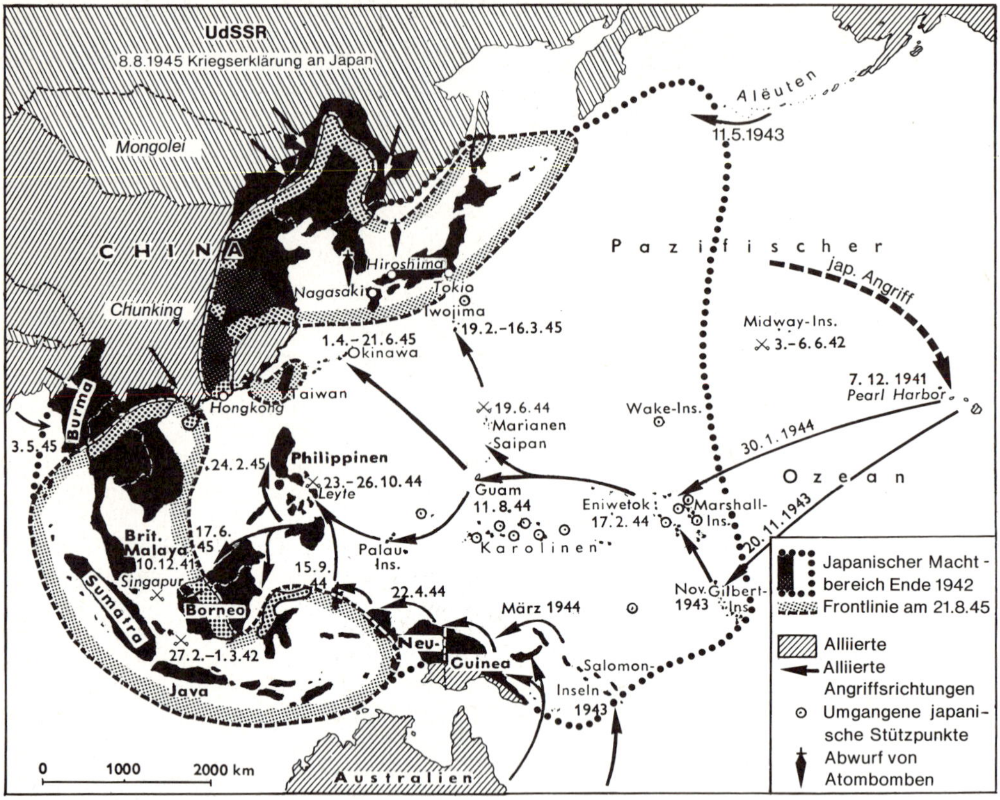

Der Zweite Weltkrieg im Fernen Osten

Aufmarsch der US-Streitkräfte (Heer und Luftwaffe) 1942–1945. (Aus: H.-A. Jacobsen, Der Zweite Weltkrieg, Frankfurt/M. 1965)

	31. Dez. 1942	31. Dez. 1943	30. Sept. 1944	Höchsstand
Europa	119702	768274	2053417	3065505 (April 1945)
Mittelmeer	227092	597658	712915	742700 (Aug. 1944)
Afrika und Mittel-Ost	24943	21796	9354	40654 (Juni 1943)
Persisches Golf-Kommando	5907	28757	27739	29691 (Febr. 1944)
Pazifik	350720	696847	1102422	1552303 (Sept. 1945)
China–Burma–Indien	17087	94650	149014	199035 (Mai 1945)
Alaska-Kommando	96061	121535	63495	148167 (Aug. 1943)
Karibisches Kommando	119286	91466	70556	119286 (Dez. 1942)

In der Marine dienten am 31. 12. 1943 gegen Deutschland 393482, gegen Japan 965210.

	Versenkte Tonnage der Alliierten (in 1000 BRT)	US und britische Neubauten (in 1000 BRT)	Gesunkene deutsche U-Boote
1939	810	332	9
1940	4407	1219	22
1941	4398	1984	35
1942	8245	7182	85
1943	3611	14585	237
1944	1422	13349	241
1945*	458	3834	153

Verluste und Neubauten alliierter Handelsschiffe sowie deutsche U-Bootverluste 1939–1945 (nach: Der große Ploetz, a. a. O., S. 900)

* (4 Monate)

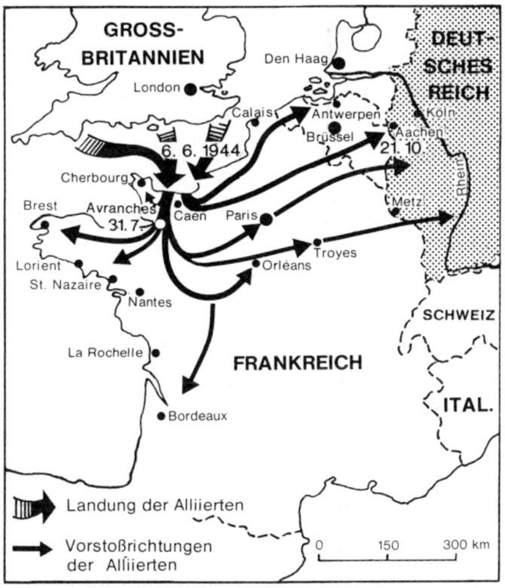

Die alliierte Invasion in der Normandie am 6. 6. 1944

Dresden nach dem Bombenangriff vom 13. und 14. Februar 1945. Blick vom Rathaus zum Schloß und zur Hofkirche. ▷

Sowjetsoldaten bringen die Flagge der UdSSR auf dem Reichstagsgebäude in Berlin an, Mai 1945 ▽

Florenz. Die deutschen Truppen in Italien leisteten hinhaltenden Widerstand.

6.6. 1944 Am 6.6.1944 landeten englische und amerikanische Verbände mit starkem Materialeinsatz in der Normandie. Die von den Russen zu ihrer Entlastung immer wieder geforderte zweite Front im Westen war nach intensiver Vorbereitung und Beseitigung der deutschen U-Bootgefahr geschaffen. Am 15. August erfolgte eine neue Landung in Südfrankreich. Englische, amerikanische, kanadische und französische Truppen, unterstützt von der französischen Résistance, waren an allen Frontabschnitten erfolgreich. Im August wurde Paris befreit, am 11. September die deutsche Grenze bei Trier erreicht, im Oktober Aachen als erste deutsche Großstadt besetzt. Ein letzter Versuch einer deutschen Gegenoffensive im Dezember in den Ardennen schlug aus Mangel an Soldaten, Material und Treibstoff fehl. Der alliierte Nachschub konnte von der deutschen Marine und Luftwaffe kaum mehr gestört werden. U-Boote versenkten 1944 nur 1,4 Mill. BRT, ein knappes Drittel der jährlich vor Kriegseintritt der USA versenkten Tonnage und nur etwa 11% der britisch-amerikanischen Neubauten von 1944. Die deutsche Luftwaffe war seit 1943 ihren Gegnern zahlenmäßig weit unterlegen und durch Einsatz an allen Fronten zur Abwehr der das Reichsgebiet anfliegenden Bomberverbände nicht in der Lage. Industrieanlagen und Wohnbezirke wurden in pausenlosen Angriffen systematisch zerstört. Die Alliierten konnten die Rüstungsproduktion damit zwar beeinträchtigen, das Elend der Bevölkerung aber blieb ohne die erhofften Auswirkungen auf die Kriegführung, da der Bevölkerung keine Alternative zum „Durchhalten" geblieben war.

Seit September 1944 sollte der „Volkssturm", eine von Parteiorganen aufgestellte Hilfstruppe von Jugendlichen und Alten (16–60 Jahre) ohne hinreichende Uniform

Rüstungsproduktion der Großmächte (in Mrd. Dollar nach Preisen von 1944). (Aus: H.-A. Jacobsen, Der Zweite Weltkrieg, Frankfurt/M. 1965)

Land	1935–1939	1939	1940	1941	Steigerung 40/41 in %	1943	Steigerung 41/43 in %
USA	1,5	0,6	1,5	4,5	200	37,5	733
Großbritannien	2,5	1,0	3,5	6,5	86	11,1	71
Sowjetunion	8,0	3,3	5,0	8,5	70	13,9	64
Zusammen	12,0	4,9	10,0	19,5	95	62,5	221
Deutschland	12,0	3,4	6,0	6,0	0	13,8	130
Japan				2,9	100	4,5	125
Zusammen				8,0		18,3	129
Verhältnis				1:2,4		1:3,4	

Rohstoffe	Deutschland		Alliierte	
	Mitte 1944	Anfang 1945	Mitte 1944	Anfang 1945
Treibstoffe	100	31	2920	3117
Kohle	100	80	220	252
Koks	100	75	175	202
Eisen und Stahl	100	32	367	366
Mangan	100	94	881	907
Molybdän	100	21	5000	5089
Nickel	100	15	1378	1399
Wolfram	100	51	887	887
Chrom	100	0	453	464
Aluminium	100	76	358	291
Kautschuk	100	69	748	748
Sprengstoffe	100	138	228	294

Versorgung der Kriegsgegner mit wichtigen Rohstoffen 1944–1945. (Deutsche Versorgung Mitte 1944 = 100) (Aus: H.-A. Jacobsen, Der Zweite Weltkrieg, Frankfurt/M. 1965)

und Bewaffnung, den „Heimatboden" verteidigen. Neuartige Raketenwaffen, die vereinzelt gegen England abgefeuert wurden, hatten eine gewisse psychologische, aber keine militärische Bedeutung. Das Frühjahr 1945 brachte rasch den Zusammenbruch. Die letzten Befehle Hitlers, alle Verkehrs- und Versorgungsanlagen zu zerstören (19. 3.) und jede deutsche Stadt zu verteidigen (12. 4.) wurden nur noch vereinzelt befolgt. Am 25. 4. 1945 trafen sowjetische und amerikanische Truppen sich bei Torgau, am 2. 5. kapitulierte Berlin. Am 7./9. 5. 1945

7./9.5. 1945

kapitulierte die deutsche Wehrmacht bedingungslos, neun Tage nach Hitlers Selbstmord. Im Reichsgebiet herrschte das Chaos: Millionen „Ausgebombte" und Millionen Flüchtlinge, die vor der Roten Armee aus den Ostgebieten geflohen waren, wußten nicht, wie sie sich am Leben erhalten sollten.

Das Ende des Krieges in Ostasien

Da die Alliierten entschlossen waren, erst Deutschland zu besiegen, wurden im Pazifik zunächst schwächere Verbände – mit Ausnahme der Flotte – als in Europa eingesetzt. Nachdem der japanischen Ausdehnung im Juni 1942 durch die Seeschlacht bei den Midway-Inseln ein Ende gesetzt war, begann schon im August 1942 die Rückeroberung der von den Japanern besetzten Inseln. Die Amerikaner umgingen dabei japanische Stützpunkte und erkämpften sich nur die Inseln, die sie als eigene Stützpunkte zum weiteren Ausgreifen benötigten. Nach der Eroberung von Guam im August 1944 lagen japanische Städte in der Reichweite amerikanischer Fernbomber. Im Oktober wurden die Philippinen erreicht und in der großen Seeschlacht bei Leyte wurde die japanische Flotte schwer geschlagen. Zur gleichen Zeit hatten die Engländer Burma zurückgewonnen, so daß die national-chinesische Armee wieder Materiallieferungen für ihren Kampf gegen Japan erhalten konnte (vgl. S. 115).

Im Frühjahr 1945 wurden mit Iwojima und Okinawa unter schweren Kämpfen die ersten japanischen Inseln und damit Ausgangsbasen für Angriffe auf die japanischen Hauptinseln erobert. Gegen Zugeständnisse für die sowjetische Einflußnahme in China sagte Stalin zu, sich am Krieg gegen Japan zu beteiligen. Die Kriegserklärung erfolgte

6. 8. 1945

am 8. 8. 1945. Zwei Tage zuvor, am 6. 8., warf die amerikanische Luftwaffe auf Befehl des Präsidenten Truman (Roosevelt war am 12. 4. 1945 gestorben), der den Krieg damit zu verkürzen hoffte, die erste Atombombe über Hiroshima ab. Die Bombe zerstörte etwa 80% der Großstadt, etwa 90000 Einwohner wurden getötet, 37000 strahlenverletzt. Weitere 10000 waren nach der Explosion verschollen. Eine weitere Atombombenexplosion

2. 9. 1945

am 9. 8. über Nagasaki veranlaßte die bedingungslose Kapitulation der Japaner, die der Kaiser am 10. 8. anbot und die am 2. 9. 1945 an Bord eines amerikanischen Schlachtschiffes unterzeichnet wurde.

II. Der „totale Krieg“

1. Die Technisierung des Krieges

Technisches Kriegsgerät

In einem unvergleichlich höheren Maße als im Ersten Weltkrieg wurde das Kriegsgeschehen von der Technik beherrscht. Die strategische Planung wurde schließlich vom Stand der wissenschaftlich-technischen Entwicklung so geprägt, daß durch diese das bisher Primäre, die herkömmliche Generalstabsarbeit, zu einer untergeordneten Voraussetzung der praktischen Kriegführung wurde. Entwicklung und Einsatz der amerikanischen Atombombe zeigen das unübersehbar, aber auch der seekriegsentscheidende Einsatz von Radargeräten macht es deutlich. Die Abhängigkeit der voll technisierten Kriegsmaschinerie von wissenschaftlicher Forschung, industrieller Großfertigung, Rohstofflagern und Energievorräten ließ wirtschaftliche und militärische Faktoren miteinander verschmelzen. Quantität und Qualität von technischem Präzisionsgerät wurde zum wichtigsten kriegsentscheidenden Faktor. Daß die US-Streitkräfte nur etwa 10% der Verluste erlitten, die den Deutschen zugefügt wurden, ist wesentlich auf die Überlegenheit an allem Ausrüstungsmaterial zurückzuführen. Aus dem gleichen Grund war die deutsche Armee ihren auf den Krieg nicht vorbereiteten Gegnern in den ersten Kriegsjahren weit überlegen. Von 1935 bis 1939 erreichte die amerikanische und englische Rüstungsproduktion zusammen ein Volumen von 4 Milliarden Dollar, die deutsche dagegen von 12 Milliarden Dollar; 1943 aber gaben die USA 37,5, England 11,1 und die UdSSR 13,9 Mrd. Dollar für die Rüstung aus, Deutschland 13,8 und Japan 4,5 Mrd. Dollar, die Rüstungsproduktion der stärksten Kriegsgegner stand also im Verhältnis 3,4 zu 1.

Die Flugzeugproduktion allein der USA betrug 1944 mit rund 100000 Maschinen das zweieinhalbfache der deutschen. Die Materiallieferungen der Alliierten an die Sowjetunion haben entscheidend dazu beigetragen, daß diese den deutschen Einfall überstehen konnte: Im Winter 1941/42 hatte die deutsche Wehrmacht Gebiete besetzt, in denen 68% der russischen Roheisen-, 58% der Stahlproduktion und 65% der Kohleförderung lagen; aber von 1941 bis 45 lieferten die Alliierten rund 17,5 Millionen Schiffstonnen Material an die UdSSR, darunter 7 Millionen Tonnen Kohlen, 2,8 Millionen Tonnen Stahl und über 14000 Flugzeuge, ebensoviel wie die gesamte deutsche Flugzeugproduktion des Jahres 1942. Dank der technischen Überlegenheit, die diese Lieferungen erst ermöglichte, konnten sie schließlich auch so ungefährdet auf dem Seeweg transportiert werden, daß kaum 10% in Verlust gerieten, obwohl zu Beginn des Krieges die deutsche U-Bootwaffe gegenüber den feindlichen Abwehrmöglichkeiten Vorteile aufwies, die allerdings wegen der geringen Zahl einsatzbereiter Boote kaum genutzt werden konnten. Die deutsche Ardennenoffensive im Dezember 1944 war wegen des nahezu völligen Treibstoffmangels der motorisierten Einheiten zum Scheitern verurteilt; mit aus dem gleichen Grund blieb die alliierte Luftherrschaft über deutschem Gebiet seit 1944 unangetastet.

Die Technisierung des Krieges veränderte das Kriegsbild, vergrößerte die Reichweite kriegerischer Handlungen und verwischte die Grenze zwischen Kriegsmaterial und zivilen Gütern. Hatte noch im Ersten Welt-

	Deutsche Bombenabwürfe auf Großbritannien (in 1000 Tonnen)	Alliierte Bombenabwürfe auf Deutschland und von Deutschen besetzte Gebiete (in 1000 Tonnen)
1940	36,8	14,6
1941	21,9	35,5
1942	3,3	53,8
1943	2,3	226,5
1944	9,2 (einschl. Raketen)	1188,6
1945	0,8 (einschl. Raketen)	477

Bombenabwürfe 1940–1945
(Quelle: Der große Ploetz, a. a. O., S. 878, 909)

krieg die Infanterie die Hauptlast des Krieges getragen, so wurde diese jetzt von technischen Verbänden, vor allem von Panzertruppe und Luftwaffe übernommen.
Die Erfindung der Atombombe veränderte 1945 die ganze bisherige militärische Vorstellungswelt. Die Frage nach Politik, Krieg und Moral hatte eine andere Dimension erhalten.

Wirtschaftliche Folgen

Der hohe Technisierungsgrad des Krieges verschlang höhere Summen als jeder Krieg zuvor. Die Finanzierung bereitete Schwierigkeiten. Die gewaltige Steigerung der Rüstungsproduktion der USA von 1939 bis 1943 um 733%, die Material für die eigene Aufrüstung und im Rahmen der Lend-and-Lease-Act für die Verbündeten bereitstellte, brachte ein rasches Anwachsen der Staatsverschuldung, konnte aber – im Unterschied zu anderen Kriegführenden – durch Kriegsanleihen und Steuererhöhungen aufgefangen werden. Anders als im Ersten Weltkrieg wurden in Deutschland keine Kriegsanleihen aufgelegt. Die Kosten des Krieges ließen sich durch Notendruck und ungedeckte Wechsel besser verschleiern, sollte doch die Kriegsbeute nach dem „Endsieg“ den finanziellen Ausgleich bringen. Schon während des Krieges wurden sie zum Teil (knapp 20%) durch die rücksichtslose Ausbeutung der besetzten Gebiete gedeckt. Die Verschuldung des Reiches stieg von 1939 bis 1945 von 47,3 auf 387 Milliarden Mark, das entsprach 95% des gesamten Volksvermögens.
Die Rüstung erforderte bei allen Kriegführenden eine von den militärischen Forderungen bestimmte Planung und damit Wirtschaftslenkung. In den USA regelte das „War Production Board“ die Materialbeschaffung und -verteilung und setzte Prioritäten für die Produktion. In England hatte das Arbeitsministerium die Planung der Produktion in der Hand, die seit 1942 mit den USA in dem dafür eingerichteten „Combined Production and Resources Board“ abgestimmt wurde, um Doppelproduktionen zu vermeiden. Die Umstellung der sowjetischen Wirtschaft auf den Krieg bereitete keine organisatorischen Schwierigkeiten, da sie als Zentralverwaltungswirtschaft ohnehin von einer zentralen Befehlsstelle aus dirigiert wurde. Der für das Dritte Reich charakteristische Kompetenzenwirrwarr wurde in der Wirtschaft erst 1942 durch die Ernennung Albert Speers zum Reichsminister für Bewaffnung und Munition überwunden. Bei völliger Kontrolle auch des zivilen Wirtschaftsbereichs gelang trotz ständiger Bombardements eine Steigerung der Produktion von Kriegsmaterial von 1942 bis 1943 um 56 % und dann bis zum Sommer 1944 auf das Dreifache des Standes von Anfang 1942. Dienstverpflichtungen von Frauen – von denen im Reich allerdings überwiegend nur die unverheirateten erfaßt wurden –, Rationierung und Kontingentierung aller Lebensmittel und Gebrauchsgüter gab es bei allen Kriegführenden, am wenigsten in den USA. Für die deutsche Rüstungsfabrikation wurden Kriegsgefangene und mehr oder minder gewaltsam ins Reich geholte „Fremdarbeiter“ herangezogen.

Arbeitskräfte in Deutschland in Mio. (Grenzen vom 1. 9. 1939)

Ende Mai	Deutsche Männer	Deutsche Frauen	Ausländer und Kriegsgefangene
1939	24,5	14,6	0,3
1942	17,0	14,5	4,1
1944	14,2	14,6	7,1

Die Arbeit an den deutschen Raketenwaffen und die Herstellung der amerikanischen Atombombe sind Beispiele für das Ausmaß, in dem naturwissenschaftliche Forschung in die Rüstungsplanung mit einbezogen wurde.
Die herkömmliche Trennung zwischen dem Soldaten als dem Träger des Kriegsgeschehens und damit als dem eigentlichen „Feind“ und dem nur passiv vom Kriegsgeschehen betroffenen Zivilisten verschwand. Wissenschaft und Wirtschaft, die „Heimatfront“, wurden für die Kriegführung mindestens so wichtig wie die Armee.

2. Die Ideologisierung des Krieges

Die Ideologie der Angreifer

Häufig schon hatten kriegführende Staaten Ideologien entwickelt, die die physische und psychische Kraftanstrengung der am Krieg beteiligten Menschen der eigenen Gruppe vergrößern sollten. Im Zweiten Weltkrieg aber lagen die Ursache des europäischen Krieges, die Brutalität seiner Durchführung und die Maßlosigkeit der Zielsetzung nahezu ausschließlich in der Ideologie des nationalsozialistischen Angreifers begründet. Als Kampf gegen das „Weltjudentum“ und seine beiden angeblichen Erscheinungsformen, den Bolschewismus und die „plutokratischen“ Demokratien des Westens, war der Krieg in seiner Zielsetzung verschwommen genug, um alles zu motivieren, was sich mit ihm in Beziehung setzen ließ. Die Uferlosigkeit des Krieges war ideologisch begründet. Das nationale Element wurde dem „weltanschaulichen“ untergeordnet. Freiwillige SS-Verbände aus verschiedenen europäischen Nationen nahmen am „Kampf gegen den Bolschewismus“ teil.

Ideologisch enger gefaßt und mehr im Herkömmlichen bleibend war dagegen die Kriegsideologie der italienischen Faschisten. Statt des Sendungswahns, der sich auf das „Blut“ berief, ging es ihnen vor allem um imperialistische Ziele im Mittelmeerraum.

Imperialistisch ausgreifend und ganz Südostasien umspannend war die Ideologie der Japaner, in der aber das Selbstbewußtsein, zur geistigen, kulturellen und wirtschaftlichen Führerrolle in Ostasien berufen zu sein, eine große Rolle spielte. Sie war auch Ausdruck eines jahrhundertealten Minderwertigkeitsgefühles gegenüber der großen chinesischen Kultur.

Sieht man von der imperialistischen Komponente ab, so bildeten die Angreiferstaaten keine gemeinsame Ideologie. Mehr als die Ideologie banden sie gemeinsame Interessen, die sie gegen teilweise gemeinsame Gegner hatten.

Die Ideologie der „Anti-Hitler-Koalition“

Die Haltung der Kriegsgegner Hitlers war zuerst eine Reaktion auf die Kriegsideologie und das Vorgehen des Nationalsozialismus. Während in Ostasien in erster Linie „nur“ die Existenz der angegriffenen Staaten bedroht war, ging es in Europa darüber hinaus um Bewahrung oder Vernichtung von Freiheit und Würde der Person, um den Sieg der rechtsstaatlichen Demokratie oder der totalitären Unterdrückung. Daher war Deutschland für die Alliierten der wichtigere Kriegsgegner, deshalb – neben kriegswirtschaftlichen Überlegungen – die Entscheidung, „Germany first“ zu besiegen. Die Bedrohung der Substanz der europäischen Zivilisation durch den Nationalsozialismus macht es verständlich, daß der alliierte Oberbefehlshaber in Europa, General Eisenhower, seine Aufgabe als „Kreuzzug in Europa“ verstand, wenngleich damit die Haltung der Westalliierten selbst Elemente undifferenzierender Ideologie zeigte, die deutsches Volk und Nationalsozialismus identifizierte und so zum Reflex der entpersönlichenden Ideologie des Nationalsozialismus wurde.

Wilsons Ziel „to make the world safe for democracy“ kann auch den Kerngedanken der westlichen Hitler-Gegner kennzeichnen, den sie mit ihrem Sieg verwirklichen wollten. Die Not des Krieges erzwang das Bündnis der Demokratien mit der Sowjetunion, von Churchill äußerst skeptisch, von Roosevelt im Vertrauen auf Wandel betrachtet.

Der Überfall Hitlers hatte die Sowjetunion in einen Verteidigungskrieg gestürzt, der die Anspannung aller Kräfte erforderte. Als Stalin am 6.11.1941 im bedrohten Moskau die Namen der zaristischen Generäle nannte, die gegen Napoleon gesiegt hatten, und hinzufügte: „Sie sollen eure Führer in diesem Kriege sein“, da trat die bolschewistische hinter der nationalen Ideologie zurück, wenn auch die stalinistischen Terrormethoden sich nicht änderten. Die brutale deutsche Besatzungspolitik tat ein übriges, den „Großen Vaterländischen Krieg“ zu einem Anliegen fast aller Russen werden zu lassen. Die Auflösung der Kommunistischen Internationale im Mai 1943 schien außenpolitisch einen Wandel in der sowjetischen Ideologie anzudeuten. So hielt das Zweckbündnis der in ihren Grundvorstellungen ungleichen Partner der Anti-Hitler-Koalition, bis sein Zweck erreicht war.

3. Die Ubiquität des Krieges

Front und Heimat

Technisierung und Ideologisierung des Krieges verwischten die Grenze zwischen Soldaten und Zivilisten. Aus der Ferne wirkende Vernichtungswaffen wie Raketen, aber auch Flächenangriffe von Bombern schränkten die Möglichkeit der Differenzierung zwischen kriegswichtigen und zivilen Zielen schon vom verwendeten Waffensystem her ein, auch wenn diese Unterscheidung von der Sache her noch möglich gewesen wäre. Das aber war sie kaum, denn Technisierung und Ideologisierung zogen alle Lebensbereiche in den Kreis des „Kriegswichtigen" ein. Konsequenterweise sprach die nationalsozialistische Propaganda so z. B. vom Buch als dem „Schwert des Geistes" und erklärte schließlich jedes deutsche Haus zur Festung. Da der Arbeiter in der Rüstungsfabrik für die Kriegführung mindestens ebenso wichtig war wie der Soldat an der Front, wurde er zum ebenso wichtigen Ziel für den Gegner. Die Front, im herkömmlichen Sinn Stätte des Kriegsgeschehens, war daher überall: Fast jede zivile Tätigkeit war auch zugleich kriegsbezogen oder konnte doch mit Recht so verstanden werden. Die Aufstellung des Deutschen Volkssturms im letzten Kriegswinter lag ebenso in der Konsequenz dieses von Anfang an in der Tendenz alles durchdringenden Krieges wie die Dienstverpflichtung aller Arbeitsfähigen. Am 13. 1. 1943 unterschrieb Hitler den „Erlaß des Führers über den umfassenden Einsatz der arbeitsfähigen Männer und Frauen für die Aufgaben der Reichsverteidigung". Kriterium für die kriegsbezogene „Verwendbarkeit" war die Arbeitsfähigkeit, nicht die Wehrtauglichkeit; diese indizierte nur die im herkömmlichen Sinn militärische Eignung. Je angespannter die Kriegslage wurde, desto mehr zeigte sich die Konsequenz des modernen Krieges auch bei den Alliierten: 1943 wurde z. B. in England die Dienstpflicht auf 18–50jährige Frauen ausgedehnt.

Wie sehr der Krieg die Zivilbevölkerung, nicht nur die Armeen getroffen hatte, zeigen die Verlustzahlen: Es fielen etwa ebenso viele Soldaten, wie Zivilisten durch Kriegshandlungen starben (über 27 Millionen Soldaten und etwa 25 Millionen Zivilisten auf der Welt). In Polen waren die Verluste der Zivilbevölkerung etwa dreizehnmal höher als die der Armee, in Deutschland nahmen sie gegen Ende des Krieges in furchtbarer Weise zu, in Rußland und Japan betrugen sie etwa die Hälfte der Zahl der gefallenen Soldaten. Wesentlich hat dazu die Ideologisierung des Krieges beigetragen. Die vom Nationalsozialismus praktizierte undifferenzierte Verteufelung des Gegners, vor allem der slawischen Völker, äußerte sich in einer entsprechend inhumanen Besatzungspolitik, die die Bildung von Partisanen- und Résistancegruppen auslöste und schließlich am Ende des Krieges, vor allem in den Ostgebieten, auf Millionen Deutsche als Angehörige des Volkes, dessen Führung den Krieg entfesselt hatte, zurückschlug.

Die Frauen im Krieg

Beurteilt man die Situation der deutschen Frauen im Krieg, so wird man auf zwei beachtenswert große Unterschiede stoßen:

1. Unterschied zu der Situation der Frauen im Ersten Weltkrieg;
2. Unterschied in der Lage vor und nach dem Frühjahr 1943.

Zum ersten. Die sie enttäuschende Haltung des deutschen Volkes in der Sudetenkrise des Jahres 1938 (s. S. 178) hatte bei Hitler und seinen höheren Funktionären eine beinahe panische Furcht hervorgerufen: Die „Heimatfront" könnte kriegsmüde sein oder werden, und diese Stimmung werde sich auf die Einsatzbereitschaft der Frontsoldaten auswirken. Hierbei spielten persönliche Erfahrungen aus dem Ersten Weltkrieg eine Rolle; die Nationalsozialisten fielen ihrer Dolchstoßlegende nun selbst zum Opfer: Die Heimat, und damit auch die Frauen, habe den „Dolchstoß" ausgeführt, der zur Niederlage geführt habe. Tatsache ist, daß die Frauen und Mütter der Soldaten des Ersten Weltkriegs finanziell sehr schlecht versorgt waren, wovon die Frauen der führenden Eliten natürlich nicht betroffen waren. Die Frauen hatten überdies unter Hunger und Kälte schwer zu leiden gehabt. Da damals ein erheblicher Teil der Waren auf dem Schwarzen Markt verschwand, machte sich der Geldmangel um so stärker bemerkbar. Dieser Mangel zwang die Soldatenfrauen im Ersten Weltkrieg auch, trotz ihrer zahlreichen Kinder, Arbeit, zumeist unter harten Bedingungen in Rüstungsfabriken, anzunehmen. Das war damals ein von der Kriegsleitung erwünschter Effekt. Das sollte sich nicht wiederholen. Da die Führung sich Finanzmittel in unbegrenzter Höhe verschaffte (s. S. 161), erhielten die Angehörigen der zur Wehrmacht Eingezogenen finanzielle Zuwendungen, die es ihnen erlaubten, den bisherigen Lebensstandard aufrechtzuerhalten. Überdies waren die Lebensmittel-Rationen in den ersten Kriegsjahren so ausreichend, daß größere Einschränkungen der Hausfrauen oder gar Hunger ausgeschlossen waren. Dafür wurden die besetzten Gebiete „bis zur letzten Kuh“ ausgebeutet. Keine Frau, schon gar keine Mutter, die noch Kinder erzog, wurde gezwungen, in einer Fabrik zu arbeiten. Die Führung fürchtete sogar bei Kriegsbeginn, daß durch die Schließung einiger Fabriken, die keine kriegs- oder konsumwichtigen Waren produzierten, Frauen arbeitslos und darüber unwillig würden. Nicht zuletzt deshalb legte sie Wert darauf, daß in Familien der Mittel- und Oberschicht wie vor dem Krieg Dienstmädchen beschäftigt wurden: im Februar 1941 waren es noch 1,3 Millionen. Das Oberkommando der Wehrmacht schätzte Ende 1939 die Frauen-Arbeitsreserve auf 3,5 Millionen. Daß die Zahl der erwerbstätigen Frauen sogar abnahm, war auch darauf zurückzuführen, daß bei Kriegsbeginn viele Frauen Ehen mit Soldaten schlossen (s. Tabelle S. 166), weil sie damit finanziell so gut versorgt waren, daß sie aus dem Arbeitsverhältnis ausscheiden konnten.

1941 wurde die Lage auf dem Arbeitsmarkt schwieriger. Der Rußland-Feldzug forderte erhöhte Rüstungsanstrengungen. Nun wurde über den Einsatz der Frauen ernsthafter diskutiert. Aber es kam nur zu allgemeinen Aufrufen an sie, ins Erwerbsleben einzutreten, im Gegensatz zu England aber zu keiner Dienstpflicht. Göring hielt Frauen, die nie im Berufsleben gestanden hatten, für unfähig, die psychischen Beanspruchungen der Fabrikarbeit zu ertragen, die Wehrmacht wies darauf hin, „es müsse unter allen Umständen vermieden werden, daß die Frauen durch Briefe an ihre Angehörigen, die im Felde stehen, die Stimmung der Truppe beeinträchtigen“, die Parteidienststellen machten auf die dringend notwendige Betreuung und Beaufsichtigung der ohne Vater aufwachsenden, schon Verwahrlosungserscheinungen zeigenden Jugend aufmerksam. Statt der deutschen Frauen wurden ausländische Arbeitskräfte zwangsverschleppt, darunter unter unwürdigen Bedingungen viele Frauen aus den Ostgebieten, außerdem wurden Kriegsgefangene, im April 1941 schon 1,3 Mill., eingesetzt. So bot die „Heimatfront“ der Frauen zumindest äußerlich ein weitgehend friedensmäßiges Bild. Die Zahl der erwerbstätigen Frauen war 2 Jahre nach Kriegsausbruch um 440000 geringer als 1939, sie stieg 1943 (s. u.) um 620000 wieder an, aber schon im Sommer 1944 war sie wieder unter die Vorkriegszahl leicht abgesunken. Angaben über die letzten Kriegsmonate liegen nicht vor (Alle Zahlenangaben nach: Das Deutsche Reich und der Zweite Weltkrieg, Bd. 5,1, S. 769ff. und passim).

Zum zweiten. Die durchschlagende Änderung beim Fraueneinsatz trat im Frühjahr 1943 ein. Die Niederlagen in Stalingrad und Nordafrika, der immer stärker einsetzende Bombenkrieg wirkten sich auf die Heimat und damit auf die Frauen aus. Schon war über eine Million Soldaten gefallen, die Zahl der Kriegsbeschädigten lag noch höher. Speer kurbelte jetzt die Rüstungsindustrie nachhaltig an. Neben den ausländischen Zivilarbeitern und den Kriegsgefangenen, von denen Millionen Russen an Überanstrengung, vor allem Unterernährung zugrunde gingen, brauchte man nun auch die Frauen. Im Januar 1943 wurde eine Meldepflicht für 17–45jährige Frauen eingeführt. Der größere Teil der Erfaßten war bisher in Betrieben und Läden beschäftigt gewesen, in denen kriegsunwichtige Konsum- oder gar Luxuswaren hergestellt bzw. verkauft worden waren, oder in zahlreichen Büros. Sie mußten nun den Arbeitsplatz wechseln und wurden mit den bisher nicht Beschäftigten zu 90% der Rüstungsindustrie zugewiesen. Mütter mit Kindern waren grundsätzlich ausgenommen, manche Frau wurde jetzt, trotz der Kriegslage, schwanger und damit von dem Einsatz freigestellt. Nur ein Viertel der in die Fabriken umgesetzten bzw. eingesetzten Frauen hatte vorher schon einmal in der Industrie gearbeitet. Es war eine als Sensation empfundene Ausnahme, wenn sich unter den Fabrikarbeiterinnen eine Frau aus den oberen Schichten befand. Sie fanden durch Beziehungen unschwer bequemere Arbeit – wenn nicht ein Attest sie befreite. Studentinnen der höheren Semester konnten weiterstudieren: Die große Zahl gefallener

Arbeiterin, Krankenschwester, Bäuerin. Seit 1943 wurde an die Frauen appelliert, durch ihren Arbeitseinsatz die an der Front stehenden Männer zu ersetzen.

Reserveoffiziere, oft Akademiker, ließ ihren künftigen „Einsatzwert“ steigen. Im Sommer 1944 wurden dann auch die 45–50jährigen „erfaßt“, doch wurde nun von Monat zu Monat der Arbeitseinsatz stärker behindert: Fabrikanlagen waren beschädigt oder zerstört, Nahverkehrsmittel nur noch mit Unterbrechungen in Betrieb, Wohnung oder Haus lagen oft in Schutt und Asche oder waren nur noch teilweise bewohnbar. Die Lebensmittelrationen gingen stark zurück: Fast alle besetzten Gebiete waren verloren.

In diesem letzten Kriegsjahr (und in den folgenden Monaten der Flucht und Vertreibung) erwies sich, daß die Frauen sich vorher nicht vorstellbaren Belastungen gewachsen zeigten: Sie griffen beim Feuerlöschen ein, bekämpften selbst die Brandbomben, retteten Mitbewohner und Kinder aus brennenden Häusern, standen stundenlang Schlange nach Lebensmitteln und Heizungsmaterialien, versorgten alte und kranke Verwandte, oft den schwerbeschädigten Mann, und das alles bei schlaflosen Nächten infolge der ständigen Fliegeralarme. Manche Soldaten, die die Bombardierung des Reichsgebiets auf ihrem Urlaub oder auf einem Transport miterlebten, wünschten sich eher an die Front zurück. Die stärkste Belastung der Frauen aber war die Sorge um den an der Front stehenden und dort immer stärkeren Verlusten ausgesetzten Mann, Vater, Sohn, um die Erziehung der ihnen allein anvertrauten Kinder angesichts der chaotischen Zustände, vor allem aber die Trauer um den gefallenen Angehörigen. Junge Frauen und Mädchen gerieten unmittelbar in das Kampfgeschehen: Als Krankenschwestern und Funkerinnen, wenn sie vom

Rückzug ihrer Einheiten abgeschnitten waren, als Schülerinnen an Horchgeräten, später auch an den Geschützen der Flakartillerie im Bombenregen. Nicht wenige verloren ihr Leben.

Zwar hatten die Männer nicht vergleichbar größere Verluste im Krieg (z. B. verlor der Jahrgang 1921 38,95% aller Angehörigen), aber die seelischen und körperlichen Belastungen der Frauen waren in den letzten beiden Kriegsjahren nicht geringer als die der Männer. Nicht der „NS-Volksgemeinschaft" war es gelungen, die Schranken zwischen den Schichten des Volkes zu überwinden, im Chaos der letzten Kriegsmonate führte wechselseitiger Respekt vor den Leistungen von Frauen ganz anderer Herkunft und Bildung zu einer gewissen Annäherung. Diese Leistungen gaben den Frauen auch den Mut, in Zukunft mehr als früher ihr Leben selbständiger zu gestalten. Vieles von dem, was die Frauenbewegung seit Jahrzehnten gefordert hatte, war im Krieg – ungewollt – verwirklicht worden; der Krieg hatte einen Modernisierungseffekt ausgelöst.

Totaler Staat und totaler Krieg

Da Kampf und Krieg Angelpunkte der nationalsozialistischen Ideologie sind, mußte der Krieg die Tendenzen des NS-Staates in höchster Entfaltung zeigen: Der totale Krieg ist eine Konsequenz des totalen Staates. Der ideologische Ansatz führte zum totalen Krieg, indem alle Andersdenkenden und „rassisch" oder sonstwie Mißliebigen Ziel des Vernichtungsstrebens wurden; die Waffentechnik tendierte aus technologischen Gegebenheiten zum totalen Krieg. So wurden die ganze Bevölkerung und die ganze Wirtschaft zum unmittelbaren Kriegsziel. Und es gab nichts, was außerhalb dieses Kreises bleiben konnte. Das Verhängnis des totalen Krieges erfaßte mit Notwendigkeit alle Kriegführenden, nachdem die Angreifer damit begonnen hatten. Das Ausmaß der Enthumanisierung, das die modernen Waffensysteme in sich bargen, war beträchtlich, und ihre Anwendung steigerte es weiter. Die nationalsozialistische Propaganda hat die Widerstandskräfte des einzelnen gegen das von ihm zu tolerierende oder zu praktizierende Inhumane geschwächt, indem sie den Gegner systematisch als entmenschlicht darstellte: Die Gegner, zumal „der Jude", „der Bolschewist", „der Plutokrat" wurden als „Untermenschen" oder „Parasiten" apostrophiert. Es war nicht erstaunlich, daß schließlich in der Koalition der Sieger für viele „deutsch" zu einer Art Synonym für „barbarisch" wurde. Der totale Krieg, zu dem der Zweite Weltkrieg spätestens seit 1943 geworden war – unabhängig davon, daß Goebbels ihn im Februar 1943 auf einer Massenkundgebung in Berlin unter nur als psychopathologisch zu verstehendem Beifallsgeschrei verkündete –, konnte nur mit totalem Sieg und totaler Niederlage enden. Daran hatte Hitler nie einen Zweifel gelassen, und die Forderung der Alliierten nach „unconditional surrender" war die Antwort.

Verluste des Zweiten Weltkriegs

	Soldaten	Zivilpersonen	Gesamt
Deutsches Reich (Grenzen von 1937)	3760000	2060000	5820000
Deutsche Siedlungsgebiete im Ausland	380000	1020000	1400000
Österreich	170000	24000	194000
Italien	390000	166000	556000
Westalliierte (ohne USA)	610000	690000	1300000
Ost- und Südosteuropa (ohne Polen)	680000	3810000	4490000
Polen	320000	4200000	4520000
Sowjetunion	13600000	6700000	20300000
USA	259000	—	259000
Japan	1200000	600000	1800000
Ostasien (ohne Japan)	6400000	5400000	11800000
Vermißte, die wahrscheinlich tot sind			3000000
Verwundete			35000000

Die Angaben beruhen z. T. nur auf Schätzungen – auch eine Folge des totalen Krieges. Übereinstimmung findet sich in fast allen Statistiken bei den Gesamtzahlen: 27 Mio. Soldaten, 25 Mio Zivilisten, dazu 3 Mio. Vermißte, insgesamt 55 Mio. Tote. (Zum Vergleich: Im Ersten Weltkrieg betrug die Gesamtzahl der toten Soldaten und Zivilpersonen knapp 10 Millionen.)

III. Die Zielsetzung der Alliierten

1. Fernziele

Die Atlantikcharta

Der deutsche Überfall auf Polen und die späteren aggressiven Akte bestimmten zunächst die Nahziele der Kriegsgegner Deutschlands: Sicherung oder Wiedergewinnung der territorialen und politischen Selbständigkeit der Überfallenen. Bald aber wurden die Fernziele deutlich, die die erfolgreiche Verteidigung verwirklichen helfen sollte. Schon in der sogenannten Quarantänerede vom 5.10.1937 (s. S.126) – der japanische Angriff auf China hatte gerade begonnen – hatte Roosevelt den Gedanken geäußert: „Die friedliebenden Nationen müssen sich gemeinsam bemühen, Front zu machen gegen diese Vertragsbrüche und diese Verachtung für menschliche Gefühle, die einen Zustand der internationalen Anarchie und Unsicherheit schaffen." Als sich Roosevelt und Churchill im August 1941 bei Neufundland an Bord eines Kriegsschiffes trafen, formulierten sie – noch vor dem Eintritt der USA in den Krieg – die gemeinsamen Fernziele der westlichen Demokratien in diesem Krieg. Die „Atlantic Charta" vom 14.8.1941 nannte die Maßstäbe, nach denen die künftige Friedensordnung errichtet werden sollte, ohne jedoch im einzelnen konkret zu sein: Verzicht auf territoriale Expansion, Achtung des Selbstbestimmungsrechts der Völker auf Staatszugehörigkeit und Regierungsform, Ablehnung des Wirtschaftsimperialismus, internationale Sicherheit durch Verzicht auf Gewalt und Abrüstung der Aggressoren. Diesen Gedanken, die auf die vierzehn Punkte Wilsons zurückgehen, stimmten auf einer Konferenz in Washington am 1. Januar 1942 26 Kriegsverbündete zu und verpflichteten sich, keinen Sonderfrieden abzuschließen. Bis zum Kriegsende unterzeichneten weitere 19 Staaten diese Erklärung, die damit zum Keim der Vereinten Nationen (UN) wurde.

Die „Anti-Hitler-Koalition"

Der verbale Konsens, den die Kriegführenden im Washington-Pakt trafen, verdeckte an der Oberfläche für die Dauer der Bedrohung die Unterschiede, die zwischen den Westmächten und der Sowjetunion bestanden. Stalin telegraphierte am 8.11.1941 an Churchill: „Zwischen unseren beiden Ländern besteht keine grundsätzliche Einigung über die Kriegsziele und über den nach dem Krieg aufzurichtenden Frieden". Die Koalition war sich einig über den Sturz der nationalsozialistischen Herrschaft, aber schon nicht etwa über die Art der Wiederherstellung Polens. Stalin verlangte die Anerkennung der Annektionen, die die Sowjetunion auf Grund des Vertrages mit Deutschland bis zum deutschen Überfall vollzogen hatte, Churchill lehnte diese als „Folge von Gewaltakten" ab. Es blieb bei der De-facto-Anerkennung; Grenzfragen wurden auf die Friedenskonferenz vertagt. Der unmittelbar gemeinsame Gegner band die Koalition, nicht ein gemeinsames weitergestecktes Ziel – trotz der gemeinsamen Anerkennung der Atlantikcharta, deren Erklärungen mehr und mehr nur deklamatorischen Charakter erhielten. Während Churchill und Stalin sich der taktischen Bedeutung ihrer Koalition bewußt waren, hat Roosevelt nicht deutlich gesehen, daß von den Koalitionspartnern gemeinsam verwendete Begriffe wie etwa Freiheit, Demokratie und Sozialismus vom unterschiedlichen ideologischen Grundverständnis her Verschiedenes bedeuteten. Der amerikanische Botschafter in Moskau, Harriman, wies den Präsidenten am 10.1.1945 darauf hin, daß sich die „sowjetische Durchdringung" der in Osteuropa befreiten Gebiete von „Mitgliedern der Vereinten Nationen" – Staaten also, die sich zur Atlantikcharta bekannten – nicht zu unterscheiden scheine von der in den „ehemaligen Feindgebietsländern".

2. Das taktische Vorgehen

Politische Taktik

Die politische Taktik zwischen den Verbündeten wurde vom militärischen Kräfteverhältnis und der Kriegslage bestimmt. So zwang 1942 das Gewicht der USA die Sowjetunion, darauf zu verzichten, ihren durch den Bund mit Hitler in Osteuropa gewonnenen Besitzstand garantiert zu erhalten. Das Einlenken der Sowjets war nur situationsbedingt, so etwa der unter amerikanischem Druck im Mai 1942 ausgesprochene Verzicht auf „Territoriale Vergrößerungen“ und die Zusage, „sich nicht in die inneren Angelegenheiten anderer Staaten einmischen“ zu wollen, oder die Wiedereinsetzung eines Patriarchen der Russisch-Orthodoxen Kirche in Moskau (September 1943), oder 1943 die Auflösung der Komintern; ebenso war Churchills Bereitschaft zum Bund mit der UdSSR nur taktisch bedingt: Am 22. 6. 1941 erklärte er das unumwunden in einer Rundfunkansprache, der am 12. 7. 1941 ein Vertragsabschluß folgte. Das Zweckbündnis der ungleichen Partner mußte die in der Atlantikcharta niedergelegten Kriegsziele verändern. Die politische Taktik erzwang, die grundlegenden Differenzen zwischen den Westmächten und der Sowjetunion entweder zurückzustellen oder zu verschleiern. Als aber die Abhängigkeit der Sowjets von den USA infolge der sich abzeichnenden deutschen Niederlage und des Vordringens der Roten Armee in Ostmitteleuropa sich immer weiter verringerte, konnte die Sowjetunion ohne besondere taktische Rücksichtnahme ihren Besitzstand direkt oder indirekt erweitern.

Militärische Strategie

Die Differenzen zwischen den Verbündeten, die Roosevelt und einige seiner engsten Ratgeber in optimistischer Zukunftserwartung immer mehr aus den Augen verloren oder doch weniger ernst nahmen, spielten auch in die militärische Planung hinein. Zwar blieb die Forderung nach dem totalen Sieg unangetastet, aber über die Strategie waren die Meinungen verschieden. Stalin, dessen Land und Volk die Hauptlast des Krieges und dazu noch im eigenen Land zu tragen hatten, drängte immer wieder auf Errichtung einer „zweiten Front in Europa“, die Rußland militärisch entlasten würde. Aber nach einem mißlungenen Versuchslandeunternehmen bei Dieppe 1942 wurde die Landung zurückgestellt, bis die völlige Luft- und Seeüberlegenheit der Alliierten den Erfolg des Unternehmens sicherstellen würde. Zwischen den Westmächten blieb der Raum, an dem die zweite Front in Europa errichtet werden sollte, lange umstritten. Churchill bevorzugte eine Landung auf dem Balkan, die sowohl den Nahen Osten abschirmen als auch das weitere Vordringen der Roten Armee nach Ostmitteleuropa verhindern sollte. Nicht zuletzt deswegen drang Stalin auf die Errichtung der zweiten Front in Frankreich. Den Ausschlag gab schließlich der amerikanische Generalstab, der erklärte, den Krieg in Frankreich auf Grund der geographischen Gegebenheiten mit weit geringeren Verlusten als auf dem Balkan führen zu können. So kam es im Sommer 1944 neben der Invasion in der Normandie nicht zu der von Churchill gewünschten wenigstens zusätzlichen Landung auf dem Balkan, sondern nur zu einer solchen in Südfrankreich. Gleichzeitig erfolgte die von Stalin versprochene Offensive an der deutschen Ostfront. Durch die strategischen Planungen auf der Konferenz der Regierungschefs in Teheran Ende November 1943 wurden Vorentscheidungen über die Einflußsphären der Nachkriegszeit getroffen.

3. Vorentscheidungen für die Nachkriegszeit

Alliierte Kriegskonferenzen

Während die Westalliierten lange keine klar umrissenen Detailvorstellungen für die Nachkriegszeit und die Behandlung Deutschlands hatten, wurde in den Verhandlungen – von Roosevelt immer wieder unterschätzt – der auf Mitteleuropa gerichtete sowjetische Expansionsdrang bald deutlich, wenn auch die sowjetische Konzeption im Detail – etwa Deutschland betreffend – mehrfach schwankte.

Jan. 1943

Im Januar 1943 beschlossen Roosevelt und Churchill auf der Konferenz von Casablanca, den Krieg bis zur „bedingungslosen Kapitulation“ Deutschlands zu führen. Die Entwaffnung der Angreiferstaaten war bereits in der Atlantik-Charta vorgesehen. Auf der Konferenz von Teheran Ende November

Nov. 1943

1943 gaben Roosevelt und Churchill der Forderung Stalins nach, die polnische Ostgrenze etwa entlang der Curzon-Linie verlaufen zu lassen und Polen auf Kosten Deutschlands nach Westen bis zur Oder

Churchill, Roosevelt und Stalin auf der Konferenz von Jalta, Februar 1945

zu entschädigen. Die polnische Exilregierung in London wehrte sich vergebens gegen die vorgesehene Ostgrenze. Die Sowjetunion wandte sich von der polnischen Exilregierung ab und unterstützte das kommunistische „Polnische Komitee für die nationale Befreiung" („Lubliner Komitee"); gemeinsam wollten sie die polnische Westgrenze bis zur Oder-Neiße-Linie vorschieben.

1944 wurden verschiedene Möglichkeiten zur Behandlung des besiegten Deutschland erörtert. Vorübergehend hatte Roosevelt dem Plan seines Finanzministers Morgenthau zugestimmt, der die Zerstückelung Deutschlands, die Beseitigung der Industrie und die Rückentwicklung zu reiner Agrarproduktion vorsah. Schließlich aber setzten sich das amerikanische Außen- und Innenministerium durch, die die langfristige politische und wirtschaftliche Zerstörung Deutschlands verhindern wollten.

Febr. 1945

Als sich Roosevelt, Churchill und Stalin im Februar 1945 in Jalta auf der Krim trafen, stand der deutsche Zusammenbruch unmittelbar bevor. Der Vormarsch der Roten Armee in Ostmitteleuropa hatte die Stellung der UdSSR erheblich gestärkt. Die Sowjetunion konnte die meisten ihrer Forderungen durchdrükken: Die Curzon-Linie wurde zur polnischen Ostgrenze erklärt, die Westmächte akzeptierten das von den Russen eingesetzte kommunistische Lubliner Komitee als polnische Regierung, dessen Erweiterung um Mitglieder der polnischen Londoner Exilregierung eine leere Geste blieb. Lediglich die Regelung der polnischen Westgrenze sollte einem Friedensvertrag vorbehalten bleiben. Churchill und Roosevelt hofften, Stalin durch die

gemeinsame „Erklärung über das befreite Europa“ zu binden: Noch einmal wurde das Selbstbestimmungsrecht, „das Recht aller Völker, diejenige Regierungsform zu wählen, unter der sie leben möchten“, betont.
Über Deutschland wurde vereinbart, neben den drei Großmächten auch Frankreich eine Besatzungszone zu überlassen und die Franzosen am Alliierten Kontrollrat über Deutschland zu beteiligen. Demontagen und Reparationen wurden beschlossen. Die Frage der Aufteilung Deutschlands blieb auf Drängen Churchills offen.

Militärische Vorentscheidungen

Zu Beginn des Jahres 1945 wurde deutlich, welche Bedeutung militärische Fakten als Vorentscheidungen für die Nachkriegsordnung erhielten. Im Gefolge der nach Mitteleuropa vorrückenden Roten Armee entstanden in den befreiten Gebieten Regime, „die wohl nach außen den Anschein der Unabhängigkeit und breiter Unterstützung im Volke aufrechterhalten, tatsächlich jedoch in ihrer Existenz von Gruppen abhängig sind, die allen vom Kreml ausgehenden Vorschlägen positiv gegenüberstehen“; so äußerte sich der amerikanische Botschafter in Moskau in seinem Memorandum vom 10.1. 1945.
Schon im Sommer 1944 war der sowjetische Wille offensichtlich geworden, im westlichen Vorfeld der UdSSR keine unabhängigen Staaten entstehen zu lassen. Als sich die Rote Armee Warschau genähert hatte, begann die auf über 300000 Mann geschätzte polnische Untergrundarmee in Warschau einen Aufstand (August bis Oktober). Die erhoffte sowjetische Unterstützung blieb aus; die Rote Armee rückte nicht weiter vor; westalliierten Flugzeugen, die Hilfsgüter in das Aufstandsgebiet fliegen sollten, wurden Flugplätze im sowjetischen Gebiet erst zugestanden, als der Aufstand vor dem Zusammenbruch war. Die Niederwerfung des Aufstandes durch die Deutschen schaltete die nichtkommunistischen Polen als eigene Kraft, mit der die Sowjets hätten rechnen müssen, aus.
Durch die Teilnahme frei-französischer Verbände an der Befreiung Frankreichs wuchs das Gewicht der Regierung de Gaulle, so daß Frankreich, unterstützt vor allem von Churchill, als vierte große Besatzungsmacht Deutschland mit besetzte. Als in den letzten Kriegswochen die deutschen Ostgebiete von der Roten Armee besetzt wurden, flohen Millionen Deutsche nach Westen oder wurden aus den Gebieten jenseits der Oder und Neiße von den nachdrängenden Polen vertrieben. Das militärische Geschehen schuf Fakten, die manche der auf den alliierten Kriegskonferenzen nicht gelösten Fragen praktisch erledigten.

Literaturverzeichnis

I. Allgemeine Hilfsmittel, Handbücher

Taschenbücher sind mit * gekennzeichnet)

Aubin, Hermann/Zorn, Wolfgang (Hrsg.): Handbuch der deutschen Wirtschafts- und Sozialgeschichte. Bd. 2. Stuttgart 1976. – Das Handbuch enthält Beiträge mit sehr unterschiedlichen Perspektiven und Schwerpunkten.

Fricke, Dieter (Hrsg.): Die bürgerlichen Parteien in Deutschland. 2 Bde. Leipzig 1968/1970. – Wichtiges alphabetisches Nachschlagewerk, das nicht nur die Parteien, sondern auch die Interessenvertretungen des Bürgertums detailreich beschreibt. Einseitige Urteile gemäß der Ideologie des Marxismus-Leninismus.

Gebhardt, Bruno: Handbuch der deutschen Geschichte. 9. Aufl. Bd. 4, hrsg. v. Herbert Grundmann. Stuttgart 1976. Auch dtv* in 22 Bändchen (4201–4221), hier Bd. 19, 20, 21.

Geschichte in Quellen. Bd. V: Weltkriege und Revolutionen 1914–1945, bearb. v. Günter Schönbrunn. München 1961. – Zwar fehlen Quellen aus neuesten Aktenpublikationen, trotzdem sehr ergiebiges Hilfsmittel zu allen Darstellungen.

Goerlitz, Erich u. a.: Taschenbuch zur Geschichte. Paderborn 1990. – Weitverbreitetes Nachschlagewerk für Schüler, das nach Epochen geordnete Daten und Fakten, Verfassungsschemata, Statistiken und ein abgesetztes Begriffsregister enthält.

Kinder, Hermann/Hilgemann, Werner: dtv-Atlas zur Weltgeschichte (3001/3002), Bd. 2. München, 20. Aufl. 1985.* – Bekanntes Nachschlagewerk, das nach Epochen chronologisch geordnete Fakten und dazu farbige Karten, Verfassungsskizzen und Schemata bringt; ausführliches Register.

Ploetz: Der große Ploetz. Auszug aus der Geschichte. 30. Aufl. Würzburg 1986. Das ausführlichste unter den Nachschlagewerken; Daten und Kurzbeschreibungen aus nahezu allen Bereichen der Geschichte mit umfangreichem Register.

Ploetz: Konferenzen und Verträge, hrsg. von H. Rönnefarth und H. Euler, Bd. 4 A. Würzburg ^{2}1982.

Ploetz: Raum und Bevölkerung in der Weltgeschichte, hrsg. v. Wolfgang Köllmann Bd. 4: Bevölkerung und Raum in neuerer und neuester Zeit. Würzburg ^{3}1965. Enthält Beschreibungen und Statistiken zur Bevölkerungsentwicklung der wichtigsten Länder der Erde.

Ploetz: Regenten und Regierungen der Welt, hrsg. v. B. Spuler, Bd. 4 (1918–1964). Würzburg ^{2}1964. – Chronologisch nach Ländern geordnet.

Schieder, Theodor (Hrsg.): Handbuch der europäischen Geschichte, Bd. 7 Europa im Zeitalter der Weltmächte. In 2 Teilbänden. Stuttgart 1979. – Der erste Teilband enthält Grundzüge der gesamteuropäischen Entwicklung von Versailles bis zum Kalten Krieg, dazu Geschichte Großbritanniens, Frankreichs, der Sowjetunion, Deutschlands (bis zur Teilung), Italiens, Spaniens, Portugals; der zweite die Geschichte der übrigen europäischen Staaten. Faktenreiches Nachschlagewerk.

Statistisches Jahrbuch des Deutschen Reiches. Berlin. Jahrgänge 1919–1941/42.

II. Kapitelübergreifende Literatur

Albertini, Rudolf von: Dekolonisation. Die Diskussion über Verwaltung und Zukunft der Kolonien 1919–1960. Köln/Opladen 1966. – Ausführliche Darstellung der Überlegungen und der Ansätze zur Selbstregierung und des Übergangs in englischen und französischen Kolonien.

Ansprenger, Franz: Auflösung der Kolonialreiche. München ^{4}1981*. – Teil 1: Entwicklung der europäischen Kolonien nach dem Ersten Weltkrieg; Teil 2: „Europas Rückzug" aus Asien und Afrika. Die unterschiedlichen Formen der Dekolonisierung werden dargestellt.

Arendt, Hannah: Elemente und Ursprünge totaler Herrschaft. Frankfurt 1986. – Standardwerk, geschrieben unter dem unmittelbaren Eindruck des Nationalsozialismus und Stalinismus. Trug zum Beginn der Begriffsklärung und der Auseinandersetzung über die Totalitarismus-Theorie bei.

Bergsträsser, Ludwig: Geschichte der politischen Parteien in Deutschland. Handbuch der Politik, Bd. 2. München/Wien 1965. – Älteres Werk, das knapp und zuverlässig informiert.

Bianco, Lucien (Hrsg.): Das moderne Asien. Frankfurt/M ^{8}1986.

Bracher, Karl Dietrich: Europa in der Krise. Innengeschichte und Weltpolitik seit 1917. München 1979.

Cipolla, Carlo/Borchardt, Knut (Hrsg.): Europäische Wirtschaftsgeschichte Bd. 4: Die Entwicklung der industriellen Gesellschaften

(UTB 1316). Stuttgart/New York 1985. – Grundlegende Darstellung; großer statistischer Anhang.

Craig, Gordon A.: Deutsche Geschichte 1866–1945. Vom Norddeutschen Bund bis zum Ende des Dritten Reiches. München [5]1985. – Dem englischen Historiker gelang eine Darstellung, die – flüssig geschrieben – von kritischer Sympathie getragen neue Schwerpunkte setzt, Erziehung und Kultur einbezieht. Ausführliche Bibliographie.

Geiss, Imanuel: Panafrikanismus. Zur Geschichte der Dekolonisation. Frankfurt/M 1968. – Grundlegendes Werk, das die geistigen Strömungen und Befreiungsstrategien bis zum Beginn der Dekolonisation aufzeigt, dabei auch die wechselseitige Beeinflussung mit den Negern in den USA.

Henning, Friedrich-Wilhelm: Das industrialisierte Deutschland 1914–1986. (UTB 337) Paderborn [6]1989. – Kurzgefaßte, materialreiche Darstellung der wirtschaftlichen und der davon abhängigen sozialen Entwicklung.

Henning, Friedrich-Wilhelm: Landwirtschaft und ländliche Gesellschaft in Deutschland Bd. 2 (1750–1986) (UTB 774) Paderborn [2]1988.

Hillgruber, Andreas: Die gescheiterte Großmacht. Eine Skizze des Deutschen Reiches 1871–1945. Düsseldorf, [4]1984*.

Holborn, Hayo: Deutsche Geschichte in der Neuzeit, Bd. 3 Das Zeitalter des Imperialismus (1871–1945) Fischer* 6416. Frankfurt/M 1978. – In Einzelfragen zwar durch die neuere Forschung überholt, beeindruckt die kritische Auseinandersetzung mit Fehlentwicklungen der deutschen Geschichte seit Bismarck.

Kluxen, Kurt: Geschichte Englands. Stuttgart [3]1985. – Standardwerk mit Schwerpunkt auf der politischen Geschichte.

Lütge, Friedrich: Deutsche Sozial- und Wirtschaftsgeschichte. Stuttgart [4] 1979. – Detailreich und etwas trocken wird der umfangreiche Stoff aufbereitet.

Mann, Golo: Deutsche Geschichte 1919–1945. Frankfurt [18]1987. – Sehr verständlich geschriebene engagierte Darstellung, die sich besonders kritisch mit dem Nationalsozialismus und den Kräften, die seine Machtergreifung ermöglichten, auseinandersetzt.

Moltmann, Günter: USA-Ploetz. Geschichte der Vereinigten Staaten zum Nachschlagen. Freiburg/Würzburg 1985. – Eine Chronik von der Kolonialzeit bis 1984 mit einer ausführlichen, informationsreichen Einleitung, zahlreichen Statistiken und Abbildungen.

Ploetz: Geschichte der Weltkriege, hrsg. v. Andreas Hillgruber und Jost Dülffer. Würzburg 1981.

Schulz, Gerhard: Deutschland seit dem Ersten Weltkrieg 1918–1945. Göttingen 1976.

III. Zu den einzelnen Kapiteln

Zu A. Zwischen den beiden Weltkriegen

Bracher, Karl Dietrich: Zeit der Ideologien. Eine Geschichte politischen Denkens im 20. Jahrhundert. München 1985*. – Vf. untersucht die Brüche im politischen Denken, die zu dem Dilemma des politischen Handelns zwischen Demokratie und Tyrannei geführt haben.

Bracher, Karl Dietrich: Zeitgeschichtliche Kontroversen – Um Faschismus, Totalitarismus, Demokratie. München [5]1984. – Verfasser untersucht mit politikwissenschaftlicher Methode die Begriffe. Er verteidigt die Verwendung des Totalitarismus-Begriffes.

Funke, Manfred/Jacobsen, Hans-Adolf u. a. (Hrsg.): Demokratie und Diktatur. Geist und Gestalt politischer Herrschaft in Deutschland und Europa. Düsseldorf 1987. – Umfangreicher Sammelband mit 37 Beiträgen bedeutender Fachgelehrter zu Einzelproblemen der Zeit 1918–1945.

Graml, Hermann: Europa zwischen den Kriegen. dtv*. München 1969.

Kluxen, Kurt (Hrsg.): Parlamentarismus (Neue Wiss. Bibliothek 18) 5. erw. Aufl. Köln 1979. – Sammlung wichtiger Aufsätze mit ausführlicher Einführung.

Kuczynski, Jürgen: Studien zur Geschichte des staatsmonopolistischen Kapitalismus in Deutschland 1918–1945. Berlin (Ost) 1963. (Bd. 16 der Geschichte der Lage der Arbeiter unter dem Kapitalismus) – Detailreich, zahlreiche wichtige Quellen und Statistiken, ausgewählt und geschrieben aus marxistischer Sicht.

Seton-Watson, Hugh: Osteuropa zwischen den Kriegen 1918–1941. Paderborn [2]1948.

Weber, Hermann: Kommunismus in Deutschland 1918–1945. Erträge der Forschung. Darmstadt 1983. – Darstellung der Gründung der KPD, ihres Verhältnisses zur Komintern, der Ideologie und Struktur, der Verfolgung; dazu kritische Sichtung der kontroversen Forschungsergebnisse durch den führenden Spezialisten.

Zu Abschnitt A I. Die Friedensverträge

Schulz, Gerhard: Revolutionen und Friedensschlüsse 1917–1920. dtv. München [5]1980*.

Schwabe, Klaus: Deutsche Revolution und Wilson-Friede. Die amerikanische und deutsche Friedensstrategie zwischen Ideologie und Machtpolitik 1918/19. Düsseldorf 1971. – Arbeitet heraus, daß Wilsons Rolle in Versailles im Nachhinein zu negativ gesehen wird. Er war dort nicht mehr der „radikale Ideologe“, sondern ein „pragmatischer Idealist“; sein positiver Einfluß bei den Friedensschlüssen war erheblich.

Zu Abschnitt A II. Die Sowjetunion

Altrichter, Helmut: Staat und Revolution in Sowjetrußland 1917–1922/23. (Erträge der Forschung) Darmstadt 1981. – Die kurzgefaßte Darstellung untersucht die Anfänge des Sowjetstaates, seine Regierung, Verwaltung, Wirtschaft (einschl. NEP), Justiz und Armee bis zur Gründung der UdSSR.

Deutscher, Isaak: Stalin. Eine politische Biographie. Berlin [3]1979.

Fetscher, Iring: Von Marx zur Sowjetideologie. Frankfurt/M [21]1981. – Darstellung, Kritik und gut ausgewählte Dokumentation des sowjetischen und chinesischen Marxismus. Schwerpunkt liegt auf der Fortbildung der Ideologie unter Lenin und Stalin, dazu auch unter Mao.

Geyer, Dietrich (Hrsg.): Sowjetunion. Außenpolitik 1917–1955. (Osteuropa-Handbuch 3,3) Köln 1972.

Lenin, Wladimir I.: Was tun? Berlin (Ost) [21]1988; Der Imperialismus als höchstes Stadium des Kapitalismus. Berlin (Ost) [23]1988; Staat und Revolution. Berlin (Ost) [26]1987.

Lorenz, Richard: Sozialgeschichte der Sowjetunion I. 1917–1945. Frankfurt/M 1976.

Rauch, Georg von: Geschichte der Sowjetunion. 7. erw. Aufl. Stuttgart 1987.

Raupach, Hans: Wirtschaft und Gesellschaft Sowjetrußlands 1917–1977. Wiesbaden 1979. – Um strenge Objektivität bemühte Darstellung der Erfolge und der Probleme der Wirtschaftsstruktur. Gesellschaftliche vertikale Mobilität und ihre Grenzen. Individuelle Aufstiegschancen, soziale Geborgenheit?

Rimscha, Hans von: Geschichte Rußlands. Darmstadt [6]1983. – Eine ausführliche, gut lesbare Gesamtdarstellung von den Anfängen bis zur Gegenwart.

Ruffmann, Karl-Heinz: Fragen an die sowjetische Geschichte. Von Lenin bis Gorbatschow. dtv 10792. München 1988*.

Schapiro, Leonhard: Die Geschichte der Kommunistischen Partei der Sowjetunion. Frankfurt/M 1962. – Vf. nimmt für sich in Anspruch, Werturteile möglichst vermieden zu haben, doch steht er seinem Gegenstand recht kritisch gegenüber. Der 1. Teil der sehr ausführlichen, gut dokumentierten Darstellung handelt von Lenin und der Partei bis zum Ersten Weltkrieg, Teil 2 reicht bis 1927/28, Teil 3 bis zu den Anfängen Chruschtschows.

Zu Abschnitt A III. Die Industriegesellschaft

Aldcroft, Derek H.: The Inter-War Economy. Britain 1919–1939. London 1970.

Fischer, Wolfram (Hrsg.): Geschichte der Weltwirtschaft im 20. Jahrhundert. (dtv*).
Bd. 3: Aldcroft, Derek H. Die zwanziger Jahre. München 1978.
Bd. 4: Kindleberger, Charles P. Die Weltwirtschaftskrise. München 1972.
Bd. 5: Milward, Alan S. Der Zweite Weltkrieg. München 1977
Von einem bedeutenden Fachmann betreute, von international renommierten Experten geschriebene Darstellung: wichtig, weil Sichtweise nicht auf Deutschland verengt.

Frevert, Ute: Frauen-Geschichte. Zwischen bürgerlicher Verbesserung und neuer Weiblichkeit. Frankfurt 1986*. – Engagierte, auch kritische Darstellung der deutschen Frauenbewegung, zugleich ein kurzgefaßter Überblick zur Geschichte der Frauen in den letzten 200 Jahren.

Herzog, Dietrich: Politische Führungsgruppen. Probleme und Ergebnisse der modernen Eliteforschung. (Erträge der Forschung) Darmstadt 1982. – Berücksichtigt Eliten in Großbritannien, Frankreich und Deutschland; ihre Macht und Machtverteilung, Auswahl und Innovationsfähigkeit. Fast ausschließlich werden Politiker berücksichtigt.

Hobsbawn, Eric J.: Industrie und Empire. Britische Wirtschaftsgeschichte seit 1750. Bd. 2 (es 316). Frankfurt/M 1975*. – Sehr kritische Darstellung.

Sauvy, Alfred: Histoire économique de la France entre les deux guerres. 2 Bde. Paris 1965/1967.

Schmidt, Manfred G. (Hrsg.): Westliche Industriegesellschaften. Wirtschaft – Gesellschaft – Politik. München 1983. – 81 Beiträge zu politischen Institutionen, ihrem gesellschaftlichen und wirtschaftlichen Umfeld und der Regierungspraxis in vergleichenden Sichtweisen.

Treue, Wilhelm: Wirtschaftsgeschichte der Neuzeit. Bd. 2. 20. Jahrhundert. Stuttgart [3]1973.

Zu Abschnitt A IV. Die Weimarer Republik

Bracher, Karl-Dietrich: Die Auflösung der Weimarer Republik. Eine Studie zum Problem des Machtverfalls in der Demokratie. Droste*. Königstein/Düsseldorf 1978. – Unentbehrliches Standardwerk; schon bei seinem ersten Erscheinen (1955) als „großer Wurf“ anerkannt. Die Beurteilung einiger Fakten ist inzwischen kontrovers, der strukturanalytische Ansatz bleibt außerordentlich ergiebig.

Bracher, Karl-Dietrich/Funke, Manfred/Jacobsen, Hans-Adolf (Hrsg.): Die Weimarer Republik 1918–1933. Politik – Wirtschaft – Gesellschaft. Düsseldorf 1987. – Empfehlenswerter Sammelband mit 28 Beiträgen, die mit Schwerpunkt die Gründungszeit und den Untergang der Republik untersuchen, dazu u. a. auch die Kontinuität von Denkhaltungen zur frühen Bundesrepublik (H. Mommsen).

Epstein, Klaus: Matthias Erzberger und das Dilemma der deutschen Demokratie. Berlin/Frankfurt/M 1962. – Die bemerkenswerte Biographie stellt nicht nur den Lebensweg des Politikers von seinen Anfängen als Parlamentarier bis zu seiner Ermordung 1921 dar, sondern ordnet ihn ein in den Gang der Reichspolitik im Ersten Weltkrieg und zeigt die Erschwernisse, die den Aufbau der Republik 1918–1921 hemmten.

Erdmann, Karl Dietrich/Schulze, Hagen (Hrsg.): Weimar. Selbstpreisgabe einer Demokratie. Eine Bilanz heute. Düsseldorf 1980. – Sammelband mit Aufsätzen zum Scheitern der Republik, dabei besonders Ausführungen zu Verfassung, Wirtschaft, Verwaltung, Beamtenschaft.

Eyck, Erich: Geschichte der Weimarer Republik. 2 Bände. 5. u. 4. Auflage Zürich 1973.

Gessner, Dieter: Das Ende der Weimarer Republik. Fragen, Methoden und Ergebnisse interdisziplinärer Forschung. (Erträge der Forschung) Darmstadt 1978. – Kurzgefaßter Überblick (mit ausführlichen Anmerkungen) zu Verfassung – Regierungssystem – Wirtschaft – Außenpolitik – Sozialstruktur – kulturelle Situation.

Hernand, Jost/Trommler, Frank: Die Kultur der Weimarer Republik. München 1978. – Politische und ökonomische Voraussetzungen, kulturelle und ideologische Strömungen, Literatur, Theater, Film, Musik, visuelle Künste dieser Aufbruchzeit.

James, Harold: Deutschland in der Weltwirtschaftskrise 1924–1936. Stuttgart 1988. – Autor benutzte umfangreiches deutsches und ausländisches Archivmaterial, erläutert die krisenanfällige Wirtschaftsstruktur (die auch nach 1933 noch keineswegs überwunden war) und das schwache Wirtschaftswachstum der Weimarer Jahre.

Kolb, Eberhard: Die Weimarer Republik. München/Wien [2]1988. – Entsprechend dem Aufbau der „Grundrisse" von Oldenbourg hat das Studienbuch drei Teile: Darstellung, Grundprobleme und Tendenzen der Forschung, Quellen und Literatur (622 Titel). Monokausale Erklärungen für die Ursachen des Scheiterns werden überzeugend abgelehnt. Kontroversen werden objektiv dargestellt (z. B. Entscheidungsalternativen in der Revolutionszeit, Rapallo, Brüning, Staatsstreich in Preußen, Wählerpotential der NSDAP, Industrie und NSDAP).

Krüger, Peter: Die Außenpolitik der Republik von Weimar. Darmstadt 1985. – Methoden und Ziele; die Bedeutung der Außenwirtschaftspolitik. Verhältnis zu West- und zu Südosteuropa.

Kühnl, Reinhard: Die Weimarer Republik. Reinbek 1985*. – Darstellung aus marxistischer Sicht.

Matthias, Erich/Morsey, Rudolf (Hrsg.): Das Ende der Parteien 1933. Düsseldorf [2]1979.

Michalka, Wolfgang/Lee, Marshall M. (Hrsg.): Gustav Stresemann. (Wege der Forschung) Darmstadt 1982. – Sammelband mit Beiträgen deutscher und ausländischer Gelehrter. Schwerpunkt liegt auf der Außenpolitik, u. a. Locarno, Völkerbund, West-Ostbalance, Grenzen der Entspannung, Versuch der Wiedergewinnung der Machtstellung.

Milatz, Alfred: Wähler und Wahlen in der Weimarer Republik. Schriftenreihe der Bundeszentrale für politische Bildung 66. Bonn 1965. – Unentbehrliches Hilfsmittel zur Erläuterung der Wahlergebnisse und der Entwicklung der Parteien, sozialer Hintergrund und regionale Verschiedenheiten. Instruktives Kartenmaterial.

Miller, Susanne: Die Bürde der Macht. Die deutsche Sozialdemokratie 1918–1920. Düsseldorf 1978.

Mommsen, Hans/Petzina, Dietmar/Weisbrod, Bernd (Hrsg.): Industrielles System und politische Entwicklung in der Weimarer Republik 2 Bde. Kronberg/Düsseldorf [2]1977. – Umfangreicher, für den Wandel in der deutschen Geschichtsschreibung bedeutsamer Tagungsbericht über die z. T. kontrovers geführte Diskussion mit breiter Thematik; Wirtschafts- und Sozialpolitik standen dabei allerdings weitgehend unverbunden nebeneinander.

Mommsen, Hans: Klassenkampf oder Mitbestimmung. Zum Problem der Kontrolle wirtschaftlicher Macht in der Weimarer Republik. Köln 1978.

Petersen, Klaus: Literatur und Justiz in der Weimarer Republik. Stuttgart 1988. – Juristische und polizeiliche Maßnahmen gegen die Kunst – Justizkritische Literatur. Wichtiger Beitrag zur Sozial- und Kulturgeschichte.

Peukert, Detlev J. K.: Jugend zwischen Krieg und Krise. Lebenswelten von Arbeiterjungen in der Weimarer Republik. Köln 1987. – Weist keine einheitlichen, sondern eine Vielfalt von Verhaltensformen bei der proletarischen Jugend nach.

Potthoff, Heinrich: Freie Gewerkschaften 1918–1933. Der Allgemeine Deutsche Gewerkschaftsbund in der Weimarer Republik. Düsseldorf 1987.

Ritter, Gerhard A./Miller, Susanne (Hrsg.): Die deutsche Revolution 1918–1919. Dokumente. Fischer*. Frankfurt/M 1968. – Eine ausführliche, nützliche Dokumentation mit Quellen von Oktober 1918 bis Anfang 1919, die auch Wirtschafts- und Sozialpolitik und das Verhältnis zu Rußland einbezieht.

Schulze, Hagen: Weimar, Deutschland 1917–1933. Berlin 1982. – Seit längerer Zeit die erste Gesamtdarstellung der Weimarer Republik, flüssig geschrieben, anregend illustriert, 3

Teile; ein guter strukturgeschichtlicher Ansatz, Darstellung des Ereignisablaufs, Ursachen des Scheiterns und kritische Beurteilung der Forschungsergebnisse.

Schwabe, Klaus (Hrsg.): Die Ruhrkrise 1923. Wendepunkt der internationalen Beziehungen nach dem Ersten Weltkrieg. Paderborn ²1986. – Sammelband, in dessen Beiträgen neben der Frage nach Alternativen für die deutsche Politik auch die wirtschaftlichen Rahmenbedingungen des Konflikts und die Haltung der Westmächte untersucht werden.

Sontheimer, Kurt: Antidemokratisches Denken in der Weimarer Republik. Die politischen Ideen des deutschen Nationalismus zwischen 1918 und 1933. München 1978*. – Als eine der ersten Nachkriegsveröffentlichungen über die geistige Einstellung der bürgerlichen, intellektuellen und politischen Eliten erregte das Werk verdientes Aufsehen. Es ist bis heute nicht überholt.

Winkler, Heinrich August: Arbeiter und Arbeiterbewegung in der Weimarer Republik.
Bd. 1: Von der Revolution zur Stabilisierung 1918–1924. Berlin/Bonn 1984.
Bd. 3: Der Weg in die Katastrophe (1930–1933). Berlin/Bonn 1987.
Großangelegtes Forschungsunternehmen, in dem die Leistungen und die Grenzen der SPD im Mittelpunkt stehen. Eindeutige Stellungnahme zum Versagen der „bürgerlichen" Parteien.

Witt, Peter-Christian: Friedrich Ebert. Parteiführer, Reichskanzler, Volksbeauftragter, Reichspräsident. Eine politische Biographie. Bonn 1987.

Zu Abschnitt A V. Der Vordere Orient und Asien

Abrahamian, Ervand: Iran Between Two Revolutions. Princeton 1982.

Batatu, Hanna: The Old Social Classes and the Revolutionary Movements of Iraq. Princeton 1978.

Dawletschin-Linder, Camilla: Die Türkei und Ägypten in der Weltwirtschaftskrise 1929–1939. Stuttgart 1989.

De Novo, J. A.: American Interests and Politics in the Middle East 1900–1939. Minnesota 1963.

Franke, Wolfgang: Chinas kulturelle Revolution. Die Bewegung des 4. Mai 1919. München 1957.

Franke, Wolfgang: Das Jahrhundert der chinesischen Revolution 1851–1949. München ²1980.

Gomaa, Ahmed M.: The Foundation of the League of Arab States. Wartime Diplomacy and Inter-Arab Policies 1941–1945. London 1977.

Haarmann, Ulrich (Hrsg.): Geschichte der arabischen Welt. München 1987.

Hirschfeld, Yair P.: Deutschland und Iran im Spielfeld der Mächte. Internationale Beziehungen unter Reza Schah 1921–1941. Düsseldorf 1980.

Hourani, Albert H.: Arabic Thought in the Liberal Age 1798–1939. Cambridge ²1983.

Hurewitz, Jacob C. (Ed.): The Middle East and North Africa in World Politics. A Documentary Record. Vol. 2 British-French Supremacy, 1914–1945. London ²1979.

Iyer, Raghaven Navasimhan: The Moral and Political Thought of Mahatma Gandhi. New York 1973.

Khadduri, M.: Independent Iraq. A Study in Iraqi Politics since 1932. London 1960.

Khalidi, Walid: From Haven to Conquest. Readings in Zionism and the Palestine Problem Until 1948. Washington ²1987.

Khoury, Philip S.: Syria and the French Mandate. The Politics of Arab Nationalism, 1920–1945. Princeton 1987.

Lewis, Bernard: The Emergence of Modern Turkey. London 1961.

Lu, D. J.: From Marco Polo Bridge to Pearl Harbor. Washington, D. C. 1961.

Mejcher, Helmut: Die Politik und das Öl im Nahen Osten. Bd. 1: Der Kampf der Mächte und Konzerne vor dem Zweiten Weltkrieg. Stuttgart 1980. Bd. 2: Das Vordringen der Amerikaner 1939–1950. Stuttgart 1982.

Mejcher, Helmut/Schölch, Alexander (Hrsg.): Die Palästina-Frage 1917–1948. Historische Ursprünge und internationale Dimensionen eines Nationalkonflikts. Paderborn 1981. – Sammelband, der sowohl die jüdisch-israelische als auch die arabisch-palästinensische Sicht darstellt, dazu die Haltung der europäischen Mächte und der USA erörtert. Einige wichtige Dokumente.

Mina, N.: Schwestern unterm Halbmond. Muslimische Frauen zwischen Tradition und Anpassung. Stuttgart 1984.

Otto, Ingeborg/Schmidt-Dumont, Marianne (Hrsg.): Frauenfragen im Modernen Orient. Eine Auswahlbibliographie. Hamburg 1962.

Panikkar, Kavalam Madhana: Geschichte Indiens. Düsseldorf 1957.

Porath, Yehoshua: In Search of Arab Unity 1930–1945. London 1986.

Salibi, Kamal: A House of many Mansions. The History of Lebanon Reconsidered. London 1988.

Schatkowski-Schilcher, L./Scharf C. (Hrsg.): Der Nahe Osten in der Zwischenkriegszeit 1919–1939. Stuttgart 1989.

Schwartz, Benjamin: Chinese Communism and the Rise of Mao. Cambridge, Mass. ²1952.

Shaarawi, Huda: Harem Years. The Memoirs of an Egyptian Feminist. London 1986.

Willing, Georg-Franz: Neueste Geschichte Chinas. Paderborn 1975.

Zu Abschnitt A VI. Tendenzen in der Politik der drei westlichen Großmächte

Adams, Willi P. (Hrsg.): Die Vereinigten Staaten von Amerika. Fischer*. Frankfurt/M 1977. – Sammelband mit Beiträgen überwiegend britischer Historiker, vorwiegend nach wirtschaftlichen Entwicklungsphasen gegliedert.

Angermann, Erich: Die Vereinigten Staaten von Amerika. dtv*. München [6]1978. – Behandelt die Zeit vom Eintritt in den Ersten Weltkrieg bis zum Kalten Krieg. Berücksichtigt angemessen wirtschaftliche und gesellschaftliche Entwicklungen.

Besson, Waldemar: Von Roosevelt bis Kennedy. Grundzüge der amerikanischen Außenpolitik 1933–1963. Fischer*. Frankfurt/M 1964. – Motive und Ziele des weltpolitischen Engagements der USA.

Junker, Detlef: Der unteilbare Weltmarkt. Das ökonomische Interesse in der Außenpolitik der USA 1933–1941. Stuttgart 1975. – Die Interdependenz sicherheitspolitischer, wirtschaftlicher und ideologischer Motive in der Außenpolitik der Roosevelt-Administration.

Kluxen, Kurt: Geschichte Englands. Stuttgart 1985. – Standardwerk mit Schwerpunkt auf der politischen Geschichte.

Knapp, Manfred/Link, Werner u.a.: Die USA und Deutschland 1918–1975. Deutsch-amerikanische Beziehungen zwischen Rivalität und Partnerschaft. München 1978.

Loth, Wilfried: Geschichte Frankreichs im 20. Jahrhundert. Stuttgart 1988. – Grundlegendes Werk von einem bedeutenden Fachmann geschrieben, berücksichtigt den neuesten Stand der Forschung.

Medlicott, William N.: Contemporary England 1914–1964. London 1967.

Niedhart, Gottfried: Großbritannien und die Sowjetunion 1934–1939. Studien zur britischen Politik der Friedenssicherung zwischen den beiden Weltkriegen. München 1972.

Niedhart, Gottfried (Hrsg.): Der Westen und die Sowjetunion. Paderborn 1983. – Überblick über die Einstellung und die Politik der europäischen Mächte und der USA gegenüber der Sowjetunion seit 1917.

Rohe, Karl (Hrsg.): Die Westmächte und das Dritte Reich. Paderborn 1982. – Sammelband mit Beiträgen u.a. zur britischen Appeasement-Politik, zur Beeinflussung Roosevelts durch Rücksichten auf die Innenpolitik und zur krisenhaften Entwicklung in Frankreich.

Sautter, Udo: Geschichte der Vereinigten Staaten von Amerika. 2. erw. Aufl. Stuttgart 1980. – Lebendig geschriebene Darstellung, die auch Kunst und Wissenschaften einbezieht und überwiegend Geschichte als Ergebnis gesellschaftlicher Entwicklungen sieht.

Wasser, Hartmut: Die USA – der unbekannte Partner. Paderborn 1983. – Enthält u.a. eine ausführliche, gut kommentierte Bibliographie zur geschichtlichen Entwicklung und politischen Kultur.

Wendt, Bernd-Jürgen: Economic Appeasement. Handel und Finanz in der britischen Deutschland-Politik 1933–1939. Düsseldorf 1971.

Zu Abschnitt A VII. Faschismus und Nationalsozialismus

Abendroth, Hans-Henning: Hitler in der spanischen Arena. Paderborn 1973.

Adler, Hans Günther: Theresienstadt 1941–1945. Das Antlitz einer Zwangsgemeinschaft. Geschichte, Soziologie, Psychologie. Tübingen [2]1960.

Barkai, Abraham: Vom Boykott zur „Entjudung". Der wirtschaftliche Existenzkampf im Dritten Reich 1933–1943. (Fischer* 4368) Frankfurt/M 1988. – Eine gut dokumentierte Untersuchung über die fortschreitende Entrechtung der deutschen Juden durch Gesetzgebung und Terror und auch zu den Selbsthilfe-Einrichtungen.

Bauer, Gerhard: Sprache und Sprachlosigkeit im „Dritten Reich". Köln 1988. – Sprachwissenschaftliche, für die Kenntnis der Lebensverhältnisse ergiebige Untersuchung anhand von Lebenszeugnissen, Stimmungsberichten, Vernehmungsprotokollen u.a.

Beuys, Barbara: Vergeßt uns nicht. Menschen im Widerstand 1933–1945. Reinbek 1987. – Umfangreiche Dokumentation und erschütternde Beispiele von Menschen aller Schichten, insbesondere aus der Arbeiterschaft.

Bracher, Karl Dietrich/Sauer, Wolfgang/Schulz, Gerhard: Die Nationalsozialistische Machtergreifung. Studien zur Errichtung des totalitären Herrschaftssystems in Deutschland 1933/34. 3 Bde. Berlin 1973*. – Eines der ersten großangelegten Forschungsvorhaben der Nachkriegszeit. Bis heute durch seinen Detailreichtum unentbehrlich.

Bracher, Karl Dietrich: Die deutsche Diktatur. Entstehung, Struktur, Folgen des Nationalsozialismus. Berlin 1979*. – Gesamtdarstellung des NS aus historischer und politologischer Sicht. Von der Frühzeit über den „Weg zur Macht". Aufbau und Außenpolitik, Widerstand, Herrschaftssystem im Krieg, Zusammenbruch, Nachwirkungen.

Broszat, Martin: Der Staat Hitlers. Grundlegung und Entwicklung seiner inneren Verfassung. München [9]1981*. – Keine Ereignisdarstellung. Grundlegende Konzeption als Verfassungs- und Strukturgeschichte. Vf. lehnt die Totalitarismus-Theorie ab, vertritt dagegen die These von der Systemlosigkeit und Improvisation im ns. Machtgebrauch.

Broszat, Martin/Henke, Klaus-Dietmar/Woller, Hans (Hrsg.): Von Stalingrad zur Währungsreform. Zur Sozialgeschichte des Umbruchs in

Deutschland. München 1988. – Sammelband mit 14 Einzelstudien. Der soziale Wandel war tiefgreifender als 1918/19; für ihn war aber keineswegs die „Stunde Null“ von großer Bedeutung, vielmehr setzte er schon im Krieg ein.

Büttner, Ursula/Johe, Werner/Voß, Angelika (Hrsg.): Das Unrechtsregime. Internationale Forschung über den Nationalsozialismus. 2 Bde. Hamburg 1986. – Bd. 1: Ideologie, Herrschaftssystem, Wirkung in Europa. Bd. 2: Verfolgung, Exil, Belasteter Neubeginn. Sammelbände mit 46 Beiträgen bedeutender Fachgelehrter.

Bullock, Alan: Hitler. Eine Studie über Tyrannei. Frankfurt/M 1964. – Die erste große Biographie; wenn auch in Einzelheiten überholt, auch heute noch mit Gewinn zu lesen.

Dachauer Hefte 3/1987: Frauen – Verfolgung und Widerstand. Dachau 1987. – 14 Einzelbeiträge.

Delzell, Charles F. (Ed.): Mediterranean Fascism 1919–1945. New York 1971.

Dlugoborski, Waclaw (Hrsg.): Zweiter Weltkrieg und sozialer Wandel. Achsenmächte und besetzte Länder. Göttingen 1981. – Vf. betont wie Broszat/Henke (s. o.) den tiefgreifenden gesellschaftlichen Einschnitt, den der Zweite Weltkrieg verursachte, und zwar auch in den besetzten Ländern.

Ebbinghaus, Angelika (Hrsg.): Opfer und Täterinnen. Frauenbiographien des Nationalsozialismus. Nördlingen 1987. – 16 Beiträge, die einerseits aufzeigen, in welchem Maße Frauen sich auch aktiv dem Regime zur Verfügung stellten, wie groß andererseits die Zahl der Märtyrerinnen war, über die insgesamt nur wenig bekannt ist.

Felice, Renzo de: Die Deutungen des Faschismus. Göttingen 1981. – Betont die Unterschiede zwischen dem italienischen Faschismus und dem Nationalsozialismus.

Fest, Joachim C.: Hitler. Eine Biographie, Berlin 1987*. – Umfassendes Werk, das auch Kontroversen auslöste, da es die polykratischen Züge im ns. Herrschaftssystem geringer wertete.

Fraenkel, Ernst: Der Doppelstaat. Recht und Justiz im Dritten Reich. Frankfurt/M 1984*. – In seinem schon 1941 in der Emigration veröffentlichten „Dual State“ hat der Vf. die Kluft zwischen Staat und Partei, zwischen dem „Normenstaat“ und dem terroristischen „Maßnahmenstaat“ herausgearbeitet, wobei die Bedeutung des ersteren immer mehr schwand.

Frei, Norbert: Der Führerstaat. Nationalsozialistische Herrschaft 1933–1945. (dtv 4517*) München 1987. – Formierung – Konsolidierung – Radikalisierung. Zahlreiche Dokumente: abgewogener Bericht über den neuesten Forschungsstand.

Graml, Hermann (Hrsg.): Widerstand im Dritten Reich. Probleme, Ereignisse, Gestalten. Fischer*. Frankfurt/M 1984. – Überblick über die verschiedenen oppositionellen Gruppen, interessant ein Beitrag über Georg Elsner, der das Attentat vom 8. 11. 1939 verübte.

Greive, Herman: Geschichte des modernen Antisemitismus in Deutschland. Darmstadt 1983. – Von der Aufklärung bis zur Gegenwart wird die Kontinuität und Diskontinuität des Antisemitismus dargestellt; dabei werden politische, soziale, sozialpsychologische, wirtschaftliche und kulturell-religiöse Bereiche berücksichtigt. Gut lesbar.

Hildebrand, Klaus: Das Dritte Reich. 3. erw. Aufl. München 1987. – Entsprechend dem Aufbau der „Grundrisse“ (Oldenbourg) drei Teile: Darstellung – Grundprobleme und Tendenzen der Forschung – Quellen und Literatur. Der mittlere Teil ist am bedeutsamsten: Wenn der Vf. auch zu den führenden Vertretern einer eher „traditionellen“ Historiographie gehört, ist es ihm darin doch gelungen, die wichtigsten Kontroversen sehr objektiv herauszuarbeiten.

Hildebrand, Klaus: Deutsche Außenpolitik 1933–1945. Kalkül oder Dogma? Stuttgart ^{5}1989.

Hillgruber, Andreas/Hildebrand, Klaus: Kalkül zwischen Macht und Ideologie. Der Hitler-Stalin-Pakt. Osnabrück 1980.

Hoffmann, Peter: Widerstand, Staatsstreich, Attentat. Der Kampf der Opposition gegen Hitler. München ^{4}1985. – Berücksichtigt grundlegend vorwiegend die zum 20. Juli führende nationalkonservative Bewegung.

Jäckel, Eberhard: Hitlers Herrschaft. Vollzug einer Weltanschauung. Stuttgart 1986. – Vf. beurteilt das ns. Herrschaftssystem als Monokratie. Seine unkontrollierte Macht habe Hitler die Möglichkeit verschafft, sein weltanschaulich bedingtes Ziel der Judenvernichtung (neben der Lebensraumgewinnung) mit furchtbarer Konsequenz zu erreichen.

Jäckel, Eberhard/Rohwer, Jürgen (Hrsg.): Der Mord an den Juden im Zweiten Weltkrieg. Entschlußbildung und Verwirklichung. Stuttgart 1985.

Klönne, Arno: Jugend im Dritten Reich. Die Hitler-Jugend und ihre Gegner. Düsseldorf/Köln 1982. – Klar gegliederte, sehr gelungene Darstellung, die auch den Wirkungszusammenhang zwischen Jugendbewegung und HJ behandelt, mit Legenden aufräumt, ausführlich auf die Widerstände eingeht.

Kuhn, Annette/Rothe, Valentina (Hrsg.): Frauen im deutschen Faschismus.
Bd. 1: Frauenpolitik im NS-Staat. Düsseldorf 1982.
Bd. 2: Frauenarbeit und Frauenwiderstand im NS-Staat. (Quellensammlung) Düsseldorf 1982.

Lifton, Robert J.: Ärzte im Dritten Reich. Stuttgart 1988. – Täter, Mitläufer und wenige Widerständler. Psychologische Studie auf der Grundlage vieler Interviews und Prozeßprotokolle.

Lill, Rudolf: Geschichte Italiens in der Neuzeit. Darmstadt [4]1988.

Martens, Stefan: Hermann Göring. „Erster Paladin des Führers" und „Zweiter Mann im Reich". Paderborn 1985. – Schwerpunkt liegt auf den außenpolitischen Ambitionen und Aktivitäten, insbesondere zum deutsch-britischen Verhältnis. Ausführliche Bibliographie.

Mason, Timothy W.: Arbeiterklasse und Volksgemeinschaft. Dokumente und Materialien zur deutschen Arbeiterpolitik 1936–1939. Opladen 1975.

Michalka, Wolfgang (Hrsg.): Die nationalsozialistische Machtergreifung. (UTB 1329) Paderborn 1984. – Zahlreiche Beiträge zu den Themen: Krise Weimars und Stufen der Machtergreifung, das Bündnis der Eliten als Voraussetzung, Reaktion und Interpretation im Ausland, zeitgenössische Urteile und historische Deutungen.

Michalka, Wolfgang (Hrsg.): Nationalsozialistische Außenpolitik. Darmstadt 1978. – Sammelband mit Beiträgen zahlreicher in- und ausländischer Fachgelehrter, interessant durch die z. T. sehr unterschiedlichen Forschungsansätze und Interpretationen.

Müller, Klaus-Jürgen (Hrsg.): Der deutsche Widerstand 1933–1945. (UTB 1398) Paderborn 1986. – In dem Sammelband werden – wenn auch mit unterschiedlichem Gewicht – alle gesellschaftlichen Kreise, die Widerstand leisteten, berücksichtigt, ihre Motive dabei kritisch überprüft.

Müller, Klaus-Jürgen: Armee und Drittes Reich. Darstellung und Dokumentation. Paderborn 1987. – Bemerkenswert die 178 Quellen, die die wachsende Integration des Heeres in das ns. Herrschaftsgefüge beweisen.

Nellesen, Bernd: Die verbotene Revolution. Aufstieg und Niedergang der Falange (Hamburger Beiträge zur Zeitgeschichte 1). Hamburg 1963.

Nolte, Ernst: Die faschistischen Bewegungen. München. dtv* München [3]1971.

Nolte, Ernst (Hrsg.): Theorien über den Faschismus. Droste*. Köln 1984.

Nolte, Ernst: Der Faschismus in seiner Epoche. Action française. Italienischer Faschismus, Nationalsozialismus. München [7]1986. – Das erste grundlegende Werk, das in der Nachkriegszeit Gemeinsamkeiten und Unterschiede der faschistischen Bewegungen herausgearbeitet hat. Starke ideengeschichtliche Komponente.

Petersen, Jens: Hitler – Mussolini. Die Entstehung der Achse Berlin – Rom 1933–1936. Tübingen 1973.

Pirker, Theo: Komintern und Faschismus 1920–1940. Dokumente zur Geschichte und Theorie des Faschismus. Stuttgart 1965.

Prinz, Michael: Vom neuen Mittelstand zum Volksgenossen. Die Entwicklung des sozialen Status der Angestellten von der Weimarer Republik bis zum Ende der NS-Zeit. München 1986. – Von Kocka betreute Dissertation. Der Abstand zwischen Angestellten und Arbeitern verringerte sich – auch dem Willen der Machthaber entsprechend – nach der Zerschlagung der Arbeiterbewegung.

van Roon, Ger: Widerstand im Dritten Reich. Ein Überblick. 5. neubearb. Aufl. München 1986. – Gute knappe, systematische Zusammenfassung.

Sachse, Carola u. a. (Hrsg.): Angst, Belohnung, Zucht und Ordnung. Herrschaftsmechanismen im Nationalsozialismus. Opladen 1982.

Schmädecke, Jürgen/Steinbach, Peter (Hrsg.): Der Widerstand gegen den Nationalsozialismus. Die deutsche Gesellschaft und der Widerstand gegen Hitler. München/Zürich 1985. – Umfangreicher (preiswerter) Tagungsbericht (1185 Seiten) mit Beiträgen, die, z. T. kontrovers, viele Teilaspekte beleuchten. Zumeist distanzierte Beurteilung der konservativen Gruppen; Schwerpunkt sind auch Probleme des Arbeiterwiderstandes.

Schmidt, Maruta/Dietz, Gabi (Hrsg.): Frauen unterm Hakenkreuz. Eine Dokumentation mit zahlreichen Abbildungen. dtv* (10390) München 1985. – Sammelband, der viele Seiten der ns. Frauenpolitik beleuchtet: Mutterkult, „Rassenpflege", Frauen-KZ, Widerstand.

Schoenbaum, David: Die braune Revolution. Eine Sozialgeschichte des Dritten Reiches. München 1980. – Beleuchtet u. a. den – kaum gewollten – Modernisierungseffekt der ns. Herrschaft.

Scholder, Klaus: Die Kirchen und das Dritte Reich.
Bd. 1: Vorgeschichte und Zeit der Illusionen 1918–1934. Frankfurt/M 1977.
Bd. 2: Das Jahr der Ernüchterung 1934 – Barmen und Rom. Berlin 1985.
Grundlegendes materialreiches Werk, in kritischer Distanz geschrieben. Leider infolge des Todes des Vfs. zunächst nicht fortgesetzt.

Schreiber, Gerhard: Hitler – Interpretationen, Ergebnisse, Methoden und Probleme der Forschung. 2. erw. Aufl. Darmstadt 1988. – Aspekte, Resultate und Perspektiven der Hitlerinterpretationen vor 1945. Problemkreise der gegenwärtigen Hitlerforschung.

Schüddekopf, Charles (Hrsg.): Der alltägliche Faschismus. Frauen im Dritten Reich. Berlin/Bonn 1982. – Gespräche mit und Erinnerungen von Zeitgenossinnen.

Schulz, Gerhard: Aufstieg des Nationalsozialismus. Krise und Revolution in Deutschland. Berlin/Frankfurt/M 1975.

Turner, Henry A. jr.: Die Großunternehmer und der Aufstieg Hitlers. Berlin 1985. – Vf. bekämpft den „Mythos", daß die Großindustrie finanziell entscheidend zum Aufstieg der NSDAP beigetragen habe. Zwar habe es vor 1933 unter den Industriellen kaum Demokra-

ten, doch auch nur wenige Nationalsozialisten gegeben.
Weisenborn, Günther (Hrsg.): Der lautlose Aufstand. Bericht über die Widerstandsbewegung des deutschen Volkes 1933–1945. Frankfurt/M [4]1974. – Berücksichtigt, dem Titel entsprechend, die vielen Aktionen unbekannt gebliebener Kämpfer und Opfer, vor allem aus der Arbeiterbewegung.
Winkler, Dörte: Frauenarbeit im Dritten Reich. Hamburg 1977.
Wippermann, Wolfgang: Faschismustheorien. Zum Stand der gegenwärtigen Diskussion. (Erträge der Forschung) 5. völlig ern. Aufl. Darmstadt 1985. – Bericht über marxistische, sozialpsychologische, historische, liberale und konservative Theorien. Verhältnis von Faschismus zu Totalitarismus bzw. Kapitalismus.
Zorn, Gerda/Meyer, Gertrud (Hrsg.): Frauen gegen Hitler. Berichte aus dem Widerstand. Berlin 1984. – Lebensläufe und Schicksale zumeist sozialistischer und kommunistischer Frauen.

Zu B. Der Zweite Weltkrieg

Billig, Joseph: Les camps de concentration dans l'économie du Reich hitlérien. Paris 1973.
Boelcke, Willi A.: Die Kosten von Hitlers Krieg. Kriegsfinanzierung und finanzielles Kriegserbe in Deutschland 1933–1948. Paderborn 1985. – Von der Aufrüstungsfinanzierung bis zur Währungsreform. Die Kosten für Aufrüstung und Krieg werden mit über 700 Milliarden RM angegeben; in ähnlicher Höhe liegen die „Kriegsfolgekosten".
Broszat, Martin: Nationalsozialistische Polenpolitik 1939–1945. Stuttgart 1961.
Broszat, Martin/Buchheim, Hans/Jacobsen, Hans-Adolf/Krausnick, Helmut: Anatomie des SS-Staates. 2 Bde. dtv* (462/463) München 1967.
Carr, William: Von Polen bis Pearl Harbor. Zur Entwicklung des Zweiten Weltkriegs. Hamburg/Leamington Spa/New York 1987.
Dallin, Alexander: Deutsche Herrschaft in Rußland 1941–1945. Eine Studie über Besatzungspolitik. Düsseldorf 1958. – Grundlegendes Werk, auch wenn inzwischen weitere Fakten bekannt wurden.
Helbich, Wolfgang Johannes: Franklin D. Roosevelt. Berlin 1971.
Herbert, Ulrich: Politik und Praxis des „Ausländer-Einsatzes" in der Kriegswirtschaft des Dritten Reiches. Berlin/Bonn 1985. – Organisation, Umfang und Reaktion der deutschen Bevölkerung. Wird als erstes Standardwerk zu diesem Thema gewertet.
Herde, Peter: Pearl Harbor, 7. Dezember 1941. Der Ausbruch des Krieges zwischen Japan und den Vereinigten Staaten und die Ausweitung des europäischen Krieges zum Zweiten Weltkrieg. 2. erw. Neudruck. Darmstadt 1985. – Nicht so sehr die Schilderung des japanischen Angriffs als vielmehr die diplomatische Vorgeschichte stehen im Mittelpunkt des Buches.
Hilberg, Raul: Die Vernichtung der europäischen Juden. Berlin 1982.
Hillgruber, Andreas: Der Zweite Weltkrieg 1939 bis 1945. Kriegsziele und Strategie der großen Mächte. Stuttgart [4]1985.
Jacobsen, Hans-Adolf: Der Zweite Weltkrieg. Fischer* (645/646). Frankfurt/M 1965. – Unentbehrliche Sammlung von kommentierten Dokumenten; zahlreiche Statistiken; Zeittafeln.
Jäckel, Eberhard: Frankreich in Hitlers Europa. Die deutsche Frankreichpolitik im Zweiten Weltkrieg. Stuttgart 1966.
Kogon, Eugen: Der SS-Staat. Das System der deutschen Konzentrationslager. München [9]1979 (auch Heyne-Sachbuch*).
Milward, Alan S.: Der Zweite Weltkrieg. s. o. A III.
Militärgeschichtliches Forschungsamt (Hrsg.): Das Deutsche Reich und der Zweite Weltkrieg.
Bd. 1: Ursachen und Voraussetzungen der deutschen Kriegspolitik. Stuttgart 1979.
Bd. 2: Die Errichtung der Hegemonie auf dem europäischen Kontinent. Stuttgart 1979.
Bd. 3: Der Mittelmeerraum und Südosteuropa (bis zum Kriegseintritt der USA). Stuttgart 1984.
Bd. 4: Der Angriff auf die Sowjetunion. Stuttgart 1983.
Bd. 5.1: Organisation und Mobilisierung des deutschen Machtbereichs. Kriegsverwaltung, Wirtschaft und personelle Ressourcen 1939–1941. Stuttgart 1988.
Von der früher vorherrschenden Kriegs-Geschichtsschreibung unterscheidet sich das umfangreiche, auf 10 Bände angelegte Werk grundlegend dadurch, daß die wirtschaftlichen, sozialen und psychologischen Bereiche mindestens gleichberechtigt neben der Darstellung der Feldzüge berücksichtigt werden und daß die Besatzungs- und Ausbeutungspolitik in den besetzten Ländern ausführlich und abgewogen erörtert wird. Das hat den Vf. auch Kritik eingetragen.
Moltmann, Günter: Amerikas Deutschlandpolitik im Zweiten Weltkrieg. Kriegs- und Friedensziele 1941–1945. Heidelberg 1958.
Müller, Christian: Oberst i. G. Stauffenberg. Düsseldorf [2]1971.
Recker, Marie-Luise: Nationalsozialistische Sozialpolitik im Zweiten Weltkrieg. München 1985. – Zwar war das Nebeneinander moderner und traditioneller Elemente erfolgreich genug, den Durchhaltewillen der Bevölkerung zu untermauern und fühlbare materielle Belastungen abzuwenden, ob die progressiven sozialen Planungen für die Nachkriegszeit aber mehr als nur Propaganda waren, muß offen bleiben.

Reitlinger, Gerhard: Die Endlösung. Hitlers Versuch der Ausrottung der Juden 1939–1945. Berlin 1987. – Älteres, aber immer noch unentbehrliches Werk.

Ritter, Gerhard: Carl Goerdeler und die deutsche Widerstandsbewegung. Neuausgabe. Stuttgart 1984. – Beschränkt sich vorwiegend auf die konservativen Gruppen der Widerstandsbewegung.

Rothfels, Hans: Deutsche Opposition gegen Hitler. Eine Würdigung. Neue Aufl. Fischer* 4354. Frankfurt/M 1986. – Immer noch lesenswerte klassische Darstellung.

Scheurig, Bodo: Freies Deutschland. Das Nationalkomitee und der Bund Deutscher Offiziere in der Sowjetunion 1943–1945. Neuaufl. Köln 1984. – Beste westdeutsche Darstellung des sehr umstrittenen Themas.

Ueberschär, Gerd R./Wette, Wolfram (Hrsg.): „Unternehmen Barbarossa". Der deutsche Überfall auf die Sowjetunion 1941. Berichte, Analysen, Dokumente. Paderborn 1984.

Wegner, Bernd: Hitlers politische Soldaten. Die Waffen-SS 1933–1945. Studien zu Leitbild, Struktur und Funktion einer nationalsozialistischen Elite. Paderborn ^{2}1983.

Personenregister

Sach- und Ortsregister

Häufiger auftretende Länder- und Staatennamen wie Deutsches Reich, Frankreich, England, Italien, Sowjetunion, USA, Japan, China werden hier nicht genannt. Das Inhaltsverzeichnis führt alle Abschnitte auf, in denen diese Länder und Staaten eingehender behandelt werden. Ebenso sind sehr häufig vorkommende Begriffe wie Demokratie, Diktatur, Gesellschaft, Wirtschaft, Partei, Revolution hier nicht aufgeführt. **Fettdruck** bezeichnet Stellen, die wichtig für das Verständnis eines Sachverhalts sind.

Europa und der Vordere Orient nach 1918